AF329572

Le Comte-Amiral

D. VASCO DA GAMA

PAR

D. MARIA TELLES DA GAMA

A. ROGER & F. CHERNOVIZ,

Éditeurs. — Paris.

Le Comte-Amiral

Vasco da Gama

A. ROGER ET F. CHERNOVIZ, IMPRIMEURS-ÉDITEURS — PARIS.

D. VASCO DA GAMA
I Comte da Vidigueira.

D. JOSE TELLES
DA GAMA
XV Comte de Vidigueira.

D. DOMINGO LOPEZ DE RIVADENEYRA Y TELLES DA GAMA,
le plus jeune descendant direct
du Comte-Amiral D. Vasco.

Le Comte-Amiral

D. Vasco da Gama

PAR

D. MARIA TELLES DA GAMA

———●◦●———

PARIS

A. ROGER ET F. CHERNOVIZ

ÉDITEURS

7, RUE DES GRANDS-AUGUSTINS, 7

1902

DÉDICACE

Au très sage, très juste, très généreux et puissant Ménélik chef de ses royaumes, aimé de Dieu, soutien de la foi, de la lignée de Juda, fils de David, fils de Salomon, de la Colonne de Sion, fils de la Semence de Jacob, fils de la Main de Marie, fils de Néhu d'après la chair, roi des Abyssins, Empereur d'Éthiopie et de grands royaumes et domaines, l'hommage de ce livre, en tribut d'admiration et en souvenir des premiers rapports des Portugais avec les Éthiopiens et de D. Christovão da Gama, chef de l'expédition portugaise qui combattit pour le Prestre Jehan.

 E livre était sous presse lorsque nous est parvenue la triste nouvelle de la mort du très érudit secrétaire perpétuel de la Société de Géographie de Lisbonne, M. Luciano Cordeiro, disparu en pleine vitalité, en plein labeur, et laissant un vide difficile à combler.

C'était un savant et c'était un travailleur, un lutteur opiniâtre, un enthousiaste et un dévoué. Travail, énergie, passion, dévouement, tout fut par lui consacré à la Société de Géographie, dont il avait été le principal initiateur pour en devenir l'esprit et la vie (1).

L'âme entière de Luciano Cordeiro vibrait à l'évocation des gloires nationales, mais Vasco da Gama, le *fort capitaine*, était, entre tous, le héros qu'il aimait, et auquel il vouait un culte particulier.

En 1898, lors de la publication de notre premier essai sur Vasco da Gama, M. Luciano Cordeiro nous manifesta le désir de parcourir notre manuscrit si jamais nous donnions un plus ample développement à cette première étude. Il s'offrait en même temps à corriger de sa main toute erreur historique qui pourrait s'y glisser.

(1) Tels furent les services rendus par M. Luciano Cordeiro à la Société, que l'on s'y occupe de choisir un emplacement où ses restes seraient définitivement et dignement inhumés.

Nous fûmes heureuse d'accéder à ce désir : légitime témoignage de notre incompétence, en même temps que juste expression de l'intérêt, que portait l'érudit géographe à tout ce qui avait trait à la figure de sa prédilection.

Occuper l'attention d'un savant est déjà un sujet d'orgueil pour une débutante. Nous remîmes donc à M. Luciano Cordeiro notre travail, mais pas sans timidité, et surtout pas sans crainte qu'il ne jugeât sa pensée mal interprétée dans les nombreux passages où nous citions son nom.

Grande fut notre satisfaction lorsqu'une personne de notre famille nous retourna le manuscrit avec une lettre à elle adressée par le docte académicien.

Aucune autre présentation de notre ouvrage ne saurait être d'égale autorité pour le public. Aucune ne nous flatterait davantage, que cette lettre dont nous donnons copie en omettant les passages où l'analyse du maître cède la place à la courtoisie de l'homme du monde.

Elle prouvera que M. Luciano Cordeiro alliait l'indulgence à la force, et se plaisait à encourager le travail d'où qu'il vînt. Pour autrui le vrai mérite est-il jamais sévère ?

Elle prouvera pareillement que nous avons été assez heureuse pour ne pas attribuer à cet infatigable chercheur de nouvelles choses dans les choses anciennes, un avis ou un sentiment qui ne fussent pas exactement les siens.

Lettre de M. Luciano Cordeiro à la marquise de Unhão, dame d'honneur de S. M. D. Maria Pia de Savoie, reine douairière du Portugal.

« Madame,

« . . . . J'ai lu l'ouvrage aussitôt que je l'ai reçu, il y a assez longtemps. J'en ai relu après et plus d'une fois quelques pasşages, et je conclus en définitive qu'à l'état où en est encore la question du Gama, surtout dans ce qui a trait à la partie généalogique, le mieux serait de n'y rien changer; car une fois engagés dans cette voie, il serait difficile de prévoir où cela nous conduirait, et sans même avoir l'espoir de faire pour ainsi dire une *œuvre plus définitive*.

. . . .

« D'après ce que j'ai déjà eu l'occasion de vous dire, il me semble qu'il conviendrait de ne pas taire la seconde exhumation des restes de l'Amiral, laquelle fut dans sa simplicité une manifestation sympathique qui rachète notre première légèreté (1).

Je poursuis mes recherches à chaque moment interrompues.

J'ai une montagne de nouvelles notes et de nouveaux documents. Je me remettrai à l'œuvre; mais jusqu'à ce qu'on puisse faire plus de lumière, le livre de Madame votre sœur défendra et revendiquera vis-à-vis du monde et de l'histoire l'exceptionnelle grandeur du *fort capitaine* contre la médiocrité et l'envie, qui n'ont pas encore cessé de vouloir abattre et diminuer cette grande mémoire (*grandiosa memoria*).

Et ce sera la meilleure monographie de l'Amiral. . . . .

. . . .

Luciano Cordeiro.

Lisbonne, 21 juillet 1900.

(1) M. Luciano Cordeiro qualifie ainsi l'erreur commise en 1878 lorsqu'on transporta solennellement du caveau de famille da Vidigueira dans le Panthéon de Belem les restes de D. Francisco da Gama quatrième Comte da Vidigueira, petit-fils de Vasco da Gama, au lieu des cendres et ossements du *fort capitaine*. Peu de jours avant sa mort, M. Luciano Cordeiro rencontrait la marquise de Unhão et lui répétait cette observation, ignorant qu'ayant à cœur de satisfaire au désir exprimé dans sa lettre, nous avions intercalé dans notre ouvrage le récit de cette seconde exhumation.

CAUSERIE

En 1898 on célébrait dans tout le monde civilisé le quatrième centenaire de la découverte de la route maritime de l'Inde.

De partout les gouvernements et les corporations scientifiques et commerciales envoyaient à Lisbonne leurs représentants féliciter le peuple Lusitanien de ses gloires. Et quelques nations voulant d'une façon plus spéciale témoigner leur admiration pour Vasco da Gama, et saluer la mémoire du grand homme, organisaient chez elles des fêtes et des séances solennelles dont l'écho retentissait dans la patrie du navigateur.

A ce moment, la *Nouvelle Revue* publiait dans ses feuilles, le *Routier de Vasco da Gama* nouvellement traduit et précédé d'une biographie du navigateur, à laquelle en raison de son actualité le public fit bon accueil.

De ce bon accueil naquit le projet de développer cette étude.

Deux sont les raisons qui nous portent à l'écrire en langue étrangère, si étrangère elle est en Portugal cette langue, que là-bas les enfants balbutient.

En premier lieu nous avons une dette à payer à la France. Nous croyons donc faire acte de courtoisie envers elle en choisissant sa langue pour exprimer nos remerciements aux membres français du comité franco-portugais. Et nous nous adressons spécialement à la femme supérieure qui se mit à la tête de ce groupe, et à laquelle la colonie portugaise de Paris dut l'émotion très douce et la très fière et très intime satisfaction, que lui procura la grande manifestation qui eut lieu à la Sorbonne le 28 avril 1898.

Il serait permis de supposer que chez le souverain à qui cet ouvrage est dédié, on saurait encore comprendre la langue de Pero da Covilhã, premier Européen qui s'aventura dans les terres du Prestre, de D. Rodrigo da Lima, chef de la première ambassade que le roi Dom Manuel envoya au Négus, et du fils du grand Vasco da Gama, D. Christovão, le héros martyr que secourut le Prestre contre les Maures. Mais Ménélik, ce roi moderne d'un pays primitif, a ses préférences pour la terre de France, et notre essai historique, dont une partie est si étroitement liée à l'Éthiopie, lui plaira sans doute mieux dans la langue de sa prédilection.

La langue portugaise, tout en étant une des plus répandues dans le monde — il lui suffirait pour cela d'être parlée au Brésil, mais on la parle aussi plus ou moins sur tout le littoral africain, à Madagascar même (1), aux Indes, dans les îles océaniques, — la langue portugaise, disons-nous, si répandue qu'elle soit, et bien que de toutes les langues latines la plus ressemblante au latin, n'a pas assurément le caractère d'universalité de la langue française, ni son cachet d'élégance, ni la vogue qu'une mode déjà longue a créée à celle-ci.

En outre, aujourd'hui que l'on fouille le passé avec plus d'ardeur et de succès que jamais, que l'on cherche avec passion à ressusciter les choses anciennes, nous avons cru faire œuvre plus patriotique en parlant de Vasco da Gama dans l'idiome où tous les esprits investigateurs se rencontrent et s'entendent.

En 1898 les louanges de Vasco da Gama furent célébrées dans toutes les parties du globe. Dans les colonies portugaises, si diminuées, mais encore nombreuses, on tint à cœur de s'unir à la mère patrie où, notamment à Lisbonne et à Sines, des réjouissances publiques attirèrent un grand nombre de provinciaux et d'étrangers.

(1) On a rencontré à Madagascar des tribus indigènes qui communiquent entre elles en portugais.

`A Sines, berceau du navigateur, dix mille *forastieri* se réunirent. On y procéda à des fêtes religieuses dans la chapelle de Notre-Dame-das Salas, due à Vasco da Gama et où se trouve son portrait. Des fêtes civiles eurent lieu ensuite dans la petite ville de l'Algarve : courses diverses, régates, cortège à travers la ville jusqu'en face de la maison dans laquelle naquit Vasco da Gama. Et là furent distribués les prix aux concurrents.

Puis on fixa contre le mur de l'ancienne, demeure qui désormais appartenait à l'histoire, une plaque en marbre offerte par M. Thomaz Ribeiro, poète émérite, homme d'État illustre.

Sur le marbre étaient inscrits ces mots :

ICI NAQUIT LE

NAVIGATEUR ÉPIQUE

VASCO DA GAMA.

HONNEUR A SA PATRIE.

8 MAI 1898.

Au moment de la pose de cette pierre commémorative, M. Thomaz Ribeiro prononça un discours brûlant de patriotisme et d'enthousiasme.

Jusque-là, le lieu de naissance de Vasco da Gama était encore parfois discuté.

Était-ce bien Sines? Ne serait-ce pas Évora?

L'offrande et le discours de M. Thomaz Ribeiro tranchèrent définitivement cette question, à la joie du peuple de Sines.

A Lisbonne, l'affluence fut considérable du 10 au 22 mai, jours destinés à la célébration du Centenaire.

Jamais pareille agglomération de visiteurs n'y avait été vue. Tout contribua à l'éclat de ces solemnités : soleil brillant et chaud, ciel bleu et gai, foule joyeuse et empressée (1).

____

(1) Les compagnies de chemins de fer nationales et étrangères avaient réduit leurs tarifs de 50 % afin de faciliter le mouvement des voyageurs.

Dans ces fêtes générales, chacun eut d'ailleurs sa fête particulière. Ceux qui, s'inspirant de la foi, rapportent à Dieu toute gloire et tout succès, s'unirent au *Te Deum* entonné par Son Éminence le cardinal Patriarche de Lisbonne. Ce cantique d'actions de grâces fut chanté avec pompe dans le même temple de Belem que le roi D. Manuel fit bâtir en mémoire de la découverte de la route maritime des Indes.

Le roi, la reine, les officiers des flottes étrangères, les membres du gouvernement et tout l'élément officiel assista en grande tenue à cette cérémonie.

Les pauvres eurent leurs festins; les artistes et les industriels leurs expositions variées d'arts divers, de numismatique, d'agriculture, etc. Les savants eurent leur congrès. Et pour tous indistinctement il y eut des courses de taureaux à l'ancienne mode avec costumes de l'époque, banquets, bals, procession civile, dont le principal attrait fut la caravelle de Vasco da Gama surmontée du drapeau orné de la croix rouge, et les groupes d'Indiens et de nègres du Congo chantant leurs airs, jouant de leurs instruments et dansant leurs danses à travers la ville.

Il y eut aussi des régates entre Portugais et étrangers, des revues navales et militaires et des illuminations sur terre et sur mer.

Pendant cette saison de fêtes, des bâtiments de guerre de tous pays stationnèrent à tour de rôle dans le port. A l'heure où le ciel piquait ses feux sur son enveloppe sombre et où la ville s'allumait, les grands vaisseaux dressaient soudain leurs silhouettes étincelantes, jetaient des flots de lumière sur l'onde et s'entouraient d'une vaste ceinture de flammes. C'était un *match* entre l'embrasement du ciel, de la terre et de l'eau; et dans ces nuits de printemps calmes et embaumées, la mer, cette grande aimée de Vasco, enleva les suffrages.

Les illuminations du Tage furent un éblouissement, une féerie.

Nous croyons devoir faire ici une mention particulière de la réunion solennelle de la Société de Géographie de Lisbonne, qui avait pris une part si active à la commémoration de la grande découverte. Chacun y put apprécier le travail, le savoir et le dévouement des membres sociétaires du comité exécutif, spécialement de M. Luciano Cordeiro. On lui dut alors, avec d'autres publications se rapportant directement aux expéditions d'Orient, celle du premier *Journal des Aveugles,* que l'on imprimait en Portugal et qui à ce moment fut envoyé à tous les établissements d'aveugles du monde.

Cette remarquable séance de la Société de géographie fut présidée par S. M. le roi D. Carlos. En face d'un auditoire de cinq mille personnes, dont beaucoup d'étrangers, le Souverain fit entendre son langage facile et élégant.

Tous ne comprirent pas les paroles qui tombaient des lèvres de D. Carlos, mais tous entendirent l'accent — âme du discours, — tous virent le geste, et tous s'unirent au sentiment que proclamaient l'attitude et la voix de l'orateur.

Pendant l'année du centenaire, le gouvernement portugais mit en

circulation des cartes postales et des timbres artistiques, qui eurent un succès fort mérité. Il ordonna aussi la frappe de diverses monnaies d'argent représentant d'un côté les profils du roi D. Carlos et de la reine D. Marie Amélie et de l'autre la croix du Christ, au nom de laquelle la route de l'Inde fut conquise.

L'industrie nationale ne se fit pas faute de créer des objets de toutes sortes et de tout prix représentant Vasco da Gama et les principales scènes réelles ou fantastiques attribuées à l'épopée maritime de l'Inde :

depuis les mouchoirs de coton et les éventails de cinquante ou de cent reis jusqu'aux bijoux de prix et aux pièces d'orfèvrerie de mérite et de valeur.

Nous avons dit que la gloire du grand Portugais fut célébrée dans les cinq parties du globe. En effet, le nom de Vasco da Gama fut universellement acclamé. En Océanie : à Timor, Sidney, etc. ; en Amérique : au Brésil, en Californie, au Mexique, etc. ; en Asie : à Macao, à Hong-Kong ; dans les Indes portugaises et anglaises, à Madras, à Calicut (1) Cochim (2) — deux noms qui sonnent faux dans la langue anglaise — et surtout à Bombay, des fêtes solennelles eurent lieu. En Afrique : dans les possessions portugaises orientales et occidentales spécialement à Loanda et à Mozambique, où une souscription fut ouverte pour élever un monument au navigateur. A Durban on célébra le passage de Vasco da Gama et la découverte du Natal par l'inauguration d'une fontaine mesurant 6^m,60 de hauteur qu'on illumina à l'électricité.

En Europe : à Vienne, à Berlin, à Bruxelles, à Londres, etc., etc.,

A Rome, un Comité catholique se réunit pour célébrer le centenaire.

Cette réunion, à laquelle assista toute l'élite de la vieille capitale : membres de l'aristocratie, de la diplomatie, du Sacré Collège, fut, d'après le compte rendu du moment, une fête des plus réussies. L'assemblée eut lieu dans la salle d'honneur du séminaire romain de Saint-Apollinaire. Le cardinal Vanutelli prit en premier lieu la parole. Le comte de Soderini, le marquis de Mac-Swyne, Gnobbi, etc., etc., parlèrent à la suite du Cardinal. Puis, le comte de Soderini fit lecture d'une lettre de Son Éminence le cardinal Rampolla, secrétaire d'État, qui interprétait les sentiments de bienveillance et de sympathie de Sa Sainteté envers « l'héroïque nation portugaise ».

La seconde partie de la fête fut consacrée à la musique, à la littérature et aux arts. Le comité composa, sous la protection de Sa Sainteté le Pape Léon XIII, un album que l'on offrit au roi de Portugal, D. Carlos.

Dans cet album figurent les noms des premiers écrivains, prosateurs et poètes, et des principaux peintres et musiciens catholiques de Rome.

Il serait trop long d'énumérer les productions littéraires publiées en l'honneur de Vasco da Gama à l'époque du centenaire. Une des publications les plus remarquables du moment fut la reproduction photo-zincographique du Planisphère tracé en 1561 à Lisbonne par

(1) Première ville où aborda Vasco da Gama.
(2) Ville où mourut Vasco da Gama.

le cosmographe portugais Bartholomeu. Cette reproduction fut faite à l'Institut géographique de Florence en avril 1897 et ne fut tirée qu'à vingt exemplaires.

Ce travail a cela de particulièrement intéressant et curieux, qu'il était déjà à l'origine, un monument cartographique composé en l'honneur de Vasco da Gama et de sa glorieuse expédition. L'auteur date sa composition de Lisbonne, soixante-quatre ans après la découverte de la route maritime de l'Inde. L'ouvrage porte une inscription qui a trait à la grande découverte.

Ledit Planisphère fut trouvé à la bibliothèque de l'Institut des Beaux-Arts, à Florence.

Dans le couvent arménien, situé dans l'île de Saint-Lazare à Venise, un des religieux, le Père Arsenius Ghazih, traduisit en arménien des stances des Lusiades qui furent imprimées dans le même couvent.

En France, plus d'une ville, Moulins, Lille, etc., etc., eurent leurs réunions solennelles pour célébrer la mémoire de Vasco da Gama.

Nous ne parlons de Paris qu'en dernier lieu, parce qu'ici l'apothéose du navigateur dépassa tout ce qu'on aurait pu prévoir. Une femme célèbre, une Française, dont le cœur est assez grand pour aimer la France de l'amour le plus intense et pour aimer ses frères de race de l'affection la plus vraie, se mit à la tête d'un comité franco-portugais destiné à rendre hommage à cette grande gloire latine (1).

Cette femme dont toutes les aspirations sont grandes, ne saurait se contenter d'une salle petite ou d'une assemblée moyenne.

Il lui fallait la Sorbonne.

Il lui fallait une assistance où figurerait toute la hiérarchie de l'enseignement, et de l'armée de terre et de mer. Il lui fallait réunir toutes les classes sociales au pied du buste de la République pour célébrer l'homme qui travailla pour tous les peuples et pour toutes les constitutions.

---

(1) Nous ne devons pas omettre le nom du conseiller Louis Herbette, qui prêta tout son concours à Mme Adam pour mener à bien la grande entreprise.

Deux choses, qui s'allient rarement ensemble se réunissent chez Madame Adam : l'intelligence qui commande et le charme qui séduit. Rien donc ne lui résista. Elle l'eut, cette assistance nombreuse (1), choisie, sympathique à son idée, acclamant une gloire étrangère que la grande patriote avait su rendre presque nationale, tant elle traitait en frères les Latins d'Occident et tant elle rappelait à la mémoire de tous que sur le trône de Portugal siégeait alors une femme française !

Des accords bien connus des cœurs portugais s'élèvent du fond de la salle. L'assistance est debout. Toutes les poitrines lusitaniennes se serrent. Un frisson les saisit. On croirait frôler l'ombre de Vasco da Gama dans la majestueuse enceinte. Quelque chose de très solennel et de joyeux flotte dans l'air.

La séance est ouverte. M. Janssen membre de l'Académie des sciences, directeur de l'Observatoire de Meudon et président du comité, fait pour ainsi dire au public la présentation du navigateur portugais, « génie supérieur qui dut à sa confiance de triompher des éléments et des hommes ».

Le ministre de Portugal répond au Président, et ses expressions de remerciements sont suivies d'un discours lu par M. Gabriel Marcel, conservateur à la Bibliothèque Nationale.

A ces manifestations de la science succèdent les manifestations de l'art. La poésie et la musique s'unissent pour exalter la grandeur de Vasco da Gama. M. Paul Mounet récite en provençal une œuvre de Frédéric Mistral *Au Portugau*. Mme Sarah Bernhardt dit *l'Aventure* de Camille Mauclair. M. Sully-Prud'homme répète *Le Voyageur*, poésie de M. François Coppée. D'autres morceaux d'égal mérite furent également bien récités par Mlles Brandés et Legault.

(1) Trois mille personnes assistaient à cette fête. Tout le corps enseignant du département de la Seine depuis le maître d'instruction primaire jusqu'au professeur des grandes Universités, tout le corps diplomatique sans excepter le Nonce du Pape.

Le Président de la République, M. Félix Faure, qui devait se rendre à la Sorbonne, jugea prudent de s'en abstenir pour des raisons de politique internationale; mais il s'y fit représenter.

La Prière, de M. Paul Adam, transporta vraiment la pensée vers Belem à l'heure où Vasco à genoux répétait à la Vierge sa supplique d'adieu. *Le Songe de Vasco,* paroles de Mme Arnaud, mises en musique par M. Bourgault-Ducoudray, laissa à tous l'impression d'un rêve de choses très mélancoliques et en même temps très élevées et très lumineuses.

Cette mémorable séance ne suffisait pas à Mme Adam. Il lui fallait encore une preuve plus durable du sentiment de la France. Toujours inspirés par elle, des écrivains et des artistes français songèrent à « s'associer dans une commune pensée de respect et de sympathie pour la grande figure de Vasco da Gama par la publication d'un album à l'hommage que rendait le Portugal à l'immortel navigateur ».

Cet album commémoratif *Hommage de la pensée française,* publié sous le patronage de S. M. la reine Marie-Amélie de Portugal, comprenait des dessins des premiers artistes français; Puvis de Chavannes, Carolus Duran, Jules Chéret, Léon Bonnat, M. J.-P. Laurens etc., etc., des morceaux de musique par Camille Saint-Saëns, Massenet, Alfred Bruneau, Vincent d'Indy, Bourgault-Ducoudray, etc., et des morceaux de littérature en prose et en vers d'où nous tirons quelques passages : « La grandeur des nations, dit le vice-amiral Bénard, se mesure moins à l'étendue de leurs territoires qu'aux services qu'elles rendent à la cause générale de l'humanité.

« En ouvrant à l'Europe la route des Indes, Vasco da Gama a élargi le champ de la civilisation et a assigné pour toujours au Portugal, sa patrie, une place glorieuse dans l'histoire du monde. »

« Quelque chose de plus qu'humain était en lui certainement, » écrit le vice-amiral Gervais, « et sa gloire si haute n'appartient pas seulement au pays qui l'a vu naître, elle est du patrimoine de l'humanité. »

Citons encore du vice-amiral Cuverville, cette phrase d'une haute mais triste philosophie chrétienne. « Les nations ne prospèrent pas seulement par l'or qu'elles amassent; elles progressent ou elles déclinent, selon qu'elles coopèrent plus ou moins fidèlement à l'exécution du plan divin. »

Le contre-amiral Réveillère dans son article « *Vasco da Gama* » divise la marche de la civilisation en quatre grandes périodes :

Iᵣᵉ Période fluviale (civilisation égyptienne gangétique et chinoise).

IIᵉ Période méditerranéenne (Tir et Carthage).

IIIᵉ Période atlantique présidée par Colomb.

IVᵒ Période océanique ou universelle inaugurée par Vasco da Gama.

Stéphane Mallarmé, Pierre Loti, Paul Bourget, Léon Daudet, etc., adressèrent tous à Mᵐᵉ Juliette Adam pour son album — vrai recueil d'artiste — des paroles enthousiastes ou aimables pour le Portugal; et comme dernier mot de cette collection de belles pensées, les phrases vigoureuses de Mᵐᵉ Adam sous le titre de « *Grandeur* ».

« Vasco da Gama est le héros qui dans la paix a fait rayonner le plus magnifiquement l'éclat de la grandeur humaine.

« Par lui le règne sous lequel il a vécu est le plus grand règne de l'histoire de son pays. . . . .

« Fortune plus rare encore! Le grand navigateur a fait jaillir, du contact de l'Asie et du Portugal, une expression sublime de l'art, un style architectural dont seules jusqu'ici les religions dotaient les peuples. » . . . . .

Le Portugal, déshabitué de ces manifestations, ayant depuis de longues années mordu au pain de l'amertume, tressaillit à ces acclamations. Son âme vibra au souffle de sympathie qui des cinq parties du monde arrivait jusqu'à lui.

Il en est des peuples comme des individus. Les uns et les autres cachent soigneusement au fond de leur être la douleur suprême de leur existence. Tous deux ont la pudeur, l'orgueil en même temps que l'amour de leur souffrance, comme la jeunesse a la pudeur, l'orgueil et l'amour de son amour; mais pour les uns et pour les autres il y a parfois une détente.

A la griserie d'une tendresse comme à l'évocation d'une gloire, le cœur se fond, l'épanchement et la confiance s'imposent. Cette heure d'abandon a dû sonner alors pour le Portugal qui se livra à la chaleur de cette grande caresse universelle. Il a pu à ce moment se croire à l'aurore de nouveaux beaux jours, et sans même s'envoler aussi haut sur les ailes de l'espérance, il aurait pu s'attendre à ce que le monde redevenu conscient de ce qu'il devait au peuple lusitanien lui garantît sa place au soleil, fût-ce par simple courtoisie — il est malséant d'insulter à l'âge, à plus forte raison si l'âge est doublé de malheur — et qu'il détournât des terres portugaises, des regards où se dissimulait mal la cupidité.

L'illusion fut courte.

Trois années incomplètes nous séparent de ces manifestations dont la voix nous semble déjà lointaine, et de ces espoirs éphémères s'il en fut.

Aux Saxons du Nouveau Monde, qui, en 1898, empiétaient sur les domaines du peuple, au quel ils devaient, soit leur territoire soit leur civilisation, — bien que l'on considère les Yankees comme des Indiens que l'Espagne a tirés de leur ignorance, bien qu'on les prenne pour des Anglais à la recherche d'une autre patrie, s'établissant sur la terre nouvelle que l'Espagne leur avait désignée, — à ces Saxons, disons-nous, succédèrent bientôt les Saxons d'Europe, avides d'or, cherchant à déloger un peuple petit et simple, mais pourtant formidable et glorieux.

En face d'une résistance sublime et inattendue, le Saxon, mutilé dans son orgueil, se venge par des excès que l'univers condamne et jette ouvertement son dévolu sur un autre peuple petit aussi en nombre et par malheur son voisin. Mais le moment était-il mal choisi pour lancer un nouveau défi à l'opinion ? L'Angleterre craignit-elle de se rabaisser davantage à ses propres yeux en usant contre le Mozambique de la violence qu'elle mettait en jeu au Transwaal ? ou y eut-il quelque autre raison ? Toujours est-il qu'au lieu de brandir l'épée, elle tendit la main.

Et non seulement la main fut tendue, mais l'engagement fut pris de respecter l'inviolabilité de tout territoire portugais, de sauvegarder la suzeraineté portugaise partout où elle s'exerce, et de garantir la liberté entière et jalouse d'un peuple amant de ses traditions. Accepterait-on ce rapprochement, ou répondrait-on par un chant belliqueux?

L'instant fut grave. Albion attendait.

Le Portugal tourna les yeux vers ceux qui tantôt chantaient ses louanges et reconnaissaient sa suprématie dans l'histoire des grandes épopées et dans celle de la civilisation. Partout l'indifférence. Les *grandes puissances* se voilent la face pour éviter de voir l'injustice commise au loin. En commettra-t-on davantage? Envahira-t-on le Mozambique avec ou après l'envahissement du Transwaal? Qu'importe? Le Français même — il faut le dire — contemple ces iniquités sans protestation. Il est pourtant là à deux pas et les eaux qui baignent les côtes portugaises mouillent les rives de Madagascar. La senteur de nos grèves arrive jusqu'à lui...

Et l'on se permet de blâmer! Et l'on fait un reproche au Portugal d'avoir à cette heure songé à sa capitale, « aux vastes jardins en fleurs », assis aux bords du Tage, à ses ports étincelants d'Afrique, au labeur et aux sacrifices des générations anciennes et des générations présentes!

D'ailleurs, qu'y a-t-il jamais de vrai, de sincèrement amical dans une alliance politique? Un homme d'État vient de le rappeler publiquement. A ces unions, la seule convenance préside. Y a-t-il quelqu'un pour croire que l'Italie s'est éprise subitement de son ennemie d'hier? Et qu'une similitude d'instincts et de goûts a éclaté soudain entre le Teuton et le Romain?

Peut-on ajouter foi aux manifestations exagérées auxquelles donna lieu l'alliance franco-russe? Cette sympathie bruyante n'a-t-elle point pour base la nécessité de serrer les flancs à l'ennemi commun? La Russie n'a-t-elle pas besoin de la France, comme la France a besoin de la Russie? Et puisque union politique ne signifie pas amour, souvent pas même estime, pourquoi des engouements ou de l'hypocrisie?

L'alliance est avant tout un nivellement. On s'allie pour rétablir un équilibre perdu ou qui se perd.

Toutes les forces qui composent cet équilibre se valent, parce qu'elles sont toutes également nécessaires.

Aucune alliance d'ailleurs n'est éternelle.

« De quoi demain sera-t-il fait? »

16 décembre 1900.

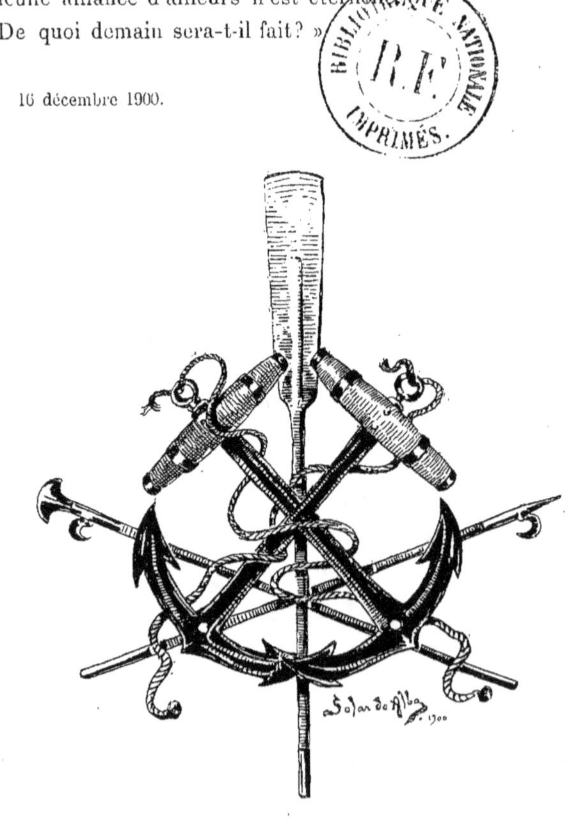

Un cerf serait apparu, portant un crucifix entre ses bois...

PREMIÈRE PARTIE

LE FORT CAPITAINE ET SON ŒUVRE

L n'entre pas dans notre programme de faire de la polémique autour du nom de Vasco da Gama, ni de donner la généalogie exacte de ce navigateur. Déjà Damião de Goes (1), dans le rude langage d'antan — M. Luciano Cordeiro (2) vient de nous le rappeler dans son ouvrage *Les Premiers Gama*, — disait que : « des « choses de cette qualité ne sont pas pour « les personnes que la nature n'a séparées de la condition des bêtes « que par la forme et le langage, mais bien pour les hommes érudits,

(1) Cet auteur fut chargé, dès 1560, par le roi-cardinal Dom Henrique, d'écrire la chronique du roi Dom Manuel.

(2) Conseiller de S. M. Dom Carlos, roi de Portugal, et très digne secrétaire de la Société de Géographie de Lisbonne, qui lui doit son actuelle et très remarquable prospérité.

« discrets, etc. »... Sans nous abaisser jusqu'à nous croire seulement
séparée de la condition des bêtes par la seule construction du corps
et de la parole, nous nous savons privée des connaissances nécessaires pour débrouiller une question toujours ardue, et devenue particulièrement difficile et complexe dans le cas de Vasco da Gama par
la « *préoccupation vaniteuse* » des uns, et peut-être par l'excès de
zèle des autres.

Manoel Severim de Faria, à qui un descendant du grand navigateur commandait la généalogie de ce glorieux ancêtre, se plaignait déjà
de cette difficulté et écrivait au comte da Vidigueira (1), en mars 1620 :
« Je profite de l'occasion pour dire à Votre Seigneurie qu'une personne
« portant ce même nom de Gama est venue me trouver. Elle se disait
« descendante du premier comte-amiral, en raison de certains docu-
« ments qu'elle m'a fait voir, et elle ne gagna qu'à être par moi dé-
« trompée de son erreur. »

Les Gama tirent leur origine, d'après Dom Antonio de Lima et les
plus autorisés écrivains, d'un Gama qui se distingua en 1166 à côté
de Geraldo sem Pavôr (sans peur) à la prise d'Évora sur les mahométans.

Il serait venu d'Olivença et avait nom Ruy Lopez. Son père, D. Lopez Roiz de Ulhôa, était seigneur de Villa Mayor de Ulhôa, *rico
homem* (2) du roi de Castille Affonso VII (3). Olivença appartenait alors
au royaume de Castille, et le gentilhomme castillan passa en Portugal
dans l'héroïque dessein d'y combattre contre les Maures.

Le nom *da Gama*, qui en portugais signifie *de la biche*, aurait
été pris par ce noble venu de Olivença (d'aucuns disent de Burgos)

(1) On verra plus loin comment les descendants de Vasco da Gama furent gratifiés
de ce titre.

(2) Titre d'honneur qu'autrefois on donnait aux grands seigneurs. Le *rico homem*
devait servir le roi pendant la guerre à la tête de certaines compagnies, et portait
comme insignes l'étendard royal et le chaudron. Celui-ci signifiait que le *rico homem*
nourrissait à ses frais les hommes de sa troupe.

(3) *Collections de divers titres généalogiques.* Manuscrit de la Bibliothèque nationale
de Lisbonne, t. V, ch. III, 2.

parce qu'au moment où il allait entrer en combat, un cerf lui serait
apparu, portant un crucifix entre les bois (1). D'autres disent encore
qu'une biche serait, en effet, apparue au gentilhomme et l'aurait
intelligemment guidé de façon à le délivrer d'une embuscade où il
aurait dû fatalement périr (2).

D'autres enfin croient à un sobriquet appliqué au noble Castillan
parce qu'il se faisait suivre d'une biche apprivoisée (3).

Sous le règne d'Affonso III de Portugal, Alvaro da Gama se faisait
remarquer durant la conquête des Algarves.

Plus tard, on trouve un Gama de même souche, Estevão, se dis-
tinguant en Afrique à côté de l'Infant D. Fernando.

Celui-ci, avant d'investir Anafe en 1469, envoya Estevão da Gama
pour reconnaître la place. A cette fin, Estevão se serait travesti en
marchand de figues et de raisins secs.

Après cela, il s'avança intrépide sur Tanger. Nul doute, dit encore
M. Luciano Cordeiro, que ce ne soit cet Estevão da Gama, chevalier
de l'ordre de S. Thiago, qui, de retour de la campagne d'Afrique,
reçoit une pension de sept mille réaux par lettre patente de l'an
1471, somme augmentée encore à Samora de 3.000 réaux.

Enfin, on distingue sous Affonso V, Vasco da Gama, premier de ce
nom dont l'histoire fasse mention, fils d'Estevão da Gama et de

(1) *Collections de divers titres généalogiques*. Manuscrit de la Bibliothèque nationale,
t. V, ch. III, 2.

(2) *Res. des Rois*, par Azurara.

(3) Si le nom de Gama venait de l'apparition du cerf portant le crucifix entre ses
branches, il paraît probable que le Castillan aurait substitué au nom de ses pères celui
de *Gamo*, cerf, et non de *Gama*, biche.

On n'a pas manqué, du reste, de relever l'erreur qui prêterait à la biche une parure
que seul le mâle revêt, à l'exception du renne, espèce qui n'habite pas en nos contrées.
Nous n'accordons pas aux vieilles légendes plus de confiance qu'elles n'en méritent,
mais nous ne voulons pas non plus détruire par système toutes ces croyances, qui sont
l'attrait et la poésie de l'histoire des peuples.

Il nous semble que l'on pourrait admettre que le cerf serait apparu, et que plus tard,
en souvenir de cette vision, D. Lopo aurait apprivoisé une biche, plus facile à priver
que le mâle. Quoi qu'il en soit, et quelle qu'en fût la cause, ce qu'il y a de certain, c'est
que le gentilhomme castillan changea de nationalité. Il n'est donc pas surprenant qu'il
eût voulu fonder une maison et créer un nouveau nom dans le pays de son adoption.

Caterina Mendes, et chevalier du roi. Nous le voyons, portant l'étendard royal, courant de l'avant, et s'enfonçant dans les terres d'Espagne durant les guerres de l'*Excellente Senhora*, puis grand alcaïde à Sines.

« Avec le brillant porte-étendard du roi, les Gama aventureux, « et batailleurs, se détachent lumineux, laissant dans l'ombre les « autres Gama, qui continuent de vivre dans leurs terres (1). » Ce premier Vasco da Gama, fils d'Estevão et de Caterina, aurait habité soit à Elvas, soit à Olivença. « Il était le plus honoré des Gama de son temps (2). »

Caterina, restée veuve à l'âge de dix-huit ans, a laissé une pieuse tradition attachée à son nom.

Les premiers Dominicains, venus en Portugal, s'établirent près d'Alemquer, d'où un des moines accompagna le roi D. Sancho II à la conquête d'Elvas, l'an 1226.

Le religieux se fixa alors dans les environs d'Elvas, sur une colline escarpée et buissonneuse.

On ne tarda pas à y bâtir un ermitage, auquel fut donné le nom de Saint-Dominique. Plus tard, ces religieux obtinrent une église dans la ville et y construisirent un monastère adjacent.

La petite chapelle sur la montagne fut alors abandonnée. Durant douze ans, elle resta ainsi délaissée. La jeune veuve d'Estevão da Gama ne cherchait d'autre distraction à sa douleur que celle, très noble et très honnête, de s'adonner à la dévotion et aux bonnes œuvres.

Dans sa piété et son amour pour la Vierge, Dona Caterina souffrait de voir la chapelle dominicaine de telle sorte oubliée. Elle la fit réparer et agrandir et y plaça une image de la *Vierge de la Grâce*, qui en devint la patronne.

La colline garde encore aujourd'hui le nom de colline de la Vierge de la Grâce.

Les Gama de Elvas et ceux d'Olivença, proches parents entre eux, et sur lesquels se partagent les avis des généalogistes anciens et mo-

(1) *Les Premiers Gama*, par Luciano Cordeiro.
(2) *Mémoires généalogiques de la maison de Vasconcellos.*

dernes, ne faisaient point parler d'eux uniquement en défendant le roi
contre l'ennemi, mais ils employaient encore leurs loisirs à se quereller avec d'autres *fidalgos*. Leurs bandes semaient l'agitation dans
le nord de la province de l'Alemtejo.

« La race des Gama commençait à se révéler hautaine et impé-
« tueuse (1). » Leurs noms apparaissent alors en maints documents
historiques.

En 1473, on construit au cap Spartel une forteresse, dont est
nommé chevalier un Gama appelé Affonso. Son nom figure quelques
années plus tard, au bas du contrat nuptial du fils du duc de Bragança
cousin du roi. Ce contrat fut célébré dans les conditions suivantes. En
1479, Dom Alvaro, un fils de ce duc de Bragança qui devait plus tard
être décapité à Evora, avait promis le mariage à Dona Philippa de Mello,
fille du premier comte de Olivença, gouverneur de Tanger. Le fiancé,
qui résidait au château royal d'Evora, nomma procureur Fernão de
Lemos, lequel, accompagné de Vasco da Gama (2), chevalier et agent
ou assesseur royal, se rendit à Tanger.

Tous deux étaient munis d'un sauf-conduit pour pénétrer dans
la ville. L'acte de mariage fut signé à Tanger par Fernão de Lemos,
procureur, Vasco da Gama et Affonso da Gama, chevaliers. Ce dernier
résidait à la forteresse du cap Spartel.

Ce Vasco da Gama, premier du nom cité dans l'histoire, serait le
père d'un autre Estevão da Gama, grand alcaïde de Silves et de Sines,
qui vint à exercer les fonctions de contrôleur de la maison du roi.
Nous reparlerons de lui plus loin. Il laissa plusieurs enfants, dont le
troisième fut le héros de la découverte de l'Inde.

Le premier Vasco da Gama était donc l'aïeul du navigateur; mais,
qui en fut l'aïeule? On n'est pas d'accord sur ce point. Quelques-uns
font épouser à Vasco (3) Dona Teresa da Silva, de la maison du comte

----

(1) *Les Premiers Gama,* par Luciano Cordeiro.
(2) Le fils de Caterina Mendès probablement.
(3) *Collections des divers titres généalogiques.* Manuscrits de la bibliothèque nationale de Lisbonne, t. V, ch. iii, 2.

de Olivença, que nous avons vu gouverneur à Tanger et dont la fille
avait épousé Dom Alvarez de Bragança, fondateur de la maison de
Cadaval. D'autres lui donnent pour femme une fille noble de sang
« illustrissime » et de nation anglaise, Basilissa ou Brasalinda de Bra-
sefortes (Bedford) (1) qu'il aurait épousée en Angleterre et amenée
en ce royaume de Portugal.

Elle serait descendante des Sudley, du dit royaume d'Angleterre.
Brasalinda aurait pris le nom de Dona Branca (2), lequel nom, d'après
M. Luciano Cordeiro, peut être facilement la corruption de Brasa-
linda ou Basilissa.

Il y a eu des reines d'Angleterre qui se sont fait appeler Basilissa
comme titre correspondant à celui de Basileus que quelques monarques anglais ont pris, à l'imitation des empereurs de Constantinople.

On pourrait encore, d'après le même auteur, admettre que la
nouvelle famille de Braselinda eût changé le nom de celle-ci contre
celui de Branca (Blanche). « La blanche et resplendissante fille des
Bedford. »

Si naturelles et si bien appuyées que soient ces conjectures,
elles n'offrent pas encore la garantie d'une authenticité parfaite et ne
sont d'ailleurs pas d'un intérêt primordial.

Ce dont on ne peut douter, c'est que, Estevão da Gama (3), père
du navigateur, ait contracté alliance avec Isabel Sudley ou Sodré (4).
Les premiers Sudley, naturalisés Portugais acceptèrent de suite la
transformation du nom (5) et il n'est plus question dans l'histoire
dorénavant, de Sudley, mais de Sodré. « Tout illustre qu'elle fut, à vrai
« dire la race des Sudley ne s'accentue dans l'histoire que lorsqu'elle
« vient s'unir à celle des Gama et à produire le grand amiral (6). »

---

(1) *Collections des divers titres généalogiques.* Manuscrits de la bibliothèque de Lisbonne, t. V, ch. iii, 2.
(2) Blanche.
(3) Alcaïde mór de Sines (voir Documents, n° 3 et n° 4).
(4) Fille de João de Resende, provéditeur.
(5) Manso Lima.
(6) Luciano Cordeiro.

Il est évident que ceux qui ne se sont jamais attachés à déchiffrer les documents moisis et poudreux d'après lesquels on dresse les généalogies, ou l'on reconstruit les événements, ne se doutent pas des incertitudes et souvent des contradictions que l'on y rencontre.

Assurément, ces contradictions et ces incertitudes peuvent porter au doute certains esprits, mais dans le cas particulier qui nous occupe, ce doute, pour logique qu'il soit, nous semble facile à combattre.

Nous avons dit plus haut tout ce que Manoel Severim de Faria écrivait en 1620 au comte da Vidigueira à l'endroit d'un Gama, se disant descendant du navigateur et à qui il ne lui fut pas difficile de prouver sa fatuité, ou peut-être son erreur.

« La préoccupation vaniteuse de divers Gama, qui cherchent à « donner le change à la tradition, est encore aujourd'hui assez mani- « feste, pour que nous ne nous étonnions pas de la rencontrer, à partir « du seizième siècle, s'efforçant, d'une part, de cacher les vraies tra- « ditions, et forgeant, de l'autre, des dérivations incongrues comme « celles qui résultent de la confusion entre les divers Vasco (1). »

M. Luciano Cordeiro signale, dans son dernier ouvrage, ce qu'il appelle une *nouveauté intéressante.*

Il s'agit d'une brochure parue en 1896 où l'auteur se vante des liens de parenté qui l'unissent à Vasco da Gama, citant des dates et des faits à l'appui. Cet ouvrage fantaisiste a mérité d'être qualifié d'absurde par M. Luciano Cordeiro.

La vérité touche parfois à l'invraisemblable et la bêtise humaine dépasse souvent toute prévision.

N'a-t-on pas baptisé, ces derniers temps, du nom de « *Dom Vasco da Gama* » le rejeton d'une famille d'un tout autre nom patronymique et qui n'a aucun lien de parenté avec celle des Gama? (2).

(1) *Les Premiers Gama,* par Luciano Cordeiro.

(2) Ceci n'a aucune analogie avec l'ancienne coutume de la noblesse — dont nous citons un exemple plus loin — d'autoriser les filleuls à porter le nom de leurs parrains. Cette habitude causait la rencontre fréquente de gens du peuple, et notamment de paysans se réclamant de noms illustres.

Vasco naquit vers 1469 à Sines (1), ville de la province de l'Algarve, située sur la côte de l'Océan. Là, entre ses frères et sœur et à l'ombre de la direction maternelle, il reçut une éducation soignée et virile entre toutes.

L'adolescence des Gama, brutalement privés de leur père (2) et de leurs biens, s'écoulait sans joie. Les orages de la sombre politique de D. João II grondaient au-dessus de leurs jeunes têtes.

Une même pensée s'agitait au cœur des deux aînés.

Paulo croyait tirer vengeance de la mort d'Estevão, en frappant les conseillers ou les exécuteurs du roi. Vasco la voulait venger en s'immortalisant lui-même et en enveloppant la mémoire de leur père dans l'auréole de gloire dont il rêvait d'entourer son nom; et peut-être la dissemblance qui existait entre les deux caractères fut-elle le secret et la force de l'union des deux frères.

Paulo personnifiait le sentiment, Vasco personnifiait l'action. Un besoin irrésistible d'agir le travaillait. L'éternelle remuante qui s'étendait et se repliait à ses pieds était l'image du flux et du reflux perpétuel de ses jeunes rêves et de ses jeunes ambitions.

Du haut des falaises de Sines, il respirait avec l'âcreté des flots le goût du mystérieux et l'amour de la gloire. Les flottes qui s'en allaient raser les côtes mauritaines passaient au large, et Vasco restait songeur à les voir se croiser à l'horizon.

Un jour, il les suivrait, les dépasserait, fouillerait les secrets de la vaste inconnue... et son génie et son âme se fortifiaient et s'ennoblissaient, à mesure que ses aspirations et ses amours tendaient vers les espaces illimités.

Sagres, où l'Infant D. Henrique avait établi l'observatoire d'où

(1) Quelques chroniques le supposent plutôt né à Elvas où son père possédait aussi des biens; mais, d'après le plus grand nombre d'opinions, Vasco serait né à Sines dans une maison située sur la route de l'église de Notre-Dame das Salas, en face d'un grand verger appelé alors *da Barroca* et qui prit ensuite le nom de *Verger de Vasco da Gama.*

Vasco da Gama e a Vidigueira, par Teixeira de Aragão.

(2) Estevão da Gama, injustement accusé de comploter contre le roi, avait été plongé dans un cachot d'où jamais on ne le vit revenir.

il .traçait sur ses cartes les routes à parcourir, n'était pas éloigné
de Sines, et Vasco sans doute s'informait des amis et compagnons
de D. Henrique, de la grandeur des vues du regretté initiateur des
voyages d'exploration.

Fervent disciple du maître qu'il n'avait pas connu, le jeune
Gama s'identifiait avec l'Infant, et peu à peu, dans l'âme de Vasco,
germaient la même foi, la même ténacité, la même passion de
l'idée !

Cependant, s'il faut en croire des documents récemment mis au
jour, Vasco aurait été destiné à la prêtrise. Il aurait même reçu les
ordres mineurs de la main de l'évêque de Çafim, lequel serait (1)
allé à Sines pour cette cérémonie.

Sans avoir à contester la véracité de ces documents, deux choses
nous semblent encore moins contestables : le manque de vocation
de Vasco da Gama pour la vie ecclésiastique, et l'empressement
qu'il a dû mettre à recourir aux autorités religieuses pour se dé-
gager de liens que sa nature indomptable devait difficilement accepter ou subir. Quoi qu'il en fût, Vasco poursuivit ses études de
mathématiques et de cosmographie, puis devint capitaine, et on le
chargea de diverses missions importantes; entre autres de saisir,
à titre de représailles, les navires français mouillés dans les eaux
portugaises, les Français ayant pris, en temps de paix, une caravelle qui venait de la côte de la Mina, chargée d'or.

La saisie des navires français par Vasco da Gama força Charles VIII
à donner satisfaction et à restituer la caravelle avec sa cargaison
complète (2).

Vasco da Gama était donc de noble extraction. Gaspar Correa (3) ne

______

(1) Cette version, toute moderne, n'est d'ailleurs guère acceptée, et le travail du
vicomte de Sanches Baena au sujet du navigateur a donné lieu à des réfutations sé-
rieuses. M. Teixeira de Aragão s'explique ainsi : « Ce qui semble probable, c'est que
l'évêque de Çafim se soit rendu à Sines pour administrer le sacrement de confirmation
aux enfants de son ami Estevão da Gama ».

(2) Voir à ce sujet : *Chronique de Dom João II*, par Garcia de Rezende.

(3) On suppose Gaspar Correa parti en 1512 avec Jorge de Mello dans l'Inde, où

se fait pas faute de dire que « les Gama s'honoraient davantage de la noblesse de leur sang que du titre de « Dom » (1), et le roi n'eut donc pas, comme on le disait alors, à le *tirer du nombre des plébéiens*, selon la phrase de M. Luciano Cordeiro.

Dom Manuel avait suivi avec intérêt les exploits du jeune capitaine qui s'était déjà aventuré jusqu'aux côtes de la Guinée. Le roi l'avait interrogé, observé; et il résolut, malgré le nombre de candidats de valeur et de choix présentés par les grands seigneurs du royaume, d'honorer du titre de *capitao mór* de l'expédition, l'homme prudent, de « grand cœur pour toute entreprise » (2),

il devint secrétaire du grand Affonso d'Albuquerque. Comme c'est dans son travail que nous avons puisé une grande partie de nos meilleures notes, nous croyons utile de faire connaître au lecteur pour quelle raison nous nous plaisons tant à glaner dans son ouvrage, et laissons la parole à Gaspar Correa lui-même : « Moi, le plus humble « de tous les écrivains, je me suis senti porté à écrire et à remémorer les choses de « l'Inde, malgré mon faible et rude entendement, dans l'idée que cela pourra plaire « plus tard à ceux qui les ouïront. Et c'est l'oisiveté qui m'entraîne à ce travail su- « perflu, car ces choses seront racontées et écrites en toute perfection, dans la grande « chronique du roi Excellentissime Dom Manuel, qui fit découvrir l'Inde, et dans celle « de l'Éclairé Prince Dom João notre seigneur, son successeur dans la gloire. Mais « moi, j'ai l'avantage d'être témoin oculaire de ces choses, et le chroniqueur du « royaume ne les a apprises que par ouï-dire.

« J'ai entrepris ce travail avec joie, parce qu'au commencement, les choses de l'Inde « étaient choses si dorées que rien n'y décelait le fer qu'on y rencontra plus tard. Et « parce que l'Inde venait d'être découverte depuis seize ans. Quand j'y vins, dans ma « prime jeunesse, j'ai été pris du désir de fixer quelques souvenirs des choses vraies « que j'ai vues et de celles qui s'étaient passées avant moi. Je les ai travaillées avec « grand soin en m'informant auprès d'hommes anciens qui avaient été de la découverte, « et j'ai éclairci les choses douteuses, en écoutant ceux qui s'étaient mêlés à ces faits, et « quelques-uns des hommes venus dans la nef de la découverte; et aussi en consultant « des documents que j'ai trouvés, surtout à Cananor, entre les mains des Gentils, qui « les écrivaient dans l'étonnement d'assister à des événements qu'ils n'auraient jamais « cru voir.

« Toutes ces choses, je les ai rassemblées et écrites en toute vérité, de même que « je demande à Notre-Seigneur qu'il m'aide dans les peines de la vie pour mon salut, « car, dans cette intention, je n'ajouterai rien et ne retrancherai rien à ce que j'ai pu « connaître, car si j'écrivais quelque fausseté contre les morts, cela me serait bien à « charge et me servirait d'accusation devant Dieu.

Gaspar Correa.

(1) Ce titre de Dom fut accordé à Vasco da Gama à son retour de l'Inde. On le verra plus loin.

(2) *Lendas da India*, par Gaspar Correa.

que son prédécesseur, le roi dom João II, avait déjà signalé (1).

La très gracieuse façon dont le roi fit connaître son choix à Vasco da Gama est racontée par Gaspar Correa dans ses *Lendas* en style si vivant que nous en traduisons fidèlement le principal passage :

« Le roi, incertain de l'homme à qui confier une si grande entreprise, avait nuit et jour grande angoisse à ce propos. Il demandait sans trêve au Seigneur, si cette expédition était chose qui lui pût plaire, de lui faire connaître les hommes choisis par le ciel pour partir. C'était la pensée incessante du souverain.

« Les grands du royaume, voyant les préparatifs commandés pour
« l'armement de la flotte, indiquaient au roi plusieurs personnages
« qu'ils jugeaient compétents pour mener à bien la grande tentative,
« mais le souverain leur répondait que son choix était fait. Cela de-
« meura ainsi pendant quelque temps. Cependant, un jour, le roi se
« trouvant assis avec ses officiers, occupé à la signature, vint à lever
« les yeux au moment où Vasco da Gama, chevalier de la maison du
« Roi, traversait la salle...

« ..... Le monarque l'ayant aperçu, sentit son cœur tressaillir dans sa poitrine et l'appela. Vasco plia le genou aux pieds du roi qui lui dit : *« Je me réjouirais fort si vous acceptiez de me rendre un service que je réclame de vous et qui vous donnera maints soucis et labeurs. »* Vasco baisa la main royale et répondit : « *Le choix que Votre Altesse daigne faire de moi, me dédommage largement de tout travail et de toute peine. Ma vie tant qu'elle durera est acquise à Votre loyal service.* »

« Alors le roi se leva et prit place à la table servie dans la même salle. Durant son repas, il dit à Vasco da Gama qu'il était de sa volonté qu'il s'embarquât dans la direction qu'il lui désignerait, que c'était un dessein qui lui tenait fort au cœur, et que, pour cette raison, il fallait le poursuivre hâtivement.

---

(1) L'histoire affirme que Dom João II, que dévorait l'appétence des lointaines découvertes, avait déjà indiqué Vasco da Gama comme étant l'homme apte à commander la plus hardie des expéditions projetées.

« Vasco répondit encore que son âme se tenant prête, rien ne saurait retarder son départ (1). »

Le repas fini, le souverain entra dans son appartement, suivi de Vasco, et s'enquit auprès de lui au sujet des frères qu'il avait.

Vasco dit au roi qu'il en avait trois : un tout jeune, un second se préparant à la cléricature, et un autre plus âgé. Que tous étaient hommes à servir le souverain selon sa volonté (2).

— Choisissez vous-même, reprit à nouveau le monarque, pour la deuxième nef, un capitaine à votre mandement et plaisir.

Instantanément, le choix de Vasco fut décidé. Il lui fallait Paulo, qu'il aimait avec la tendresse d'un frère, et en même temps avec l'affection respectueuse et à demi filiale que les cadets vouaient alors à l'aîné, à plus forte raison lorsqu'à défaut du père, celui-là symbolisait l'autorité paternelle. Mais Paulo ne pouvait paraître devant Dom Manuel, et encore moins aspirer à un poste d'honneur.

L'histoire de cette âme tourmentée que fut Paulo est trop intimement liée à celle de Vasco et à celle de la découverte de la route de l'Inde, pour que nous croyions pouvoir omettre la narration du crime dont il s'était rendu coupable.

Le roi Dom João II, non content d'envoyer à la potence et de remettre au bourreau le soin de châtier ceux qui complotaient contre sa royale personne, se chargea lui-même, en une mémorable occasion, de l'office d'exécuteur. Il poignarda de sa main D. Diogo, duc de Viseu, frère de la reine. Les grands du royaume, qui avaient fait cause commune avec le duc, furent punis avec une inexorable rigueur. On les renferma dans des prisons souterraines où ils périrent par le poison.

Quelques-uns encore y furent livrés aux bêtes féroces. On cite

<hr>

(1) *Lendas da India*, par Gaspar Correa.

(2) L'histoire ne fait mention que de deux frères Paulo et Ayres et d'une sœur appelée Thérèse. Peut-être le troisième frère était-il cet Estevão da Gama commandant de la flotte qui partait en 1502 pour aller rejoindre à Mélinde Vasco da Gama, lors de la deuxième expédition. Mais les chroniques le dénomment plutôt cousin ou parent que frère de Vasco.

notamment l'évêque de Çafim, ami des Gama, comme ayant été dévoré par les fauves dans son cachot.

Estevão da Gama était uni à la famille des ducs de Viseu par des liens d'estime et de reconnaissance tout particuliers. Quelque innocent qu'il fût du crime de trahison contre le roi, il subit le sort de tous ceux que le monarque soupçonnait.

Ses biens confisqués, toutes les grâces dont il avait été l'objet annulées ; il fut au nombre des victimes dont on ignora à jamais le destin.

Si les Gama donnaient en toute occasion la preuve de leur vaillance, le cœur chez eux ne perdait pas pour cela ses droits ; et à la bravoure ils savaient allier la tendresse.

Paulo da Gama se signalait surtout par l'affection qu'il vouait aux siens, et par la mansuétude de son caractère. Cependant, blessé au vif, dans son amour filial, par le décret inique qui lui avait ravi son père, le jeune Gama en conçut un chagrin profond, et en même temps une soif de vengeance que les années ne parvinrent pas à apaiser.

Dix ans il lutte contre sa haine, qu'il espère vaincre. Sa jeunesse se consume dans cette douleur et dans ce ressentiment.

Mais, à l'âge de trente ans, Paulo ne se maîtrise plus.

A qui venge son père il n'est rien d'impossible.

Il part pour Setubal à la recherche du juge qui a trempé dans les intrigues et dans les exécutions royales. Dès qu'il est en présence du magistrat, Nuno Gonçalves, il le frappe de plusieurs coups de poignard, et, poursuivi, il se dérobe à la justice Nuno Gonçalves survécut à ses blessures.

Au moment où Dom Manuel confie à Vasco le commandement de l'expédition, celui-ci réclame pour son frère le pardon royal et le poste de capitaine d'un de ses vaisseaux.

L'acte de vengeance filiale accompli par Paulo da Gama n'était pas pour déplaire au roi Dom Manuel, frère de ce duc de Viseu, tué des mains de dom João II.

Le roi pardonna, et dit :

« Faites-le venir pour vous suivre dans une des nefs et choisissez vous-même celle qui mieux vous plaira et sur laquelle vous ferez flotter mon drapeau, car vous serez le chef de la flotte. De nouveau Vasco baisa la main royale et reprit :

« Il ne serait pas juste que je fusse le porte-drapeau de Votre Altesse, car mon frère est mon aîné. C'est à lui que pareil honneur revient, et moi, j'irai sous son commandement. »

Le roi s'émerveilla d'ouïr pareille réponse et dit à Vasco da Gama qu'il lui savait bon gré d'avoir un si parfait entendement de l'obéissance, ce dont il serait par Dieu récompensé.

Il ajouta qu'il attendait de grands services de celui qui avait une si haute compréhension de la vertu d'obéissance et dit encore qu'il lui permettrait d'agir à son choix, mais que c'était sur lui que son cœur se reposait; que sur lui seul il se déchargeait de tous les événements de cette expédition, et que lui seul en aurait toute charge et commandement.

« Vasco da Gama écrivit tout de suite à son frère en lui racontant ce qui se passait et en lui recommandant d'insister auprès du juge pour obtenir un pardon que le roi avait déjà accordé; et de venir en toute célérité baiser la main du souverain, comme il importait de le faire. Paulo se hâta de suivre les avis de Vasco, et s'empressa auprès du juge, qui pardonna et lui donna un écrit avec lequel il se présenta à Dom Manuel (1). »

Paulo fut donc investi du commandement de la seconde nef (2) et le roi lui dit : « Votre frère, en raison de l'obéissance qu'il vous doit, comme puîné, voudrait partir sous votre commandement, en quoi il a prouvé son obéissance à Dieu. Ce qui me donne lieu d'espérer

—————

(1) *Lendas*, de Gaspar Correa.

(2) Ainsi se trouva confirmée la prédiction de Çacuto, le grand astrologue ou devin qui avait annoncé à D. Manuel que la route maritime de l'Inde serait découverte par deux frères dont il ne pouvait trouver les noms. De nos jours où les pratiques divinatoires et le merveilleux sont de mode, c'est un détail qu'il nous semble curieux de citer.

que Notre-Seigneur vous fera miséricorde à tous deux, et j'ai confiance
que vous me rendrez des services si importants, que je me trouverai
forcé de vous combler de mes faveurs. »

Les deux frères présentèrent alors au souverain, leur ami Nicolao
Coelho pour capitaine du troisième vaisseau : « Seigneur, dit Vasco,
cet homme n'est guère moins pour moi qu'un frère, tant est grande
l'amitié qui nous unit. Il sera notre compagnon jusqu'à la mort,
s'il plaît à Votre Altesse qu'il commande l'autre vaisseau. »

Le roi répondit : « J'en ai parfait contentement, puisque vous
l'avez vous-même. »

Dom Manuel commanda alors à Vasco de choisir tout ce qu'il voudrait emporter : l'ordre étant donné de le pourvoir de tout ce qu'il
demanderait. Il devrait aussi nommer maîtres et pilotes à son
gré.

Les préparatifs de l'expédition furent réglés par D. Manuel avec
une rare munificence. Mais les navires étaient tous de petites dimensions et seul celui des vivres dépassait cent vingt tonneaux. On avait
ainsi construit la flotte pour rendre plus facile l'entrée dans toute
rade ou fleuve, et mieux permettre la reconnaissance des contrées
que l'on espérait découvrir. On prit encore la précaution de construire les trois vaisseaux sur un même modèle, afin que les diverses
pièces pussent servir indistinctement, au cas où l'un des navires
serait endommagé ou sacrifié. Tous les apparaux de navigation,
voilures, ancres, cordages et autres furent trois ou quatre fois doublés, en plus de ce qui était habituel. Les vivres et les drogues de
pharmacie, ainsi que toutes munitions d'armes, furent encore fournis
avec une grande largesse.

« Il fut fait de si prodigieuses dépenses à propos d'un si petit
nombre de navires, que j'en omets les détails, » dit Duarte Pacheco,
dans son beau livre, *Esmeraldo, de situ orbis* (1), « parce qu'on
ajouterait difficilement foi à une pareille prodigalité. »

____

(1) Ouvrage inédit, mais dont le journal illustré, *le Panorama* a cité d'intéressants
passages.

Quant aux expéditionnaires, Vasco et Paulo, ils reçurent chacun deux mille cruzades.

Nicolao Coelho en reçut mille. Les marins devaient gagner cinq cruzades par mois, et durant l'expédition, on les augmenta de deux cruzades.

Dom Manuel fit donner à chaque homme marié cent cruzades pour laisser à sa femme, et quarante cruzades à tout célibataire pour en disposer librement.

Les vaisseaux étant prêts, un dimanche, le roi et la reine Dona Maria assistèrent à la messe que l'évêque Calçadilha célébra à la cathédrale, au cours de laquelle il prononça un discours et fit prier le peuple pour l'heureux succès de l'expédition.

Les deux frères Vasco et Paulo se trouvaient présents dans leurs beaux ajustements et le roi leur fit de grandes distinctions, après quoi ils plièrent le genou aux pieds du souverain et entre autres choses lui dirent : « Seigneur, sur notre foi et serment, nous ne reparaîtrons plus aux yeux de Votre Altesse, sans apporter les informations que Votre Altesse désire. »

A la sortie du temple, les capitaines précédés de l'étendard royal, marchaient devant Dom Manuel et Dona Maria, qui à la porte du palais les congédièrent. Les deux Gama baisèrent alors la main au souverain et à la souveraine ; puis Vasco monta à cheval, escorté de tous les hommes de l'équipage dans leurs costumes, et des gentilshommes de la cour, qui suivirent à pied jusqu'à la plage où tous s'embarquèrent dans les canots qui les conduisirent aux caravelles.

Les capitaines y furent reçus avec salves, et les vaisseaux étaient joyeusement ornés de drapeaux et de banderoles.

On s'avança ainsi jusqu'à Belem, et là, on attendit pendant plusieurs jours un vent propice au départ.

A cette époque, il existait une chapelle construite par l'Infant Dom Henrique sur l'ancienne place du Restello (1), à une lieue de Lis-

(1) Plus anciennement *Estello*, place ouvrant sur le Tage, aujourd'hui très embellie et connue sous le nom de *Largo* (place) *dos Jeronymos*.

bonne, en face de l'endroit où les vaisseaux de haut bord avaient coutume de mouiller dans le Tage. On y honorait particulièrement *Nossa Senhora de Belem* (Notre-Dame de Bethléem). La chapelle était desservie par des religieux appartenant au couvent de Thomar, siège de l'ordre fameux du Christ, dont l'Infant avait été gouverneur et administrateur, et dont Vasco da Gama fut créé chevalier, avant de partir (1). Ces religieux avaient pour mission d'administrer les secours spirituels à tous les voyageurs, de leur donner asile avant leur départ, ou au retour de leurs dangereuses expéditions, et de les soigner dans leurs maladies.

L'Infant Dom Henrique, d'après João de Barros, écrivain de l'époque, avait encore imposé à ces religieux qui diraient la messe, l'obligation de se tourner vers le peuple au moment du Lavabo et de demander un *Pater* et un *Ave* pour l'âme du fondateur de la petite chapelle (2).

Ce fut là, dans ce temple, dont le nom, d'après le poète, « *rappelle celui de l'endroit où Dieu fait chair se donna au monde* », que, toujours d'après le même auteur, « *chacun appareilla son âme pour la mort* » et que Vasco da Gama, la nuit qui précéda le matin du départ, veilla l'étendard blanc à croix rouge du Christ que son roi lui avait confié.

Tous les hommes dont se composait l'équipage (3) entendirent la

(1) Ordre créé en 1319 par le pape Jean XXII, à la demande du roi D. Diniz qui venait d'abolir l'ordre des Templiers.

En raison des services que les chevaliers de l'ordre du Christ ont rendus à l'Église et à la monarchie, en Asie, en Afrique et en Amérique, ils devinrent possesseurs de grandes richesses, et seigneurs de nombreuses villes en Portugal et aux colonies. La bannière de l'ordre portait une croix rouge fendue au centre en forme de croix, ce qui représente deux croix l'une dans l'autre, dont la plus grande vermeille et la plus petite blanche.

(2) A côté de la chapelle, l'Infant Dom Henrique avait fait construire une fontaine destinée spécialement aux navigateurs qui voulaient approvisionner d'eau leurs navires avant d'entreprendre leurs courses lointaines. On croit que la fontaine qui existe encore dans l'enclos du couvent d'où l'eau coule toujours abondante et délicieuse est la fontaine de l'Infant. Voir document n° 1.

(3) Les historiens ne sont pas d'accord sur le nombre d'hommes dont Vasco se fit

messe dans le petit sanctuaire avant de s'embarquer (1) et y reçurent l'absolution générale, selon la teneur des bulles accordées à l'Infant Dom Henrique, promoteur des découvertes maritimes des Portugais.

Puis le 25 mars, jour de la Vierge, accompagnés d'une nombreuse suite, ils traversèrent processionnellement la place pour descendre dans les barques qui allaient les conduire à bord des nefs. Vasco marchait tête et pieds nus, les yeux baissés, à pas lents, portant un cierge allumé à la main. Rien de plus sublime et de plus saisissant que le départ de l'homme promu à une si haute dignité, laissant au souverain et au peuple le souvenir d'une attitude humble et pénitente ! C'est que l'homme d'alors dont l'énergie était pourtant supérieure à celle de nos temps, comptait moins qu'aujourd'hui sur ses propres forces et davantage sur Celui qui choisit souvent le faible pour manifester sa puissance !

Les prêtres marchaient à la suite, et entonnaient les Litanies auxquelles la cour et le peuple répondaient par des gémissements et des pleurs, car on en versa tellement en ce jour que, d'après Barros, la plage du Restello aurait pu prendre le nom de *Plage des larmes*.

Le roi suivit la petite flotte dans son canot, se tenant debout, donnant sa bénédiction et faisant des signes d'adieu aussi longtemps qu'on le put apercevoir.

Les quatre embarcations ont franchi la barre (2).

accompagner. La raison en est peut-être que les uns comptent seulement les marins et omettent de compter les serviteurs et les déportés, tandis que d'autres citent le total. On relève donc une différence de 32 hommes en comparant entre eux les divers écrits. Quelques auteurs font monter ce nombre à cent soixante-dix hommes, tandis que d'autres n'en désignent que cent quarante-huit.

Toujours est-il qu'environ cinquante seulement d'entre eux sont revenus.

(1) Ces messes furent dites sur un autel de pierres qui a été conservé jusqu'en 1872 en dessous de la chapelle du Seigneur Jésus des navigateurs. A cette époque, on fit des travaux dans l'église, et ces pierres disparurent.

(2) Ces quatre embarcations se nommaient : *le Saint-Gabriel, le Saint-Raphaël, le Saint-Michel* et *le Berrio*. Si tous les chroniqueurs sont d'accord sur ces noms, tous ne le sont pas sur celui de ces vaisseaux que Vasco da Gama choisit pour capitane.

Les deux principaux bâtiments construits en vue de l'expédition sous la direction très savante de Janifante (João Infante) d'abord, puis de Bartholomeu Dias et de Vasco da

Vasco da Gama s'est éloigné. L'inconnu est devant lui. Pour en percer les voiles, il lui faudra contourner l'Afrique et explorer « *des mers jamais avant naviguées* », d'après Camões, le chantre du grand exploit maritime (1).

Nous n'avons pas ici à suivre le grand capitaine dans sa périlleuse aventure. Nous la laisserons raconter à Alvaro Velho (2). Ce-

Gama lui-même, lesquels conduisaient à leur bord les deux Gama étaient assurément le *Saint-Gabriel* et le *Saint-Raphaël*. Barros, le célèbre écrivain et autres, jusqu'à l'auteur du Routier, qui ne devait pas pouvoir se tromper, donnent à la capitane le nom de *Saint-Gabriel*. Le grand historien de nos jours, Alexandre Herculano, n'hésite pas à suivre cette opinion. L'avis contraire est partagé par d'autres écrivains, et, notamment par Gaspar Correa dont le récit est pourtant si correct et si circonstancié. Cette deuxième opinion est soutenue par ceux qui attribuent à Vasco da Gama une dévotion particulière à Saint-Raphaël, se fondant sur l'existence d'une chapelle dédiée à ce saint, dans la ville da Vidigueira, que l'on croit bâtie par le grand navigateur. Elle s'appuie encore sur la conservation d'une petite statue du même saint, que le *Saint-Raphaël* portait à sa proue, lors du voyage d'exploration.

Pareilles divergences, sur un point qui semble d'ailleurs facile à élucider, ne laissent pas que d'étonner. Nous inclinons à supposer que le *Saint-Gabriel* pourrait bien être la capitane, mais que le *Saint-Raphaël,* ayant été brûlé sur les bas-fonds, dits de *Saint-Raphaël*, près de Mombaça, au retour de l'expédition, on aurait sans doute épargné l'image du Saint. Quoi de plus vraisemblable que de la fixer alors au *Saint-Gabriel?* Ce vaisseau serait donc rentré dans le port de Lisbonne portant ainsi à la proue ce petit saint Raphaël. Ceci expliquerait en quelque sorte les contradictions des divers auteurs. En outre, Paulo da Gama avait succombé à l'île de Terceira (une des Açores), après trente-deux mois de voyage, et à peu de journées d'éloignement de la mère patrie. Vasco da Gama, qui l'aimait avec tendresse, avait cruellement souffert de cette mort.

Rien donc de plus naturel, pour un frère frappé ainsi en plein cœur, que de conserver, en mémoire du défunt, l'image que l'aulo avait portée à la proue de son navire!

Cette raison serait, à elle seule, suffisante pour justifier la dévotion ou l'affection spéciale que Vasco da Gama témoignait à la petite statue, qu'on a établie gardienne de ses restes, d abord dans la ville da Vidigueira, puis à Lisbonne où les ossements du grand amiral furent transportés, comme on le verra dans une note plus loin. Nicolao Coelho commandait le troisième navire, soit le *Saint-Michel*, soit le *Berrio*, ainsi nommé d'un pilote de Lagos à qui on l'avait acheté. Le quatrième bâtiment était destiné au transport des vivres. Le commandement en avait été donné à Gonçalo Nunes, serviteur des Gama.

(1) Il existe, dans la bibliothèque nationale de Lisbonne, un manuscrit qui a appartenu à la famille des comtes da Vidigueira, descendants de Vasco da Gama. Les armoiries de la famille s'y trouvent peintes et on y lit la description des flottes parties dans l'Inde à dater du 8 juillet 1497 jusqu'au 7 juillet 1641.

(2) L'historien Alexandre Herculano attribue à Alvaro Velho le *Routier* ou Journal

pendant, nous jugeons devoir narrer la scène la plus émouvante et la plus dramatique qui se soit passée à bord de la capitane, et que Alvaro Velho négligea de décrire; car lui, apparemment, n'a eu en vue que de signaler les faits se rapportant à l'avancement de l'entreprise et à l'établissement des rapports entre les Portugais et les peuples divers qu'ils visitaient.

Cette scène a eu lieu vraisemblablement, après que Vasco da Gama eut doublé le cap des tempêtes. Ce fut l'heure la plus périlleuse, ou du moins celle où l'équipage, las de la lutte, s'abandonna davantage au désespoir, où les capitaines prouvèrent le mieux leur valeur et leur loyauté, et en laquelle Vasco da Gama montra un plus grand sang-froid, un plus réel mérite, et en même temps une foi plus éprouvée.

« La tourmente s'était déchaînée avec violence. Les ténèbres devenaient envahissantes. Les jours très courts et les nuits très longues accroissaient la terreur, et il vint à tomber une pluie si froide que les hommes perdirent l'usage de leurs membres.

« Tous en appelaient à la miséricorde de Dieu sur leurs âmes, car pour ce qui était de la vie des corps, ils n'y comptaient plus...

« Les navires faisaient eau de partout, et les hommes étaient forcés de pomper nuit et jour. Il n'y avait plus de repos ni pour les âmes ni pour les corps, et l'équipage ne tarda pas à être décimé par la maladie et par la mort.

« Les pilotes, les manœuvriers et tous les hommes poussaient des lamentations, lançaient des accusations aux capitaines et les suppliaient d'atterrir pour chercher remède contre la mort qu'ils voyaient certaine, et qu'ils leur imputeraient s'ils s'entêtaient à ne pas vouloir relâcher. Les capitaines, pour s'excuser, se retranchaient sur l'exemple du Capitão Mór.

« Vasco da Gama, entendant ces pleurs et ces vociférations, leur répétait que, vît-il cent morts sous les yeux, et ses navires fussent-

de bord écrit par un compagnon de Vasco da Gama et dont la fidèle traduction fait suite à cette monographie.

ils déjà chargés d'or, il ne reculerait pas d'un palme avant d'avoir pris connaissance de la terre de l'Inde, qu'il l'avait ainsi promis à Dieu et qu'il entendait garder fidélité à son serment.

« L'agitation toujours croissante de l'équipage porta Vasco da Gama, dans un élan de foi sublime et de fervent patriotisme, à mettre dans les fers tous les experts qu'il avait à son bord, tels que pilotes, maîtres officiers, et à leur enjoindre sous menace de mort de remettre leurs cartes et instruments de navigation, que le Capitão Mór lui-même jeta sous leurs yeux à la mer en disant : « *qu'il ne voulait plus de maîtres, ni de pilotes, ni d'hommes experts en l'art de naviguer, que Dieu était le seul maître et pilote pour les conduire et sauver par sa miséricorde ou pour les laisser périr si telle était sa volonté. — « Faibles cœurs indignes de Portugais, détrompez-vous, ajoutait-il, et que dorénavant personne ne me parle de reculer, car soyez certains que si je ne trouve pas la terre que j'ai mission de découvrir, jamais plus je ne reverrai la contrée portugaise. Remettez-vous entre les mains du Seigneur. Implorez sa miséricorde* (1). »

Vasco da Gama, à la demande de Paulo qui à l'encontre de Vasco était « homme de douce méditation » vint à mettre en liberté ces prisonniers, mais sous l'expresse condition que, si Dieu lui permettait de retourner en Portugal, il les présenterait au roi, ainsi mis dans les fers; non pour leur porter dommage, mais afin que le roi vît la preuve des périls de toute espèce qu'ils avaient courus.

En effet, ces hommes furent remis aux fers à leur arrivée à Lisbonne. Le roi donna à Vasco da Gama le pouvoir de les retenir captifs ou de leur octroyer la liberté. Celui-ci, les faisant quérir chez lui, leur enleva lui-même les fers en disant : « Allez en paix retrouver vos femmes et vos enfants avec lesquels vous festoyerez votre retour, avec plus d'allégresse que si vous aviez fui devant les tempêtes et amené votre capitaine prisonnier, comme vous l'aviez concerté. »

(1) Voir les *Lendas da India.*

A la hauteur du Cap Vert, les vaisseaux qui étaient venus de l'Inde, de conserve jusque-là, se séparèrent pour des raisons encore à connaître. Quelques-uns attribuent cette séparation à une forte tourmente, d'autres à l'ambition de certains, car il est évident que Dom Manuel n'aurait pas manqué de récompenser avec largesse celui qui, le premier, lui aurait apporté la nouvelle du retour victorieux de ses caravelles. Quoi qu'il en fût, Vasco da Gama ancra à l'île S. Thiago le mercredi 10 juillet 1499.

Les nefs faisaient eau de partout. Elles étaient si délabrées que c'était miracle qu'elles se soutinssent sur l'eau. L'équipage diminué de Vasco da Gama était à bout de forces. Le scorbut exerçait ses ravages. Paulo da Gama, atteint d'une maladie de langueur, loin d'être encore le confident et le doux conseiller de son frère, était devenu le plus grand souci de Vasco, auquel la gloire apparaissait déjà voilée d'ombres mélancoliques.

Quelques auteurs racontent qu'afin d'atteindre au plus vite le Portugal, dans l'espoir que l'air natal ranimerait Paulo, Vasco abandonna sa nef entre les mains de João de Sà, et s'embarqua sur un voilier en bon état, qui devait parcourir plus rapidement la distance qui les séparait encore de la mère patrie. Hélas! toujours à la joie de l'homme il manque une joie, toujours sur une satisfaction se greffe une souffrance! L'heure de l'épreuve, devant laquelle la vaillance de Vasco se sentait faiblir, était près de sonner.

L'état de Paulo ne fit que s'aggraver. Le capitaine, craignant d'avoir à jeter à la mer les restes de celui qu'il chérissait, aborda à l'île de Terceira et fit débarquer à Angra son frère agonisant. Paulo expira le lendemain entre les bras de Vasco (1).

(1) Paulo da Gama fut inhumé dans l'église de San Francisco, à Angra. Ce temple, bâti en 1452, fut démoli, puis reconstruit entre 1666 et 1672. Il est à présumer que les cendres du navigateur furent dispersées à cette époque.

José Vieira Santa Rita, gouverneur de l'île de Terceira, fit poser en janvier 1849, dans le sanctuaire, du côté de l'Évangile, une plaque en marbre, avec l'inscription suivante: « A la mémoire du frère de Vasco da Gama, inhumé en ce couvent l'an 1499. Cette plaque lui fut érigée par le gouverneur civil A. J. V. Santa Rita, le 29 janvier 1849. »

Qui sait ce qui alors se passa dans l'âme de Vasco? Comme les contradictions s'y agitaient douloureuses! combien, en regardant derrière lui, tout lui semblait long et court, combien tour à tour il se sentait grand et petit! Et combien, en face de la réalité de la mort, cette autre réalité de la découverte de l'Inde lui semblait mesquine, inutile, presque décourageante!

Qui connaîtra sa détresse, en tenant entre ses mains la main glacée de son frère, compagnon des dangers et des peines, ami avec qui, du cœur au cœur, il avait échangé les joies du retour, seul être avec lequel il eût déjà escompté sa gloire! Oh! cette gloire qu'ils auraient dû partager ensemble, comme il la croyait alors payer chèrement!

Qui sait si, vis-à-vis du néant des espoirs humains, Vasco n'hésitait pas à regarder devant lui, apeuré peut-être en mesurant la distance parcourue, les périls surmontés, les victoires obtenues, écrasé par la grandeur des faits accomplis; car, telle est la complexité de l'âme humaine, que quelquefois le passé étreint et effraie plus que l'avenir.

Qui sait encore s'il n'attribuait pas le succès de la colossale entreprise au charme de la douce affection fraternelle, s'il ne la considérait pas comme le talisman qui l'aurait conduit au succès, et si, Paulo disparu, il ne croyait du coup voir sa propre étoile pâlir; et s'il ne doutait pas du présent, de l'avenir et de lui-même!

Les âmes des héros ont parfois de ces naïvetés et de ces tendresses qui surprennent. C'est alors qu'elles s'imposent à notre sympathie, comme aux heures d'action et d'éclat elles s'imposent à notre admiration.

Les chroniques rapportent que Vasco pleura son frère avec beaucoup de sentiment, et qu'il en eut grand deuil. Mais l'homme qui avait l'Afrique et l'Inde à déposer aux pieds de son roi, ne s'appartenait plus, et, après avoir donné libre cours à sa peine et rendu les derniers devoirs à Paulo, il remit à la voile. A mesure que les vents de la côte lui apportaient les senteurs de terre, et que les mouettes, rasant de leur aile les flots parfumés, venaient saluer son retour, le cœur de Vasco de plus en plus se serrait. Plus on touchait au but, jadis si désiré, et plus il entrevoyait d'honneurs et de réjouissances, plus il aurait voulu reculer l'heure de cueillir, sans Paulo, ces fruits de gloire si péniblement acquis.

On ne connaît pas exactement la date du jour de l'arrivée de Vasco da Gama à Lisbonne, mais tout porte à croire qu'elle a eu lieu le **28 août 1499**.

La divergence d'opinions des auteurs est due, non seulement à la rédaction imparfaite des actes de l'époque où les dates étaient presque omises — on voyait même citer des faits importants et omettre les noms des principaux personnages qui y prenaient part — mais encore à la perte de divers documents des archives de Goa et de la Casa da India (Maison de l'Inde), ou dépôt des choses de l'Inde, à Lisbonne, ainsi qu'à la disparition d'une quantité considérable de documents qui étaient conservés dans la famille da Gama.

Parmi les chroniqueurs anciens et les écrivains modernes, il y en a qui supposent que Nicolao Coelho, capitaine de la troisième caravelle, aurait pris les devants en quittant l'île de Terceira et que c'est la date de son arrivée à Lisbonne, 10 juillet 1499, qui l'emporte sur toutes les autres.

D'autres pensent que l'on a gardé la date de l'entrée dans le Tage de la capitane dont Vasco aurait confié le commandement à João de Sá, qui serait arrivé après le vaisseau de Nicolao Coelho, et avant Vasco lui-même. D'autres, enfin, citent de préférence le jour de l'arrivée de la caravelle affrétée par Vasco et qui conduisait celui-ci à son bord.

Vasco — sur ce point tous sont d'accord — mouilla à Belem, et y stationna pour faire à la Vierge du Restello des neuvaines promises à l'heure du départ; mais on hésite sur le nombre des neuvaines, et on ignore si l'histoire a conservé la date de son mouillage à Belem, ou celle de son arrivée à Lisbonne.

Enfin, Gaspar Correa signale le **18 septembre** comme date de la réception solennelle dans la capitale.

Dans tous les cas, ce ne fut aucun des navigateurs de l'Inde qui apporta en Portugal la nouvelle de leurs succès ; car à peine les vaisseaux avaient-ils été aperçus dans les eaux de l'île de Terceira, que plusieurs embarcations firent voile pour Lisbonne afin d'annoncer leur arrivée au roi.

Arthur Rodriguez fut l'heureux messager de ce retour.

Se trouvant en route pour les côtes de l'Algarve, il aperçut les vaisseaux, les accosta et s'informa d'où ils venaient. — « De l'Inde, » répondit-on. Sans hésiter, Arthur Rodriguez fit force de voiles pour Lisbonne qu'il gagna quatre jours après et mouilla à Cascaës (1) où il descendit à terre dans une petite barque en recommandant à son fils qui l'accompagnait, de ne laisser approcher personne et de ne rien dire concernant les nefs de l'Inde.

Rodriguez s'empressa de partir pour Cintra (2) où les hommes de la petite barque lui avaient appris que se trouvait le roi, et il marcha jusqu'après minuit, à laquelle heure il arriva à Cintra au

---

(1) Endroit baigné par l'Océan, devenu aujourd'hui la station balnaire préférée de la cour. On y voyait jusqu'à ces dernières années d'imposantes ruines du château fort du marquis de Cascaës, château posé comme avant-garde des défenses du Tage.

Le marquis de Cascaës D. Luiz de Castro Noronha Athayde e Souza, n'ayant pas eu d'enfants de sa femme D. Perpetua de Bragança, ses biens et titres revinrent à sa tante D. Barbara Isabel de Lara, mariée au comte da Vidigueira, D. Vasco Luiz da Gama.

Le rôle de sentinelles perdues sur cette pointe de l'extrême occident vint donc à incomber aux Gama.

(2) Site délicieux, chanté des poètes. Assemblage de contrastes. Montagnes à la fois sauvages et fertiles, aux roches gigantesques et nues, aux flancs tapissés de fougères, de camélias, de toute une flore exquise et variée. Paysage vert et riant sous les rayons du soleil, ou frileux et triste sous l'enveloppe des blancheurs humides qui tantôt traînent, tantôt se déroulent en spirales, laissant des larmes au passage. Séjour aimé des Maures, ils y ont construit des palais où toutes les séductions et les caprices de l'orientale fantaisie se sont largement épanouis.

Les rois portugais ont tenu à cœur de maintenir ces beautés dans leur parfaite intégrité, et rien de ce qu'ils y ont réparé ou ajouté n'a modifié ou altéré le style arabe dans sa plus pure conception.

Les arêtes tranchantes des pics et les découpures fines des créneaux se détachent ensemble sur le ciel bleu, ou le plus souvent s'estompent comme des choses vagues dans la bruine, très haut, très haut, dominant la mer, la terre et l'homme qui regarde émerveillé.

moment où le roi se mettait à table. Arthur prit la main du monarque et la baisa en disant : « Je baise la main de Votre Altesse, dans l'espérance d'en recevoir bon accueil pour la bonne nouvelle que j'apporte. Je suis parti, il y a quatre jours, de l'île de Terceira où j'ai laissé deux nefs venues de l'Inde. » Le roi ne put achever de l'écouter et s'en alla aussitôt dans la chapelle du palais se mettre en prières et rendre de grandes grâces à Dieu Notre-Seigneur pour l'heureuse faveur reçue (1).

Dom Manuel rentra à Lisbonne où Vasco da Gama ne se fit pas longtemps attendre. Le roi envoya à bord Jorge de Vasconcellos, un des principaux fidalgos de sa maison, faire visite au grand capitaine et lui manifester sa peine du décès de Paulo.

Il lui faisait en même temps dire de « *remettre sa douleur* » et de débarquer incessamment.

« Beaucoup d'amis et de parents de Vasco da Gama le furent visiter et le prièrent de ne pas paraître devant le souverain en si grand deuil et tristesse, en raison du message que le roi lui avait adressé. »

Vasco, se laissant persuader qu'il est rarement donné à l'homme de pleurer longtemps sa douleur, revêtit son juste-au-corps et une toque ronde qui faisait très bien avec sa longue barbe qu'il n'avait jamais taillée depuis son départ de Lisbonne. Il débarqua sur la plage, en face des maisons. Il y fut reçu par tous les nobles de la cour, par le comte de Borba et l'évêque Calçadilla (2) entre lesquels il se rendit jusqu'auprès du roi, qui se leva à son approche et lui fit grand honneur. Vasco da Gama entoura de ses bras les genoux du roi, lui baisa la main et lui dit : « Sire, à cette heure, ma mission est terminée, et à ma satisfaction, puisque le Seigneur m'a ramené jusqu'aux pieds de Votre Altesse. » Le roi lui répondit :

---

(1) *Lendas da India*, Gaspar Correa.

(2) D. Diogo Ortiz, prieur du monastère de S. Vicente de Fóra, premier chapelain du roi D. João II, évêque de Tanger et Ceuta, puis de Vizeu, homme très consulté et considéré des rois D. João et D. Manuel.

Pour l'amour de moi, consolez-vous de la mort de votre frère, puis-
que Notre-Seigneur a voulu que toute la gloire vous échût à vous
seul, comme en vous seul j'avais placé ma confiance et mon espoir
pour le bon succès de l'affaire que j'avais mise entre vos mains. Et
que Dieu soit loué pour la grande faveur qu'il m'a accordée. »

Dom Manuel se fit alors accompagner par Vasco da Gama au palais d'Alcaçova, où se trouvait la reine à qui il baisa la main. Puis le roi le congédia jusqu'au lendemain. Le jour suivant, Vasco da Gama se rendit le matin au palais et trouva le roi occupé à se vêtir. A son entrée, le roi lui fit fort aimable accueil, *avec rires et allégresses* et s'adressa à lui avec ces mots : « Dom Vasco, vous « vous êtes peu reposé. » Dom Vasco baisa à genoux la main du roi, pour la grâce du *Dom* (1) qu'il venait de lui octroyer. Le roi lui dit encore qu'il le lui accordait pour lui et pour toute sa descendance (2).

(1) Ce titre, du latin « Dominus » usité seulement en Italie et dans la péninsule Ibérique, a perdu toute valeur en Espagne et en Italie, où ce fut de tout temps un titre honorifique dont était seulement gratifiée la première noblesse. Peu à peu, l'usage s'en généralisa, nous le voyons ainsi qualifié dans le dictionnaire de l'Académie de Madrid. « Titre donné aujourd'hui à toute personne de condition sortable. »

Dans les colonies espagnoles, ce titre servait à distinguer l'Européen du colon, qui, lui ne prenait jamais le « Dom ».

En Portugal, on l'a toujours octroyé avec une grande réserve, et s'il est vrai que pour les femmes l'usage s'en est répandu de ridicule façon, c'est pour ainsi dire le seul qui, aujourd'hui, ait une valeur réelle, le seul duquel on ne trafique pas — à part une exception légère qui ne sert, du reste, qu'à confirmer la règle. — Beaucoup de personnages de haute lignée, de maisons de fort noble ascendance n'y ont pas droit; mais aucun Portugais ne le porte ouvertement qui ne soit d'illustre origine.

(2) Dans la lettre patente de concession, le roi étend la grâce du titre de « Dom » aux frères et à la sœur de Vasco, pour être transmis à leurs descendants sous condition de toujours conserver et porter le nom de da Gama en souvenir de si hauts faits. Il y a lieu de s'étonner que le nom de la mère de Vasco, qui existait encore, ne figure pas dans cet acte. « Le roi, d'après le mot de M. Luciano Cordeiro, fit ainsi séparation héraldique des autres Gama de la même famille qui ne portent pas le titre de Dom »*. (Voir Document 12.)

* Cette branche aînée des Gama, sans « Dom », est aujourd'hui représentée par les Saldanha da Gama dont le chef porte le titre de comte da Ponte, marquis de Sand, etc., etc.

Le comte da Ponte, João de Saldanha da Gama, capitaine général ou gouverneur du Brésil, s'y installa définitivement au service de l'empereur Dom Pedro lors de la séparation du Brésil d'avec la métropole. Un de ses fils, José de Saldanha da Gama, fut le père du jeune, brave et intelligent contre-amiral Louis de Saldanha da Gama, mort à l'âge de 44 ans, en 1894, en combattant pour la monarchie contre les insurgés.

Puis il continua de s'entretenir avec lui de choses plaisantes. Et il alla à la messe, durant laquelle Dom Vasco se tint sous le dais, à causer avec le roi...

Dom Vasco fit venir au palais Nicolao Coelho, qui apporta avec lui un grand coffre contenant toutes les draperies et les joyaux destinés au roi...

Dom Vasco présenta Nicolao Coelho à Dom Manuel, en lui disant : « Sire, Nicolao Coelho s'est dévoué autant que moi au service de Votre Altesse qui le récompensera d'après son mérite. » Le roi répondit : « Dom Vasco, ce sera fait selon votre volonté. » Nicolao Coelho ouvrit le coffre, et étala sur l'estrade de la reine les colliers, les joyaux et les draperies envoyés par le roi de Cananor et de Mélinde, ainsi que les lettres écrites sur les feuilles d'or (1) et encore un morceau d'ambre, présent qui, entre tous, plut davantage à la reine.

Quand tout fut resserré, Dom Vasco relata au roi ainsi qu'à la reine et en présence des premiers personnages de la cour, les principaux événements du voyage, et présenta les pilotes et maîtres de navigation qui l'avaient voulu trahir et qu'il avait remis aux fers à son entrée à Lisbonne, d'après ce que nous avons raconté plus haut...

Il dit aussi qu'il avait chez lui deux pilotes à lui confiés par le roi de Mélinde, pour leur faire voir de leurs propres yeux toutes les choses du Portugal, afin de pouvoir, à leur retour, lui en faire le récit.

Le roi s'en réjouit fort et chargea Dom Vasco de les faire accompagner d'un homme pour tout leur montrer, particulièrement le roi avec ses nobles ; et la reine entourée de ses dames les jours de fête ; les soirées et les repas royaux, les courses de taureaux, les joutes, les églises et les palais.

Dom Vasco parla encore au roi d'un Juif qu'il amenait avec d'autres captifs pris à Angediva. Le roi lui dit que tous ces hommes,

(1) Il n'existe dans les Archives nationales aucun des traités écrits sur feuilles d'or qui furent conclus avec les rois d'Afrique ou d'Asie.

ÉGLISE DE BELEM.

désormais, lui appartenaient, et qu'il pouvait en user à son gré.
D. Vasco les emmena chez lui et en prit grand soin. Tous furent
convertis au christianisme. Le capitaine affectionnait surtout le Juif
qu'il prit pour filleul à son baptême, et à qui il donna le nom de
Gaspar da Gama (1).

Cependant tout le monde l'appelait Gaspar des Indes, car le
converti le préférait ainsi (2).

Le roi fit offrir de suite par l'évêque da Guarda à la Vierge
d'*Agoa de Lupe* que Dom Vasco avait emportée avec lui (3), le collier que le roi de Cananor venait de lui envoyer en présent.

Puis Dom Manuel fit don à Vasco da Gama d'une rente de deux
cents cruzades par an, pour les employer en cannelle de Cananor,
une des premières villes de la côte de l'Inde où il fut descendu.
Le roi stipulait que D. Vasco en ferait le chargement dans la nef
qui lui plairait, sans paiement de droits, ni de frêt, et pouvant
la faire porter chez lui sans taxe de pesage. De plus, il ordonnait
aussi que cela fût fait ainsi, pour Vasco et sa descendance, « *tant que
l'Inde durerait* ». Il lui octroya encore vingt mille cruzades en or
qu'il fit porter chez lui et dix quintaux de poivre et de chaque
drogue rapportée de l'Inde, pour partager entre ses amis, toujours
sans qu'il eût rien à payer.

Le roi et la reine se rendirent en procession à l'église de São-
Domingos, et là, l'évêque Calçadilla loua les grandeurs de l'Inde et
la merveilleuse découverte que Notre-Seigneur avait daigné bénir...
Toute la ville fut en fête et en illuminations pendant plusieurs jours.
Dom Manuel fit, entre autres générosités, une grosse offrande au mo-
nastère de Belem (4). Des années après, toujours en mémoire de l'heu-

---

(1) Exemple à l'appui de ce que nous avons dit plus haut, et qui explique comment
on retrouve le nom de Gama et d'autres noms illustres, dans le peuple et surtout dans
les campagnes.

(2) Cet homme fut toujours très dévoué et devint plus tard fort utile aux Portugais
dans leurs rapports avec les Orientaux.

(3) Probablement, celle qui est mentionnée dans le Routier.

(4) Un des présents que le roi D. Manuel fit plus tard à l'église de Belem, fut le célèbre

reux événement, il ordonna, sur l'emplacement de la petite chapelle du Restello, la construction d'un couvent et d'un temple magnifiques, dans le style particulier de son temps, auquel on donna le nom de style « Manuelino » : heureuse combinaison des styles gothique et arabe avec dentelures et enjolivements représentant des sphères, des ancres, cordages, et autres symboles nautiques. Le cloître du couvent est une vraie merveille d'art.

On y voit un buste du grand amiral dont les restes reposent aujourd'hui dans cette église. Ce fut avec le premier or venu des Indes que furent payés, dit la chronique, les frais de cette construction.

Le roi Dom Manuel préposa à ce couvent, les moines de Saint-Jérôme (Jeronymos) et dédommagea les religieux de l'ordre du Christ en leur donnant le temple de la *Conceição Velha* (Vieille Conception), ancienne synagogue transformée en église chrétienne.

Les religieux de l'ordre du Christ ne voulurent pas se défaire de la statue de la Vierge du Restello (1) que l'Infant Dom Henrique leur

ostensoir, admiré à diverses expositions, notamment à Paris en 1867. On croit que cet ostensoir fut fabriqué avec les premiers cinq cents méticaux d'or, que le roi de Quiloa vint à payer en tribut au roi de Portugal; mais cela ne s'accorde pas bien avec le poids de l'objet, ni avec la légende, gravée en émail blanc sur la facette inférieure du vase sacré. On en doit le dessin à Garcia de Resende, — celui qui fit le plan de la tour de Belem — et la fabrication à l'insigne orfèvre Gil Vicente, qui n'a rien de commun avec Gil Vicente, rhéteur et poète. Il est à remarquer que M. de Linas, archéologue français, a cru, en 1867, devoir attribuer la fabrication de cet ostensoir à l'artiste italien « *Aquabova* », s'appuyant sur les mots « *Aquabou en 1456* » qui forment la légende et qui signifient « Fini en 1456 ». Aujourd'hui, on écrirait « *Acabou* » au lieu de « *Aquabou* », du verbe *acabar*, finir.

(1) Cette statue de la Vierge assise avec l'Enfant nu dans ses bras, porte l'âge respectable de près de cinq cents ans et a été, croit-on, apportée de Sagres par l'Infant Dom Henrique. Elle mesure avec son socle un mètre quatre-vingt-quinze de hauteur. La statue est en pierre, mais soit pour la sauvegarder de l'injure du temps, soit par un excès de zèle que le mauvais goût rend fréquent en Portugal et ailleurs, on l'a enjolivée de peinture et de vernis. Le manteau est peint d'azur à fleurs d'or et la tunique présente des tons cramoisis et est également bariolée de dorures.

La Vierge porte une lourde couronne d'argent. Le dossier et les bras de la chaise, dont l'âge est postérieur à celui de la statue, sont en bois doré sculpté. Cette image qui, par derrière, n'est pas peinte, et s'effrite à la seule pression des doigts, est pour

avait confiée, et aux pieds de laquelle Vasco da Gama avait fait sa
prière d'adieu. Ils la transportèrent solennellement en amont du
Tage, de l'église de Belem à celle de la Conceição Velha.

TOUR DE BELEM.

tant bien conservée dans son ensemble. On n'apprend pas sans étonnement qu'à l'occasion du tremblement de terre de 1755, elle resta ensevelie sous les décombres de
l'église où un incendie s'était déclaré à la suite du cataclysme. La Vierge du Restello fut retirée, à peu près intacte, de ces ruines.

En 1880, on dut la changer de place, parce que l'autel sur lequel elle était posée
ployait sous son lourd fardeau. Cette fois, il y eut lieu de craindre qu'elle ne pût résister au transport, mais avec beaucoup de mal, on parvint encore à la fixer à l'endroit
qu'elle occupe aujourd'hui, et où, pour sa conservation, il est à désirer qu'on la laisse
longtemps.

Pour Dom Manuel, ces édifices religieux étaient un cantique de reconnaissance que le roi et le peuple élevaient au Seigneur, guide et bénédiction de leurs entreprises, mais ne suffisaient pas pour proclamer l'heureux succès de ces lointaines expéditions. Il lui fallait un monument destiné à attester aux nations que le roi Dom Manuel était le très puissant seigneur des contrées d'outre-mer ; et, à cette fin, il fit construire, en face des Jeronymos, sur un îlot, à courte distance du rivage, la tour de São Vicente généralement connue sous le nom de tour de Belem.

Cette tour, délicat spécimen de l'architecture « manueline », écrin finement ciselé, semblerait plutôt destinée à recueillir l'or et les joyaux d'Orient, qu'à abriter des canons et à défendre l'entrée d'un port. Aujourd'hui elle s'avance, toujours légère dans le fleuve, mais elle est devenue d'un accès facile par la plage.

D. Manuel, au retour de l'expédition de l'Inde envoie au Pape et à la reine de Castille des lettres pour leur en annoncer l'heureux succès (1).

Comme nous l'avons dit plus haut, en raison des troubles politiques et de la confiscation des biens d'Estevão da Gama, la Seigneurie héréditaire des Gama à Sines était perdue, et tombée au pouvoir de l'ordre de São Thiago, dont était maître Dom Jorge, duc de Coïmbra, fils de Dom João II. Dom Luis de Noronha, descendant des bâtards des rois de Portugal et de Castille, était, en même temps, commandeur de l'ordre et alcaïde mór de la ville.

Le roi ayant manifesté l'intention de concéder à Vasco da Gama une seigneurie, celui-ci émit le désir de se voir réintégrer dans la seigneurie de Sines où il était né. Mais l'ordre de S. Thiago et les Noronha étant très puissants, le roi pense qu'il doit les entendre, et en même temps, obtenir du Pape la dispense pour faire aliéner les biens de la maîtrise avant de délivrer à Vasco da Gama une lettre d'investiture (2).

(1) Voir Documents 7 et 8.
(2) Voir Document 9.

Il lui délivre donc, d'abord, une lettre de *promesse*. La dispense
du Pape ne tarde pas à arriver. Mais l'ordre de S. Thiago et Dom
Luis de Noronha s'unissent pour y faire opposition; de sorte que
le roi croit devoir dédommager Vasco da Gama de ces retards,
encore qu'il eût déjà créé pour lui le titre d'amiral des mers des
Indes, avec honneurs et émoluments égaux à ceux de l'amiral des
mers du Portugal, et qu'il lui eût octroyé un revenu annuel de
100 mille cruzades et de 300,000 réaux, dont 130,000 seraient pré-
levés sur les accises de Sines (1).

Pedro Alvarez Cabral avait été chargé en l'an 1500 de conduire
la seconde expédition pour l'Inde. Une tempête l'ayant forcé à tirer
sur l'ouest, lui fit ainsi découvrir la belle terre du Brésil auquel il
donna le nom de *Terra de Sancta Cruz* (Terre de la Sainte Croix). Une
fois la croix plantée en ces contrées nouvelles conquises au Portugal,
Pedro Alvarez reprit sa marche vers l'Inde, où il parvint après
d'horribles tourmentes, et la perte de quatre nefs.

Mais le roi de Calicut se montra cruel pour les Portugais. Le Samorim mit à mort Ayres Correa, intendant de la flotte, et une cinquantaine d'Européens. Pedro Alvarez Cabral riposte en massacrant impi-
toyablement les Maures qu'il prend sur des navires mouillés dans le
port de Calicut, mais il ne ramène, à son retour en Portugal, que six
bâtiments sur douze dont se composait la flotte.

Pedro Alvarez Cabral revient avec des lettres et des présents pour
le roi Dom Manuel, de la part des rois de Cochim, de Cananor et
Mélinde.

Ce dernier envoyait aussi à Dom Vasco un présent de valeur.

Cabral avait emmené avec lui un Naïre (2) du roi de Cochim qui
ne tarda pas à demander le baptême et à avoir pour parrains Pedro
Alvarez Cabral et Vasco da Gama, en recevant, sur sa demande, le
nom de Dom Manuel. Le roi lui rendit de grands honneurs et à sa

---

(1) Voir Documents 11 et 12.

(2) Nobles qui entourent les rois de l'Inde. Il fut accordé à Vasco da Gama de porter
l'image d'un Naïre au-dessus de son écusson.

mort lui donna une honnête sépulture dans la cathédrale d'Evora.

Le roi Dom Manuel, indigné de la trahison dont le roi de Calicut s'était rendu coupable vis-à-vis de Pedro Alvarez Cabral, charge D. Vasco da Gama de veiller aux préparatifs d'une *armada* appareillée dans les conditions jugées suffisantes pour bombarder Calicut et entamer la guerre avec les monarques hindous.

Le roi pensait avec raison que seul D. Vasco avait assez d'énergie pour réduire à merci les souverains de l'Inde et assez d'aptitude pour organiser les éléments de la conquête, qu'en outre lui seul inspirait une confiance suffisante pour conduire à bonne fin une mission aussi grave.

Pedro Alvarez Cabral était sur le point de partir, quand D. Vasco se présenta pour occuper sa place. L'amiral produisit une lettre autographe du roi (1) dont la teneur portait que Dom Manuel lui avait octroyé le commandement supérieur de toute flotte allant dans l'Inde, et qu'il lui plairait de commander, fût-elle au moment de franchir la barre.

Pedro Alvarez Cabral, de nature accommodante, s'effaça devant le grand amiral. Celui-ci, résolu à tirer vengeance du roi de Calicut, repartit pour l'Inde en 1502, sans avoir pu se faire nommer alcaïde et seigneur de sa ville natale; mais apparemment dédommagé en honneurs et en profits de tout le tort que s'étaient efforcés de lui faire ses détracteurs.

Dom Vasco prend donc le commandement de six grandes nefs, dont une dirigée par Vicente Sodré (2) son parent, et d'autres nefs moins importantes. Il longe la côte de Guinée, d'où les vents contraires le chassent vers le Brésil, dont il suit les rivages jusqu'au

---

(1) Cette lettre écrite par Dom Manuel au moment où il organisait avec Dom Vasco la deuxième expédition pour l'Inde, dont Alvarez Cabral avait le commandement, portait encore que D. Vasco da Gama avait plein pouvoir de « *faire et défaire* » tout ce qui aurait rapport aux flottes de l'Inde, dût-il aller contre les ordres antérieurs du roi lui-même. Voir Document 10.

(2) Vasco da Gama laissa Vicente Sodré dans l'Inde, avec le titre de « capitaine de mer », lorsqu'il revint de cette deuxième expédition.

cap Saint-Augustin. De là il refait voile, jusqu'au cap de Bonne-Espérance.

A Mozambique, où il fut reçu avec pompe par le « *Xéqué* » qui avait gardé de lui bonne souvenance, Dom Vasco fit débarquer des planches (1) qu'il apportait taillées et ajustées pour en faire une caravelle, sans autre peine que celle de les rejoindre, clouer, calfater; et cela avec tant de prestesse, qu'en douze jours la caravelle fut lancée à la mer sur laquelle on termina la partie supérieure du bâtiment (2).

On lui donna le nom de *Pomposa* (Pompeuse).

Ce n'est pas assurément dans cet essai biographique que l'on pourrait raconter les difficultés de toutes sortes que Vasco da Gama eut à vaincre dans cette seconde expédition; notamment les luttes qu'il eut à soutenir contre les peuples orientaux, dont la civilisation, quoique différente de la civilisation européenne, ne lui était peut-être pas inférieure.

Le retour de cet homme de génie en ces contrées, fut le signal de la terreur pour les uns et, pour les autres, celui de la confiance. Le moral des Portugais fut relevé. Ils se rallièrent autour du grand homme qui sut tirer vengeance des affronts du Samorim et forcer les nations hindoues au respect et à la soumission.

Tel était l'empire que Vasco exerçait sur ces peuples, que le roi de Mélinde racontant lui-même à João da Nova les affronts reçus par Pedro Alvarez Cabral à Calicut, lui dit : « Si Dom Vasco revient, il fera de grandes choses, car il a l' « *Étoile heureuse* » pour les choses de l'Inde. » Dom Vasco ne fut donc pas seulement un navigateur intrépide, mais il sut encore user d'une diplomatie habile envers les rois orientaux; et si, d'une part, il put les conquérir, de l'autre il constitua et affermit la domination portugaise. Son com-

(1) *Lendas da India.*

(2) N'y aurait-il donc vraiment rien de nouveau sous le soleil! Les Portugais auraient devancé de plusieurs siècles ce que nous croyons une invention du progrès actuel : les maisons démontables.

mandement se distingua par sa prévoyance, sa justice et sa vigueur, peut-être encore, par sa cruauté; mais en ce temps-là, la cruauté marchait de pair avec la bravoure. Si tout ici-bas tend au progrès, il n'en est pas moins exact que tout porte aussi en soi le signe d'une déchéance. Aucun bien n'étant absolu, ce bien, qu'on nomme la gloire, n'est en réalité qu'une fleur, qui ne s'épanouit qu'arrosée par des larmes et du sang.

Vasco da Gama se montra sanguinaire dans cette seconde expédition, on ne pourrait en disconvenir; et certains détails provoquent aujourd'hui une répugnance presque nuisible à la gloire du « *fort capitaine* », mais, pour juger des choses et des gens d'autrefois, il est indispensable de se dépouiller des sentiments ou des préjugés de l'époque où l'on vit, pour se reporter sans idée préconçue vers les temps que l'on veut analyser. La sensibilité du lecteur d'aujourd'hui diffère essentiellement de la rudesse des âmes d'alors. D'ailleurs, les conquêtes seraient trop belles, si elles n'étaient obtenues au prix de la douleur, et, d'après le mot de je ne sais quel auteur : « *Le sang est la cire rouge qui doit sceller les grands pactes* ».

D'un autre côté, en lisant le récit du premier voyage vers l'Inde, on voit que Vasco da Gama, loin de se complaire dans le sang, évitait au contraire de le faire couler, ce qui prouve que, chez lui, la cruauté ne fut pas spontanée mais réfléchie, et qu'il n'en fit usage que par nécessité.

La première fois, il s'était présenté en diplomate, allant quérir des amitiés au nom de son roi, porteur d'une mission de paix; la seconde fois, il arrivait en vengeur. Il fallait que les peuples d'Orient comprissent que, de gré ou de force, ils devaient reconnaître la souveraineté du Portugal.

Il fallait encore, d'après le mot de Vasco lui-même, « que les Portugais méritassent d'être reconnus pour des hommes sensés et amis de la vérité ».

Le génie de Vasco da Gama avait de plus la particularité d'embrasser toutes les questions morales, civiles et religieuses;

et on lira avec intérêt un épisode survenu à Quiloa, épisode qui témoigne de la justesse de son raisonnement et de la compréhension pratique de ses devoirs de chrétien et de chef.

Il y avait dans la ville beaucoup de jolies femmes, qui vivaient enfermées et maltraitées par suite de la jalousie des Maures, leurs époux. Pendant le séjour des Portugais, beaucoup d'entre elles s'évadèrent et vinrent aux navires, où on les reçut et où on les garda en cachette. Toutes demandaient à devenir chrétiennes, et disaient qu'elles préféraient être esclaves des chrétiens plutôt qu'épouser des Maures. Les capitaines, ayant appris que ces femmes s'étaient réfugiées dans les vaisseaux, les interrogèrent, et toutes s'obstinaient à vouloir se faire chrétiennes. Ils le rapportèrent alors au Capitão-Mór qui envoya vers elles Gaspar, l'interprète (1), pour les entendre. L'interprète répondit : « Seigneur, il est inutile que je leur parle, car je sais bien qu'elles se jetteraient à la mer plutôt que de retourner à terre. Décide toi-même à leur sujet ce qui mieux te plaira. » Alors le Capitão-Mór se consulta avec les autres capitaines et leur dit que ces femmes demandaient à embrasser le christianisme, non qu'elles eussent connaissance de la sainte foi, mais afin d'éviter les mauvais traitements des Maures. Cela n'empêchait pas qu'elles pussent devenir, plus tard, de parfaites chrétiennes ; qu'il serait donc raisonnable de les emmener toutes, quelque nombreuses qu'elles fussent, si l'on devait faire route de suite pour le Portugal, « malgré les grands inconvénients pour la conscience des hommes et autres grands maux qui pourraient résulter du séjour de ces femmes parmi tant d'hommes ».

Cet inconvénient lui semblait d'ailleurs plus dangereux, vis-à-vis de Dieu, que celui de les renvoyer à terre, nonobstant leur désir de se faire baptiser : « Je tiens donc, ajoutait-il, pour principal inconvénient celui de troubler la conscience des hommes, qui oublieraient que nous devons compter chaque jour sur la mort : raison

(1) Gaspar de Las Indias, le juif ramené et converti par Vasco da Gama, lors du premier voyage.

première qui me force à renvoyer ces femmes à terre. Mon cœur en souffre, car cela me semble inhumain, mais il faut qu'il en soit ainsi. Nous conserverons notre renommée de gens sensés, qui agissons d'après la vérité. »

Il manda alors, dans sa nef, toutes les femmes, à l'exception de quelques vierges, s'il s'en trouvait qui ne connussent pas d'homme, et il fit publier cet ordre dans les nefs et caravelles avec injonction d'obéir sous peine de mort.

Ces femmes furent conduites au Capitão-Mór. Il y en avait plus de deux cents. Il les fit toutes reconduire à terre, accompagnées de Vicente Sodré et de Gaspar, l'interprète, chargés de dire au roi que Dom Vasco le priait beaucoup de ne laisser faire aucun mal à ces femmes, parce qu'à son retour de l'Inde, s'il apprenait que le moindre tort leur eût été causé, il romprait toute paix avec ce souverain, et lui détruirait sa ville. Qu'il en faisait le serment sur la tête du roi, son seigneur, et que, si le roi de Quiloa ne comptait pas agir comme il le lui demandait, qu'il eût à lui renvoyer ces femmes pour les faire baptiser et les emmener avec lui.

Les femmes, voyant qu'on les ramenait à terre, voulurent se jeter à la mer, et quelques-unes s'y lancèrent, mais on put les en retirer.

On les conduisit devant le roi, à qui fut répété le message du Capitão Mór. Quelques-uns des maris s'étaient déjà plaints au roi de ce que les Portugais leur avaient ravi leurs épouses.

Le roi répondit au Capitão-Mór que tout serait fait selon son désir, et ordonna tout de suite qu'il fût crié dans la ville par beaucoup d'hommes que tous ceux qui avaient perdu leurs femmes devaient venir les prendre au palais.

Le roi menaçait de la perte des biens et de la vie tous ceux qui tireraient d'elles quelque vengeance, et ajoutait que, si on ne venait pas les prendre tout de suite, elles seraient renvoyées au Capitão-Mór. Beaucoup d'époux vinrent reprendre leurs femmes, mais il en resta une quarantaine, dont les maris ne voulaient plus.

Tout ceci eut lieu devant Vicente Sodré que le roi pria de tout voir par lui-même, puis ce souverain envoya ses remerciements au Capitão-Mór en lui demandant ce qu'il fallait faire des femmes dont les maris ne se souciaient plus, car elles affirmaient être déjà chrétiennes et avoir reçu de l'eau sur la tête. Il pria encore le Capitão-Mór de les faire reprendre, de crainte qu'on ne les mît à mort si elles restaient à terre. Ce que voyant, le Capitão-Mór se trouva forcé de les recueillir dans sa propre nef, ne se fiant à personne autre qu'à lui-même. Il les tint toutes enfermées dans des cabines. Arrivé dans l'Inde, il les descendit à Cananor et à Cochim.

Vasco da Gama les ramena en Europe. Ce furent les premières femmes qui vinrent de ces pays en Portugal. Dom Vasco trouva au bout de la ville de Quiloa une fosse recouverte d'une planche et surmontée d'une croix. Sur la planche étaient gravés ces mots : « Ci-gît Damian Rodrigues, déporté (1), que Vasco da Gama laissa en cette contrée et qui était venu comme marinier dans le *Saint-Gabriel.* »

Seulement, d'après le mot de Gaspar Correa : « le mort ne disait pas vrai », parce que Vasco da Gama n'avait laissé à Quiloa qu'un seul déporté, João Machado ; mais Damian Rodrigues avait quitté le *Saint-Gabriel* à la nage dans la nuit pour retrouver Machado son ami. Ces deux hommes, après avoir assassiné ensemble un individu à Lisbonne, et subi un long emprisonnement, avaient été tous deux condamnés pour ce fait à la potence, mais D. Manuel les avait graciés pour les remettre à Vasco. Damian Rodrigues, venant à tomber malade et à mourir à Quiloa, João Machado l'enterra, grava ces lettres sur la planche dont il recouvrit sa tombe, et y planta la croix.

Pedro Alvarez Cabral, à son passage, avait demandé au *Xéque* de lui faire cadeau du terrain où se trouvait cette sépulture. Le Xéque le lui avait cédé volontiers. L'emplacement fut entouré d'une haie, où s'ouvrait une porte, sur laquelle s'élevait une grande croix de bois. Voilà comment ce lieu devint un cimetière de Portu-

---

(1) Vasco da Gama lors de son premier voyage avait emmené avec lui une douzaine de condamnés à mort, qu'il devait exposer de préférence dans les explorations difficiles.

gais, et prit le nom de Saint-Gabriel. Plus tard, on y construisit une église, sous le même vocable.

Dom Vasco da Gama ne quitta pas Quiloa sans rendre le souverain de cette contrée tributaire annuel du roi de Portugal de mille cinq cents méticaux d'or. Il écrit en rade de Quiloa, le 15 juillet 1502, *pour ceux qui viendraient après lui,* le très intéressant document que l'on garde à la Bibliothèque nationale.

Cet acte de soumission de la part du roi de Quiloa ne laissa pas que d'être très pénible au monarque africain.

Il s'était rendu à bord de la capitane se montrant fort disposé aux « choses de bonne amitié » et à être « ami comme frère » avec le roi de Portugal, ainsi qu'à faire bon accueil aux Portugais, « dans sa ville et dans son port », mais il donna signe de grande tristesse lorsque le Capitão-Mór exigea de lui un tribut, en disant que cette sujétion était chose de captif et lui serait un déshonneur.

Aux menaces de Vasco le roi répondit encore : « Si j'avais su que tu voulais faire de moi ton sujet, je ne serais pas venu, et me serais enfoncé dans les bois, « *car mieux vaut être un chacal en liberté qu'un lévrier en cage* ».

Le Capitão-Mór, s'emportant, donna l'ordre de faire feu sur la ville, et engagea le roi à quitter la nef et à prendre la fuite vers ces bois où « malgré ses douze mille hommes, il y aurait des lévriers portugais « pour l'aller prendre et le ramener par une oreille ».

Le roi et les siens, saisis d'épouvante, ne savaient à quoi se résoudre; mais un vieillard de sa suite demanda la parole, et après avoir longuement parlementé, obtint de lui d'accéder à la demande de Vasco, mais en priant celui-ci de ne pas avoir de nouvelles exigences, et en promettant le paiement du tribut demandé; ce qui fut écrit sur une feuille d'or, et signé de la main du roi.

Estevão da Gama, parent de Dom Vasco (1), parti douze mois après celui-ci, à la tête de cinq vaisseaux, rencontra la flotte du Capitão-

_____

(1) Quelques-uns ont dit frère.

Mór, à peu de distance de Mélinde. Estevão était porteur de lettres pour Vasco, dont plusieurs étaient du roi. Tous ensemble se dirigèrent vers les rives de l'Inde, et allèrent droit sur Dabul, d'où ils longèrent la côte. Ils remontèrent ensuite le fleuve Onor à la poursuite des corsaires, puis mouillèrent à Baticalá où D. Vasco prit les bateaux marchands Maures qui se trouvaient dans le port. Il sema ainsi la terreur parmi la population de Baticalá, et le roi qui avait commencé par défendre l'accès de son port aux Portugais, finit par les approvisionner d'une grande quantité de riz et par signer l'engagement d'en fournir mille charges par an.

. A leur départ, avant d'arriver au Mont Delhy, un vent impétueux endommagea gravement quelques-unes des nefs, et le Capitão-Mór se vit forcé de surgir à la baie de Marabiá pour les réparer.

Il était ancré dans cette baie quand arriva, de retour de La Mecque, une grande nef de Calicut chargée d'immenses richesses.

Aussitôt que Vasco en eut connaissance, impatient qu'il était de tirer une première vengeance de la vilenie du roi de Calicut, il donna aux siens l'ordre de mettre le feu à la nef, brûlant ainsi en entier le vaisseau et l'équipage.

Le capitaine des Maures criait en vain de son bord à Vasco, de leur épargner la vie et de les conduire prisonniers à Calicut, où, comme preuve de leur reconnaissance, ils feraient charger ses nefs de drogues et d'épices; « de ne pas perdre une telle richesse pour la petite satisfaction de leur donner la mort; » mais Vasco da Gama n'écouta ni ces prières, ni ces promesses, ni même les conseils des autres capitaines portugais et leur répondit : « Seigneurs amis, tous ceux qui souhaitent le bien de leurs ennemis, et non leur mort, agissent contre leur propre honneur et leur propre vie. Périsse de la main de son ennemi, celui qui l'épargne, comme disent les vieilles femmes, et si vous réfléchissez bien, vous irez vous-mêmes sans vous arrêter aux promesses de ce Maure mettre le feu à ses vaisseaux. Le roi de Calicut nous a vivement offensés, et si nous épargnons ces Maures et acceptons leurs offres, nous resterons déshonorés et nous serons accusés de vendre l'honneur pour des richesses. Le roi de Calicut se croirait autorisé à renouveler ses outrages. Je n'épargnerai donc aux siens aucun mal que je pourrai leur faire. »

Le feu fut donc mis à la grande nef, après un violent combat contre les Maures, qui s'étaient assemblés au nombre de sept cents, et se montrèrent de vaillants guerriers, préférant périr par le fer, plutôt que par le feu.

Vasco da Gama fit sauver une douzaine d'enfants pour leur administrer le baptême.

Le roi de Cananor envoya à Marabia, saluer Vasco da Gama et l'inviter à venir lui faire visite. Les vaisseaux étant réparés, Vasco se dirigea vers Cananor. Le roi le fit prier de venir prendre du repos à terre, où ils causeraient ensemble de choses d'importance. Dom Vasco répondit qu'au jour fixé par le Souverain, il débarquerait et se tiendrait à sa disposition. Quant à aller prendre du repos à terre, il ne le pouvait pas, car il était si habitué à la vie de la mer, que là seulement était le repos pour lui.

Alors le souverain de Cananor fit élever une maisonnette de bois attenant à la palissade, et y invita le Capitão-Mór qui débarqua dans la ville, vêtu de ses riches ajustements, précédé de ses joueurs de trompettes et de *atabales,* et au son des salves d'artillerie. Dom Vasco se rendit en premier lieu à l'église, où il entendit la messe. Puis il échangea des cadeaux avec le roi de Cananor, ainsi qu'un traité de commerce, de paix et de bonne amitié, et partit pour Calicut où il lui tardait d'être rendu.

Arrivé à Calicut, Vasco fut très contrarié de trouver le port désert, car, tous les Maures apprenant son approche, et connaissant ce qu'il avait fait à Onor et à Baticalá, s'étaient empressés de cacher leurs nefs et *zambucos* dans les rivières.

Le roi, dans l'espoir d'adoucir la vengeance de Vasco, envoya à bord un Brahme déguisé en moine, afin d'arriver sans encombre sur la capitane, et ce Brahme avait ordre de proposer au Capitão-

Mór l'envoi des douze Maures qui avaient conseillé le roi contre Duarte Pacheco. Dom Vasco, sans tenir compte des promesses, retint le Brahme à bord, et bombarda la ville durant une journée entière.

Le lendemain, ils virent arriver de Coromandel, vingt-deux zambucos et autres embarcations chargées de riz, de beurre et d'étoffes, dans l'espoir que les Portugais seraient déjà repartis, pour Cochim. Vasco da Gama n'hésita pas à les faire saisir par ses caravelles, et n'en épargna que six, qui étaient de Cananor.

Après avoir durement maltraité ces Maures et le Brahme, ambassadeur du Samorim, Vasco les envoya porter un message au roi, qui, en les voyant revenir si malmenés, et entendant les clameurs de son peuple, jura de dépenser toutes les richesses de son royaume pour se venger; et, dans ce but, fit parcourir ses terres, pour réunir une grande armée afin de combattre les Portugais.

Vasco renvoya alors Vicente Sodré à Cananor, avec les six embarcations, prises à Calicut, ayant l'ordre de les y laisser, si le roi les reconnaissait pour siennes. De là, Vicente Sodré fit voile pour Cochim, pour retrouver Dom Vasco qui de Calicut s'y était rendu, non sans user sur sa route de représailles envers tout ce qui dépendait du Samorim.

A Cochim, des Maures de Coromandel, amenés par Vicente Sodré, voyant quelques-uns des leurs pendus par les pieds et criblés de flèches, criaient qu'ils voulaient se faire chrétiens et invoquaient le nom de saint Thomas, qui avait vécu dans leurs contrées.

Dom Vasco, ne voulant pas donner dans ce piège, leur fit répondre que, même s'ils se faisaient chrétiens, ils n'échapperaient pas à la mort.

Les Maures répliquèrent qu'ils ne demandaient pas la vie, mais le saint baptême. Devant leur insistance, le Capitão-Mór leur fit administrer ce sacrement. Les nouveaux convertis récitèrent ensuite à haute voix la prière par excellence de la religion qu'ils embrassaient *in extremis :* le Pater, et, aussitôt après, Dom Vasco les fit pendre, en ayant soin de veiller à ce que leur mort fût prompte.

Vasco da Gama ne châtia pas dans l'Inde seulement les offenses faites au roi de Portugal, mais il punit encore, avec rigueur, la fraude de quelques Maures contre le roi de Cananor, vu sa qualité d'ami fidèle du souverain portugais. Ce roi de Cananor avait adressé au Capitão-Mór à Cochim une plainte contre des Maures, qui avaient quitté cette ville dans huit nefs, sans payer ni les droits ni la valeur de la marchandise prise aux commerçants.

Vasco chargea Vicente Sodré de régler ce différend. Celui-ci, non content de forcer les Maures à s'acquitter de leurs dettes, prit encore leur capitaine, le fit dévêtir et attacher au mât par la ceinture, pour être fustigé avec des lanières goudronnées, et, de plus, subir divers mauvais traitements. Les autres Maures offraient à Vicente Sodré dix mille *pardaos* (1) en or, pour qu'il mît fin à cette torture. Vicente Sodré refusa en disant que le vol des marchandises était racheté par l'argent, mais que les paroles injurieuses que ce capitaine avait proférées contre le roi de Cananor, ami du roi des Portugais, ne se rachetaient que par des coups de verges et des tourments, car les Maures devaient se prosterner devant les amis du Portugal. Le roi de Cananor témoigna sa vive satisfaction de ce fait, qui fut connu dans toute la côte de l'Inde.

L'arrogance des Maures en fut très abattue. Le roi offrit à Vicente Sodré mille *pardaos* en remercîment, et ordonna que tant qu'il serait à terre, ou dans le port de Cananor, on lui allouerait un *pardao* par jour pour se procurer de la volaille à sa table, et qu'ainsi serait fait à tous les capitaines qui lui succéderaient. Cet ordre fut maintenu avec fidélité. Le roi de Cochim reçut avec de grands honneurs Vasco da Gama, qui lui offrit une coupe avec couvercle contenant deux mille cruzades, puis une pièce de brocart, vingt pièces de velours, de damas et de satin, ainsi qu'une chaise, garnie de velours et incrustée d'argent, ce qui fit spécialement plaisir au monarque.

A Cochim, Vasco fit encore débarquer un grand nombre de marchandises : coraux, cuivres, mercure, airain, bassins de cuivre, dra-

---

(1) Monnaie de l'Inde qui vaut trois cents reis à peu près. Goes dit 300 reis.

perie, coutellerie, miroirs, etc., etc. Et il arrêta et signa un traité de commerce avec le roi de Cochim, afin que le prix de diverses marchandises fût stipulé et réglé définitivement, ce dont le roi et le peuple se montrèrent fort satisfaits.

Après cela, Vasco da Gama fit don au souverain d'une couronne d'or de grande valeur, placée dans un bassin de vermeil ouvré et d'une aiguière de grande contenance, et offrit aussi au prince, neveu et héritier du roi, un collier d'émail, en forme de chaîne et un pavillon de bois très ouvragé et incrusté, tendu de satin, « chose très magnifique ».

La reine de Ceylan, ayant eu connaissance de ces procédés, envoya des messagers s'entendre avec Vasco da Gama pour signer un traité, dans les mêmes conditions que le roi de Cochim. Entre temps, le roi de Calicut avait préparé sa flotte, mais avant de l'expédier, il envoya un Brahme en qui il avait grande confiance, porter une lettre à Vasco da Gama, avec ordre de bien s'assurer de l'état de la flotte portugaise, de la cargaison des vaisseaux et du nombre de gens dont se composait l'équipage. Dans sa lettre, le radjah assurait Dom Vasco que ses sentiments de vengeance avaient fait place au désir de faire la paix avec lui et de ne plus renouveler de querelles, si seulement le Capitão-Mór lui promettait de ne pas entraver les embarcations de Calicut dans leur cours. Dom Vasco, se doutant d'une embûche, fit mettre le Brahme à la torture jusqu'à ce qu'il eût avoué les desseins de son souverain, et le renvoya ensuite à Calicut.

Le Samorin, se considérant doublement outragé, ordonna le départ immédiat de sa flotte vers Cochim, mais les Portugais avaient déjà quitté ce port.

L'avant-garde de la flotte de Calicut se composait à peu près de soixante-dix bateaux de formes diverses et munis d'artillerie. Les deux flottes : celle de Samorim et celle de Vasco, se rencontrèrent entre Cochim et Cananor. On combattit avec acharnement des deux côtés, et la flotte du radjah fut mise en déroute.

Dom Vasco, en repassant à Cananor, y descendit l'artillerie enlevée aux bateaux du Samorim. Là, il prit congé des Portugais, qu'il laissait dans ces parages, ayant soin de nommer Vicente Sodré, capitão-mór de la flotte qui restait dans l'Inde, et refit voile vers le Portugal.

Les vents lui furent cette fois si favorables que Vasco fit le voyage d'une traite à partir de Mélinde. Il entra dans le port de Lisbonne avec des caravelles chargées de grandes richesses et le cœur satisfait d'avoir, pour la deuxième fois, rempli avec succès une grande mission.

Dom Manuel envoya à bord D. Nuno Manoel, son capitaine des gardes, et il alla lui-même, tout droit à la cathédrale, entouré d'évêques et de sa cour, devant l'autel de saint Vincent (1) attendre l'arrivée de Dom Vasco et des autres capitaines. Ceux-ci, après leurs oraisons, s'avancèrent vers le roi, pour lui baiser la main. Le monarque dispensa de nombreuses grâces aux capitaines, et en reconnaissance du tribut que Dom Vasco avait obtenu du roi de Quiloa, Dom Manuel assigna à D. Vasco et à ses héritiers directs un revenu annuel de quatre cent mille cruzades. Ce revenu devait être prélevé sur la gabelle du sel à Lisbonne (2).

En outre, il lui accorda, pour lui et ses descendants directs, les

(1) Ce saint fut torturé et mis à mort par Dace, proconsul romain en Espagne. Le corps, laissé sans sépulture, fut défendu par un corbeau qui en éloignait les bêtes féroces. Dace, ayant appris ce fait, le fit mettre dans une outre chargée de pierres, et jeter à la mer. Mais les vagues roulèrent l'outre sur le rivage et le corps fut enseveli dans le sable. Quelque temps après, l'esprit du martyr apparut à une veuve en lui indiquant l'endroit où se trouvait son corps, lequel fut transporté à Valencia où il fut placé dans une châsse magnifique, et on lui construisit un temple. En 713, le roi des Sarrasins, ayant pris la ville, ordonna la destruction des reliques qui échappèrent miraculeusement et vinrent s'échouer au cap Saint-Vincent, en Portugal, où on lui édifia une petite chapelle.

En 1139, lors de la fondation du royaume portugais, D. Affonso Henriquez ayant connaissance de l'histoire de saint Vincent, fit chercher le corps qui fut déposé dans la grande église de Saint-Vincent, à Lisbonne, siège du patriarcat et devenu panthéon des rois. Dans le cloître, on élève toujours des corbeaux en honneur du saint. Plusieurs reliques de ce saint se trouvent en France, notamment dans l'église de Saint-Germain des Prés de Paris, au Mans, etc...

(2) Il a été conservé jusqu'à nos jours dans la famille de D. Vasco da Gama, une lettre inédite et en assez mauvais état datée du 24 août 1515, et où est inclus et confirmé le décret qui ordonne d'allouer ces 400.000 cruzades à partir du 1er janvier 1501.

droits d'ancrage (1) de tous les ports et forts de l'Inde dépendants du Portugal (2).

Le roi D. Manuel, au retour des expéditions de l'Inde, adressa au roi de Castille un exposé où il lui rapportait les succès de ses flottes, et comme quoi le pavillon portugais et la croix du Christ avaient été plantés dans les terres lointaines d'Orient (3).

D. Manuel, après la prise de possession de ces nouvelles terres et mers indiennes, avait ajouté à ses titres, d'ailleurs déjà nombreux, celui de « *roi de la conquête de la navigation et du commerce de l'Éthiopie, de l'Arabie, de la Perse, de l'Inde*, etc., etc. (4).

L'amiral Dom Vasco est donc à nouveau reçu par son roi, avec profit et honneur, mais l'affaire de Sines, qui lui tenait tant à cœur, et dont nous avons longuement parlé, n'aboutissait toujours pas.

Les Noronha n'osaient plus opposer grande résistance à l'amiral dont l'influence était grande ; mais l'ordre de S. Thiago ne cédait point.

D. Vasco, d'humeur peu patiente, revenu une seconde fois victo-

(1) Il a été également conservé, jusqu'à ces derniers temps, dans la famille de D. Vasco le parchemin daté du 30 mars 1522 et sur lequel est ratifiée la concession *faite à Gama et à ses descendants* des droits d'ancrage de tous les ports et forts de l'Inde dépendants du Portugal. Ce document est actuellement à la Société de Géographie de Lisbonne.

(2) Aujourd'hui c'est l'État qui perçoit ces droits, à quel titre? Il ne nous appartient pas de le juger ici. « Le réel est le raisonnable », dit le positivisme de nos jours.

(3) Voir Document 7.

(4) Les souverains du Portugal ont fait usage de titres divers selon les époques.

D. Affonso Henriquez fut le premier qui, à partir de 1178, prit le titre de Roi, *Rey de Portugal*.

Après 1306 ils s'intitulèrent *Rey de Portugal e dos Algarves*.

D. João, premier du nom et premier de la dynastie de Aviz, ajouta à ces deux titres celui de *Senhor de Septa*.

D. Affonso, après la campagne d'Afrique, ajouta encore celui de *senhor de Alcacer em Africa*, titre qu'il changea plus tard contre celui de *Rey d'aquém e d'além mar em Africa*.

D. João II l'accrut de celui de *Senhor da Guiné*, D. Manuel en épousant en deuxièmes noces D. Maria, fille et héritière des *Rois catholiques*, joignit à tous les titres cités ci-dessus ceux de *Principe de Castella, de Leão, de Aragão, de Sicilia, et de Granada*. A la mort de D. Maria il rentra dans ses seuls titres antérieurs dont il augmenta le nombre après les conquêtes en Orient, comme nous le disons dans le texte.

rieux de sa mission, ne consent plus à attendre et rentre avec sa famille à Sines. Là, il se plait à reconstruire et à augmenter son domaine, se tenant déjà pour légitime seigneur de la ville.

Ce fut sans doute à cette époque qu'il bâtit la chapelle de Saint-Giraldo, qui fut abandonnée en 1631 ; et qu'il commença la construction d'une autre chapelle, sur le haut d'une roche à pic qui domine la mer. Ce petit temple fut dédié à la Vierge sous le nom de Notre-Dame des Salas (1).

Les armoiries des Gama, comtes da Vidigueira et marquis de Niza (2) y sont gravées et on y lit l'inscription suivante : « *Cette maison de la Vierge fut édifiée par le magnifique D. Vasco da Gama, comte da Vidigueira, amiral et vice-roi des Indes.* »

L'ordre de S. Thiago ne se tenait pas pour battu. D. Manuel lui-même, qui combattait volontiers la superbe des plus arrogants seigneurs, fussent-ils ses amis, somma un beau jour D. Vasco, par ordre royal, de quitter Sines, avec sa femme et toute sa maison, dans le cours de trente jours.

De plus, le roi faisait défense absolue de donner suite aux travaux entrepris dans le domaine de Sines, où D. Vasco s'était réinstallé (3).

Cela n'empêchait pas D. Manuel de s'occuper de créer pour D. Vasco da Gama un majorat de première classe, qui le mettrait de pair avec les premiers seigneurs du royaume ; et en 1507 il autorise Luis d'Arca à céder son *alcaidaria mór* (grande alcaïderie) de Villa Franca de Xira, à l'*amiral* des Indes (4).

---

(1) Beaucoup d'auteurs croient que *Salas* est une corruption de *Salvas* qui signifie Salve. On assure d'une part que Vasco da Gama saluait sa ville natale par des salves de canon, lorsqu'il passait avec ses navires en vue de ce petit promontoire. D'autre part, on le nie et on trouve le fait étrange. De notre côté non seulement nous le trouvons parfaitement compréhensible, mais aussi le propre d'un grand cœur comme celui de Vasco qui vouait une affection particulière à sa terre natale, et se montrait en toute occasion soucieux de sa propre dignité et conscient de sa propre grandeur.

(2) Nous expliquons plus loin comment les comtes da Vidigueira sont devenus marquis de Niza.

(3) Voir Document 14.

(4) Voir Document 16.

Là pourtant des obstacles surgissent encore. D'une part l'intrigue et l'envie, de l'autre la difficulté de trouver une seigneurie qui satisfît l'ambition de D. Vasco rendaient de plus en plus embarrassante la conclusion de l'affaire (1).

La seigneurie de Sines ne valait pas en elle-même d'autres terres seigneuriales que le roi proposait, mais Vasco l'aimait, la voulait, et, ne pouvant l'obtenir, élevait ses exigences à la hauteur de sa déception. D'ailleurs blessé au vif par l'affront que Dom Manuel lui avait fait subir, Vasco, y répondait avec une aigreur et un mécontentement que rien ne semblait apaiser. Assurément l'édit de Dom Manuel contre D. Vasco avait été sévère, et le roi, peut-être à dessein, dans le but de réparer ce qu'il y avait d'humiliant pour l'amiral dans l'ordonnance dont nous avons parlé plus haut, prescrit en 1511 « aux juges de la ville et de l'ordre de S. Thiago et à tous ceux que ces affaires regarderaient », prescrit, dis-je, ceci : que lorsque les mandataires de Vasco da Gama auraient à se présenter dans la ville de Sines ou dans celle de Villa-Nova de Mil Fontes afin de percevoir les rentes appartenant au surnommé D. Vasco, on mît à leur disposition tous les officiers et préposés reconnus nécessaires pour en faciliter le recouvrement, en tout et pour tout comme s'il s'agissait du receveur du Roi et de rentes perçues par la couronne.

Quelque temps après, le Roi ordonna encore que tout ce qui pourrait venir de l'Inde pour « D. Vasco da Gama, grand amiral des mers des Indes, et de son conseil », soit par envoi gracieux, soit par

(1) Mais comme si le destin poussait les Gama de ce côté, cette famille finit par posséder des biens considérables en cette commune et ses alentours.

Le majorat des comtes da Castanheira étant venu s'adjoindre à celui des Gama, les couvents da Castanheira et de Santo Antonio qui existent encore aujourd'hui devinrent leur propriété. C'est dans l'église du couvent de Santo Antonio que gisent divers comtes da Castanheira, et sans doute D. Caterina d'Athayde, celle qui fut aimée de Camões, et dont nous parlerons plus loin. On voit encore sur une hauteur dominant un superbe panorama, des ruines pittoresques et une chapelle du seigneur Jésus de la Bonne mort où, chaque année, se rendent en pèlerinage les gens des environs.

Le château, aujourd'hui en ruines, et la chapelle faisaient également partie du même majorat.

ordre et aux frais du dit seigneur, fût embarqué sur les caravelles royales ou particulières, et remis à D. Vasco, exempt de tous droits d'entrée et de transport (1).

Dom Manuel lui avait, en outre, accordé l'insigne honneur d'ajouter à son blason des Gama, les quines (2) ou armes portugaises comme portent encore, aujourd'hui, ses descendants; mais D. Vasco ne se donnait pas pour satisfait tant que l'affaire de Sines, qui primait pour lui toutes les autres, ne serait pas tranchée; et pris de révolte, dans un élan d'impétuosité, celui dont le « cœur était fier et l'allure arrogante » demande à Dom Manuel l'autorisation de quitter le royaume avec sa femme, ses enfants et ses biens meubles.

Le Roi répond que : *ayant égard à ses grands services, il ne voudrait pas autoriser son départ de ses royaumes, mais qu'au cas où D. Vasco insisterait dans sa demande insolite, il lui fixait un délai afin de lui donner le temps de considérer son erreur, et de lui éviter de prendre un parti si extrême. »*

Il l'autorise, cependant, à partir, « *une fois le délai expiré, s'il persiste dans la même résolution...*

Quoique bien à regret, *le roi n'empêchera pas alors que l'amiral parte, s'en aille, et emmène avec lui sa femme, ses enfants et tous ses biens meubles* (3).

Dom Jayme de Bragança neveu très aimé du Roi (4), pour de

(1) Voir Document 17.

(2) Les armes que le Roi D. Affonso Henriques donna en 1139 au Portugal étaient à la fois une image guerrière et religieuse. Les cinq quines représentent d'une part les cinq Rois Maures sur lesquels il avait triomphé à Campo d'Ourique, et de l'autre, les cinq plaies de Jésus-Christ en mémoire de l'apparition dont le roi aurait été favorisé sur le champ de bataille. Les cinq besants d'argent sur chaque quine, en comptant ceux de la quine du centre, signifient les trente deniers pour lesquels le Rédempteur fut vendu. Les quines sont disposées en croix comme souvenir de la cinquième plaie reçue sur le Calvaire.

(3) Voir Document 18.

(4) Duc de Bragança, fils du duc D. Fernando qui fut décapité à Evora en 1483. A la mort de D. Miguel, fils de D. Manuel, il fut reconnu comme successeur du roi Fortuné. D. Jayme d'une piété, peut-être excessive, d'aucuns disent atteint de la monomanie religieuse, s'enfuit du royaume dans l'idée de se faire religieux. Dom Manuel

raisons privées en voulait à l'ordre de S. Thiago et aux Noronha.
Il soutenait ouvertement la cause de D. Vasco, et eut avec le Roi,
un entretien dans lequel il manifesta le désir de voir récompenser
les mérites du héros de l'Inde, et en même temps celui de voir le
monarque s'honorer personnellement en accordant une juste récompense à l'homme qui l'avait si valeureusement servi.

Dans cette pensée, il demande au Roi de l'autoriser à se défaire
— moyennant un prix stipulé — en faveur de D. Vasco da Gama, de
ses villes da Vidigueira et de Villa de Frades. Il fut en même temps
question de concéder à D. Vasco le titre de comte de cette première
ville (Vidigueira).

D. Vasco vivait alors à Evora; soit pour y suivre le Roi et
la cour, soit par goût, et il y possédait un manoir. On y voyait,
dernièrement encore, la maison qu'il y habitait, mais entièrement
reconstruite et transformée.

Elle est sise dans la *Rua das Casas Pintadas* (rue des maisons
peintes) (1), sans doute par allusion aux peintures murales qui représentaient des Indiens, des animaux et des plantes de l'Inde. Ces
images étaient peintes en or. Le roi fait droit à la demande de
D. Jayme de Bragança et D. Vasco se rend d'Evora dans la ville
da Vidigueira, le 7 novembre 1519, où « en présence *du dit amiral,
celle de la magnifique dame D. Caterina de Athayde l'amirale
son épouse* (2), *et du seigneur D. Francisco leur fils ainé* est

en appela au pape et défendit à tous les provinciaux d'ordres monastiques de le recevoir, tant parce qu'il devait lui succéder au trône que parce qu'il était marié. On parvint à le ramener d'Espagne en Portugal et quelques années après, dans un accès de
jalousie féroce, il tua sa femme — qu'il n'aimait d'ailleurs point — et celui qu'il croyait
son complice. Cet adultère ne fut jamais prouvé. Dom Jayme, accablé de remords, se
mettait journellement dans une citerne d'eau froide pour expier son crime. Cette
citerne est encore visitée de nos jours.

(1) Le nom de cette rue fut peut-être à tort changé en 1871 contre celui de Rue de
Vasco da Gama. Il existe encore des personnes qui se souviennent d'avoir vu les peintures et dorures qui ornaient le haut des portes de la maison dite de Vasco da Gama.

(2) L'épouse de D. Vasco était fille de D. Alvaro de Athayde, premier comte da Castanheira, Seigneur de Pena Cova, etc.. etc. On ignore la date de ce mariage, mais
d'après la douleur profonde ressentie par D. Vasco à la mort de son frère Paulo da

dressé le contrat par lequel le duc de Bragança se dessaisit des villes de Villa de Frades et da Vidigueira, avec leur entière juridiction civile et criminelle ; ainsi que du patronage de l'église da Vidigueira avec seigneurie, rentes, droits, châtels et annexes comprenant tous biens-fonds, qu'il puisse posséder en ces villes, renonçant entre les mains du Roi, pour qu'il en fasse don à D. Vasco da Gama, de toute possession civile et juridique (1).

Le duc venait donc de faire cession de sa seigneurie. Le Roi avait confirmé cette cession, mais il fallait encore que le peuple acceptât le changement de seigneur, et reconnût ses droits de vasselage. « Le « peuple vengea amplement D. Vasco des jalousies et des intrigues « des alcaïdes et des seigneurs altiers. Il reçut D. Vasco à bras ou- « verts (1). »

Le 29 décembre 1520 eut donc lieu la mise en possession solennelle.

Le licencié Estevão Lopes se présente dans la ville da Vidigueira à la chambre des préposés à cette sorte d'adjudications, muni d'une procuration de D. Vasco entièrement écrite de sa main (2).

Les représentants de la ville prennent entre leurs mains la charte de donation du roi, la baisent et jurent de tenir foi et loyauté aux ordres de leur roi et seigneur. Puis, le licencié, au nom de « Sa Seigneurie D. Vasco », prend le drapeau, les clefs, les verges et chartes, ainsi qu'une petite quantité de terre, de pierres, de briques, de branches d'arbre et du pain, ouvre et ferme les portes après lui, et se dé-

Gama, « la principale de ses affections », on incline à croire que cette union fut célébrée au retour du premier voyage dans l'Inde *.

De ce mariage naquirent plusieurs enfants : Dom Francisco, Dom Estevão, Dom Pedro, Dom Paulo, Dom Christovão, Dom Alvaro et Dona Isabel.

(1) *Quand et comment Vasco da Gama fut créé comte*, par M. Luciano Cordeiro.

(2) C'est le plus ancien document qui existe écrit en entier de la main de Dom Vasco.

* Tout *dilettante* connaît l'*Africaine*, la vigoureuse musique de Meyerbeer qui célèbre les amours du « fort capitaine » et de la belle Zulika. Rien n'est plus fantaisiste que ce *livret historique* de Scribe. C'est ainsi que lors de la représentation de l'*Africaine* à Lisbonne on dut par égard pour le marquis de Niza (représentant et descendant de D. Vasco, changer le nom de Gama contre celui de Guido d'Arezzo.

clarant investi du pouvoir, remet aux autorités compétentes les clefs
et les verges.

Ensuite, on se dirige vers l'église où le clergé attend.

Les cloches sonnent à toute volée. La clochette tinte aussi, et on
remet au procureur de D. Vasco les clefs, livres et ornements, le ca-
lice et les burettes. A la suite de cette cérémonie, D. Vasco da Gama
entre en légale possession du patronage de l'église.

Vient le tour des celliers et caves de la commune, dont le
même procureur, Estevão Lopes, reçoit les clefs comme surinten-
dant.

Rentrés en grand ordre à la chambre des préposés, on jette le
drapeau de la commune par la fenêtre « avec grand'allégresse », et
au son des cloches qui se remettent à sonner.

Cet acte est signé par bon nombre de témoins, dont quelques-
uns ignorent l'art d'écrire et apposent une croix.

Le jour même où l'on célébrait à Vidigueira la cérémonie de l'investiture de ce majorat de la couronne dans la personne du « très
magnifique et digne de grande mémoire D. Vasco da Gama » (1) d'après
la phrase de Gomes Easmes, écrivain de l'acte, le roi Dom Manuel si-
gnait à Evora le décret par lequel il octroyait à son amiral le titre de
comte de la ville da Vidigueira (2).

(1) Voir Document 19.

(2) La ville da Vidigueira doit, croit-on, son nom à une corruption de « Videira »
(cep de vigne), sans doute en raison de la vigne qui abonde en cette contrée. Le roi
D. Manuel lui accorda une charte en 1512. Les armes de la ville représentent un écusson
portant le buste de Vasco da Gama qui surmonte un château, enlacé d'une vigne. On
voit à la Vidigueira des églises et des couvents, dont quelques-uns en ruine. Temples et cloîtres ont été à peu près tous bâtis ou restaurés par le comte-amiral ou ses
descendants. La première église paroissiale de cette ville, fut celle de Santa Clara dos
Olivaes aujourd'hui disparue. Puis Sainte-Marguerite qui fut construite en 1592 sur le
parvis de l'église paroissiale, et qui appartient actuellement à la Miséricorde.

Dans cette église de Sainte-Marguerite, il a existé une image du Sauveur crucifié,
qui était en grande vénération et au pied de laquelle les habitants des alentours accouraient en pèlerinage. En 1687, un grand incendie détruisit ce temple, qui fut restauré
quelques années après.

L'an 1691, une nouvelle image du Christ en croix fut portée en procession, et alla
remplacer celle que le feu avait dévorée.

Pour lors, D. Vasco n'aurait pas eu bonne grâce à se montrer chagrin. Le titre de comte n'était pas à cette époque, comme il est au-

A cette occasion, l'image fut portée sur un brancard par le comte da Vidigueira Dom Francisco Luiz Balthazar da Gama, second marquis de Niza, et son fils Dom Estevão*.

Ce Christ avait été fabriqué à Lisbonne aux frais de Dona Brites de Vilhena, fille des comtes d'Obidos, deuxième épouse du second marquis de Niza.

L'église des Reliques, attenant à l'ancien couvent des Carmes, et existant encore aujourd'hui, doit son origine à une sympathique et naïve légende, que nous prenons plaisir à raconter. En 1480 ou 81, à l'endroit da Varsea, où se trouve cette chapelle, une bergère gardait tranquillement son troupeau. Soudain, l'enfant aperçut une vive clarté. Un olivier sauvage, qui se trouvait à quelques pas d'elle, paraissait en feu. Aux cris de la bergère, des voisins accoururent et admirèrent avec elle une petite image de la Vierge entourée d'une resplendissante auréole, qui semblait posée sur le tronc de l'arbre. L'image fut descendue et portée dans l'église de Santa Clara dos Olivaes, mais le lendemain, elle reparut sur l'olivier. Trois fois on descendit la Vierge pour lui donner un pieux asile, et trois fois, l'image déçut l'amour du peuple. La construction d'une église fut alors résolue. Pedro Affonso, tailleur, et Marguerite Fernandes, sa femme, firent don d'un terrain voisin, où la chapelle fut bâtie.

Quelques années après, on adjoignit à la chapelle des Reliques, un petit couvent que le roi D. Manuel remit à des Carmes venus de Moura en leur confiant aussi la garde de la chapelle contiguë.

Dom Vasco da Gama, avant de partir pour la seconde mission dans l'Inde, assigna au petit couvent, par acte authentique, un revenu de 13.000 réaux, avec obligation de messes et autres dévotions. Ce sanctuaire fut presque entièrement rebâti par D. Miguel da Gama, qui en fit le panthéon des Gama et y transporta les restes de son aïeul D. Vasco.

D'autres membres de la famille da Vidigueira firent de grosses offrandes à ce temple, sous condition de messes à perpétuité, pour l'âme du grand D. Vasco, de sa femme et de ses descendants. Ils imposèrent encore aux moines, gardiens du sanctuaire, l'obligation de tenir une école de grammaire, ce qui prouve que les Gama honoraient les lettres autant que les armes.

On voit encore dans l'église de l'ex-couvent du Carmel la statue de la Vierge, posée sur un tronc d'olivier sauvage. Il est de croyance générale que c'est la même statue qui apparut à la bergère et que le tronc est aussi celui de l'apparition.

On y admire de plus un grand tableau qui représente l'Ascension. Cette toile, de valeur artistique, fut offerte par Dom Vasco Luiz da Gama, premier marquis de Niza**.

Derrière le sanctuaire, dans le jardin du couvent, il existe encore un gigantesque rejeton d'olivier sauvage, dont le tronc principal a été coupé au xvie siècle, pour servir de socle à la statue de la Vierge.

* Celui qui en 1694 partit de Coïmbra où il étudiait pour se rendre dans l'Inde en qualité de capitão-mór d'une flotte. Il fut plus tard gouverneur de Sofale et y mourut célibataire.

** D'autres croient que ce tableau est une copie de la célèbre Transfiguration de Raphaël; doute qui ne semble pourtant pas difficile à résoudre.

PANTHÉON DES GAMA A VIDIGUEIRA

jourd'hui, un luxe qu'on se paie avec quelques milliers de francs, et il aurait été malséant de témoigner encore de l'humeur, mais il

Le couvent des Carmes fut inclus, en 1834, dans le décret de suppression; conséquence presque fatale de toutes les révolutions ou vengeances politiques. Le 18 mai, tous les religieux quittèrent le couvent et, en 1841, on le mit aux enchères. Ainsi passa entre les mains d'étrangers le caveau de la famille des Gama.

C'est le dernier dimanche du mois d'août qu'on célèbre, à l'église des Reliques, la plus grande fête de l'année.

Il y a quarante ans à peine, qu'à l'issue de la grande messe, on assistait encore à la danse des Mitrés, exécutée par sept grands gaillards étrangement vêtus, portant des robes blanches, attachées avec des cordelières de soie rouge, fixées aux épaules par des nœuds multicolores.

Sur la tête, ils avaient une coiffure en forme de mitre ornée de fleurs, d'images de saints, de rubans et d'oripeaux.

Sur le devant brillait un miroir, surmonté d'un panache et d'anciens trophées retenant un assemblage de rubans de toutes nuances qui retombaient sur le dos.

Ces robustes jeunes gens portaient à la main, un tambour de basque et un mouchoir.

Cette danse avait lieu devant le Saint Sacrement et consistait en voltes répétées, et saluts à la divine Hostie.

Cela ne durait qu'un quart d'heure, mais avec une agitation telle, que la sueur inondait le visage des danseurs mis hors d'haleine.

Aujourd'hui, il n'y a plus de mitrés, ni de danses'.

Le couvent des Capucins da Vidigueira fut fondé en 1545 par D. Francisco da Gama et sa femme D. Guiomar de Vilhena. L'église prit le nom de Notre-Dame de l'Assomption. Les religieux durent quitter ce couvent en raison de l'insalubrité de sa position. On n'en a conservé que le sanctuaire qui a pris le nom de San Benito.

Le grand couvent, aujourd'hui en ruines, situé entre Vidigueira et Villa de Frades

'Ces détails que nous devons à M. Teïxeira de Aragão, qui a assisté à cette fête originale en 1852, nous font revenir à la mémoire la danse appelée des *Seises*, qui a lieu à la cathédrale de Séville à l'occasion de la neuvaine de l'Immaculée Conception et en d'autres solemnités. Nous en avons été plus d'une fois témoin. Ici ce sont des petits garçons à peu près de trois à sept ans qui dansent devant le saint Sacrement en s'accompagnant de castagnettes. Ils sont vêtus d'habillements chamarrés d'or, si le fond est rouge, ou d'argent si le fond est bleu selon la solemnité du Saint Sacrement ou de la Sainte Vierge que l'on fête.

Leur danse est gaie autant que sérieuse, naïve autant que grave et élève plutôt l'esprit qu'elle ne le matérialise ou ne le distrait en présence du saint Sacrement exposé.

Rien qui profane la majesté du saint lieu. C'est un hommage en même temps qu'une prière. Il y a de longues années déjà que des esprits susceptibles et grincheux ne manquèrent pas de s'indigner qu'une pareille représentation fût offerte aux yeux scandalisés des spectateurs. Pour leur donner satisfaction, les danses des Seises furent supprimées ou plutôt suspendues. Mais on envoya une pétition au souverain Pontife et le Pape avant de se prononcer désira voir par lui-même les jeunes danseurs qui furent conduits à Rome où ils dansèrent devant lui.

Le Pontife consentit à maintenir cet usage tant que dureraient les habillements des *Seises*. Grâce à l'habileté ingénieuse des Sévillanes, ces habillements ont la vie dure. On raconte qu'une pieuse tricherie permet à des doigts de fée de réparer du temps les outrages, sans renouveler le tissu.

est permis de croire que son âme de marin, plus d'une fois, se serrait au souvenir du manoir paternel, là-bas à Sines où il aurait aimé à entendre la plainte de l'Océan qu'il s'était plu à dompter.

fut construit en 1701. Il existe encore dans la ville les chapelles de San Sebastião, de San Braz, de San Pedro, et hors de l'enceinte, celle de Santa Clara, mentionnée plus haut, ainsi que les restes de la chapelle de San Raphaël, où pendant longtemps, a été conservée la statue de l'archange San Raphaël, qui ornait la proue du vaisseau de Paulo da Gama*.

Sur une petite élévation, du côté de la place où existe l'église paroissiale, on admire encore les restes d'un château orné de quatre tours, dont trois rondes et une carrée. Quelques-uns croient que ce château fut bâti par Vasco da Gama, mais sa construction est plus généralement attribuée au duc de Bragança, Dom Fernando. Les habitants de Vidigueira prennent dans ses ruines les matériaux nécessaires à leurs propres constructions, et, d'après la phrase pittoresque de M. Teixeira d'Aragão : *le château diminue à mesure que les maisons augmentent dans la ville.*

M. Teixeira d'Aragão à qui nous avons emprunté ces notes, a cueilli lui-même ces renseignements sur un manuscrit précieux dont le hasard le rendit possesseur. C'est un cahier de 45 centimètres de long, sur 35 de large qui semble avoir appartenu à la bibliothèque du couvent des Carmes déchaussés da Vidigueira, connu plutôt sous le nom de Notre Dame des Reliques. Ce manuscrit porte comme titre : *Fondation du Couvent de Notre-Dame des Reliques, de l'ordre du Carmel, à proximité de la ville da Vidigueira. De la façon dont la sainte Vierge y est apparue. Des sépultures des seigneurs de la maison da Vidigueira qui y sont inhumés.*

On y lit plus bas :

Ce manuscrit a été commandé en 1616 par le Prieur du Couvent des Reliques, et a été par lui offert à l'Excellentissime Seigneur dom Vasco Luiz da Gama, cinquième comte da Vidigueira, amiral de l'Inde, marquis de Niza, ambassadeur du Roi Dom João IV roi du Portugal, au christianissime roi de France.

* Cette statue de chêne qui mesure 68 centimètres de hauteur a dû subir diverses couches de peinture, et n'est pas assurément une œuvre d'art. Paulo da Gama la porta à la proue de son navire lors de la première expédition.

Son vaisseau ayant été brûlé, et Paulo et son équipage étant recueillis à bord de la capitane, Vasco aurait naturellement hérité de la statue de son frère à la mort de celui-ci. Il en fit l'objet d'une vénération si spéciale qu'il la remporta dans l'Inde dans deux autres voyages.

D. Francisco da Gama, son arrière-petit-fils nommé deux fois vice-roi de l'Inde, la prit également avec lui. Cette statue accompagna encore D. Vasco Luis da Gama, V^e comte da Vidigueira et 1er marquis de Niza dans les diverses missions diplomatiques qui lui furent confiées.

D. Francisco da Gama bâtit donc, hors de l'enceinte de la Ville da Vidigueira, une chapelle en l'honneur de Saint-Raphaël ; et l'image dont nous nous occupons y fut l'objet d'un culte tout spécial. Cette chapelle venant à être détruite, la statue de saint Raphaël fut transportée dans l'église du couvent de l'Esprit-Saint et conservée jusqu'en 1880 sous la garde très jalouse de la dernière religieuse professe de ce monastère.

Dans la tour du couvent de l'Esprit-Saint se trouve un objet d'une grande valeur historique : « la cloche qui sonne les heures » don du Comte-Amiral. Elle mesure en dedans 64 centimètres de hauteur et 59 de diamètre. D'un côté elle présente en relief la croix de l'ordre du Christ, et de l'autre les blasons des Gama avec les quines. A l'extérieur, sur le bord de l'ouverture, on lit cette inscription en lettres gothiques :

Le Seigneur Comte Dom Vasco, amiral de l'Inde, fit fabriquer cette cloche l'an mil $\frac{c}{v}$ vingt.

Le comte da Vidigueira se retira alors dans ses nouvelles terres,
et y vécut éloigné de la vie militante pendant à peu près vingt ans.
De là, il assiste au départ d'autres seigneurs nommés gouverneurs ou
même vice-rois de l'Inde, qui s'en vont hautains en le laissant dans
l'ombre (1).

Le Portugal arrivait à l'apogée de sa gloire. Les génies audacieux
poussaient à l'entour de Dom Manuel, comme sortis de terre, au coup
d'une baguette magique. Les exploits succédaient aux exploits. L'Inde
était un vaste champ d'activité, où il y avait place pour toutes les
audaces et pour tous les héroïsmes.

Les années se suivent et chaque date signale un départ pour les
contrées mystérieuses, ou une victoire glorieusement remportée.

En 1503, Fernão de Noronha découvre dans les terres du Brésil
l'île qu'il appela d'abord île de São João, et qu'on nomme aujourd'hui
île de Fernão de Noronha.

En 1504, Duarte Pacheco détruit une formidable armée du roi
de Calicut.

En 1506, Tristão da Cunha, en route pour Socotora, la Dioscoride
de l'antiquité, avec mission d'y construire un fort, découvre l'île de
Madagascar, qu'il nomma île de São Lourenço.

Cette même année, D. Lourenço d'Almeida anéantit devant
Calicut la flotte du Samorim qui envoyait deux cent cinquante voiliers contre les Portugais.

En 1508, Diogo Lopez da Sequeira part avec quatre vaisseaux à
la recherche de Malacca, cité florissante qui possédait huit mille
pièces de canon, et d'où les Portugais sont repoussés avec perte
pour y revenir en conquérants. Sur sa route, il contourne l'île de
Madagascar, et découvre la baie de São Sebastião.

En 1509, le maréchal Dom Fernando Coutinho quitte Lisbonne,

____

(1) Vers 1515, D. Vasco da Gama habita aussi à Niza. A ce moment, il lui fut expédié
une lettre patente qui lui concédait le privilège de chasse dans les domaines qu'il y
possédait. Les descendants du comte-amiral devinrent plus tard alcaïdes et marquis
de Niza.

avec trois mille hommes, dans le but de détruire Calicut et d'en finir avec les trahisons sans cesse renouvelées du Samorim.

En 1509 encore, Dom Lourenço d'Almeida livre une bataille qui dure depuis neuf heures du matin jusqu'à deux heures de la matinée suivante et anéantit, en face de Diu, une flotte turque de deux cents voiles.

En 1510, Affonso d'Albuquerque, gouverneur de l'Inde, faisant voile pour Ormuz, a connaissance des troubles qui existent à Goa, « si grande en commerce et en commerçants », pénètre dans le fleuve de Goa Velha, descend à terre, et se fait remettre les clés de la ville, à la grande surprise des Maures qui tenaient Goa pour invulnérable (1).

En 1511, Affonso d'Albuquerque envoie les Portugais de l'Inde en Chine. Ceux-ci, à l'étonnement de la civilisation égoïste du Céleste-Empire, fondent à Ning-Pô un premier établissement commercial, qui fut plus tard transporté à Sanchom.

Le pirate Tchang-Sy-Lao, ayant bloqué Canton, les Portugais prêtent secours à l'empereur Chy-tsong, tuent le corsaire, et taillent sa flotte en pièces.

En reconnaissance de ce fait, il fut accordé aux Portugais de choisir, pour s'établir, l'endroit qui mieux leur plaisait. Telle fut l'origine de la possession portugaise de Macao.

L'Europe doit aux Portugais les premiers renseignements sur le Japon et sur la Chine, que Marco Polo désigne du nom de Cathay. Ce furent même les Portugais qui donnèrent à ce vaste empire le nom de Chine et à sa capitale celui de Pékin (capitale du nord) (2).

En 1514, Affonso d'Albuquerque repart de Goa pour la belle et poétique Ormuz qui, malgré sa fière résistance et sa flotte considérable, cède à l'influence et à la domination portugaise.

(1) On doit dire, à la louange d'Albuquerque, qu'il abolit immédiatement à Goa l'épouvantable sacrifice des veuves à la mort de leurs époux.

(2) *L'Angleterre, la Chine et l'Inde*, par D. Sinibaldo de Mas, ambassadeur d'Espagne à Pékin.

Cette même année, Dom Manuel envoie Tristão da Cunha comme chef d'une fastueuse ambassade à Rome, pour soumettre au pouvoir spirituel de Léon X les nouvelles terres acquises à la chrétienté. Entre autres présents, d'une magnificence jusqu'alors inconnue, Dom Manuel envoie au Souverain Pontife un éléphant de Goa et une panthère.

En 1515, le roi de Colombo est rendu tributaire du roi de Portugal.

Vers la même époque, Affonso d'Albuquerque confie trois vaisseaux à Antonio d'Abreu pour s'aventurer jusqu'aux îles de Banda et des Molluques.

Les Portugais longent les côtes de Sumatra, et aperçoivent les îles d'Anjoam, de Simbala, Solor, Galam, Arons, d'où vinrent en Europe les beaux oiseaux du paradis, et d'autres.

Francisco Serrão qui appartenait à l'expédition, ayant échoué sur des écueils, dut rester à Mindanao.

En 1521, le sultan de Ternate prie les Portugais de construire un fort dans son île pour le défendre contre le sultan de Tidore, son implacable ennemi. Ce fut la onzième forteresse que les Portugais construisirent en Asie (1).

Tel est l'enivrement causé par de pareils succès, que des projets gigantesques germent dans la pensée de ces infatigables conquérants, à qui pourtant la science n'avait pas dévoilé les mystères dont aujourd'hui nous tenons la clé.

Jusque-là, l'homme ne s'était pas attaqué à la nature et ne rêvait pas de l'assujettir à ses caprices. Mais, devançant les siècles et voyant à travers les âges, ces intrépides songent à la dompter et conçoivent l'exécution de travaux encore de nos jours difficilement réalisables.

---

(1) Antonio Galvão dans son *Traité des découvertes anciennes et modernes,* donne d'intéressants détails sur l'établissement des Portugais dans ces îles malaisiennes. Antonio Galvão fut le valeureux et intègre capitaine qui rétablit le prestige portugais dans ces contrées et à qui la couronne de Ternate fut offerte par les indigènes. Ce qui prouve l'excellence du choix, c'est que Galvão refusa de l'accepter, et ne garda que le commandement du fort.

Le Soudan d'Égypte était l'ennemi naturel des Portugais, qui entravaient son commerce avec l'Inde. Après des succès suivis de défaites sur la côte de Malabar, où son prestige et sa puissance furent fortement ébranlés, il cachait sa haine sous l'extérieur d'une amitié qui ne trompait personne.

Une pensée extraordinaire vient à éclore dans le cerveau d'Albuquerque. Il croyait, qu'une fois pour toutes, on devait se débarrasser d'un adversaire que l'on sentait toujours au guet, et qui pourrait, à un moment donné, causer des embarras nouveaux.

Pour cela, il fallait détruire la prospérité du Soudan et s'attaquer à la source des richesses de son royaume. Et, pour atteindre ce but, Albuquerque n'hésite pas à tenter de détourner le Nil de son cours, et traite cette question à plusieurs reprises dans sa correspondance avec Dom Manuel.

Le percement de l'isthme de Panama devint lui-même un projet discutable. Des Molluques on venait à Panama étudier la manière de communiquer avec l'Europe et d'y expédier les épices, aromates et autres richesses d'Océanie sans s'exposer aux dangers de la longue traversée du Cap. Antonio Galvão indique quatre points où l'on pourrait creuser un canal; mais conseille de préférence l'endroit qu'il nomme Pagante (Darien), d'où il serait conduit jusqu'au fleuve de Vera-Cruz.

D'autre part, Fernão de Magalhães (Magellan) concevait son plan, et, traité avec dédain par Dom Manuel, partait en Castille et accomplissait, avec des étrangers, l'œuvre merveilleuse qui aurait dû être une œuvre portugaise (1).

(1) Vasco da Gama avait pu, à un moment donné, témoigner du dépit contre son roi. Il s'était écarté du souverain, et avait même songé à l'exil, mais jamais une idée antipatriotique ne surgit dans cette âme vigoureusement portugaise. Aussi se montrait-il sévère pour la mémoire de Magalhães. Gaspar Correa raconte un fait qu'il nous semble intéressant de rapporter.

Diogo Botelho, fils naturel d'Antonio Real, capitaine de Cochim, et d'Iria Pereira, femme portugaise, ayant appris la cosmographie et l'art du pilotage, vint en Portugal. Le roi lui fit fort bon accueil, et prenait plaisir à discourir avec lui sur des sujets de navigation. Diogo Botelho, dans l'imprévoyance de sa jeunesse, crut pouvoir manifester à D. Ma-

Vasco suivait d'un œil attentif la marche étourdissante de ces événements, et si, d'un côté, il aimait à voir l'Orient courber la tête devant le pavillon lusitanien, de l'autre, mortifié d'être tenu à l'écart, il jalousait ceux qui, de par lui munis de la clé du Le-

nuel son désir d'être promu capitaine de Chaul; mais le souverain prit la demande en mauvaise part et lui en témoigna sa surprise et son mécontentement. Déçu dans son attente, Diogo Botelho, en quittant le roi, donna cours à sa colère et proféra des paroles inconsidérées que l'on eut soin de porter à la connaissance du souverain.

Dom Manuel n'entendait pas raillerie. Il craignait d'ailleurs, qu'à l'exemple de Magalhães, le jeune Botelho n'allât offrir ses services en Castille; et l'ordre fut donné d'arrêter le pilote.

Diogo Botelho resta en prison jusqu'au départ de Vasco da Gama comme vice-roi de l'Inde. Celui-ci obtint du roi D. João III la mise en liberté du captif, à condition qu'il partirait pour l'Orient avec D. Vasco et qu'il ne retournerait plus en Portugal, à moins d'une autorisation expresse du roi.

Diogo Botelho racontait que Vasco da Gama l'honorait à bord d'une particulière amitié; et que leur entretien étant tombé une fois sur Fernão de Magalhães, le vice-roi aurait dit que, si Dom Manuel avait fait payer de sa tête à Magalhães son insolence et ses menaces, le roi se serait épargné un pénible affront[*]. *Cependant, qu'il semblait que tous les bons pilotes se permettaient de criminelles fantaisies; mais que lui, Diogo Botelho, pour racheter le passé, devait se tenir en garde, et rendre à D. João de loyaux services que le souverain et lui-même sauraient récompenser.*

Le pilote se le tint pour dit.

En 1535, les Portugais jetèrent les fondements de la forteresse de Diu. Le gouverneur se préparait à en envoyer la nouvelle officielle au roi.

Diogo Botelho juge l'occasion propice à la réalisation du rêve qu'il caressait depuis onze ans.

L'heure de s'illustrer était venue.

Botelho s'empresse de la saisir. Pour lui, les apprêts sont de trop. Il se jette dans un esquif d'une vingtaine de palmes de long sur six de profondeur, et, suivi de cinq ou six hommes entre Portugais et indigènes, Diogo Botelho quitte les rives de l'Inde et se dirige vers l'Europe.

La frêle embarcation risque maintes fois de devenir la proie des ondes.

Les vivres, en quantité insuffisante, viennent à manquer. L'équipage s'en prend au pilote, le menace et finit par le vouloir dévorer.

Cependant Diogo Botelho parvient à s'imposer, et entre enfin dans le Tage.

Mais le roi D. João ne se trouve pas à Lisbonne. Il est à Almeirim. Botelho remonte le fleuve dans sa fuste qu'il tient à mettre sous les yeux du souverain, et lui narre ce qui se passe dans l'Inde. Cette fois, il obtient une capitainerie; pas celle de Chaul qu'il postulait auparavant; mais la capitainerie de S. Thomé que plus tard il échangea pour celle de Cananor.

---

[*] Ces paroles suffiraient à prouver que le comte-amiral n'en voulait pas à la mémoire de D. Manuel.

vant, se dépensaient ou mouraient là-bas au service de la patrie.

Le tempérament actif et vigoureux de Vasco et son esprit propre à la lutte et au commandement, en outre habitué à l'ivresse de la gloire, ne pouvaient, sans violence et sans douleur, s'accommoder de l'existence monotone et banale qu'il menait à la Vidigueira. Au dehors, la vie semblait paisible, mais en dedans, que de révoltes mal comprimées! Vasco agrandissait et améliorait ses domaines, s'intéressait aux constructions pieuses dont il embellissait sa ville, et élevait ses enfants dans l'amour de la religion, le culte de la patrie et celui de l'honneur; mais nous ne croyons pas nous tromper en assurant que cela ne lui suffisait point.

Épris de la mer, pas même la senteur de la grève n'arrivait jusqu'à lui, et le parfum des orangers en fleur lui semblait fade auprès de l'âpre odeur des flots. Les coteaux revêtus de pampres, et les champs couverts d'épis, qui ondulaient à la brise, ne valaient pas pour lui le remous de la vague ou le reflux de la marée.

La chaude lumière qui baignait ses plaines, les feux rouges du soleil qui empourprait ses vignes, et la fine poussière brillante qui veloutait ses fruits, pâlissaient au souvenir des splendeurs et des richesses du ciel et du sol indiens.

A l'heure où les oiseaux se taisent, faisant place à la note tremblante du grillon, aux rires gais et aux propos d'amour qu'en toute époque et en tout lieu la jeunesse échange au retour du labeur, Vasco regardait les nuages multicolores courir à l'horizon et le volcan du ciel vomir ses dernières flammes. Sa pensée se tournait alors vers ces autres couchants d'or que là-bas on adorait à genoux et auxquels lui-même avait élevé une sorte de temple dans son cœur.

Plus tard, quand les bruits du soir eux-mêmes s'assoupissaient, que les teintes violettes disparaissaient peu à peu dans le noir, une angoisse l'étreignait.

Vasco évoquait le souvenir des rapides crépuscules, *d'ailleurs*, dans ces contrées extrêmes, d'un si magique attrait que, d'après le mot historique d'Affonso d'Albuquerque, « *pour tout gouverneur qui doublait le Cap, l'Europe ne comptait plus* ».

La nostalgie de l'Inde le tenait. La vie d'action fiévreuse à laquelle il avait goûté, le rendait impropre à savourer le repos qu'on lui imposait, et qui lui semblait plus lourd que le poids des responsabilités et des fatigues d'antan.

Riche et puissant, cette puissance et cette richesse ne le satisfaisaient pas. Peut-être même lui étaient-elles à charge, car, par elles, il se voyait réduit au silence, et ne pouvait crier son mal au roi et lui reprocher de le laisser dépérir, faute de ne pouvoir aller, pour son souverain, lutter ou mourir au loin.

A l'aigle des montagnes, pour développer son vol, une vaste étendue est nécessaire. Au génie de Vasco, un grand horizon était indispensable.

Les grands hommes, nous l'avons dit, ne manquaient pas; mais on devient perplexe en voyant ainsi Dom Manuel exclure de toutes charges et des postes en évidence l'homme qui lui avait conquis tant de richesses et de gloire. Toutefois ce n'est pas à nous de juger le procédé du roi, ni de comparer les services et les mérites de D. Vasco avec ce qu'on a nommé « *l'ingratitude de Dom Manuel* ».

Quatre cents ans ont beau nous séparer de Vasco da Gama. Notre nom et notre sang n'en sont pas moins les siens. Autant nous avons cité avec plaisir les libéralités du souverain, autant nous croyons devoir laisser à d'autres le soin d'exprimer leur opinion sur la façon d'agir de Dom Manuel, et celui de placer le monarque et le navigateur vis-à-vis l'un de l'autre, en face de la critique et de l'histoire.

Tous les historiens se sont mis en peine pour expliquer l'éloignement systématique où D. Manuel se plut à tenir D. Vasco en pleine vigueur d'âge et de génie, et tous se sont en vain efforcés d'en pénétrer la vraie cause. L'histoire n'est pas de tout point clémente pour la mémoire du « *roi fortuné* » et, pour ne glaner que dans les écrits modernes, citons ce que Pinheiro Chagas a dit à ce sujet : « *Pourquoi Dom Vasco a-t-il été écarté ainsi de la vie active? Pour-*

*quoi? Parce que Dom Manuel, comme plus tard Louis XIV, voulait
des courtisans et non pas des nobles à esprit indépendant. Tous devaient se courber devant le despotisme de sa volonté, et ceux qui
ne s'y prêtaient pas perdaient les grâces du monarque arbitraire.*

*« Voilà pourquoi Duarte Pacheco, ce héros de l'Orient, fut mis de
côté, pourquoi D. Francisco d'Almeida et Affonso d'Albuquerque ont
eu tant à souffrir du royal mécontentement, pourquoi Fernão de
Magalhães, irrité, donna à l'Espagne son génie et sa gloire, pourquoi
Vasco da Gama et Pedro Alvarez Cabral furent plongés dans l'obscurité,
après avoir éclairé de leurs exploits la splendeur du règne fortuné...*

*« Vasco da Gama ne fréquentait pas la cour, et le roi, habitué à
entendre qu'un de ses sourires suffisait à lui seul au bonheur de ses
sujets, ne lui pardonnait pas cette indifférence.*

*« Dom Manuel fut appelé Grand et Grand aussi fut nommé
Louis XIV, titre que tous deux ont peu mérité. Cependant on ne
saurait nier que l'un et l'autre ont eu la perspicacité naturelle, qui
les portait à s'entourer des hommes remarquables qui les ont éclairés
les reflets de leur génie.*

*« Dom Manuel fut surtout un profond égoïste, comme le fut du
reste Louis XIV, mais tous deux savaient distinguer les hommes et
tirer parti de leurs aptitudes. »*

En effet, le mérite des grands monarques ou des grands capitaines consiste à savoir trouver et utiliser le mérite d'autrui.

La gloire des uns rejaillit sur la gloire des autres. C'est ainsi
qu'ils se complètent et que de cette union naît la grandeur d'un
règne ou d'une époque.

Mais la loi fatale de l'instabilité guettait les Portugais dans l'Inde.
Aux triomphes des Almeida et des Albuquerque succèdent des fautes
et des déceptions. Des symptômes alarmants se manifestent. Le
comte da Vidigueira suit maintenant d'un œil inquiet et triste les faits
qui s'y déroulent...

Tout grand ou « fortuné » qu'il fut, Dom Manuel arrivait au
terme de sa carrière, et mourait en 1521.

Le cadavre de D. Manuel fut d'abord inhumé dans la petite chapelle du Restello.

Mais aussitôt le grandiose monastère des Jeronymos terminé, ces
restes furent exhumés et transportés dans le nouveau temple.

D'après la détermination expresse du roi défunt, il lui fut donné
sépulture ainsi qu'à sa seconde femme D. Maria, au centre du riche
sanctuaire des Jeronymos, « *sous des dalles, pour qu'on foulât aux
pieds leurs ossements.* » Cependant on ne les y laissa pas reposer
longtemps.

Soit que la reine D. Caterina, veuve de D. João III, successeur de
D. Manuel et régente durant la minorité de D. Sebastião, trouvât
l'expiation suffisante ou exagérée, soit qu'en face de cette humilité
d'outre-tombe, elle se sentit gênée pour se préparer personnellement
les honneurs ultérieurs qu'elle croyait mériter, toujours est-il que,
sans se préoccuper des dernières volontés du roi fortuné, l'habile
D. Caterina construisit contre les parois du sanctuaire des Jeronymos
de superbes mausolées où elle fit transporter D. Manuel, sa femme,
et D. João III, se réservant à leurs côtés une place pour elle-
même.

Le comte da Vidigueira assiste à Lisbonne aux fêtes de l'acclamation de D. João III et rentre dans ses terres ; mais l'Inde l'appelle,
l'attire, a besoin de lui. D. João ne peut mieux faire que de confier
à D. Vasco la tâche, devenue difficile, de rétablir l'ordre, non plus
cette fois chez les peuples conquis, mais entre les Portugais, parmi
lesquels la mauvaise graine commençait de lever.

Les préparatifs furent, de tout point, somptueux. D. Vasco tient
à prouver que, s'il sait s'éloigner des plaisirs et du faste lorsqu'il lui
faut mendier des sourires ou subir des préférences, il tient aussi à
déployer du luxe et à paraître avec éclat, lorsqu'il s'agit de faire
honneur à son souverain et à son propre nom.

La flotte du vice-roi se compose de quatorze vaisseaux : sept nefs,
trois galions et quatre caravelles.

Le corps d'armée s'élevait à trois mille hommes, dont beaucoup *de fidalgos,* chevaliers du roi et autres personnes de naissance et de distinction.

Une troisième fois, nous voyons Vasco da Gama s'embarquer pour l'Inde, revêtu maintenant du titre de vice-roi par Dom João III, successeur de Dom Manuel, qui avait encore tenu à cœur de garantir pour les descendants de D. Vasco la transmission immédiate du titre de comte, conférée par son prédécesseur.

D. Vasco, ou le comte amiral, comme le dénomment les vieilles chroniques, se fait accompagner de deux de ses fils, D. Estevão et D. Paulo. Il s'en va donc entouré du plus grand et bel apparat qu'on eût encore connu pour ces ambassades lointaines, et suivant le texte de Gaspar Correa :

« Accompagné d'huissiers porteurs de masses d'argent, de deux gentils pages à collier d'or, avec grand'foison d'écuyers et moult valets richement parés et honorés. Il était servi dans une précieuse vaisselle d'argent, sous un dais de brocard. Son officier de bouche lui offrait des chères délicates et fort nobles dîners, dignes de la table des rois avec toutes les cérémonies et dignités royales... Les ornements de sa garde-robe, de sa couche et de sa chapelle étaient tous de grand luxe et apparat; et il se faisait escorter de deux cents hommes de sa garde à armes d'hast dorées et revêtus de sa livrée...

« Il emmenait avec lui des personnages de haute considération, entre autres, Affonso Mexia, écrivain de la chambre du roi, et Vicente Pegado, secrétaire de noblesse de deuxième ordre. Ce dernier se tenait à genoux durant les audiences du vice-roi. L'amiral était encore muni de pleins pouvoirs du monarque, quant à l'administration de la justice et à celle des finances. Ces pouvoirs identiques à ceux du roi s'appliquaient à tout sujet compris dans le rayon du Cap de Bonne-Espérance et au delà...

« Il était homme moult dédaigneux, et de subits emportements, très vif et craint et respecté, très prudent et entendu en toutes choses... »

Le temps était loin où la simplicité de la première expédition faisait naître dans l'esprit des Orientaux des doutes sur la grandeur du Souverain dont on leur vantait la puissance. Ce faste dont le comte amiral prenait plaisir à s'environner, resta pendant longtemps, pour ainsi dire, traditionnel dans la famille des Gama.

Ce fut durant ce troisième voyage, à la proximité « de la côte

« indienne, qu'au quart de l'aube la mer fut secouée d'un tel trem-
« blement et se ruait avec une si grande violence contre les flancs
« des vaisseaux que tous crurent à la présence de bas-fonds inconnus

    « *On amena les voiles et mit les chaloupes à la mer, en tirant des
coups de canon avec force cris et lamentations. La sonde fut jetée
sans qu'on trouvât le fond et tous crièrent vers Dieu « miséricorde »,
car les navires étaient si fortement secoués que les hommes ne se
tenaient pas debout... et ces tremblements prenaient avec violence,
puis diminuaient pour reprendre avec une force nouvelle, et chaque
fois pendant la durée d'un credo; et cela alla ainsi durant une heure
et l'eau faisait toujours un grand rugissement. Le vice-roi avait à son
bord un maître en médecine et en astrologie qui y reconnut un tremblement d'eau* (1). »

D. Vasco da Gama ne se fit pas faute de mettre à profit la circonstance pour enflammer l'ardeur de ses hommes, tous blêmes
d'épouvante. « *Qu'y a-t-il à craindre, s'écria-t-il! Ne voyez-vous pas
que c'est la mer qui tremble devant nous?* »

Le lendemain, de bonne heure, on apercevait Chaul où le vice-
roi aborda et y nomma Christovão de Sousa capitaine du fort; et
cela, sans attendre que le gouverneur de l'Inde, D. Duarte de Menezes, de la maison de Tarouca, se fût démis de son commandement.

D. João III, très mécontent de l'administration de D. Duarte, avait
donné à D. Vasco l'ordre très précis d'agir partout et en toutes
choses sans nul retard, et avant même de procéder aux formalités
prescrites pour la démission des gouverneurs.

De Chaul, on partit pour Goa où le vice-roi débarqua le 11 sep-

(1) Phénomène mal étudié alors, et probablement de nature semblable à ceux que l'on
a constatés, il y a une quinzaine d'années, à l'occasion du tremblement de terre de
Krakatoa, et plus récemment à Barcelone, à Valparaiso et à Yakrutat, sur la côte d'A-
laska. Ici l'on vit une lame de 30 pieds de hauteur s'engouffrer dans la mer qui s'entr'ouvrait.

Ce phénomène d'ordre géologique serait, d'après la science moderne, causé par les
soulèvements plus ou moins violents de la croûte terrestre au fond des mers.

tembre, et fut reçu avec de grandes démonstrations de joie, évidemment peu sincères de la part de ceux qui avaient motif de craindre le mécontentement de D. João et la sévérité du comte amiral.

Le capitaine Francisco Pereira, à défaut du gouverneur D. Duarte, parti pour Ormuz, s'était empressé de se rendre à bord et de faire les honneurs de la forteresse à D. Vasco qui lui dit :

« Capitaine Francisco Pereira, je me réjouirais fort de trouver « toutes les choses qui sont à votre charge, aussi bien ordonnées que « le sont celles de cette forteresse. »

Le lendemain, Francisco Pereira, contre lequel le roi avait reçu un grand nombre d'accusations, se trouvait, au nom de D. João, destitué de ses fonctions et remplacé par D. Henrique de Menezes.

Le vice-roi, après avoir réglé quelques affaires plus pressantes, recommanda au nouveau capitaine de Goa, comme il avait recommandé à D. Christovão de Sousa, à Chaul, de ne pas permettre au gouverneur D. Duarte de débarquer en leurs ports à son retour d'Ormuz, mais de lui signifier, en son nom, d'avoir à partir pour Cochim, où lui-même se rendait, et où avait lieu d'habitude la cérémonie solennelle de l'investiture des nouveaux gouverneurs.

D. Duarte, qui ne se démettait pas de bon gré du pouvoir, refusa de prime abord de se rendre à Cochim, et partit pour Baticalà où il se pourvut tranquillement d'objets de toute sorte, qu'il voulait emporter en Portugal.

Mais D. Vasco, las d'attendre, témoignait de l'humeur et il ne faisait pas bon l'irriter davantage. D. Duarte arriva enfin à Cochim, où il lui fut expressément défendu de descendre. De plus, D. Vasco lui notifiait l'ordre de se rendre à bord de la nef *Castello*, en partance pour le Portugal, et de n'en sortir qu'en rade de Lisbonne.

D. Duarte répondit qu'il se soumettait en tout à la volonté du vice-roi, à l'exception de s'embarquer sur le *Castello*, et, ayant fait en canot le tour des vaisseaux qui se disposaient à partir, il donna la préférence à la nef *São Jorge*, sur laquelle il monta de suite, et où il fit venir ses vêtements et autres objets qu'il emportait avec lui.

Le vice-roi, poussé à bout, envoya le connétable et le conseiller général, sur deux galions bien équipés d'artillerie et de bombardes accoster le *São Jorge*, et sommer Dom Duarte, — cette fois au nom du roi D. João — d'avoir à quitter ce bord, et à s'embarquer sur le *Castello*. En cas de refus, le notaire en dresserait l'acte, en présence de témoins, et on procéderait à une deuxième, et à une troisième sommation. Si D. Duarte persistait à ne pas obéir, on devrait alors forcer la garnison à évacuer le bâtiment, qui serait coulé par l'artillerie. D. Duarte céda, mais ne consentit jamais à signer sa démission de gouverneur de l'Inde, ni à reconnaître D. Vasco pour son successeur (1).

Le comte-amiral inaugurait son gouvernement par des violences. Venu dans l'Inde pour agir, d'après son propre mot, « à l'envers des autres gouverneurs », et pour mettre fin aux abus qui menaçaient de saper petit à petit les fondements de la domination portugaise, il entendait se mettre sur l'heure à l'œuvre; poussé peut-être à opérer d'une façon plus prompte et plus énergique, en raison du mauvais état de sa santé. Cependant, auprès des sévérités, dont, à tort ou à raison, il a cru devoir user, on aime à voir le côté généreux de son âme et la bonté avec laquelle il répare ses rigueurs.

Nous rappelons donc la magnanimité avec laquelle il pardonna à ceux d'entre ses pilotes et officiers qui avaient voulu se défaire de sa personne, lors de la première expédition (2), et nous citons un passage de Gaspar Correa à l'appui.

Le vice-roi se trouvait à Belem, au moment d'entreprendre son troisième voyage, et connaissant les inconvénients nombreux qui résultaient de la présence de femmes dans les navires, tant pour les âmes que comme source de querelles et d'animosités, et afin d'éviter la cause de pareils maux, fit proclamer sur terre et sur les bâtiments, où ces proclamations furent par son ordre affichées aux pieds des mâts, que toute femme trouvée dans les nefs, après le départ de Belem, serait

(1) D. Duarte fut réintégré dans les bonnes grâces du roi, et retourna dans l'Inde.
(2) Voir page 21.

publiquement fouettée, et que son mari retournerait en Portugal chargé de fers... que tout capitaine qui trouverait une femme à son bord, et ne la déclarerait pas, serait privé de ses honoraires.

Arrivés à Mozambique, trois femmes furent découvertes dans les navires. D. Vasco les fit garder à vue, puis, une fois à Goa, il ordonna qu'on les fouettât toutes les trois ensemble, à ce cri :

« De par le Roy Notre Seigneur ! Il est ordonné que ces trois femmes soient fouettées parce qu'elles n'ont pas craint sa justice, et sont passées dans l'Inde malgré sa défense ! »

L'évêque, les moines et tous les nobles intercédèrent en faveur de ces femmes. On alla jusqu'à promettre trois mille pardaos (1) pour la rédemption des captifs.

« Le vice-roi ne voulut rien écouter. Le peuple s'en montra fort scandalisé, et tint le vice-roi pour barbare : mais pareille fermeté fit naître une grande crainte et corrigea beaucoup d'abus qui existaient déjà dans l'Inde (2). »

Avant sa mort, Dom Vasco alloua à chacune des femmes qu'il avait fait châtier ainsi publiquement à Goa, cent mille reis, qu'on devait leur donner en grand secret.

Ces femmes ne tardèrent pas à trouver de bons maris, et devinrent des femmes mariées et honnêtes (3).

Le vice-roi continuait ses enquêtes. Il lui fallait connaître les sources douteuses des richesses que l'on cherchait à dissimuler à ses yeux. Les plus grands personnages étaient soumis à ses perquisitions. Quelques-uns ne dédaignèrent pas de creuser des trous profonds dans le sable et d'y enfouir leurs trésors.

Il démêlait maintes intrigues, et remettait l'Inde dans le droit chemin, tant pour le bon service du roi, que pour le bien du peuple, et surtout pour le bien de la droite justice qui était très délaissée (3).

Dom Vasco méditait d'envoyer son fils D. Estevão combattre les

(1) Gaspar Correa.
(2) Gaspar Correa, *Lendas da India*.
(3) Id., *Ibid*.

Maures, dans la mer Rouge; mais la mort guettait sa proie, et des furoncles successifs à la nuque, lui causant de cruelles souffrances, l'empêchaient de remuer la tête et même souvent de parler.

D. Duarte, toujours à bord du *Castello*, ayant connaissance de l'état de santé du vice-roi « *espérant qu'à sa mort, il pourrait conserver lui-même le gouvernement dont il était encore en possession* » (1), fit dire à D. Vasco — dans le but probablement de gagner du temps, — qu'il se démettrait du pouvoir, comme il était d'usage, à la porte de la forteresse, si on lui permettait de descendre à terre. D. Vasco écrivit encore au docteur Pero Nunes de répondre à D. Duarte qu'il était prisonnier, et ne débarquerait plus. Pour ce qui était du gouvernement de l'Inde, que lui D. Vasco s'en jugeait suffisamment investi, quand même D. Duarte croirait bon de ne pas le lui remettre.

Comprenant la gravité de son mal, le vice-roi employait le jour à mettre en ordre les affaires auxquelles il avait donné commencement, et la nuit, il s'entretenait avec le Père gardien de Saint-Antoine, son confesseur.

Puis, la maladie ayant empiré, il reçut la sainte communion « *avec grande perfection de catholique chrétien* », et rédigea son testament, où il ordonnait à ses fils D. Estevão et D. Paulo de retourner en Portugal avec tous leurs serviteurs et de partager entre l'Église et le spirituel tous ses effets en soie, de corps et de maison. Il recommanda encore que ses os fussent transportés en Portugal et inhumés dans l'ancienne église des Reliques de sa ville de Vidigueira, comme il l'avait sans doute arrêté avec les religieux de ce couvent. Puis, sentant approcher sa fin, le vice-roi se fit transporter de la forteresse chez Diogo Pereira dont la maison était voisine de l'église (2), et il

---

(1) *Lendas da India*, par Gaspar Correa.

(2) Ceci fut peut-être ce qui donna lieu aux rapports fantaisistes qui ne méritent d'être ici mentionnés que par leur incohérence et leur stupidité. Une publication indienne de 1858 a affirmé que D. Vasco da Gama était mort en 1502 à Bolghatty, chez une dame hollandaise. Cette affirmation fut en tous points, et pour diverses raisons combattue. *Sottise par rapport à la date de la mort*, dit M. Teixeira de Aragão *et par rapport à la dame hollandaise, parce qu'à cette époque, il n'y avait pas de Hollandais*

y appela près de lui Lopo Vaz de Sampayo et Affonso Mexia, maître des finances, à qui il fit promettre, sous la foi du serment, et signer qu'ils mettraient à exécution tous ses mandements jusqu'à nouvel ordre. Resté seul, D. Vasco écrivit de sa main ses dernières dispositions se rapportant aux choses du gouvernement, avec ordre de déposer cette minute (1) entre les mains de son successeur, dans un coffre contenant des papiers du roi, et que D. Estevão lui remettrait. Ensuite, « *il parla avec justesse et perfection jusqu'au dernier moment et trépassa de ce monde la nuit de Noël de la Sainte Nativité du Christ, le 24 décembre 1524* ». On le revêtit de soie, on le recouvrit du manteau de l'ordre du Christ avec épée, ceinture et éperons dorés sur brodequins noirs, et on lui posa un béret noir sur la tête. Le décès de D. Vasco fut tenu secret jusqu'à l'heure de l'angelus, puis annoncé par ses fils et serviteurs. La maison fut bientôt entourée d'une nombreuse foule qui témoignait sa douleur. Les nobles, revêtus de leurs manteaux, le portèrent sur leurs épaules dans une bière à découvert, jusqu'au couvent de Saint-Antoine où on l'inhuma dans le sanctuaire. On recouvrit la sépulture d'un drap en velours noir frangé noir et blanc, et le lendemain on célébra des offices solennels. Aussitôt après, « *les nobles, le peuple, les capitaines de la ville, Lopo Vaz de Sampayo, le maître des finances, Affonso*

dans l'Inde. Si peu que l'on ait étudié l'âme de Vasco da Gama, et que l'on connaisse la simplicité et la vigueur de sa foi, on ne saurait attribuer qu'à un acte de religion et d'humilité cette détermination de quitter le palais où il avait vécu en vice-roi, pour la modeste maison où il voulait mourir en chrétien. Probablement la proximité de l'église sur laquelle le chroniqueur a soin d'insister, aura aussi influé sur cette décision.

(1) On croit que cette minute fut conservée dans la famille de D. Vasco da Gama jusque vers le commencement du xix° siècle, époque à laquelle elle disparut à la suite d'un vol, ou de l'inconcevable et criminelle négligence de l'intendant de la maison des Comtes da Vidigueira, Marquis de Niza, qui vendit au poids les diverses pièces manuscrites anciennes et modernes qui existaient empilées dans un galetas.

Ces documents auraient été cachés en ce lieu peut-être pour les soustraire aux Français dont l'invasion était à craindre. Puis la guerre civile avait éclaté en Portugal, cruelle et féconde en représailles, comme le sont toujours les guerres intestines, et la famille des Gama, ayant été particulièrement éprouvée, ces papiers avaient été laissés dans le grenier, abandonnés, mais non pas oubliés.

*Mexia, le docteur Pero Nunes, et l'auditeur général João de Soyto se
rendirent au palais du vice-roi, et s'assirent sur des banquettes, dans
la salle qui était grande et pouvait contenir beaucoup de monde »* (1).
Lopo Vaz de Sampayo, debout au milieu de la pièce, prononça un
discours qu'il termina en disant : « Il se peut que la personne que
le roi, notre seigneur, a choisie pour nous gouverner en cas de
mort du vice-roi (que Dieu ait en son sein), soit ici présente. Cette
provision se trouve dans une lettre fermée et scellée contenue dans
ce sac. »

Le secrétaire lui remit entre les mains un sac de toile, dont les
coutures étaient cousues en dedans et l'ouverture fermée avec le
sceau des armes. Lopo Vaz le fit passer entre les mains de ceux qui
voulurent l'examiner, et s'assurer que personne n'aurait pu le tou-
cher ni l'ouvrir, et il y avait écrit dessus : « *Ce sac ne sera ouvert
qu'après la mort de D. Vasco da Gama, vice-roi, ce qu'à Dieu ne
plaise!* »

Puis le secrétaire dressa l'acte public qui fut signé par les principaux nobles et personnages qui étaient présents.

Muni d'un canif, il décousit le sac au milieu de la salle, et en
sortit trois lettres fermées et scellées du sceau des armes, et sur
l'enveloppe de la première, on lisait : *Première succession qui ne
sera ouverte qu'après la mort de D. Vasco da Gama*, puis suivait
la signature du roi. La deuxième disait : *Seconde succession du
gouvernement de l'Inde, qui ne sera ouverte qu'après trépas de la
personne nommée dans la première succession.* Sur la troisième enveloppe, on lisait la même chose. La première lettre fut alors livrée à l'examen de tous ceux qui étaient présents, qui tous promirent d'obéir, sous peine de trahison à la couronne, et de prêter foi
et hommage au gouverneur désigné par le roi. Lopo Vaz était toujours debout, au milieu de la salle, entre deux cierges, et tenait la
lettre au bout d'une canne qu'il portait élevée à la vue de tous,

____

(1) *Lendas da India,* par Gaspar Correa.

sans que personne pût s'en approcher. De nouveau, on exigea des signatures. Enfin, le secrétaire, montant sur une chaise, prit la lettre de la main de Lopo Vaz, en rompit le sceau d'un coup de canif, l'ouvrit, et lut la promotion de D. Henrique de Menezes, à la dignité de gouverneur.

L'homme qui, d'après le mot du roi de Mélinde, « *avait l'étoile heureuse pour les choses de l'Inde* », n'existait plus.

Nous donnons ici un portrait de Vasco da Gama dû à Gaspar Correa, qui fut chargé par le gouverneur D. João de Castro de faire son portrait et ceux des gouverneurs ou vice-rois ses prédécesseurs.

Gaspar Correa se fit aider par un peintre du pays.

En 1577, on inaugura solennellement au sénat de Goa le portrait de D. Vasco da Gama, copié d'après celui qui se trouvait dans le palais des vice-rois et gouverneurs.

Gaspar Correa affirme que le portrait du comte-amiral était d'une grande ressemblance et qu'à le voir chacun le reconnaissait aussitôt.

Brève avait été la réapparition de D. Vasco en Orient, mais si courte qu'elle fut, elle porta ses fruits, hélas! peu durables. Car, par cela même que l'œuvre de Vasco da Gama fut une œuvre d'une exceptionnelle grandeur, elle devint universelle, le monde entier en put et sut tirer profit, et à mesure de l'utilité qui en résultait pour d'autres peuples, la prospérité du Portugal forcément diminuait.

C'est ainsi que des étrangers savourent le produit du labeur de ces héros modernes, si facilement comparables aux héros antiques.

Elles furent multiples les causes des changements que les choses de l'Inde eurent à subir.

Les nations, comme les individus, s'endorment facilement sur leurs lauriers, et n'ont cure des jalousies et des haines que ces lauriers font naître autour d'eux.

A ce sommeil, la mollesse s'engendre, l'ambition se matérialise; seule, la volupté s'enhardit. Cependant les circonstances extérieures qui de jour en jour serraient davantage les mailles du réseau dans lequel les Portugais se trouvaient pris, auraient été à elles seules suf-

DOM · VASCO · DAGAMA

fisantes pour déterminer la désagrégation de l'empire qu'ils avaient ainsi hardiment, mais follement agrandi.

Le filet était vaste, mais le tissu n'en était pas moins serré.

Les Molluques, la Chine et les Indes depuis Malacca et Ceylan jusqu'à Ormuz, les côtes de l'Afrique orientale et occidentale, c'était plus que suffisant pour absorber les forces et l'attention dont pouvait disposer le Portugal.

Mais il y avait le Brésil encore, avec son vaste littoral qu'il fallait défendre, et ses richesses qu'on devait exploiter, et à mesure que l'autorité portugaise s'accentuait dans les terres et les mers d'Amérique, on la voyait fléchir du côté de l'Orient.

Au Brésil, il n'y avait pas de révoltes à réprimer, mais dans les Indes, il devenait difficile, ou impossible même, à une poignée d'Occidentaux, de tenir en échec les légions nombreuses d'indigènes de races mêlées, et de civilisations diverses.

Reconnaître une suzeraineté, ce n'est souvent que la tolérer et non pas l'aimer, et le vaincu couve longtemps sa haine du vainqueur.

A ces difficultés, toujours existantes, — puisque d'autres s'y heurtent encore aujourd'hui, — vinrent s'ajouter la cupidité et la rivalité d'autres peuples européens que la gloire portugaise offusquait, et qui accouraient disputer une place à ce nouveau soleil, sous lequel la nation lusitanienne s'épanouissait.

Vainement on avait voulu cacher le secret de la route de l'Inde. Il fut connu et divulgué.

Les Hollandais, à l'affût aussi d'expansion et de conquêtes, se lancèrent les premiers sur les pas des Portugais et on les voit bientôt aux prises avec ceux-ci dans ces parages.

Les Anglais, maîtres aujourd'hui des possessions jadis portugaises, les suivirent de près, mais ne s'y établirent définitivement qu'à la suite d'une convention politique — entre toutes fâcheuse — par laquelle le Portugal donnait en dot à l'infante D. Caterina, fille de D. João IV, lors de son mariage avec le roi d'Angleterre Charles II : en Afrique, la ville de Tanger qu'ils ne conservèrent pas, et, dans l'Inde, celle de Bombay, qu'ils gardent (1).

Le Portugal ne se doutait pas alors qu'il accueillait dans ses domaines la race qui sournoisement l'en viendrait déloger. Cependant l'opinion publique se montrait si opposée à la remise de Tanger et de Bombay que l'on craignit que les gouverneurs de ces places ne se refusassent à en sanctionner la cession.

Encore si l'Inde, en changeant de maître, avait trouvé la prospérité — la vraie — pas celle qui éblouit, mais celle qui, en assurant à l'indigène le travail et la paye, lui garantit le pain de chaque jour!

Mais il n'en est rien et l'agitation qui depuis longtemps bout dans ces contrées n'attend que l'instant propice pour se déclarer.

L'Angleterre par système — contrairement à d'autres nations qui par habitude taisent leurs gloires — porte aux nues ses exploits et dénigre les actions des autres peuples, si héroïques soient-elles, à la face du monde. Même l'épopée de l'Inde a trouvé chez elle des dépréciateurs, et nous tenons à relever les propos d'un écrivain anglais de nos jours, qui s'est beaucoup occupé des découvertes des Portugais et spécialement de Vasco da Gama. Stanley ne fait d'ailleurs que reproduire l'opinion de beaucoup de ses compatriotes. « *The conquest of India is repugnant to us*, dit-il, *and strikes us with horror on account of the cruelties and barbarities of the conquerors, their frauds, extortions and sanguinary hatreds.* »

Nous savons que la domination de l'Angleterre dans l'Inde ne cesse de donner lieu à des opinions contradictoires; et que si les uns considèrent la Grande-Bretagne comme une exploratrice à jamais insatiable, d'autres lui accordent de contribuer puissamment à la prospérité de ce vaste empire. Chez les Anglais eux-mêmes, les sentiments sont partagés.

N'en déplaise pourtant à l'illustre écrivain, mais la férocité avec laquelle l'Angleterre (en cette fin de siècle où la civilisation s'im-

---

(1) En plus, le commerce était ouvert aux Anglais au Brésil et dans l'Inde, et la princesse recevait 2.000.000 de cruzades.

posé) épuise par des impôts brutaux cette race décimée par la peste et par la famine, et la conduit à la ruine et à la mort, ne permet pas aux fils d'Albion des indignations.

La famine qui vient de dévaster les peuplades hindoues est, au dire des propres Anglais, une des plus terribles qu'on ait connues. Lord Curzon vient de déclarer dans un discours à sensation que la famine a frappé un quart de la population de l'Inde et qu'il estime à 500.000 le nombre des morts, chiffre qui doit être considéré au-dessous de la vérité. La peste a fauché à elle seule, dans deux ans, plus de 200.000 existences; mais « la famine et la peste sont des institutions de l'Inde », a dit brutalement un Anglais, sans doute pour chercher une excuse à s'en désintéresser. Cependant, d'autres Anglais ne craignent pas d'affirmer que la famine résulte moins du manque d'aliments que du manque d'argent pour s'en procurer « *Ce ne sont pas des disettes, mais des renchérissements.* » Administrativement, méthodiquement, « les Anglais ont absorbé toute la richesse du pays et aujourd'hui *l'Inde est un corps exsangue que la peste terrasse, comme un géant ferait d'un enfant* (1) ».

Mais le gouvernement anglais ne s'en soucie pas outre mesure et médite d'extorquer cette année, comme les autres, les 500 millions de livres en or, dont il saigne annuellement les indigènes.

« *Si jamais rebellion fut justifiée dans l'histoire du monde, c'est assurément la révolte des Indes britanniques. Jamais une tyrannie plus intolérable ne martyrisa, ne ruina un peuple infortuné* (2). » C'est un Anglais qui parle et qui a le courage de dire la vérité

Et si nous jetions les yeux du côté d'autres possessions plus anciennes de la Grande-Bretagne, nous verrions l'Irlande, d'où, rien que d'impôts, les Anglais arrachent trois millions de livres sterling annuelles, sans avoir égard à sa misère, qui se traduit par la faim, et à ses plaintes qui se tournent en exaspération. Lisons les appels des prêtres et des instituteurs de ses villages, du comté de Cork

(1) Tiré des journaux de Bombay.
(2) M. Hynderman.

principalement : « *Dans mon école, où soixante-dix enfants viennent chaque jour, dit l'un, quatre tout au plus depuis le mois de janvier ont pu apporter de quoi manger. Les autres n'ont même pas une croûte à mettre sous la dent.... Je partage souvent mon déjeuner avec eux.....* » Voilà où l'on en est à Ballycrovane, Newport, Kilmacouven, Portmagee, etc., etc.; et cela, nous le répétons, en notre siècle d'humanité et de progrès.

Un autre écrivain, français celui-ci et qui vivait à l'aurore des surprenantes découvertes du siècle qui expire, disait qu'il ne se laissait éblouir ni par les chemins de fer, ni par les bateaux à vapeur; que tout cela à ses yeux n'était pas la civilisation. Nous ajoutons que les prodiges de l'électricité et autres merveilles qu'au tour de nous chaque jour la science enfante, ne le sont pas davantage.

Plus loin, Stanley ajoute : « That the dominion of Portugal was ephemeral, was perhaps to be expected since it was founded on wrong. »

Cependant à comparer les conquêtes du dix-neuvième siècle à celles du quinzième, auquel il se rapporte et où ce n'était pas *pour gagner*, comme l'on disait alors (1), mais par ardeur d'évangéliser, et par amour de la patrie que l'on allait au loin planter le bois de la croix et la hampe du drapeau, je ne sache point que ces conquérants d'aujourd'hui aient pour eux la meilleure part; eux qui, à la la manière du coucou, s'installent dans les nids construits par d'autres labeurs pour abriter d'autres amours.

Founded on wrong (2), les conquêtes des Portugais, dit-il : c'est possible. Si l'homme a, oui ou non, le droit de conquérir, il vaut peut-être mieux ne pas l'approfondir. Mais sur quoi s'appuient les leurs?

---

(1) Les exceptions sont la règle en tout temps. On ne saurait nier qu'il y ait eu des cupidités et de la corruption, mais les Portugais que Diogo Couto a appelés des hommes d'*or* n'étaient ni cupides, ni corrompus. L'Inde n'a pas toujours été pour les fonctionnaires, comme certains Anglais disent que leur Inde est devenue aujourd'hui; mais beaucoup de fonctionnaires ont jadis été pour l'Inde!

(2) *Fondées sur l'injustice.*

Il est vrai que c'est au nom de l'humanité que les Saxons d'Europe et les Saxons d'Amérique délogent les fauvettes pour pondre dans leurs nids. On a vu tout récemment une feuille anglaise déclarer qu'au nom de la compassion qu'inspirent les horreurs de la guerre, l'Angleterre devrait faire main basse sur Laurenço-Marques, pour en finir plus vite avec sa querelle dans le Transvaal!

Et c'est encore sans doute dans l'intérêt de ses ennemis qu'elle use de subterfuges et trompe les conventions!

Les restes du vice-roi Dom Vasco furent, quinze ans après sa mort (1539), transportés en Portugal dans l'ancienne église des Reliques da Vidigueira. En 1593, la nouvelle église étant achevée par un des descendants du comte-amiral, ces restes furent une troisième fois exhumés pour être à nouveau déposés dans le temple que l'on venait de restaurer.

L'an 1880, l'État, muni de l'autorisation du comte da Vidigueira D. Thomaz, ordonna encore l'exhumation des ossements de D. Vasco et leur translation en très grande pompe à Lisbonne dans l'église de Belem ou des Jeronymos, dont nous avons parlé plus haut (1).

---

(1) Le 6 juin 1880, vers sept heures du matin, on ouvrit la sépulture située dans le sanctuaire de cette église, du côté de l'Épître. Elle était recouverte d'une pierre où l'on pouvait lire l'inscription suivante : « *Ci-gît le grand argonaute Dom Vasco, premier comte da Vidigueira, Amiral des Indes.* » Il fut procédé à l'examen des ossements. Mais un télégramme du comte da Vidigueira, D. Thomaz, qui pour raison de santé n'avait pu se rendre à la Vidigueira ce jour-là, fit suspendre les travaux et refermer le tombeau*. Le lendemain, on rouvrit le sépulcre en présence cette fois du comte da Vidigueira, d'une commission de l'Académie, des représentants de la presse, etc. Les ossements attribués à Vasco da Gama furent placés dans une bière en bois de teck dont le couvercle était orné d'une croix. Il y avait écrit au-dessous de la serrure « *Restes mortels de Dom Vasco da Gama, 8 juin 1880* ». La bière fut placée sur un catafalque dressé dans l'église, et confiée à la garde de deux vétérans de la marine de guerre.

Le peuple qui d'abord s'était montré récalcitrant et hargneux voulant s'opposer au départ des restes de Vasco da Gama, qui honoraient leur contrée, se prit d'enthousiasme à la dernière heure. Les villes de Cuba, de Villa de Frades, et Vidigueira ornèrent leurs rues et leurs édifices de guirlandes et de drapeaux. En peu de jours, les

* Texte du télégramme : J'estime toute exhumation commencée en mon absence une profanation et un abus contre lesquels je proteste.
CONDE DA VIDIGUEIRA.

La première statue du comte-amiral fut élevée à Goa l'an 1597, au-dessus de l'*Arc des Vice-Rois*. On a gravé ces mots sur l'architrave :

maisons et les vieux murs avaient été repeints à neuf. Tout respirait un air de fête nationale

Le matin du 8 juin, les habitants des alentours accourent en groupes à l'ancien couvent des Carmes. A neuf heures, le chef de l'état-major de division était arrivé, suivi du 17e régiment d'infanterie et du 5e escadron de cavalerie, qui devaient prendre part au cortège.

La journée avait la beauté étincelante des premières journées d'été du midi. Les troupiers bivouaquaient dans l'allée touffue, se mêlant aux joyeux campagnards endimanchés. Aux fenêtres et aux balcons de ce qui avait été jadis le couvent (aujourd'hui résidence particulière) les dames étalaient des toilettes riantes et les hommes leurs uniformes de gala, sur lesquels les rayons du soleil se jouaient gaiement. En bas, des serviteurs, dans le va-et-vient de leur besogne, contribuaient à l'animation de ce charmant panorama.

A dix heures, le comte da Vidigueira, la commission de l'Académie, les représentants de la Presse, le gouverneur de l'évêché, accompagné de son clergé, et les autorités civiles et militaires de l'endroit, prirent place dans l'église où eut lieu la cérémonie funèbre qui n'en fut pas moins une apothéose. On dressa alors l'acte par lequel le comte da Vidigueira remettait le cercueil à l'État.

Quatre vétérans de marine saisirent les poignées de la bière, recouverte du drapeau portugais des quines. Les cordons du poêle furent distribués aux autorités et autres personnages de distinction. Le cercueil fut ainsi conduit à la voiture de gala au gai tintement des cloches, aux éclats des fusées, au son de l'hymne national, exécuté par les deux fanfares de la ville et la musique militaire.

Les clairons sonnent aux champs, les honneurs militaires sont rendus, le cortège s'ébranle, précédé de deux éclaireurs et d'un piquet de cavalerie, suivis des voitures conduisant le comte da Vidigueira, les autorités, les commissions et les invités.

Puis vient le char portant la bière recouverte du drapeau national et la statue de São-Raphael. Le 5e escadron de cavalerie et le 17e régiment d'infanterie ferment la marche. Arrivés à la Vidigueira, on s'arrêta sur une place entourée d'arbres; et là, le comte da Vidigueira posa la première pierre d'une école que le gouvernement faisait construire et qui prendrait le nom d'école de « Vasco da Gama ». A ce moment de brillants discours sont prononcés. La cérémonie terminée, le cortège reprend sa marche et on arriva à Cuba au coucher du soleil. La bière et la statue sont déposés dans un wagon converti en chapelle ardente, où veillèrent toute la nuit deux sentinelles.

Le lendemain on s'éveilla aux appels des fanfares. A huit heures le train se met en mouvement et part, toujours aux bruits allègres des cuivres et des fusées qui éclatent dans le ciel bleu et envoient au loin l'écho de cette patriotique fête.

A midi, on stoppa en gare du Barreiro, où un détachement de chasseurs était posté comme garde d'honneur. La marquise de Niza, douairière, D. Constança da Saldanha da Gama, mère du comte da Vidigueira D. Thomaz, accompagnée de ses autres enfants, saluaient l'arrivée des restes de leur ancêtre. Là, se joignit au cortège un

*Au temps du roi D. Philippe Ier, la ville a placé ici Dom Vasco
da Gama, premier amiral, conquérant des Indes, sous le gouvernement*

corps d'officiers de marine précédé du commandant général de l'armée de mer, le vicomte de Soares Franco, et du ministre de la marine, le marquis de Sabugoza.

Les cendres du grand navigateur, toujours accompagnées de l'image de saint Ra-
phael, et suivies du comte da Vidigueira et de sa famille furent embarquées sur une
galiote royale, tendue d'un dais de damas rouge et escortée par de nombreux petits
vapeurs de l'arsenal, se dirigeant vers la corvette Mindello, mouillée à l'embouchure
du chenal. La bière fut reçue à bord du bâtiment de guerre, avec de grands honneurs
— l'équipage se trouvait dans les vergues et les officiers à la coupée — et conduite dans
la chambre d'armes où ou la déposa sous une tente décorée de drapeaux et de trophées
militaires. La corvette leva l'ancre, et sillonna le fleuve, entourée d'une immense quantité d'embarcations de tous genres à voiles et à vapeur. Toutes étaient enguirlandées
de banderolles voyantes et formaient une flotte que d'innombrables spectateurs suivaient du regard et saluaient enthousiastes des rives du Tage.

Arrivés à l'Arsenal, on transporta du Mindello le cercueil dans la brigantine
royale *, où prirent place la famille du comte da Vidigueira, le chapelain de l'armée et
un corps de lieutenants de marine. La corvette amena le drapeau de l'amiral, que l'on
hissa à bord de la brigantine. En même temps, on transporta de l'arsenal à bord de la
première galiote, le coffre contenant les restes de Camoës, l'immortel chantre de Vasco
da Gama et des gloires portugaises.

Le cortège descendit le fleuve aux hourrahs de la foule, qui se pressait sur ses bords
et aux salves des vaisseaux nationaux et étrangers qui se serraient dans le port.

Un peu après quatre heures, les brigantines, galiotes et chaloupes abordaient au
quai de Belem, fastueusement décoré. Ici se tenaient le corps municipal de Lisbonne
et de Belem, le président de la chambre de Porto, les pairs du royaume, les députés,
etc. etc.

On déposa sur les chariots de l'artillerie navale, les cercueils, recouverts tous deux
du drapeau des quines portugaises. Derrière le chariot qui conduisait les ossements
de Camoës, suivaient des membres de l'Académie des sciences, de la Presse et de la
Société de Géographie. Derrière celui qui portait les restes du vice-roi marchaient des
officiers de terre et de mer, des vétérans de la marine et des membres de la famille.

Ainsi processionnellement, on traversa la place jusqu'au temple de Belem. Au passage du convoi, les régiments présentèrent les armes, au bruit du canon, au son des
hymnes militaires, des cloches qui tintaient et des joyeuses décharges de fusils. Sa Majesté le roi D. Luiz, la reine D. Maria Pia et le roi père D. Fernando, la cour et le ministère attendaient au portail de l'église. Les plumes des généraux, les galons des marins, les capes des évêques, les dorures des habits de cour, se mêlaient aux gais cha-

---

* « La brigantine et les galiotes royales sont de splendides barques, dont l'élégance et l'orne-
mentation peuvent servir de modèle du genre. La brigantine et la galiote portent chacune cinquante rames. Ces embarcations sont ornées de reliefs dorés et de peintures qui ont dû être
belles, mais qui sont mal restaurées.

« La livrée de l'équipage est originale et d'un brillant effet : jaquette de drap écarlate galonnée
d'or, pantalon blanc, béret rouge et or, ayant sur le devant une plaque aux armoiries royales.
(Teixeira de Aragão).

du comte Dom Francisco da Gama, son petit-fils, l'an D. 97. Julius Simon, Ing. Mag. Inv. (1).

Lors de l'inauguration de cette statue, Diogo de Couto (2) prononça un discours.

Le vice-roi Dom Francisco da Gama, 4° comte da Vidigueira, s'était créé des ennemis dans l'Inde et, au moment de son retour en Europe, on lui fit entre autres affronts celui d'abattre durant la nuit la statue de son aïeul.

Cet outrage fut attribué à Thibeau, ingénieur français très lié avec les adversaires du vice-roi, et rival de l'ingénieur et compositeur portugais, Jules Simon.

A la place de la statue de Dom Vasco fut posée celle de sainte Catherine, patronne de la ville de Goa, mais quelques années plus tard, le roi fit fabriquer une nouvelle statue du comte-amiral Dom Vasco, et donna l'ordre qu'on la plaçât à l'endroit où la ville avait fait poser la première.

On superposa alors sur le fronton de l'arc une niche où fut placée la statue de sainte Catherine.

A Lisbonne, Vasco da Gama est, avec d'autres héros de l'Inde, représenté sur l'arc de la Rua Augusta au fond de la Praça do Commercio ou Terreiro do Paço (3).

A Cintra, dans le parc royal, on voit une statue qui se détache sur la pointe d'un rocher. C'est encore Vasco da Gama qui de ces hauteurs commande l'Océan et l'entrée du Tage, mais elles sont si

peaux des femmes, aux toilettes printanières et formaient un réjouissant décor. On procéda aux cérémonies religieuses à la suite desquelles les cercueils furent ouverts, les ossements reconnus, et l'acte de reconnaissance signé par Leurs Majestés, qui déposèrent une couronne d'argent sur le cercueil *.

(1) L'architecte compositeur.

(2) Historien célèbre qui écrivit des *Décades,* et *Le Soldat pratique.*

(3) Square donnant sur le Tage et autour duquel, sur une vaste colonnade, se trouvent les divers ministères. C'est l'entrée principale de la ville.

* La statue de l'archange Saint Raphaël vigilante sentinelle des restes de D. Vasco, fut placée en tête du cercueil, dans la chapelle latérale, dite de Saint-Raphaël.

Nous parlons de cette statue, devenue une relique historique, dans la note p. 60.

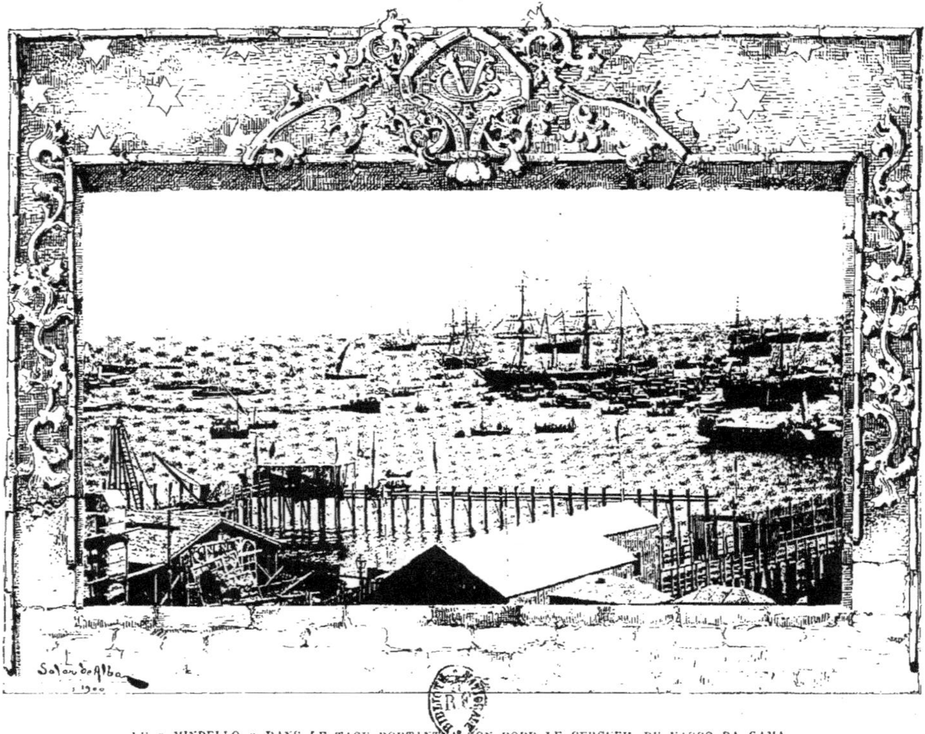

LE « MINDELLO » DANS LE TAGE PORTANT A SON BORD LE CERCUEIL DE VASCO DA GAMA.

petites les dimensions de cette statue qu'à moins d'en connaître l'existence on saurait difficilement la découvrir.

Si peu que l'on sache l'histoire du Portugal, le nom de Vasco da Gama est trop connu pour que le voyageur ne s'étonne pas de franchir la barre du Tage, de mouiller en rade de Lisbonne et même de visiter la ville sans apercevoir un monument exclusivement destiné à la glorification de la mémoire du héros.

. . . .

Le cinquième comte da Vidigueira, premier marquis de Niza, se trouvant en qualité d'ambassadeur à Paris en 1647, commanda à Fernando Brandão qui habitait Rome alors, comme agent du Portugal, une statue du comte-amiral, son ancêtre. Fernando Brandão lui conseillait de la faire faire en marbre, et d' « une hauteur de dix palmes ».

Le marquis de Niza écrivait encore à Brandão que son troisième aïeul était « *grand et portait la barbe assez longue et touffue : qu'il le voulait représenter vêtu d'habits flottants, à manches ouvertes, portant à la main le bâton de gouverneur, et sur la tête un béret.* Il accompagnait ces détails de l'inscription suivante que l'on croit composée par le grand latiniste Frère Francisco de Santo Agostinho de Macedo, lequel résidait alors avec le marquis à la cour de France :

D. Vascus a Gama Indicæ expeditionis Dux; aperti Orientis gloria inclytus; Indiarum archi thalassus; Vidiqueriæ Comes Primus : Orientis Prorex secundus; Incomparabilis virtutis et felicitatis Heros.

La devise serait : un soleil sur un berceau flottant au gré des ondes. Au-dessus, un aigle planant dans les airs, et cette légende : *Subjectum aspicio.*

Brandão, dans une lettre au marquis de Niza estimait la statue au prix de sept cents écus de monnaie romaine.

« *Ce travail a-t-il été exécuté? Nous l'ignorons. On le destinait peut-être aux jardins du palais du marquis à Lisbonne, parce qu'à cette époque il n'était pas d'usage d'élever des statues dans des endroits publics. A peine les posait-on comme ornements sur la façade de quelque édifice, comme celle de D. Henrique au-dessus du portique du temple de Belem et celle de Vasco da Gama lui-même sur l'arc des vice-rois à Goa.*

« Si pourtant la statue dont il s'agit fut placée dans le jardin du marquis de Niza, elle aura dû être détruite en 1755 à l'occasion du grand tremblement de terre qui mit en ruines le fameux palais de cette illustre famille, situé, comme tous le savent, à Saint-Roque, à Lisbonne (1-2). »

On a découvert récemment aux archives de la Bibliothèque Nationale le projet d'une autre épitaphe destinée à la sépulture de D. Vasco da Gama.

Cette épitaphe qui tient autant de l'emphase que de l'hyperbole et dont le goût peut assurément être contesté nous a semblé trop originale pour rester dans l'oubli.

DÉDIÉ AU CHRIST

Premier (3) d'entre les morts.

CI-GÎT

D. Vasco da Gama, héros de grande valeur, qui fit le voyage de l'Inde, vainquit l'Océan, et découvrit l'Orient dont il fut amiral et vice-roi. Sa singulière témérité fit trembler la terre et suer le ciel. A lui se rendirent non seulement ses cruels ennemis, mais encore les brutaux éléments.

Il mourut victorieux et triomphant à l'âge de soixante-trois ans, l'année du Seigneur 1525 (4), après avoir répandu la lumière de la foi dans les contrées orientales, augmenté la gloire portugaise et ajouté à la grandeur de son illustre famille.

(1) *Au sujet du premier marquis de Niza,* par Ramos Coelho.

(2) Dans l'aile de ce palais qui résista à la catastrophe on inaugura le *Nouveau Théâtre* où le poète Garrett débuta comme dramaturge en faisant jouer en 1821 sa tragédie intitulée *Caton.* On y vit aussi passer des troupes espagnoles et françaises.

Mais en 1836 la salle de spectacle fut démolie par ordre de la marquise de Niza D. Eugenia qui habitait à l'extrémité de la ville dans son autre palais de Xabregas, et dont la conscience délicate souffrait de ce qui lui paraissait une immoralité ou une profanation.

(3) Le texte dit *primogenito,* premier-né.

(4) Il y a erreur de date : Vasco da Gama mourut en 1524.

D. Vasco Luis da Gama, marquis de Niza, son troisième petit-fils, lui éleva à ses frais
cette sépulture. L'an 1651.

Si bizarre qu'elle soit, il y a pourtant lieu de regretter que cette
inscription n'eût pas été gravée à l'endroit qui lui était désigné.

Ornée d'une pareille épitaphe, la tombe de D. Vasco se serait
forcément fait remarquer d'entre les autres tombes des seigneurs da

CERCUEIL DE VASCO DA GAMA A BORD DU MINDELLO.

Vidigueira et cela aurait sans doute évité la déplorable méprise que
nous allons porter à la connaissance du lecteur.

C'est un aveu qu'il nous reste à faire : non sans crainte du fâcheux
effet qu'il pourra produire d'une part; mais sûre cependant de la
bonne impression que causera la loyauté qui porta M. Teixeira de
Aragão à reconnaître publiquement une erreur dont il fut la cause,
mais qu'il contribua lui-même à réparer.

Nous avons vu la solennité de la translation des restes de Vasco da Gama en 1880, et la satisfaction avec laquelle la nation croyait s'être acquittée d'une dette de reconnaissance envers le « *fort capitaine* ».

Ce contentement dura jusqu'en 1884, époque où par un hasard curieux vint à choir entre les mains de Teixeira de Aragão le manuscrit d'Alvaro da Fonseca dont nous parlons plus haut, et jusqu'alors inconnu.

On lisait dans ce manuscrit, écrit en 1646, cinquante ans après que Vasco da Gama eût été transporté de la vieille chapelle dans ce Panthéon des Reliques, que la bière *sans épitaphe* contenant les restes de D. Vasco da Gama était placée dans le sanctuaire de la chapelle des Reliques *du côté de l'Évangile*.

A cette lecture M. Teixeira de Aragão fut saisi.

C'était lui qui avait présidé à l'exhumation et à la translation en 1880. C'était en vertu de sa déclaration que l'on avait rendu tant d'honneurs à ces ossements attribués au grand homme. Il n'avait pourtant fait ouvrir que la sépulture recouverte d'une dalle sur laquelle on lisait : *Ci-gît le grand Argonaute D. Vasco da Gama, premier comte da Vidigueira*, etc., etc.

Comment s'être trompé?...

L'auteur du manuscrit ajoutait qu'en face du grand D. Vasco, et du côté de l'Épître, se trouvait une bière ornée en dedans de velours noir sur lequel était brodé l'écusson des Gama, et lequel cercueil contenait les restes de D. Francisco da Gama IV comte da Vidigueira, etc., etc., petit-fils du comte-amiral, etc., etc.

M. Teixeira de Aragão en voulut avoir le cœur net et résolut de procéder à ses frais à de nouvelles recherches.

Le 11 juillet 1884, il prit le chemin de la Vidigueira et là, en présence du vicomte da Ribeira Brava actuel possesseur de ce domaine, il fit ouvrir la sépulture du côté de l'Évangile et vérifia « *que parmi les fragments d'une bière doublée de velours noir à galons et à clous dorés existaient des ossements appartenant à un seul squelette* ».

Cette fois, le doute était impossible. Ces ossements devaient incontestablement être ceux du grand D. Vasco laissés ainsi par erreur dans l'oubli.

En **1898**, à l'occasion de la célébration du quatrième centenaire de la découverte de l'Inde par la voie maritime, il fut convenu de

MAUSOLÉE DE VASCO DA GAMA.

réparer l'imprévoyance de **1880**, et les vrais restes de D. Vasco furent exhumés et transportés jusqu'au chemin de fer sur un chariot escorté par des matelots et officiers de marine, et suivi du ministre des travaux publics, des gouverneurs de Lisbonne et de Beja, de M. Luciano Cordeiro, et M. Teixeira de Aragão, de quelques députés, du comité exécutif du Centenaire, des représentants de toute la presse, et de deux membres de la famille : D. Manuel et D. Eugenia Telles da Gama.

La bière fut alors déposée dans un wagon transformé en chapelle mortuaire.

En arrivant à la gare du Barreiro, vis-à-vis de Lisbonne, le cercueil fut descendu et reçu à bord du vapeur *Dona Amelia* qui traversa le Tage à la nuit, et ne stoppa qu'à dix heures en face du Terreiro do Paço, où attendaient le ministre de la marine et beaucoup d'autres personnages officiels.

Les restes de D. Vasco furent portés à terre et renfermés aux Jeronymos dans leur riche mausolée le lendemain matin, 9 mai 1898.

Cette cérémonie n'eut sans doute pas le caractère grandiose de la première; mais peut-être y assista-t-on avec plus d'émotion.

Il y avait quelque chose d'attendrissant dans l'abandon où dormaient ces restes, et quelque chose de touchant aussi dans cette simple manifestation d'un hommage en même temps que d'un repentir.

Assurément il y a sujet de s'étonner qu'une pareille méprise ait pu avoir lieu; et on ne saurait en effet l'attribuer qu'à la sauvagerie des actes commis en 1840, époque à laquelle les sépultures de l'église des Reliques furent violées, les cercueils forcés et les os mêmes brisés. A ce moment disparurent les éperons d'argent, les épées et autres objets de valeur que contenaient les bières de ces seigneurs. Alors, — probablement dans la précipitation et la crainte — on aura changé les dalles qui recouvraient les sépultures à la droite et à la gauche de l'autel, et qui étaient toutes deux d'égale grandeur. Cependant les autorités da Vidigueira ne s'en émurent pas outre mesure, et ce ne fut qu'au moment de la première exhumation que l'on eut parfaite connaissance de cette profanation.

Grâce à cette erreur, le comte-amiral, qui avait disposé qu'on lui donnât sépulture dans sa ville da Vidigueira, put dormir dix-huit ans de plus parmi les siens, *sous la brise parfumée des orangers des Reliques.....*

·Aiment-ils, les morts, qu'on les trouble ainsi dans leur repos (1)?

(1) Quelques personnes seront d'avis que nous aurions mieux fait de taire cet inci-
dent. Nous-même jugeâmes un moment ainsi. Mais nous nous sommes ralliée de bon
cœur à l'opinion de M. Luciano Cordeiro qui, d'après ses propres paroles, attribue à la
dernière exhumation un caractère particulièrement sympathique, précisément par ce
que ce fut une manifestation modeste mais sincère. Il estime qu'autant la faute que la
réparation doivent être portées à la connaissance du lecteur.

D'ailleurs, l'histoire de Vasco da Gama serait incomplète si l'on omettait ce fait.

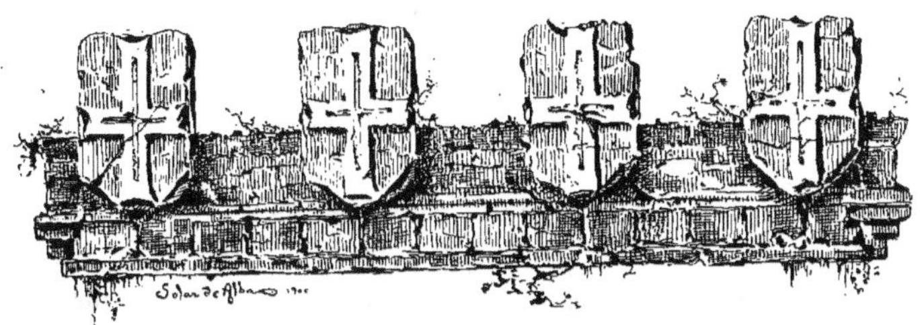

DEUXIÈME PARTIE

CHOSES D'ÉTHIOPIE

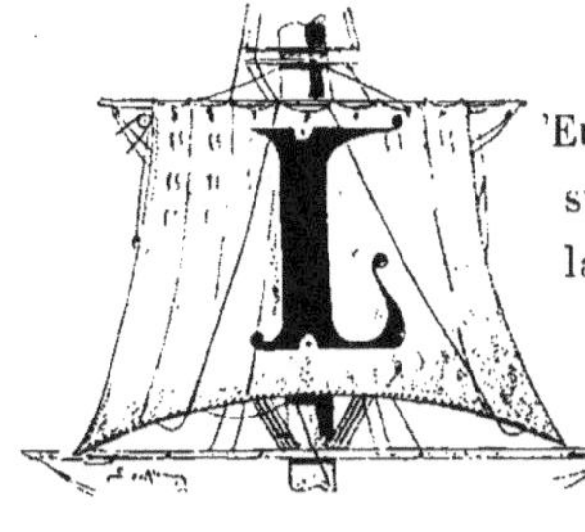

'Europe tourne ses regards vers l'Éthiopie et suit avec intérêt la marche de ce pays dans la voie de l'avancement.

Cet intérêt n'est sans doute pas toujours exempt de cupidité, et peut-être le Négus en rit-il tout bas, et se promet-il, à l'instar d'un autre chef, d'étonner aussi le monde si l'on attente à son indépendance.

La figure de ce souverain se détache en clair comme un point lumineux sur le fond obscur des contrées centrales d'Afrique.

Ménélik est, sans conteste, l'homme de l'Afrique noire, comme Krüger est l'homme de l'Afrique blanche. Un courant de sympathies s'élève de toutes parts vers ces individualités originales. Le monde entier les salue et les admire.

D'autres peuples, d'autres chefs se vantent de tenir le *record* de la civilisation. Aucun ne prêche d'exemple comme le successeur du Prestre Jehan et le chef des héros du Transvaal.

Aucun au moment opportun ne se rappelle mieux la doctrine de l'Évangile, ou le mot du moraliste : « On ne peut être juste si l'on n'est humain ».

Ménélik a-t-il, au début de la campagne sud-africaine, comme d'aucuns ont affirmé, répondu au conseil d'envahir les terres du Soudan, par le refus d'attaquer son voisin par derrière? A une telle délicatesse, quel autre que Ménélik ou Krüger songerait de nos temps?

Ne dirait-on pas que l'Afrique devient le berceau des cœurs magnanimes et des nobles naturels à mesure que l'Europe en devient la tombe?

Généreux dans la paix et généreux dans la victoire, large d'idées, et hardi d'intelligence l'empereur d'Éthiopie dont la forte pensée se cache sous la nonchalance de l'Oriental, embrassa joyeux le rôle d'initiateur du progrès dans ses États.

C'est ainsi qu'un service régulier et général de correspondance y est établi, que les prodiges de l'électricité n'ont rien de caché pour les Abyssins (1) et que les chemins de fer croiseront bientôt en tous sens « *la terre luxuriante d'Éthiopie où naît la pêche, la citrouille et le citron, où pousse le blé et l'avoine, la fève et le pois chiche, où croît le basilic et le romarin* ».

L'attention de Ménélik se concentre, autant que le permettent les peuples voisins contre lesquels il a à se prémunir, sur la voie ferrée qui doit bientôt relier Harrar à Djibouti.

Ici où, il y a une demi-douzaine d'années, les maisons européennes étaient rares; on en compte aujourd'hui près de deux cents. A l'instar du Prestre Jehan, l'empereur Ménélik reçoit à bras ouverts l'étranger, lui offre la plus cordiale hospitalité, et, désireux de faire participer les siens aux bienfaits de la civilisation, accueille avec joie toutes les innovations qu'il juge utiles, tout en prohibant l'importation de production ou d'usages qu'il considère nuisibles à ses peuples, celui du tabac et de l'absinthe par exemple.

(1) Ménélik est le premier souverain qui ait fait répéter par phonographe un de ses messages adressé à une autre tête couronnée (la reine Victoria).

MÉNÉLIK, EMPEREUR D'ÉTHIOPIE.

L'Éthiopie, que les Portugais ont été les premiers Européens à visiter, était tombée à peu près dans l'oubli, lorsqu'en 1838 un Anglais eut la fantaisie de s'y rendre, suivi bientôt après d'un de ses amis et d'une poignée d'Allemands et de Français. Quelques-uns de ces voyageurs se fixèrent à la cour du roi Théodore à titre de consuls.

M. Lejean, promu à cette dignité, écrivait que les monuments que les Portugais avaient laissés là-bas présentaient encore un tel aspect de solidité et que les ponts étaient d'une construction si hardie et si résistante qu'on ne saurait les comparer qu'aux antiques travaux romains.

L'Éthiopie mesure 600 kilomètres en tout sens. C'est un plateau de deux à trois mille mètres d'élévation, environné de pics dont l'accès est presque impossible. Les plus élevées des pointes de ces montagnes dépassent la hauteur du Mont-Blanc. Il y fait froid, mais on n'y voit pas de neiges éternelles.

Pour décrire l'aspect de cette contrée, nous citons le mot d'un Anglais de l'expédition de 1868 : « They may call it a table land, but I call it a table turned upside down, and we are marching up and down the legs. »

Cette expédition ne fut pour l'Angleterre que l'accomplissement d'une vengeance, sans autre résultat pour la Grande-Bretagne que celui de prouver que l'on ne se joue pas impunément de la liberté de quelques sujets anglais : satisfaction d'amour-propre qui coûta au Trésor Britannique la somme de huit à dix millions de livres sterling, pour un déploiement de forces qui ne laisse pas que d'étonner : soit 45.000 hommes et 2.500 chevaux, 16.000 mulets, 1.600 chevaux de bât, 6.000 chameaux, 1.800 ânes, 7.000 bœufs et 44 éléphants, qu'ils mirent à terre pour leur prêter concours dans leur invasion.

En plus des bâtiments de guerre, remorqueurs et petites embarcations, 291 navires croisaient les mers, entre l'Inde, d'Annesley et Suez, se tenant en observation.

Les forces du roi Théodore étaient pourtant bien minimes. Sur 150.000 hommes il ne lui en restait plus que 15.000, au moment de l'invasion anglaise. L'Abyssinie se trouvait en pleine anarchie. Les provinces se décentralisaient, et les Anglais purent facilement s'assurer du concours des États révoltés, où l'on ne demandait que l'anéantissement du Négus. Ils trouvèrent donc le passage libre, et partout des approvisionnements relativement faciles.

Elle ne fut certes pas, cette campagne, jugée comme une des plus belles campagnes de l'Angleterre, car l'ennemi était faible en nombre et en résistance ; mais néanmoins on la considère comme un triomphe pour Sir Napier, et pour les ingénieurs et pionniers qui rendirent de si utiles services en raison des obstacles et des étranglements extraordinaires que présentait le terrain (1).

« Le plus remarquable de ces étranglements, dit d'Hendecourt, témoin de cette campagne, avait reçu des Anglais le nom de *Devil's staircase* (escalier du diable). C'est bien en effet un des accidents les plus étranges que la nature ait jetés là, comme un défi pour arrêter l'homme au seuil d'une mystérieuse contrée.

« A un détour de la vallée, on se trouve subitement au milieu d'un vaste cirque fermé de tous côtés par des cimes élevées ; au fond un véritable mur de rochers d'une prodigieuse hauteur, laisse couler, par une étroite brèche, un filet d'eau qui s'élance en bouillonnant. C'est par cette brèche qu'il faut chercher une issue. On s'engage dans une sorte de corridor sinueux, où les rayons du jour n'arrivent que faiblement par des fentes, entre les rochers dont les masses surplombent de toutes parts, formant des voûtes naturelles au-dessus du lit du torrent.....

« La traversée du défilé n'avait pas moins de 4 kilomètres. . . . .

. . . .

« Presque en sortant d'Antalo, la route s'engage dans une région de hautes montagnes, dont les diverses chaînes, s'étendant dans

(1) Voir la proclamation de Sir R. Napier à ses troupes dans l'article sur l'Abyssinie paru dans la *Revue des Deux-Mondes* du 15 juillet 1868.

une direction perpendiculaire à celle de la ligne d'opérations, forment autant d'obstacles considérables à franchir. A chaque étape il faut ainsi passer des cols situés à une hauteur de 1.000 mètres et plus, au-dessus de l'altitude générale du plateau, ou descendre dans de profonds ravins qui présentent les mêmes différences de niveau ».

Nous copions ces détails afin de faire ressortir la simplicité de l'héroïque expédition de D. Christovão da Gama qui, en 1541, débarque à Maçuha à peine distant d'Annesley où descendirent les Anglais, et à la tête de quatre cents Portugais traverse les mêmes contrées, court les mêmes périls, surmonte les mêmes difficultés, augmentées du danger de tomber à chaque pas entre les mains des ennemis, car D. Christovão avait pour mission d'aller secourir le Prestre contre les peuplades voisines et les musulmans.

Cependant, à lire le compte rendu de l'expédition portugaise, qui se douterait des prodiges de valeur, de l'endurance et même de la science pratique dont ils durent faire preuve pour se frayer passage jusqu'au centre de la contrée!

Les Abyssins appartiennent à la race blanche originaire de ces contrées. Au centre du pays elle s'est conservée sans mélange, mais à l'ouest elle s'est croisée à la race soudanaise, ce qui explique la différence de type que l'on peut observer entre le portrait du Prestre Jehan (1) et celui de Ménélik, le roi actuel d'Éthiopie, d'autant plus que la couronne des rois abyssins, tout en restant

(1) Paul Jovius, historien italien qui se trouva à Rome en relation avec le prêtre portugais Francisco Alvarez, dont nous parlerons plus loin, affirme que celui-ci, porteur de lettre et d'une croix en or que le Prestre envoyait au Pape, avait en même temps fait cadeau au Pontife d'un portrait du Négus.

Jovius, collectionneur de portraits de gens célèbres, enrichit sa galerie d'une copie de l'effigie du roi David d'Éthiopie ou Prestre Jehan, qu'il estimait authentique. C'est cette copie que nous reproduisons ici. V. p. 117.

Francisco Alvarez dans son ouvrage : « *Véritable information sur les terres du Prestre Jehan* », ne fait pas mention du portrait en question, mais il décrit minutieusement le visage du Négus et sa description s'accorde de tout point avec celle de Gaspar Correa que nous traduisons ailleurs dans le texte.

On attribue ce portrait à Lazaro de Andrade, un des Portugais de la suite de D. Rodrigo de Lima, premier ambassadeur d'Europe auprès du Négus.

dans la famille, n'est pas forcément héréditaire de père en fils.

On connaît particulièrement de l'histoire primitive de l'Éthiopie le voyage de la reine de Saba à Jérusalem. Séduite par la renommée de Salomon, cette reine, qui possédait elle aussi un certain degré de sagesse, puisqu'elle aspirait à douer de rois sages le trône d'Éthiopie, se proposa d'aller rendre hommage au Sage d'entre les Sages, et en conçut un fils qui eut nom Ménilek.

La dynastie de Ménilek occupa le trône éthiopien, tantôt à la tête des diverses provinces qui composaient le royaume d'Éthiopie, tantôt réduite à des territoires limités.

Il faut rendre aux Éthiopiens la justice et l'honneur de reconnaître qu'eux seuls d'entre ces peuples plus ou moins voisins des terres de l'Islam, résistèrent à la propagande musulmane, et se conservèrent chrétiens. Leur civilisation — primitive il faut le dire — a dépassé toujours de beaucoup celle des pays avoisinants. L'Éthiopien est intelligent, travailleur et brave. La race de ses rois est digne et fière. Le roi Théodore l'a témoigné en 1868, lorsqu'à bout de résistance il s'enferma dans son fort de Magdala avec une trentaine de ses fidèles, et se tira un coup de feu dans la bouche au moment où le premier Anglais escaladait le mur de la forteresse.

Faire l'apologie du suicide serait de tout point contraire à nos principes : mais il n'y aurait vraiment pas lieu d'attendre du souverain qui se trouvait à la tête d'une civilisation, incontestable mais primitive, — nous le disons plus haut, — et d'un christianisme forcément abâtardi (1), qu'il fît preuve, à cette heure suprême, de la philosophie chrétienne et du raffinement de courage qui font supporter — mais pas accepter — l'humiliation d'une défaite.

Nul doute qu'il n'y ait du cœur dans ces rejetons de l'ancienne race de Salomon, et que les successeurs du Prestre Jehan ne soient des rois avec lesquels il y ait à compter.

Les « choses du Prestre », pour nous servir de l'expression d'un

____

(1) A en juger d'après Ménélik seulement, on n'oserait pas parler ainsi.

vieil historien, se trouvèrent au seizième siècle mêlées étroitement aux « choses portugaises de l'Inde ».

Deux des fils de Vasco da Gama, D. Estevão et D. Christovão, étant devenus les principaux alliés du Prestre, et ayant sauvé alors la dynastie abyssinienne, d'après le mot peu suspect de M. Lejean, il importe, avant de nous occuper de la descendance de Vasco da Gama, de faire connaître quand et comment les Portugais pénétrèrent dans les terres d'Éthiopie. Avant le Portugal, aucune contrée d'Europe n'avait été en rapport avec le Prestre Jehan des Indes, mais les récits étranges de Marco Polo et autres voyageurs, arrivés de loin, provoquaient l'enthousiasme des peuples occidentaux.

A Jérusalem et à la Mecque, maintes rencontres avaient eu lieu entre des pèlerins d'Europe et d'Éthiopie, et les relations fabuleuses des uns et des autres excitaient la curiosité des deux nations.

Au temps de D. João II, le roi de Bénin avait été conduit en Portugal et y avait reçu le baptême. D. João, de plus en plus curieux des choses d'Orient, ne se lassait pas d'entendre vanter au roi cafre la richesse et la puissance du Prestre Jehan, ce roi chrétien des Indes. Ces récits enchantaient les oreilles du monarque portugais. Sa curiosité s'enflamma, son ambition s'accrut, et il résolut d'envoyer à la recherche des terres du Prestre. A cette fin, il choisit deux de ses écuyers qui avaient déjà voyagé et connaissaient plusieurs langues et leur donna ordre d'aller voir par euxmêmes ce qu'il y avait de vrai dans les merveilles qu'on racontait de la grandeur de ce roi.

A chacun d'eux il remit une plaque de cuivre, en forme de médaille, sur laquelle étaient gravés ces mots « *dans toutes les langues* » : LE ROI D. JOÃO DE PORTUGAL, FRÈRE DES ROIS CHRÉTIENS. Cette médaille devait être montrée au Prestre.

Les deux envoyés se nommaient : Gonçalo de Pavia (1) et Pero

____

(1) D'aucuns l'appellent Affonso de Paiva.

da Covilhã. Ils partirent ensemble, se dirigeant vers Venise, d'où ils passèrent en Turquie, puis à Alexandrie et à la Mecque. Là, ils se séparèrent. Pavia s'en alla vers l'Inde, arriva à Calicut et mourut à Ormuz, après avoir remis sa médaille à un juif qui la rapporta en Portugal, lorsque l'expédition de Vasco da Gama était déjà partie.

Pero da Covilhã longea les côtes de l'Égypte et pénétra jusque chez le Prestre, qui s'émerveilla fort en lisant l'inscription chaldéenne, gravée sur la médaille, car le chaldéen était sa langue. Et il retint Pero da Covilhã auprès de lui, non pas comme prisonnier, mais en le comblant de ses faveurs; car il ne voulait pas laisser partir ce Portugais sans qu'il eût fait, en son pays, « *souche qui y demeurât en souvenir* », et toujours dans l'espoir que d'autres Portugais, sauraient l'y venir trouver.

Pero da Covilhã s'accommoda facilement de ce nouveau genre de vie. Il cultiva ses terres et sembla même s'attacher à sa nouvelle patrie. Le Prestre vint à mourir, et laissa pour successeur un jeune prince, sous la tutelle de sa mère, la reine Hélène, très estimée pour son intelligence, son énergie et sa sainteté.

Les conversations de Pero da Covilhã avaient éveillé, dans l'esprit de la reine, le vif désir de se mettre en rapport avec le roi de Portugal. Sans oser donner un caractère officiel à sa démarche, craignant peut-être qu'un insuccès ne lui fît perdre du prestige, elle choisit un Maure qui lui semblait habile et propre à seconder son projet. Après l'avoir décidé à recevoir le baptême et à changer son nom d'Abraham contre celui de Matheus, elle le chargea d'aller dans les contrées du roi du Portugal, l'engageant à continuer en chemin son métier de marchand, afin de rendre plus faciles ses rapports avec les habitants des diverses régions qu'il visiterait sur sa route.

La reine remit à Matheus une boîte en cuivre, contenant une petite cassette d'argent bien fermée et clouée, dans laquelle se trouvait un coffret d'or plus petit encore, renfermant une parcelle de la vraie croix, et en lui recommandant que si jamais il se trouvait entouré d'ennemis qui lui voulussent prendre la boîte, de la jeter plutôt à la mer ou dans le feu, et de la défendre jusqu'à la mort.

Matheus devait se rendre auprès du gouverneur portugais dans l'Inde, et lui demander de le faire transporter à Lisbonne, ce que d'ailleurs la reine demandait elle-même dans une lettre écrite de sa main au gouverneur, au nom du Prestre.

Le Maure se mit donc en route et arriva à Chaul, où le Xèque le retint prisonnier, parce qu'on lui en disait du mal. Et il fit avertir le gouverneur Affonso d'Albuquerque qu'il se trouvait à Chaul un homme accompagné de ses femmes et de ses serviteurs, qui se disait porteur d'un message du Prestre Jehan, pour le gouverneur portugais.

Cependant, qu'on assurait que cet homme manquait à la vérité et que pour cette raison, ne sachant qu'en faire, il l'avait retenu prisonnier.

Affonso d'Albuquerque accueillit cette nouvelle avec grand contentement, et fit venir le singulier ambassadeur à Goa, avec sa suite, le recevant avec de grands honneurs. Matheus remit alors à Affonso d'Albuquerque la lettre de la reine dans laquelle celle-ci demandait qu'on transportât Matheus dans une des nefs en Portugal, afin qu'il pût porter au roi d'autres lettres et messages du Prestre. Albuquerque, joyeux de procurer au roi D. Manuel la vive satisfaction de recevoir ce messager du roi d'Éthiopie, confia Matheus à Jorge de Mello, gouverneur de Cananor, pour l'embarquer sur la première nef en partance pour le royaume. En effet, Matheus partit avec ses femmes et ses serviteurs. Pourtant le capitaine de la nef, Bernardim Freire, se laissa persuader que Matheus n'était qu'un vil espion, et, comme tel, lui fit endurer maintes souffrances. On lui prit ses femmes et on le mit dans les fers; mais Dom Manuel, après avoir lu les messages du Prestre, ayant ouvert les petites boîtes que la reine lui envoyait, écouta les plaintes de l'ambassadeur outragé, et donna l'ordre d'arrêter les capitaines, qui durent s'enfuir en Castille.

La parcelle de la vraie Croix fut portée solennellement à la cathédrale, puis à l'église de São Domingos, dans un ciboire, sous un dais. Là, l'évêque de Fez célébra la messe épiscopale, et il y eut un discours prononcé en l'honneur de la vraie croix et de l'ambassade chrétienne du Prestre Jehan.

Le gouverneur, à cette occasion, envoya au roi une petite boîte en argent contenant une statue du divin Crucifié qui avait été trouvée dans un trou que l'on pratiquait pour creuser un puits.

Le Christ mesurait moins d'un palme. Fabriquée d'un métal qu'aucun joaillier ou lapidaire ne parvint à connaître et qu'aucun burin ne put entamer, cette image était pourtant fort endommagée. Affonso d'Albuquerque et tous les nobles furent vivement étonnés de cette trouvaille dans une contrée depuis si longtemps musulmane.

Le gouverneur fit faire une cassette en argent dans laquelle il plaça le Christ et le fit porter processionnellement de la chapelle de la forteresse, à l'endroit où il avait été trouvé. Là, fut élevé un autel sur lequel Frei Domingos de Sousa dit la messe et un sermon fut prononcé. Le terrain fut acheté par Affonso d'Albuquerque, qui y construisit une chapelle du nom de *Maison du Crucifix,* et qui y entendait la messe tous les vendredis. — Cette chapelle fut démolie pour faire place à un temple plus important. Ce projet resta dans l'oubli jusqu'en 1562, époque à laquelle les travaux furent commencés.

En 1515, Lopo Soarez partit pour l'Inde, comme gouverneur, et emmena avec lui Matheus, accompagné de Duarte Galvão, premier chroniqueur du royaume, et du père Francisco Alvarez, chapelain du souverain. Le premier allait en ambassadeur et portait au Prestre de nombreux présents de la part de D. Manuel, à savoir : « un lit avec parements de tapisseries de Flandre de fines couleurs « vertes, brodées de soie et d'or et le dais pareil, des courtines « de taffetas, bleu et jaune, une couverture de damas jaune, tail-

« ladée de velours noir, brodé d'or, deux courtes-pointes de Hol-
« lande, des draps, et un couvre-lit blanc très ouvragé, traversins
« et oreillers récamés d'or, toutes choses très riches.

« Il y avait encore un siège garni de brocart et de clous en
« argent, deux coussins pareils, un estoc orné d'or et d'émail, six
« autres coussins en satin, d'un côté à dessins de velours, et de
« l'autre, uni. En plus, une table, et une vaisselle de Flandre,
« émaillée, œuvre très délicate, et un tapis de fine verdure, d'or
« et de soie, fabriqué en Flandre, qui recouvrait toute la table;
« trois services de serviettes et nappes de table, serviettes à main,
« et compotiers à fruits, tous rehaussés d'or. Enfin tout ce qui com-
« posait un service de table, jusqu'aux couteaux.

« Puis deux habillements complets, depuis la chemise jusqu'à la
« cape, dont un de drap fin, doublé de toile de soie et d'or, et
« l'autre de brocart et soie, avec un riche manteau, doublé de mar-
« tre; une épée fort riche et sa ceinture, un harnais blanc et or
« avec casque garni d'un grand panache d'argent et d'or; des
« cuirasses lamées d'or, ornées d'émaux; une cotte de maille à
« franges d'or, un riche morion, dont les bords étaient garnis de
« lames d'or bleui; une selle de velours rouge avec avaloires et
« franges d'or, et têtières en acier; une autre selle avec tous les
« accessoires d'or et d'argent, deux boucliers, garnis de riches cor-
« dons et glands, et doublés de satin rouge, brodés à fils d'or: deux
« rondaches de Flandre, dorées avec poignées de brocart, et vingt
« lances de fer doré. A toutes ces choses, le roi D. Manuel avait
« ajouté des habits pontificaux de satin broché, des devants d'au-
« tels, chasubles et chapelles, et toute l'argenterie nécessaire pour
« le service de l'autel et de la messe, la custode dorée, la clochette
« et boîte à corporaux; deux livres de prières bien enluminés dont
« un à riche fermoir d'émail et un retable à portes de la gran-
« deur de l'autel, représentant le Crucifiement et l'Annonciation
« de la Vierge. Ainsi que quatre draperies de Flandre, brodées de
« soie et d'or, où étaient représentées la naissance de la sainte

« Vierge et le *Salve Regina*. On disait dans le royaume que tous
« ces cadeaux avaient coûté plus de trente mille cruzades. Tout
« ceci fut soigneusement emballé et embarqué, et remis à Duarte
« Galvão avec recommandation à Lopo Soarez de se rendre dans le
« détroit avec une forte armée pour reconduire l'ambassadeur du
« Prestre dans ses terres.

« Et tout fut perdu par la faute de Lopo Soarez, comme on le
« verra plus loin (1). »

Duarte Galvão et Matheus arrivèrent à Goa avec leur suite, et
s'embarquèrent en même temps que le gouverneur Lopo Soarez
pour Socotora et Aden. Ils mouillèrent dans le port de Juda en 1517,
à sept lieues de la Mecque. Galvão insistait pour que Lopo Soarez fît
relâche dans les terres du Prestre, pour qu'il pût remplir sa mission
et remettre ses présents. Mais le gouverneur retardait toujours, pour
des causes diverses, d'accéder à sa demande, et Duarte Galvão, fort
éprouvé par la perte de son fils dans une tourmente qu'il venait
d'essuyer dans le détroit, et irrité du refus continuel que D. Lopo
opposait à ses justes exigences, tomba malade et mourut sans avoir
pu mettre à exécution l'ordre de D. Manuel.

En 1520, le gouverneur Diogo Lopez da Sequeira qui avait suc-
cédé à Lopo Soarez, partit de Goa pour le détroit de la Mecque dans
le but de poursuivre et de détruire les *Runes* (2), et il emmena avec
lui, Matheus, l'ambassadeur du Prestre Jehan, qui demandait avec
instance qu'on le descendit sur n'importe quel point de la côte, d'où
il saurait bien se rendre auprès du Prestre.

On mouilla à l'île de Maçuha, sur la côte éthiopienne.

Et lorsque le *barnegaës* — capitaine du Prestre qui gouvernait
les terres du littoral, et habitait à deux journées de distance —
apprit l'arrivée du gouverneur portugais, il se rendit à Maçuha où
il embrassa Matheus avec effusion.

Les Portugais s'avancèrent un peu dans le pays et virent un cou-

(1) *Lendas da India*, par Gaspar Correa.
(2) Nom par lequel on désignait les Turcs.

veüt dont les moines sortirent à leur rencontre, en portant chacun une croix de cuivre. Tous les gens du pays portaient au cou des croix de bois, suspendues par des cordons. L'église du couvent était très grande; on y voyait un grand bénitier, et une cloche en bois.

Le gouverneur portugais prit alors conseil avec les siens pour le choix d'un ambassadeur qui accompagnerait Matheus jusqu'au Prestre et ce choix se porta sur D. Rodrigo de Lima qui devait emmener avec lui comme second ambassadeur Jorge d'Abreu, et comme aumônier le Père Francisco Alvarez, prêtre très prudent et entendu dans les choses d'église.

Ils se faisaient encore accompagner d'un écrivain, d'un organiste avec ses orgues, flûtes et épinettes, d'un peintre, d'un maître d'armes et de trois chantres.

A mesure qu'ils s'avançaient dans ce pays de « *prairies, forêts et grands ruisseaux* », les Portugais rencontraient plus de chrétiens et de gens amis. Ils furent hébergés dans un grand monastère, où on les retint longtemps, et d'où l'on ne voulait pas les laisser partir.

Sur la route, ils se rencontrèrent avec un moine, escorté d'une grande suite à pied et à cheval. C'était un ambassadeur du Prestre Jehan, chargé de souhaiter la bienvenue aux Portugais, et de pourvoir à tous leurs frais.

Ils virent encore une grande église, sépulture d'un ancêtre du Prestre, et dont les grandes portes étaient recouvertes d'airain si brillant qu'elles semblaient d'or.

A l'intérieur, l'église était ornée de soie et de velours de la Mecque, et partout on y voyait des brûle-parfums remplis d'encens. Ils traversèrent aussi la contrée du *Sang-Royal,* où habitent, sans jamais pouvoir en sortir, — à moins d'autorisation du Prestre — les descendants, hommes et femmes, issus des rois, parmi lesquels on choisit le successeur du Prestre à la mort de celui-ci.

Cette contrée était entourée de champs, où l'on cultivait du blé, de l'avoine, du maïs, des pois chiches, des fèves et tous les légumes connus en Portugal.

Le beurre et le miel s'y trouvaient aussi de qualité supérieure.

Pero da Covilhã accourut au-devant des envoyés, pour les saluer au nom du Prestre Jehan. Ils s'avancèrent ainsi jusqu'au camp du Prestre, où celui-ci vivait dans sa tente, entourée d'autres tentes, formant une grande ville. Le roi, apprenant l'arrivée prochaine des Portugais, avança sa tente « *jusqu'au tiers d'une demi-lieue de distance* », ce qui était le plus grand honneur qu'il pouvait leur rendre. Il agit ainsi pour prouver son grand contentement de voir l'ambassade du roi des chrétiens « *qui combattait les infidèles* ».

Le lendemain, le Prestre Jehan envoya un message aux Portugais, pour les faire venir en sa présence. Pero da Covilhã présenta Dom Rodrigo et servit en même temps d'interprète aux Portugais. A la porte de la tente du roi se tenaient un duc et autres seigneurs. Le Prestre fit dresser pour ses hôtes une tente entièrement blanche comme celle du roi et de la reine, tandis que toutes les autres étaient en couleur.

Dom Rodrigo présenta au roi une lettre de Dom Manuel et une de Diogo de Sequeira ainsi qu'une faible partie des cadeaux du roi portugais, car la plupart depuis le temps avaient été égarés.

Le roi prenait grand plaisir à s'entretenir avec le père Francisco Alvarez sur des matières de foi et surtout sur la messe des Portugais et il le pria de célébrer le saint sacrifice dans sa tente, et de lui expliquer ce que signifiaient les divers ornements. Cette tente, où le père Francisco Alvarez célébra, était en velours de la Mecque et doublée de toile de Cambaya peinte. Le jour de Noël, le prêtre dit la messe et tous les Portugais communièrent. Pero da Covilhã communia aussi. Le roi et la reine assistèrent au Saint Sacrifice, puis le Prestre Jehan se montra au peuple comme il le faisait trois fois par an, à l'occasion des grandes fêtes. « *Il était plus blanc qu'une poire grise. Sa barbe noire commençait à poindre. Il avait vingt-trois ans environ; il était de bonne prestance. Son visage était rond et le nez un peu renflé au milieu* (1). » Le Prestre de-

(1) Gaspar Correa.

manda encore qu'on lui traduisît le *Flos Sanctorum* et les Vies des
Saints de l'*Evangeliorum*. Il ne tarda pas à lever son camp, escorté
de cinquante mille cavaliers, qui composaient sa suite habituelle.

Le mestre de camp ouvrait la marche. Il était chargé de faire
dresser les tentes du Prestre, et celles des officiers de sa maison, ainsi que toutes les autres, et de les ranger en longues rues,
bien alignées, et tellement nombreuses que l'ensemble faisait croire
à une grande ville. Les tentes étaient en toile de différentes couleurs, excepté celles du roi et de la reine qui étaient blanches,
ainsi que celles qui servaient d'églises. Ces dernières étaient en
outre surmontées d'une croix.

« A la distance d'un coup de bombarde en avant du Prestre, on
« conduit en laisse quatre très grands lions enchaînés par des col-
« liers de fer où passent quatre chaînes de quatre brasses de long.
« Chacune de ces chaînes est tirée par quatre hommes dont deux
« en avant, et deux en arrière qui les dirigent de façon à tenir tou-
« jours les lions à la même distance.

« Deux de ces lions vont devant et deux vont derrière le roi.
« Ils servent à empêcher les cavaliers d'approcher du Prestre, qui
« avance au milieu de deux escadrons qui l'accompagnent, et si
« quelqu'un tente de s'approcher, les hommes tirent sur les chaî-
« nes de manière à faire rugir les lions, ce qui met les cavaliers en
« fuite.

« Le Prestre va sur une mule toute harnachée d'or, et entourée
« de pages qui tiennent les bâtons d'un dais à rideaux blancs à peine
« entr'ouverts par devant. »

Quatre autres pages vont de chaque côté de la monture.

D. Rodrigo et les Portugais suivaient avec les nobles du Prestre,
et le premier ministre assista de la tente du Roi à la messe que le
Père Francisco Alvarez célébra le jour de Pâques, jour où D. Rodrigo prit congé du Prestre qui lui fit de riches présents.

Le Prestre envoya encore avec D. Rodrigo deux comtes choisis
parmi ses nobles, dont un emportait pour le roi de Portugal une

couronne en or incrustée de pierres précieuses, pareille en tout à celle du Prestre, et une lettre autographe.

Le Négus avait aussi chargé le Père Francisco Alvarez d'aller en son nom prêter hommage et soumission au Pape et en même temps de lui remettre des présents, entre autres une croix en or, ainsi que des lettres écrites de sa main (1).

Pero da Covilhã fit ses adieux à D. Rodrigo, ne voulant pas le suivre en Portugal, en raison de son grand âge et parce qu'il se trouvait bien dans les vastes terres qu'il avait reçues du roi, mais il envoya avec D. Rodrigo, son fils, âgé de vingt-trois ans, pour être présenté au roi de Portugal et revenir raconter au Prestre ce qu'il y avait dans ces contrées.

En même temps, Pero da Covilhã remit à D. Rodrigo vingt pièces d'or pour être données au fils ou fille qu'il devait avoir eu de sa femme dans la ville de Covilhã après son départ.

Il donna encore à son fils une lettre pour le roi Dom Manuel, et une médaille de cuivre qu'il avait reçue des mains de Dom João 1 au moment de quitter le Portugal afin qu'il la fît voir à Dom Manuel qui la reconnaîtrait et croirait ainsi en lui. Mais le jeune messager mourut de maladie en route.

A deux jours de Maçuha, D. Rodrigo fut informé que les bateaux qui l'y avaient attendu étaient repartis vers l'Inde pour profiter de la mousson, et apprit en même temps la mort de D. Manuel et l'avènement au trône du prince héréditaire D. João II.

D. Rodrigo résolut de retourner avec quelques-uns de ses hommes vers le Prestre, qui se montra très affecté de la mort du roi de Portugal et fit fermer les magasins pendant trois jours, durant lesquels rien ne fut vendu et personne ne travailla.

Le Prestre ajouta alors à la lettre écrite à D. Manuel quelques lignes de consolation qu'il adressa à son fils (2).

(1) Ces lettres furent traduites en latin par l'historien Paul Jovius, qui publia encore sur l'Abyssinie un grand nombre de détails qu'il avait pu recueillir à Rome de la bouche du prêtre Francisco Alvarez.

(2) Voir p. 121.

, Les terres du Prestre étaient fort vastes et on y voyait beaucoup d'églises et de monastères dont la plupart de l'ordre de saint Antoine, ermite.

Ces églises étaient ornées d'images de la Vierge, des Apôtres,

LE PRESTRE JEHAN, D'APRÈS UNE VIEILLE ESTAMPE.

des prophètes et toujours de celle de saint Georges. Cependant on n'y voyait pas de statues, ni de crucifix, mais seulement la Croix ; car les Éthiopiens ne se jugent pas dignes de voir l'image du Crucifié. Dans le royaume du Prestre, il y a un religieux placé au-dessus de tous, à l'imitation du pape romain, et qu'ils appellent Byma.

Lui seul confère les ordres sacrés. Dans chaque église on célèbre une messe chaque jour et le pain eucharistique est fait de froment que le prêtre cuit lui-même, dans la sacristie, sur des braises, avant de monter à l'autel. Il fait aussi le vin pour le Saint Sacrifice, avec des raisins secs, tous de même qualité. Les Éthiopiens ne cherchent pas à soulager les âmes de leurs morts au moyen d'aumônes ou d'oraisons, et disent « *que si l'on a bien vécu, on est avec Dieu et on n'a besoin de rien, tandis que si l'on est autre part, rien ne profitera. Que d'ailleurs, si durant la vie on n'a pas voulu s'occuper de son âme, ce n'est pas aux autres de s'en mêler* ». Tous les livres sont écrits sur parchemin en langue *tygya*, qui est celle des premiers chrétiens. Ils craignent beaucoup l'excommunication, et préfèrent perdre tout ce qu'ils ont et endurer tous les maux du monde plutôt que de subir cette peine. Ces gens sont enclins au mensonge, mais ne jurent jamais en vain. Ils ne donnent pas de faux témoignages. Leurs lois sont très douces, personne n'est mis à mort en leur nom, excepté en cas de faux jurement. Ils prêtent serment devant un clerc aux portes de l'église et si ce serment se trouve être faux, le parjure est brûlé vif. En fait de médecine, ils font uniquement usage de pointes de feu et de saignées, et comme préservatif contre le mal de tête, ils se saignent aux tempes ou au nez, entre les yeux, et en gardent des cicatrices indélébiles. Ils n'éloignent pas les lépreux, mais les soignent, par charité et dévotion et lavent leurs plaies. Quelques-uns même les prennent chez eux.

La contrée d'où partit la reine de Saba pour trouver le roi Salomon est assujettie au Prestre. On y trouve beaucoup de ponts et d'étangs, construits en pierres de taille, et de grands édifices anciens. Une reine s'y convertit au christianisme, instruite par son esclave qui lui-même avait reçu l'enseignement religieux *de l'apôtre saint Philippe et la grâce de l'Esprit-Saint.*

Les fleuves et rivières contiennent beaucoup d'or, semblable à des grains d'encens, et il y a beaucoup de mines d'argent, de plomb, d'étain dont les indigènes ne tirent rien, parce qu'ils ne savent pas les exploiter.

Les chevaux du pays sont semblables aux « *sendeiros gallegos* » (rosses de Galicie). On en fait venir de fort beaux d'Arabie et d'Égypte, ainsi que des juments, auxquelles on retire les poulains huit jours après leur naissance, pour hâter une nouvelle production. Ces poulains sont nourris au lait de vache, ce qui les rend très beaux, mais faibles (1).

Les Portugais y virent toutes les bêtes féroces qu'ils connaissaient et d'autres qu'ils n'avaient jamais vues, ainsi que tous les oiseaux connus, et d'autres, nouveaux pour eux. Cependant, ils remarquèrent qu'il n'y avait ni pies, ni coucous, ni ours, ni lapins. Les singes y sont si nombreux qu'à l'époque de la moisson, le peuple se réunit armé d'arcs et de frondes, pour leur faire la chasse et les empêcher de dévorer la récolte.

« Au centre des terres du Prestre, dans un lieu nommé Gojamé, se trouve la source du Nil (2) lequel, disent-ils, provient d'une grande lagune dont on ne voit pas la fin. Il s'étend de divers côtés, puis se concentre et entre en Égypte.

« Ce fleuve sans qu'il pleuve, et uniquement par le cours de la nature ordonné par Dieu, s'enfle chaque année du 15 septembre à la fin d'octobre et durant cette période se gonfle tellement qu'il inonde toutes les terres avoisinantes.

« Dès qu'il a commencé à grossir, il enfle progressivement, et « pas plus un jour qu'un autre. Quelques-uns veulent attribuer « cette crue à l'hiver de l'Éthiopie qui dure de la mi-juin à la mi-« septembre, sans jamais subir de variations. Les Portugais trouvè-« rent les eaux de ce fleuve excellentes quand il n'est pas dans sa

---

(1, Voir, pour ces détails et d'autres qui suivent, les *Lendas* de Gaspar Correa, dont nous tâchons de rendre la manière de voir et de dire, même là où la traduction n'est pas littérale.

(2) Source tant cherchée par les explorateurs modernes : Bruce, Spake, Baker, Grant, etc. Celui-ci se vanta même d'être le premier Européen à la voir jaillir du lac auquel Livingstone donna le nom de Nyassa. Mais des Portugais l'avaient observée depuis 1587, et Duarte Lopes traça alors les limites du lac africain sous la désignation de lac Aqueluna.

« crue, et ils y virent beaucoup de poissons de formes diverses qu'ils
« n'avaient jamais aperçus ailleurs. »

A côté du royaume du Prestre, se trouvait une terre du nom de
Mahutta qui lui était assujettie : les femmes de cette contrée étaient
très grandes, vigoureuses et dures au travail. On les appelait Pago-
dynies. C'était comme des amazones. Elles avaient le commandement
du royaume et choisissaient entre elles celle qui devait les gouverner
comme roi. Et quand elles voulaient voir des hommes, elles en demandaient l'autorisation à la reine qui leur accordait, pour quelques mois
ou quelques jours la permission de les recevoir chez elles, sans que
d'autres femmes les vissent, car elles ne sortaient que lorsqu'elles
congédiaient ces hommes, et les reconduisaient à l'endroit d'où ils
étaient venus.

Si un homme pénétrait parmi elles sans autorisation, on le mettait
à mort, et si quelque femme reçevait un homme sans y être autorisée,
elle était également punie de mort. Ces femmes payaient un lourd
tribut en or au Prestre. Pero da Covilhā a raconté à leur sujet des
choses remarquables. Entre autres qu'elles donnaient leurs enfants à
allaiter à des chèvres, à des brebis ou à d'autres bêtes et qu'à
peine leurs enfants mâles savaient-ils manger seuls, elles les jetaient
hors de leur territoire et ne les revoyaient plus jamais. De cette sorte,
la mère ne connaissait pas le fils et le fils ne connaissait pas la mère.

Pero da Covilhā racontait encore qu'il y avait dans ces parages
une rivière où l'on trouvait beaucoup d'hommes et de femmes aqua-
tiques. On amena un de ces hommes en présence des Portugais.

Il ne parlait ni ne buvait et ne mangeait que des herbes. Son
corps était couvert d'un cuir épais et dur. Il avait le cheveu gros et
rare et les pieds et les mains plus grands que ceux des hommes or-
dinaires. Il dormait très peu, toujours les yeux grands ouverts, sans
sourciller.

La rivière dont nous venons de parler était fréquentée aussi par
des blancs qui apportaient des draps peints. Ces draps étaient de toute
beauté, et seule les femmes du Prestre pouvaient s'en revêtir.

Ces hommes blancs étaient très beaux et les anciens de la terre du Prestre disaient qu'ils venaient de montagnes lointaines « *dont les sommets sont si élevés qu'ils touchent au feu du ciel* ».

Les Chaldéens croyaient que les habitants d'au delà de ces montagnes étaient les fils d'Israël que Dieu avait fait sortir de l'Égypte, et que là était la Terre Promise.

Il y avait encore une autre contrée qui touchait au royaume des femmes et aux terres du Prestre et où se trouvaient des nègres de taille moyenne, aux cheveux courts et crépus. Ils étaient tout nus ainsi que leurs femmes et couchaient dans des trous souterrains. Ils étaient si travailleurs qu'on venait les chercher des pays environnants pour aider aux rudes besognes.

Les hommes ainsi que les femmes avaient des queues comme les chiens et pouvaient porter chacun la charge d'une mule. Ils ne mangeaient qu'une fois par jour, le soir, mais alors en grande quantité (1).

Pero da Covilhã racontait que l'on en avait fait venir à la cour du Prestre où lui-même les avait vus.

Lettre du Prestre Jehan au roi Dom Manuel et ce qu'il y a ajouté pour le roi Dom João III.

« Au nom du Dieu, Père Tout-Puissant, Créateur du ciel et de la terre, et de toutes les choses visibles et invisibles, au nom de Dieu Fils, Volonté, Conseil et Prophète du Père, au nom de l'Esprit-Saint, Paraclet, Dieu vivant, égal au Père et au Fils, qui parla par la bouche du Prophète, inspirant aux apôtres de rendre grâces et louanges à la Trinité, dans le ciel et sur la terre, dans la mer et dans ses abymes, et à tout jamais, amen !

« Cette lettre et ambassade sont envoyées par l'*Encens de la Vierge,* de son nom de baptême, lui qui, au moment d'être élu roi, prit le nom de roi David, chef de ses royaumes, aimé de Dieu, sou-

___

(1) Rappelons que nous nous déchargeons sur d'autres de l'exactitude de ces particularités.

tien de la foi, issu de la lignée de Juda, fils de David, fils de Salomon, fils de la colonne de Sion, fils de la Semence de Jacob, fils de la Main de Marie, fils de Néhu, d'après la chair, empereur d'Éthiopie et de grands royaumes et domaines, roi de Xoa et de Çafate et de Fatigar, roi de Barnu, et de Hadea et de Baliganje, roi de Amara et de Bagamidri et de Vage, Dambéa et de Tigrimahon, et de Sabaym, d'où était la reine de Saba, et de Barnagaïs, jusqu'à l'Égypte.

« Cette lettre est adressée au Très-Puissant et Excellentissime Roi Dom Manuel, vainqueur, toujours victorieux, qui vit dans l'amour de Dieu, toujours ferme dans la foi catholique, fils de Pierre et Paul, roi de Portugal et des Algarves, bon ami des chrétiens, ennemi des Maures et des Gentils, Seigneur d'Afrique et de Guinée, et des montagnes et des îles de Jumha et de la mer Rouge et de l'Arabie, de la Perse et d'Ormuz, des Grandes-Indes et de toutes leurs îles ; juge et conquérant des Maures et des païens, Seigneur de très hautes montagnes. Que la paix soit avec Vous, roi Manuel, Fort dans la Foi, aidé de Notre-Seigneur Jésus-Christ, pour exterminer les Maures, que vous repoussez et chassez comme des chiens, sans user de lances, ni de javelots. Que la paix soit avec votre épouse, amie de Jésus-Christ, servante de la Sainte Vierge Marie, Mère du Sauveur du monde. Que la paix soit avec vos fils, à votre table, comme le nouveau lys dans le jardin ! Que la paix soit avec vos filles, ornées de beaux vêtements ! Que la paix soit avec vos parents, pépinière de saints, d'après le mot de l'Écriture, que les fils des saints sont bienheureux, grands et remplis de grâces !

« Que la paix soit dans votre maison et dans votre conseil, parmi les seigneurs et juges et officiers ! Que la paix soit avec les grands capitaines de tant de faits héroïques ! Que la paix soit avec tous vos peuples, qui vous sont fidèles dans le Christ ! Que la paix soit dans vos villes et vos villages, parmi tous ceux qui s'y réunissent dans les temples de Dieu ! Amen.

« J'ai appris, Seigneur, grand roi et mon père, que lorsque ma renommée arriva jusqu'à vous, par l'homme appelé Matheus, vous

appelâtes vos évêques et vos archevêques pour glorifier mon nom ;
ce qui m'a fait grand'joie et j'en ai rendu grâces à Dieu, et tout
mon peuple s'en est réjoui ; et j'ai été affligé en apprenant que
Matheus était mort, en rentrant dans mes terres, au monastère de
Bison. Ce n'est pas moi qui envoyai ce messager, mais bien la reine
Hélène, qui me gouvernait, et gouvernait mon royaume comme
mère, parce qu'à ce moment-là, j'étais âgé de onze ans, étant
orphelin de père, en succédant à la couronne.

« Quand vos Portugais, qui venaient avec Matheus, m'ont remis
vos lettres d'ambassade, qui me semblèrent d'une beauté égale à
la beauté du soleil, j'en ai rendu de grandes grâces à Dieu, et mon
âme s'est réjouie en voyant des croix sur leurs têtes et leurs poitrines, et quand j'ai eu la preuve qu'ils sont de fidèles chrétiens,
et qu'ils me racontèrent comment ils avaient trouvé le chemin de
mon Éthiopie, et comment ils virent dans le ciel une croix rouge
semée d'étoiles qu'ils adorèrent tous, en reconnaissant qu'ils étaient
conduits par Dieu, cela me sembla merveilleux et me certifia que
ce signe venait de Dieu pour m'envoyer votre ambassade. Ce qui
d'ailleurs fut prédit dans la vie de saint Victor dans le livre des
Saints Pères, *qu'un roi Frangui* (1) *se mettrait en rapport avec le roi
d'Éthiopie, et que la paix régnerait entre eux.* »

« J'ignorais si cela se passerait de mon temps, comme cela vient de
se passer. Dieu soit loué, de ce que mon ambassade nous ouvrit cette
voie et de ce que nous sommes unis dans la foi et la vérité.

« Jusqu'à ce jour, aucun ambassadeur de roi chrétien n'avait été
vu parmi nous. Aujourd'hui, nous sommes rapprochés l'un de
l'autre, comme l'étaient auparavant les païens et les Maures, mé-
prisables fils de l'infâme Mahomet et autres espoirs du diable, qui
ne reconnaissent pas Dieu, et adorent le bois, le feu, le soleil et les
serpents.....

« Les paroles que m'envoya votre capitaine des Indes sont bonnes

(1) Nom par lequel les Maures désignent les peuples latins d'Europe.

et bons aussi sont tous ceux qui me les ont apportées, ayant à leur tête D. Rodrigo de Lima, homme bon. J'ai fait grandes amitiés au Père Francisco Alvarez parce que je l'ai trouvé juste et vrai dans tout ce qui a rapport à la foi. Je vous envoie mon ambassadeur, qui vous fera connaître mes volontés, et j'envoie le Père Francisco Alvarez au pape, comme ambassadeur d'obédience, ce dont vous aurez réjouissance, parce que je m'en réjouis fort moi-même.

« Je serai fort aise que vous m'envoyiez des ouvriers, pour fabriquer des statues d'or, d'argent, de cuivre, de fer, de plomb et de feuilles de plomb, pour recouvrir les églises, et des artisans pour assembler des feuillets de livre.

J'ai besoin encore d'ouvriers, pour préparer l'or et l'argent en feuilles, pour dorer et argenter, et des maîtres ciseleurs pour travailler la pierre et le bois, et cela sans retard, selon le désir de mon cœur. Et ces artisans resteront avec moi, tant qu'ils en auront la volonté, et pourront repartir en toute liberté. Je ne les retiendrai pas et ils ne repartiront pas mécontents, et il en sera ainsi, selon le Dieu vivant. Quand le fils demande quelque chose au père, celui-ci ne peut rien refuser, si c'est pour la gloire de Dieu. Je suis le fils qui vous demande ces choses à vous, mon père, et je compte sur elles.

« Nous sommes unis comme des pierres dans un mur, et les cœurs dans l'amour du Christ, qui a le secret de tout savoir, à qui tout est manifeste, pour qui rien n'est caché et qui connaît les sentiments de mon cœur ». . . . .

. . . .

Cette lettre était écrite par le Prestre Jehan et adressée au roi D. Manuel; mais ayant appris sa mort, il écrivit la lettre suivante à son fils, le roi D. João qui lui succéda sur le trône :

« Au nom du Dieu, le Père Tout-Puissant, créateur du ciel et de la terre, etc., etc..... (1).

_____

(1) Voir page 121 pour le commencement de la lettre.

« Quand j'ai eu connaissance de la grandeur du roi votre bon père, de la façon dont il brisait la puissance des Mahométans, fils de l'infâme Mahomet, j'ai rendu grâce au Seigneur des cieux de l'élévation, de la grandeur de cette maison de chrétienté, et je me suis fort réjoui, quand m'est arrivée son ambassade, qui m'a apporté la parole de l'amour et de l'amitié, entre nous, afin que nous chassions les Maures, et les maudits juifs et gentils de nos royaumes.

« J'étais dans cette joie, quand j'appris que le roi, votre père, était allé vers Dieu, avant que ses messagers n'eussent quitté mes terres. Cette nouvelle a changé mon allégresse en tristesse, et la douleur s'est accrue dans mon âme ; en considérant la rapidité du passage de cette vie à la mort comme il en sera aussi pour nous. Tout le peuple de mon royaume s'est attristé et a pleuré avec moi, et les ecclésiastiques l'ont célébré dans les monastères et les églises. La joie de la première nouvelle double le chagrin de la seconde. Seigneur, mon frère, depuis la fondation de mon royaume jusqu'à aujourd'hui, on n'avait pas vu d'ambassadeur du roi chrétien de Portugal, on en avait seulement entendu parler aux pèlerins de Jérusalem et de Rome qui courent le monde, et l'on n'en avait jamais eu la certitude jusqu'à l'ambassade envoyée par votre bon père, qui m'a adressé ses capitaines et nobles avec clercs et diacres, qui apportaient avec eux les ornements pour célébrer la messe.

« Je les ai reçus avec amour, et je les ai congédiés également avec amour, et en paix. Seigneur, mon frère, j'ai pratiqué l'amour et l'amitié avec le roi votre bon père. Dorénavant je refuserai les messages du roi d'Égypte, car je n'en veux plus recevoir que les vôtres, que je désire et que je tiens en grande estime, en raison de nos croyances ; car je ne suis pas ami des rois maures, et n'ai avec eux que les rapports forcés entre peuples voisins de mes terres, qui sont très fertiles et dont ils sont très jaloux, et moi, j'en suis le très grand ennemi. Et je ne défends ni ne proscris ce commerce, parce qu'il était d'un ancien usage chez mes aïeux, et si je ne tire pas vengeance de ces ennemis, c'est pour qu'ils ne fassent pas tort à la sainte maison de jérusalem, et à la sépulture du Christ, et s'il y avait des disputes entre eux et les miens, ils détruiraient les maisons saintes, et les églises de l'Égypte et de la Syrie.

« Voilà pourquoi mon cœur est très contristé de ne pas être voisin d'un roi chrétien, qui me donnerait de l'appui. Je ne suis pas comme tant de rois Franguis qui, étant chrétiens, n'ont pas un même cœur, et se disputent entre eux. Si j'en avais un pour voisin, je ne m'en séparerais pas une heure, ce à quoi je ne puis remédier contre la volonté de Dieu. Seigneur, bon roi frère, vos lettres et ambassades me rendront toujours heureux, parce que je croirai voir votre face, car l'amour est meilleur de loin que de près, par les désirs que la privation excite et dont le cœur ne se rassasie jamais... Le Christ a dit que, là, où est votre trésor, là est votre cœur; mon cœur est donc avec vous puisque vous êtes mon trésor; et je souhaiterais d'être votre trésor, pour être dans votre cœur.

« Unissez votre cœur au mien et gardez mes paroles dans votre sagesse; car on me dit que vous avez plus de sagesse que vous ne comptez de jours, ce dont je rends grâces à Dieu. Consolez-vous du trépas de votre père, et retournez au bonheur, recouvert de sa bénédiction, et que l'on puisse dire : « Béni soit le fils du bon roi Dom Manuel, qui s'est assis sur le trône de ses royaumes. »

« Ne vous lassez pas de poursuivre les Maures, avec les grandes forces dont vous avez hérité de votre père, et que Dieu vous vienne en aide.

« Moi, je possède de l'or, des hommes et des vivres aussi nombreux que les sables de la mer. Détruisons à nous deux cette race de Maures. Je n'ai besoin que de chefs pour armer et pour commander mes hommes. Le roi Salomon régna à l'âge de douze ans. Il a eu plus de puissance et de sagesse que son père; moi, à la mort de mon père, je me suis assis enfant sur son trône. Dieu m'a donné plus de puissance qu'à mon père. Tous mes royaumes me sont fidèles et je vis dans le repos. J'ai besoin que vous m'envoyiez des hommes pour me fabriquer des images, des livres et des armes, afin que mes gens puissent combattre. J'ai besoin aussi de charpentiers, de maçons, d'orfèvres, pour faire de jolis travaux et de maîtres qui connaissent l'or et l'argent pour l'arracher des mines si abondantes dans mes royaumes, et qui fassent des feuilles de plomb et de cuivre pour recouvrir les églises, et qui construisent des voûtes sans charpentes, et encore de maîtres, pour faire l'artillerie et son matériel.

« J'ai besoin de toutes ces choses, pour le service de Dieu et je vous en fais la demande, à vous mon frère. Dieu recevra nos prières et nos sacrifices, comme il a reçu ceux d'Abel et de Noé, qui navigua dans l'arche, sur les eaux irritées du Seigneur; et ceux d'Abraham dans la terre de Madian; et d'Isaac, et de Jacob, dans la maison de Bethléem, et de Moïse en Égypte; et d'Aaron sur la montagne; et de Josué, fils de Num en Galgala; et de Gédéon sur la plage, et de Samson à l'heure de la sécheresse; de Jephté, dans la bataille; de Barac et de Déborah, quand ils partirent contre Sésara; de David, dans la campagne et d'Élie sur le mont Carmel, lorsqu'il ressuscita le fils de la veuve, et de Rachel sur le puits; et de Josaphat dans la bataille, et de Daniel dans la fosse aux lions, et de Jonas dans le ventre du poisson; et des trois jeunes gens dans la fournaise ardente; et de Matathias avec ses fils sur le quart du monde, et d'Ésaü. Ainsi donc, mon frère, Dieu acceptera vos sacrifices et vos prières, et vous aidera contre tous vos ennemis. Dans tous les temps, tous les jours et à toutes les heures, que la paix soit avec vous. Embrassons-nous saintement. Moi, j'embrasse encore tous ceux de votre conseil et de votre royaume et de l'état ecclésiastique, et j'embrasse tout votre peuple. Que la bénédiction de Dieu, et la grâce de Notre-Dame sa sainte Mère, soit avec nous, et mette le contentement dans nos cœurs, et vous porte mes paroles. Amen. »

TROISIÈME PARTIE

DESCENDANCE DE VASCO DA GAMA

PRÈS avoir parlé de l'ascendance du comte-amiral, il nous semble qu'un mot sur ses descendants ne serait pas déplacé. Tous assurément n'ont pas mérité une mention dans l'histoire; mais plus d'un se montra le digne héritier de la gloire de son ancêtre.

Vasco da Gama laissait en mourant six fils et une fille. Celle-ci, Isabelle de Athayde (1), a épousé Ignacio de Noronha, fils du premier comte de Linhares. La conduite déréglée de son mari porta D. Isabelle à se retirer dans le monas-

(1) Du nom de sa mère, D. Caterina d'Athayde. Cette coutume était fréquente alors parmi les nobles. Les enfants des mêmes père et mère signaient parfois chacun d'un nom patronymique différent. De nos jours, on cite encore quelques familles (plutôt en Espagne) où pareille anomalie se rencontre; mais c'est devenu la très rare exception.

tère de Santa Clara de Lisbonne où elle mourut, en léguant tous ses biens à son frère D. Estevão.

D. Isabelle fut inhumée dans l'église de son couvent. On lit cette épitaphe sur sa sépulture :

> *Ci-gît Dona Isabelle de Athayde*
> *fille du comte-amiral qui découvrit l'Inde.*
> *Elle vint par dévotion s'enfermer dans ce monastère.*
> *Décédée le 17 mars 1568.*

D. Francisco da Gama, le fils aîné du vice-roi, deuxième comte de Vidigueira, seigneur de Villa de Frades, amiral de la mer des Indes, et grand écuyer du roi D. João III épousa D. Guiomar de Villhena, fille de D. Antonio de Portugal, premier comte de Vimioso. Tous deux firent bâtir le couvent des Capucins à proximité de la ville da Vidigueira. La comtesse, pieuse et lettrée, publia un livre de sa composition intitulé : « *Pieuses considérations sur quelques passages de la vie de la Sainte Vierge.* »

De cette union naquirent plusieurs enfants. Le premier, D. Vasco, troisième comte da Vidigueira, trouva la mort à Alcaçar-Québir en 1578, à côté du jeune roi D. Sebastião.

Une des filles, D. Caterina d'Athayde, fut, selon toute probabilité, l'héroïne de la poétique passion de Camões.

La pauvreté du poète, due à la confiscation de ses biens patrimoniaux, lui défendait tout espoir de se rapprocher de sa dame. Il n'osait lui adresser que des odes et des sonnets sous l'anagramme de Natercia (Caterina), qui ne lui valurent pas moins d'être exilé dans un rayon éloigné de Lisbonne et de la cour.

La mort prématurée de Natercia, que Camões pleura avec des accents de navrant désespoir, décida le poète à s'expatrier (1).

---

(1) Les poésies lyriques de Camões n'ont pas acquis la renommée qu'elles méritent parce qu'on les connaît moins que les *Lusiades*, effacées qu'elles sont par la grandeur et l'éclat de ce poème. Nous devons à la récente traduction de M. Bénoliel de pouvoir donner ici deux échantillons des sonnets que Camões dédiait à Natercia si tôt enlevée au culte que lui vouait le poète.

Il s'en alla en Afrique, puis dans l'Inde, et plus loin encore.

Heureux de chanter la gloire de l'aïeul de celle qu'il avait aimée, il s'en fut composer ses *Lusiades* en Chine, à Macao.

AMOUR

L amour est comme un feu qui brûle et n'est point vu ;
Blessure douloureuse et pourtant insensible,
C'est un contentement émouvant et pénible,
Un délire effréné qui n'est point entendu.

C'est ne prétendre à rien qu'à l'objet prétendu ;
Dans la foule rester solitaire, impassible ;
Sentir toujours sa soif croissante, inextinguible,
Et croire que l'on gagne alors qu'on a perdu.

C'est être de bon gré retenu par les chaines ;
C'est servir le vaincu dont on est le vainqueur,
Et se montrer loyal pour qui nous prend le cœur.

Comment donc aurait-il dans les âmes humaines,
Par un commun accord, un facile retour,
Quand à lui-même il est si contraire, l'amour ?

SUR LA MORT DE NATERCIA

Doux ange de lumière, éteint à l'improviste,
Et de ce monde, hélas ! en ta fleur emporté,
Repose dans les cieux et pour l'éternité,
Et qu'ici-bas je vive à jamais sombre et triste.

Si quelque souvenir de la terre subsiste,
Au séjour bienheureux où ton être est monté,
Souviens-toi de l'amour ardent, illimité,
Qui brillait dans mes yeux et dont mon âme existe,

Et si tu daignes voir avec quelque pitié
Ce chagrin dévorant, cette affreuse détresse,
Ce désespoir sans fin où ta perte me laisse,

Demande au Dieu vers qui tu t'es réfugié,
Qu'il me prenne soudain pour te revoir encore,
Comme il t'a pris, doux ange, à mon cœur qui t'adore.

Les autres cinq fils du vice-roi, à savoir : D. Estevão da Gama,
D. Pedro da Silva (1), D. Paulo da Gama, D. Christovão da Gama, et
D. Alvaro de Athayde servirent tous dans l'Inde et s'y distinguèrent,
quoique pas également.

En **1532**, D. Estevão, muni du commandement d'une flotte et
monté sur la nef *Espirito Santo* s'en alla prendre le gouvernement
de Malacca. D. Paulo, son frère, prit en même temps le commandement de la nef *San Thiago*, et fut nommé aussi capitaine suppléant
de Malacca.

D. Estevão s'arrêta à Mozambique, où il passa l'hiver, et D. Paulo
s'en alla vers Malacca, dont il devait prendre le commandement en
l'absence de D. Estevão, pour le reprendre durant trois ans, lorsque
celui-ci aurait terminé son triennat.

D. Paulo qui était *bien le fils de son père, dans le zèle du bon ser-*
vice du roi (2), une fois à Malacca, fit la guerre au roi d'Ugentana
qui attaquait souvent Malacca et les Portugais. Les hommes d'armes

SUR LA MORT DE NATERCIA

(Autre version du même sonnet).

Ame candide et pure, hélas! qui, de la terre,
Si belle et jeune encore, as quitté les soucis,
Repose pour toujours au sein du paradis,
Et qu'à jamais je vive en deuil et solitaire.

Si dans les cieux profonds, où tu montas naguère.
Un tendre souvenir de ce monde est permis,
Souviens-toi, souviens-toi de l'amour que tu vis
Reluire dans mes yeux, si pur et si sincère.

Et si tu crois devoir quelque faible retour
Aux angoisses sans fin, sans remède, où me laisse
Le coup que ton trépas inflige à mon amour,

Implore ce grand Dieu, qui brisa ta jeunesse,
De me prendre d'ici, pour te voir dans les cieux,
Aussi tôt qu'il t'a prise et ravie à mes yeux.

(1) Voir note 1, p. 129.
(2) *Lendas da India.*

servaient D. Paulo avec grand plaisir, *parce qu'il était de noble et libérale condition et leur donnait bonne chère* (1).

L'année suivante, D. Estevão, revenu de Mozambique, arriva à Goa où il fit de fortes dépenses, voulant surpasser tous les autres en magnificence.

Il ne tarda pas à partir pour Malacca, afin de prendre son commandement, et d'après l'ordre du roi D. João III, D. Estevão fit réparer la nef qui l'y avait conduit, et la renvoya en Portugal, avec une cargaison de girofles et autres drogues, sous le commandement de son autre frère D. Christovão.

D. Paulo, investi du commandement de la flotte, en apprenant que le roi d'Ungentana s'approchait de Malacca, se prépara pour aller à sa rencontre. D. Estevão n'y voulait pas consentir, mais D. Paulo l'importuna tellement qu'il lui en accorda l'autorisation, et D. Paulo remonta la rivière, suivi d'une soixantaine de Portugais embarqués sur des parãos, caturs et betels (2). Toute cette suite se composait de nobles et de chevaliers, dont les plus expérimentés ne se croyaient pas en force suffisante pour combattre les manchuas (3) ennemies.

En effet, D. Paulo trouva la mort dans cette aventure. Trente de ses compagnons périrent avec lui : entre autres Diogo Fernandes Borges, ancien gouverneur (aio) de D. Paulo.

D. Estevão eut grand sentiment de la mort de son jeune frère et jura de se venger du roi d'Ungentana. En 1534, il résolut d'aller détruire la ville d'Ungentana, et emmena quatre cents Portugais avec lui, dont son autre frère, D. Christovão da Gama, revenu du Portugal. Ils remontèrent le fleuve, et une violente tourmente causa de grands dommages à leur petite flotte. D. Estevão s'embarqua sur une vieille fuste qui s'ouvrit et coula à pic. Il ne put se sauver qu'en s'accrochant aux cordages. Les Maures étant nombreux se

(1) *Lendas da India.*
(2) Embarcations diverses de l'Inde.
(3) Barques asiatiques.

défendirent avec rage, mais les Portugais parvinrent à s'en rendre maîtres et les deux Gama rentrèrent glorieux à Malacca. On leur y fit une réception brillante, parce qu'ils avaient détruit le grand ennemi de la ville, qui souvent leur retenait les vivres et les pressait par la faim. Son triennat accompli, D. Estevão retourna à Goa.

A la mort du vice-roi de l'Inde, D. Garcia de Noronha, on fit comme d'habitude, lecture de l'acte de succession. D'après lui, Martim Affonso recueillait l'héritage de ce commandement. Mais, comme Martim Affonso se trouvait en Portugal, on ouvrit le pli scellé qui contenait le nom de celui qui devrait succéder en second au vice-roi, et il se trouva que le choix de D. João III retombait sur D. Estevão.

« Tout le monde sortit de la ville à la recherche du nouveau gouverneur. Celui-ci reçut la nouvelle avec grande tristesse, et dit à celui qui le premier la lui avait apprise : « Vous recevrez le prix de votre peine. Mais la nouvelle que vous m'apportez fera pleurer mes yeux, tant sont nombreux les soucis, les tristesses et les travaux réservés à celui qui devra s'efforcer de contenter tant de monde. Dieu veuille éclairer mon entendement pour que je travaille à son service (1) ! »

Un grand nombre de *fidalgos* ne tardèrent pas à arriver. D. Estevão da Gama se rendit à la cathédrale à cheval, accompagné d'une grande suite. Le clergé l'aspergea d'eau bénite, et l'évêque le bénit solennellement. Le nouveau gouverneur prêta serment entre les mains du prélat, en présence des nobles et du peuple. Puis il rentra chez lui au son des tambours, des atimbales et des chalamels (2).

D. Estevão succéda donc à l'âge de trente-sept ans à D. Garcia de Noronha, comme gouverneur de l'Inde.

« Il était de taille moyenne, de belle prestance, prudent, avisé, large de sentiments, ami de la justice et du service du roi, très

----

(1) *Lendas da India*, par Gaspar Correa.
(2) Instruments de musique en usage dans l'Inde. Sorte de flûtes.

entendu aux choses de l'Inde et écoutant également toutes les
réclamations, d'où qu'elles vinssent. Il était riche, ce qui fut un
bonheur pour l'Inde, déjà appauvrie ; et D. Estevão le savait si bien,
qu'il se détermina à y dépenser ce qu'il avait acquis à Malacca et
commença par remettre vingt ville pardaos au Maître des finances... Comme il était très entendu, il prévoyait à tout minutieusement et surveillait tout de ses propres yeux (1). »

Tels étaient son détachement et l'activité qu'il employa aux constructions et travaux qu'il jugea utiles, qu'il n'attendait pas, pour se
mettre à l'œuvre, de connaître l'opinion du roi, et qu'il avait coutume de dire : « Si le roi le trouve mal, il aura pour lui les travaux,
et je garderai pour moi les dépenses. »

D. Christovão se trouvait alors à Goa. Il était homme de très bonne
condition et aimable, simple et droit dans l'amitié, libéral, actif et
entendu. Il fut envoyé par son frère D. Estevão à Cochim avec ordre
d'y construire de nouveaux vaisseaux et d'emmagasiner de grandes
quantités de poivre, pour envoyer en Portugal, quand les nefs du
royaume viendraient en prendre. Durant son séjour à Cochim, D. Chris-.
tovão eut des querelles avec le roi de Porca qui avait l'habitude de
faire piller et tuer des Portugais. *D. Christovão fit jurer au roi de
Porca de vivre en paix avec les Portugais et les rois ses voisins, et il
réprima tous les abus comme il le devait, et fit faire bonne chère à
tout le monde. Ces deux frères Estevão et Christovão, tant dans l'Inde
qu'à Malacca, tinrent toujours table ouverte et dépensèrent beaucoup
avec les pauvres qu'ils recevaient chez eux, qu'ils hébergeaient et ne
laissaient manquer de rien* (2).

C'est vers ce moment qu'eut lieu la grande famine du Coromandel
où l'*on se mangeait les uns les autres*, et peu de temps après, ce fléau
se fit sentir dans toutes les contrées de la Turquie. A Aden, de nombreux *Rumes* (3) périrent de faim et d'autres se réunirent au roi de

(1) *Lendas da India.*
(2) *Lendas da India.*
(3) Turcs.

Zeyla, qui envahissait les terres du Prestre Jehan et lui prenait des villes pour se pourvoir de vivres.

Le Prestre, allant à la rencontre de l'ennemi, s'approchait de la côte et de là écrivit au gouverneur de l'Inde pour lui demander des secours. D. Estevão, accompagné de D. Christovão, quitta Goa à la tête de trois mille hommes et partit pour le détroit de la Mecque. Ils mouillèrent à Socotora, d'où ils s'enfoncèrent dans le canal de l'Abyssinie, et arrivèrent à une île à trente lieues de Maçuha, où ils trouvèrent un chameau qu'ils tuèrent. En conséquence, ils donnèrent à cette île le nom d'île du Chameau. De là, D. Estevão suivit sa route jusqu'à Toro (1) et Alcocer et visita l'église de Sainte-Catherine du Mont Sinaï, où le gouverneur se rendit, précédé de l'étendard royal et de la croix du Christ.

A cette vue, douze religieux sortirent de l'église, portant une croix en bois, recouverte de vermeil, celle que sainte Catherine tenait à la main en allant au martyre. Beaucoup de Portugais gravèrent des emblèmes, sur les portes de l'église, et y taillèrent leurs noms « pour le cas où d'autres Portugais viendraient en ce même lieu ».

D. Estevão laissa comme souvenir dans le couvent, entre autres objets, un drapeau de damas bleu et vert, portant d'un côté la croix rouge du Christ, et de l'autre les quines du Portugal.

Ils s'y rencontrèrent avec deux moines venus du couvent même du mont Sinaï où est gardé le corps de la sainte. Le mont Sinaï, d'après Gaspar Correa, était à une journée et demie de distance de Toro, et la montagne avait plus de deux lieues d'élévation. « Autour de sa base, dit-il, s'étendaient douze lieues de terrain couvert de fleurs, de fruits et d'arbres odoriférants.

De nombreuses routes sillonnaient cette plaine et conduisaient à des villes, à des hameaux et à des monastères nombreux.

On y voyait encore un grand nombre de sources, qui s'écoulaient

____

(1) Ou Thor près de Suez.

en rivières abondantes en poissons, et s'étalaient en lacs au pied de
la montagne.

« Au sommet du mont, se trouvait une table en pierre. Personne
ne pouvait monter jusque-là. C'est l'endroit où le Seigneur donna sa
loi à Moïse (1) ».

Le lendemain, le gouverneur D. Estevão fit route pour Suez avec
sa suite. Ils y allèrent à la rame, car les vents étaient contraires, et
ils passèrent la mer Rouge à l'endroit où le peuple d'Israël l'avait
traversée.

Un des Portugais ayant questionné un pilote au sujet d'une poignée d'arbustes verts, qui se détachaient au milieu de cette contrée
aride, le pilote répondit que, *là coulait une eau qui sortait d'une
pierre et qui avait jailli, disait-on, du coup de baguette d'un
homme saint, à l'époque où un peuple de l'antiquité avait passé la
mer à pied sec.*

D. Estevão retourna à Alcocer, Cuaçem et Maçuha. Ici, il apprit
que le Prestre, auprès duquel s'était rendue l'ambassade de Rodrigo
de Lima (2), venait de mourir, que son fils avait été élu roi,
qu'une grande partie des grands de son royaume s'étaient levés
contre lui, et que le roi de Zeyla avait envahi les terres du Prestre
et lui prenait beaucoup de villes. D. Estevão reçut alors de nouvelles instances du monarque éthiopien, lui demandant des secours. Il réunit son conseil et résolut de donner de l'aide au
Prestre. Le gouverneur choisit alors D. Christovão pour commandant de l'expédition, ne voulant confier à personne autre une si
périlleuse entreprise, tant il était douteux qu'on y échapperait à
la mort.

Le 6 juillet, D. Christovão partit avec ses gens à Arquiqui, où
il se fit précéder de son équipage. Le lendemain, D. Estevão et
tous ses nobles se rendirent à Quyquo (3) pour lui faire leurs adieux.

(1) *Lendas da India.*
(2) Voir page 113.
(3) Arquiqui.

Le gouverneur appela alors le *barnégaes* (1) et, en présence de toute sa suite, lui confia D. Christovão et tous les Portugais qui l'escortaient. En même temps, il lui remit des lettres pour le Prestre, en lui disant :

« La confiance que j'ai en votre mérite et en votre valeur rendent superflues mes paroles, mais je dois à la situation que j'occupe de vous parler ainsi publiquement. Je vous ordonne donc, et comme bon frère je vous prie, de songer principalement dans cette mission à rendre service au roi, notre seigneur, et c'est sa volonté que vous alliez assister un si grand roi, si renommé de par le monde, et qui se trouve en agonie…. Seigneur, mon frère, je vous demande en grande faveur de n'estimer en rien votre vie, parce que si vous remplissez bien votre devoir, vos hommes suivront l'exemple de leur bon commandant, et le mérite en sera tout à vous. »

Le gouverneur remit avec larmes à D. Christovão un drapeau blanc orné d'une croix du Christ en satin vermeil, placée au bout d'une hampe et lui dit :

« Seigneur mon frère, je vous remets ce drapeau du roi, notre seigneur, marqué de la croix du Christ. Je vous le confie et vous le recommande de toute mon âme, et je vous ordonne, au nom de notre bon père de le garder et exalter autant que vos forces le permettront, jusqu'à perdre la vie pour lui, d'abord, parce qu'on y voit le signe de la vraie croix, ensuite parce qu'il appartient au roi, notre seigneur. Un drapeau pareil à celui-ci fut remis par D. Manuel à notre père, qui est dans le sein de Dieu, et qui, avec la grâce et l'aide de Notre-Seigneur, a pu rendre tant de services au roi de Portugal, qu'ils nous ont mérité d'être ce que nous sommes.

« Plaise à la miséricorde de Dieu de vous donner courage et savoir pour augmenter sa gloire, et celle de notre roi, pour votre plus grand honneur. »

D. Christovão répondit :

---

(1) Seigneur de la cour du Prestre et qui gouvernait les terres du littoral.

« Seigneur gouverneur, j'espère par la passion du Christ que tant que je vivrai, mes actions seront telles que le roi notre seigneur vous sera fort reconnaissant de m'avoir confié cette entreprise dont les temps rendront témoignage. »

Puis le gouverneur s'éloigna seul avec son frère sur la plage, où ils se promenèrent ensemble. Ensuite les deux frères se séparèrent. D. Estevão retourna à Maçuha et D. Christovão se mit en route le même jour, et alla camper dans les montagnes où l'attendaient ses hommes partis la veille.

D. Estevão reprit le chemin de l'Inde et, à proximité d'Aden, la mer se trouvait couverte de sauterelles mortes que le vent de la côte avait rejetées dans les flots.

Une forte bourrasque poussa les Portugais à Angediva. Cependant D. Estevão ne tarda pas à revenir à Goa. Bientôt Martim Affonso arriva du Portugal, pour prendre sa place de gouverneur (1).

D. Estevão se retira à Pangim, en attendant de se rembarquer pour l'Europe. Le roi lui avait pourtant envoyé une lettre patente par laquelle il instituait D. Estevão gouverneur de Cochim, en dehors de M. Affonso. Mais D. Estevão, qui avait remis le commandement aux mains de Martim Affonso, à l'arrivée de celui-ci, préféra se retirer à Pangim.

Là, il se tenait à l'écart des désagréments et ennuis qui ne lui auraient pas manqué de la part des oisifs ou de ceux à qui son gouvernement avait pu déplaire. Ses amis allaient l'y voir et il ne consentait jamais à ce que, devant lui, on s'occupât du bon ou mauvais gouvernement de Martim Affonso.

---

(1) Dans cette flotte se trouvaient François Xavier, premier Jésuite qui s'aventurait dans l'Inde pour y exercer son miraculeux apostolat; et le sixième fils du comte-amiral, D. Alvaro de Athayde qui commandait la nef *S. Pedro*, et qui exerça aussi les fonctions de capitão-mór de Malacca après la mort de son frère, D. Paulo da Gama.

François Xavier fit donc son apparition dans l'Inde en même temps que Martim Affonso de Sousa. Il est à remarquer, d'après Pinheiro Chagas dans son *Histoire du Portugal*, que le gouverneur le plus cynique qu'il y eut dans les Indes y descendit accompagné du cœur le plus pur, et de l'homme le plus vertueux qui figura dans cette même Inde.

Le gouverneur ne croyait cependant pas à la sincérité de ce systématique éloignement, et les partisans de Martim Affonso se rendaient souvent à Pangim dans le dessein de surprendre un mot de mécontentement sur les lèvres de D. Estevão. Mais la loyauté et le silence de D. Estevão ne se démentirent jamais.

Quand, au nom de Martim Affonso, on lui proposa de l'adjoindre au gouverneur de l'Inde, pour combattre ensemble les *Rames* en faisant valoir l'aide puissante d'un personnage si important, D. Estevão opposa un refus précis et répondit : « Le seigneur gouverneur a la victoire entre les mains et l'aura à lui tout seul parce que Dieu lui a donné la mission de gouverner l'Inde au moment où il doit remporter cette gloire.

« Quant à aller avec une armée, divisée en deux corps, et précédée de deux drapeaux, ainsi qu'avec l'appareil de deux gouverneurs, j'avoue que j'ai confiance en la miséricorde de Dieu et que je crois que les *Rames* seront aussi bien mis en déroute avec un seul drapeau qu'avec deux. »

Martim Affonso ayant appris le vrai désintéressement d'Estevão se rendit lui-même à Pangim et se lia fort d'amitié avec lui.

Mais l'homme d'alors était autant que l'est celui d'aujourd'hui, sujet au revirement.

Toujours est-il que Martim Affonso, malgré ces démonstrations, causa peu de temps après de sérieux ennuis à D. Estevão.

A l'entrée de l'été, D. Estevão se fixa à Cochim afin de commencer ses préparatifs pour quitter l'Inde, et fit voir à Martim Affonso la lettre patente par laquelle le roi lui octroyait le commandement et la juridiction entière à Cochim, par rapport à la cargaison complète des nefs jusqu'à leur départ pour le Portugal. Il priait en même temps Martim Affonso de faire honneur à la dite lettre et d'éviter de venir à Cochim, où deux gouverneurs ne se trouveraient pas bien ensemble.

Martim Affonso sembla entrer dans les vues de D. Estevão, et celui-ci partit à Goa pour prendre congé du gouverneur.

Mais, soit que Martim Affonso eût subi des influences contraires à D. Estevão, soit qu'il nourrît de lui-même le regret de ne pas imposer une humiliation à son prédécesseur — il y a des natures qui ne croient s'élever qu'aux dépens d'autrui — le fait est que Martim Affonso se ravisa et se rendit à Cochim afin de surveiller les apprêts de D. Estevão.

En apprenant l'arrivée du gouverneur, Estevão da Gama quitta la ville et se réfugia dans une petite île avec les siens, ce qui vexa fort Martim Affonso, qui aurait voulu être reçu par D. Estevão avec honneur et respect.

D. Estevão s'obstina à ne pas rentrer à Cochim durant le séjour de Martim Affonso qui alla lui faire visite dans l'île, où D. Estevão le reçut avec courtoisie et honneur, et ils y causèrent longtemps. Mais, d'après son habitude, D. Estevão ne mentionna nullement les griefs qu'il pouvait avoir contre le gouverneur. A peine Martim Affonso se fut-il décidé à quitter Cochim que D. Estevão y rentra pour terminer ses préparatifs, et il fit voile pour Lisbonne, le 25 janvier 1543. Le roi D. João III ayant pris offense de ce que D. Estevão ne voulait pas épouser une femme qu'il lui destinait, D. Estevão alla habiter Venise, où il mourut célibataire (1).

Entre temps, D. Christovão da Gama trouvait la mort en Éthiopie dans les circonstances que nous allons raconter :

Après s'être séparé de son frère, D. Christovão s'enfonça dans

(1) D'après le manuscrit de Fr. Alvaro da Fonseca, les restes de D. Estevão da Gama furent inhumés au-dessous de la sépulture de son père dans le sanctuaire de la chapelle des Reliques de la Vidigueira et on lisait sur la dalle qui recouvrait sa sépulture l'inscription suivante :

« Ci-gît D. Estevam da Gama du conseil du roi D. João III, fils de D. Vasco da Gama
« comte da Vidigueira, amiral de l'Inde, et de la comtesse D. Catharina de Atayde,
« lequel étant gouverneur de l'Inde, à Socovo *, sur la mer Rouge arma des chevaliers
« au Torrom** dans un monastère de religieux de l'ordre de Sainte-Catherine du Mont
« Sinay à portée de vue de ce dit mont. » Il mourut en septembre 1575.

On ne voit plus de trace de cette sépulture, qui aura sans doute été violée lors de la profanation du caveau des Gama.

* *Socotora.*
** Dont les principaux furent : D. Alvaro de Castro et D. Luiz de Athayde.

les terres d'Abyssinie, où il apprit que le Prestre avait été mis en déroute quelques jours auparavant, par le roi de Zeyla, et qu'il s'était replié à l'intérieur dans les montagnes, d'où il ne sortirait qu'en ayant connaissance de l'arrivée des Portugais.

On lui apprit encore que la mère du Prestre était confinée dans les montagnes à une journée de distance de D. Christovão, et il sembla utile au capitaine d'inviter la reine à se joindre à lui, afin de rallier des hommes en route, pour combattre les Maures, qui occupaient tout le pays.

La montagne où se tenait la reine était escarpée comme si elle avait été taillée à pic, et mesurait quatre-vingts brasses de hauteur. On y accédait par un sentier en lacet jusqu'à un petit plateau. Là, il n'y avait plus que des paniers dans lesquels on montait et descendait à l'aide de cordes de cuir, passées dans un trou creusé dans la pierre. La reine invita le capitaine à monter jusqu'à elle, et celui-ci, dans ses plus beaux vêtements, prit place dans le panier, et fut hissé par une machine. Au sommet de la montagne s'étendait un plateau d'une demi-lieue de diamètre, couvert d'arbres et de champs cultivés. On y voyait de grandes citernes creusées dans la pierre, et un couvent où l'on élevait des brebis, des poules, des canards et des tadornes.

D. Christovão avançait toujours et avait raison des Maures dans chaque combat, à la grande joie et à la reconnaissance de la reine.

Une année s'était déjà écoulée dans cette marche. Bon nombre de Portugais avaient péri aux mains des Mahométans et des Juifs. Le 4 avril, il fut livré un combat dans lequel le roi mahométan trouva la mort, et où D. Christovão fut blessé à une jambe, « sans abandonner son poste de bon capitaine ». Les Maures s'enfuirent en débandade, et la reine, en se voyant délivrée des périls qu'elle et ses femmes avaient courus, rendit de grandes grâces à Notre-Seigneur, et recueillit les blessés dans ses tentes, où elle et ses femmes les soignèrent de leurs propres mains. La reine et D. Christovão envoyèrent au Prestre des lettres dans lesquelles ils lui faisaient part de ces événements, dans l'espoir que le Prestre se réunirait bientôt à eux, mais les Maures revinrent à la charge, et ils surgissaient de partout, et le **28** du mois d'août, ils se réunirent à l'aube avec grands cris et tumulte, s'avançant sur les Portugais, et forçant D. Christovão à leur livrer une nouvelle bataille, dans laquelle il fut de nouveau blessé à la jambe. Malgré cette blessure, on le voyait parcourir le camp, la jambe bandée, et parlant à tous avec un gai visage. La reine et ses femmes demandaient à Dieu miséricorde, au milieu des balles ennemies qui pénétraient dans les tentes et les atteignaient. Un coup de feu frappa D. Christovão au bras droit, dont il ne put plus se servir, et il saisit le sabre de la main gauche. La journée fut sanglante. D. Christovão se trouva entouré seulement de quatorze fidèles, tous ses compagnons étant morts ou blessés, sauf ceux qui avaient suivi la reine pour l'éloigner du champ de bataille.

Un Portugais, en désespoir de cause, et demandant pardon à Dieu de ses péchés, préféra trouver la mort en tirant vengeance des cruautés qu'il voyait les Maures commettre sur les blessés. Blessé lui-même, il se traîna difficilement jusqu'à des outres remplies de poudre, auxquelles il mit le feu avec une mèche. Il fit ainsi, — nouveau Samson — périr une centaine de Maures, et périt lui-même avec eux.

D. Christovão et ses quatorze compagnons errèrent toute la nuit au travers des fourrés épais jusqu'aux abords d'une source où ils se reposèrent, se croyant en sûreté. Là, ils descendirent de sa mule D. Christovão qui souffrait beaucoup de sa blessure au bras. Ils tuèrent la mule et se servirent de sa graisse pour panser leurs diverses blessures.

D. Christovão pleurait à chaudes larmes, et se plaignait à haute voix de son infortune. Il s'écriait qu'il aurait été préférable de perdre la vie que de perdre le drapeau royal que ses ascendants avaient si bien su exalter. Il s'accusait encore à grands cris d'avoir causé la perte de tant d'honnêtes chevaliers, au lieu de mourir lui-même, pour sauver son honneur, que rien ne saurait désormais lui rendre, et jurait que jamais plus il ne retournerait en Portugal, ni reparaîtrait devant le monde. Tous lui disaient des mots de consolation, mais il ne cessait de se lamenter.

Les Maures parvinrent à découvrir D. Christovão dans le bois. Ils le conduisirent à leur roi, et en route, ils lui arrachaient la barbe, lui donnaient des soufflets et des coups, et lui crachaient dans les yeux. Le roi se réjouit fort de le voir arriver, et il fit chercher, pour les lui montrer, deux cents têtes de Portugais, qu'ils avaient fait périr, *car le roi donnait une récompense par chaque tête de Portugais*, et il dit à D. Christovão de considérer tout le mal qu'il avait fait en conduisant tant de monde à la mort, dans le but de lui enlever le royaume qu'il avait conquis sur le Prestre. Puis il le fit dévêtir complètement, et attacher par les mains à une corde qui lui pendait au cou. Il le fit ainsi traîner à travers le camp, et en même temps on lui donnait des coups de fouet et des soufflets, avec les sandales des nègres.

On le mena devant les tentes des capitaines, en lui ordonnant de leur faire un salut, et le tirant par la corde on le faisait tomber par terre, et par des coups on le forçait à se relever.

De nouveau on le reconduisit devant le roi, qui lui fit tordre les mèches de la barbe, après les avoir enduites de cire, pour y mettre le feu. Ensuite, on lui arracha les cils et les sourcils avec des tenailles, en sorte que la chair pendait et que le sang coulait à quelques endroits. D. Christovão levait tout le temps les yeux au ciel, et demandait à Dieu le pardon de ses péchés, en lui recommandant son âme. Alors le roi, pour se moquer de lui, le fit recouvrir d'un drap souillé et lui dit : « Par ce que je viens de te faire faire, je me crois bien vengé du tort que tu m'as causé, mais maintenant je te dis en vérité que je me réjouirai fort si tu veux reconnaître ta faute et me demander pardon à genoux. Et je t'accorderai la vie et te rendrai de grands honneurs, si tu fais venir auprès de toi tous les Portugais qui m'ont échappé. Tu seras leur chef, et ils recevront une bonne paie..... »

·D. Christovão fit répondre par un interprète parsi (1) qui savait la langue portugaise : « Maure, si tu connaissais les Portugais, tu ne jetterais pas tes paroles au vent! Tu peux agir avec moi à ta volonté, parce que je suis entre tes mains, mais sois sûr que, dussé-je recevoir la moitié de ton royaume, je n'appellerais ici aucun Portugais, car ils ne doivent pas habiter parmi les Maures qui sont gens odieux et ennemis de la foi du Christ, mon Seigneur. » Alors le Maure, irrité, saisit un coutelas et d'un coup lui trancha la tête.

Cette même nuit, un des quatorze Portugais put s'enfuir et arriver jusqu'à la reine, à qui il raconta la mort de D. Christovão. Celle-ci et ses femmes le pleurèrent comme un fils. Le Prestre la rejoignit une vingtaine de jours après, et conçut aussi une vive tristesse de cette fin.

Il conseillait aux Portugais de se choisir un nouveau capitaine. Mais ceux-ci n'en voulurent plus après la perte du bon commandant qu'ils pleuraient.

« Par la permission de Dieu, à l'endroit où tombèrent le corps et le sang de D. Christovão, il jaillit une fontaine d'une eau miraculeuse qui guérissait les malades et les infirmes qui s'y rendirent plus tard avec dévotion. Et à l'heure même de la mort de D. Christovão, comme on l'apprit plus tard, *en comptant les jours*, on s'aperçut dans un couvent de moines, qu'un grand arbre qui était au milieu du jardin, s'élevait de terre et tournait ses racines en l'air et ses branches en bas; ce que voyant, les moines le prirent pour un grand miracle, et marquèrent la date par écrit, pour en garder souvenir.

« Quelque temps après, on apprit que cela avait eu lieu le jour de la mort de D. Christovão. Cet arbre vint à sécher. On le coupa pour le mettre au feu, et six mois après, quand les Portugais mirent à mort le roi de Zeyla, l'arbre déjà sec et à demi détruit se retourna, reprit sa place et reverdit.

(1) Guèbre, ou Gaure, sectateur de Zoroastre.

« Il lui poussa de nouvelles feuilles, quoique les racines fussent restées sur terre, d'après ce que les moines ont écrit et montré aux nôtres qui allèrent le visiter en grand nombre. C'était merveille de le voir debout, avec les racines hors de terre (1). »

Au mois d'août de l'année suivante, le jour anniversaire de la mort de D. Christovão, le Prestre fit célébrer de grands offices, auxquels assistèrent plus de six cents moines et clercs; et le Prestre fit rechercher aux alentours tous les pauvres, auxquels il distribua des habits et donna à manger pendant les quatre jours que durèrent les offices. Ils étaient au nombre de six mille.

« J'ai souvenir, dit encore Gaspar Correa, d'avoir vu une lettre d'un Maure principal d'Ormuz, écrite à D. Estevão, lui disant qu'il y avait dans leurs livres une prophétie annonçant que le roi d'Éthiopie serait attaqué par les Maures et que son royaume deviendrait leur partage; qu'alors des chrétiens de pays lointains le viendraient secourir, et lui rendraient ses terres. Que les temps de cette prophétie étaient accomplis, et qu'il espérait que son frère D. Christovão serait le chrétien qui remplirait cette prophétie... Les Abyssins tenaient cette prophétie pour certaine, et elle fut véritablement accomplie par le sang des Portugais, partis dans ces terres lointaines pour servir Dieu et le roi! »

La cause de béatification de D. Christovão, introduite à Rome, fut abandonnée pour être reprise à nouveau, puis à nouveau délaissée.

Il y a quelques années, un savant étranger (2) offrit à la nation por-

----

(1) Voir « *Lendas de Gaspar Correa* ».

(2) L'illustre professeur autrichien, le Dr Paulitschke, de l'Université de Vienne, visita l'Abyssinie en 1885. Il trouva chez les Gallas une épée ayant appartenu à l'expédition de D. Christovão da Gama.

Cette épée, dont la poignée et la gaine sont en cuir ouvragé par les Gallas, porte sur la lame une légende écrite en portugais.

Elle était tenue en grand honneur et estime dans la famille galla où on l'a rencontrée, et qui ne s'en défit qu'avec peine. Le Dr Paulitschke dut la payer cent écus Maria-Thérèse. Dans cette famille existait aussi un document qui prouvait que la dite épée était entre leurs mains depuis plus de trois cents ans.

En témoignage de sympathie et d'admiration pour le Portugal, ce digne professeur

tugaise une épée trouvée chez les Gallas et qui aurait appartenu à l'expédition de D. Christovão.

D. Pedro de Silva, troisième fils du vice-roi, fit plusieurs fois le voyage de l'Inde et y combattit valeureusement à côté du hardi capitaine D. João de Castro, dont il épousa la fille.

En 1532, le roi D. João III lui octroya une rente de 45.000 réaux.

En 1537, il partit pour Goa en commandant la nef *Rainha*.

En 1540, il fut nommé capitaine de Malacca.

En 1547, il retourna dans l'Inde comme capitaine de la nef *S. Thomé*.

Nous avons vu que D. Vasco da Gama, troisième comte da Vidigueira et petit-fils du « *fort capitaine* » avait péri à la bataille d'Alcaçar-Québir. Il avait épousé D. Maria de Athayde, fille du premier comte da Castanheira. Son fils D. Francisco, à peine âgé de treize ans, qui avait suivi son père, était resté prisonnier entre les mains des Maures. Ce fut un des quatre-vingts nobles dont on traita la rédemption avec le Chérif pour quatre cent mille cruzades.

D. Miguel da Gama, frère du comte da Vidigueira et oncle de D. Francisco se trouvait dans l'Inde en 1560 et fut envoyé par le vice-roi D. Constantino de Bragança avec D. Antonio de Noronha secourir Surate contre le Chingiscan.

Là il occupa un des postes les plus en danger, d'après Diogo de Couto, qui faisait partie de la même expédition.

L'armée portugaise hiverna à Damão. D. Miguel y logea et nourrit un grand nombre de soldats à ses frais.

Après maints exploits dans l'Inde, il entreprit deux voyages au Japon.

Il s'y distingua par son désintéressement, et mit le vaisseau *Reliquias*, dont il était propriétaire et commandant, à la disposition

<hr>

aujourd'hui décédé, chargea M. Luciano Cordeiro de remettre cette arme au Musée de la Société de Géographie. Il avait en outre eu le soin délicat de la serrer dans un étui de soie blanche et de velours bleu, sur lequel on lisait en lettres dorées :

A la Nation Portugaise. — Hommage du Dr Paulitschke.

du vice-roi D. Francisco de Mascarenhas, pour transporter une cargaison de valeur en Portugal. L'époque de la mousson étant fort désavantageuse, le *Reliquias* fut, à plusieurs reprises, en danger de perte. Telle fut la violence des tempêtes, que l'équipage, désespérant de doubler le Cap, voulait atterrir à Mozambique; mais D. Miguel parvint à résister à la tourmente et à s'imposer aux hommes par sa valeur et son sang-froid.

Cependant, quand on eut enfin touché au but du voyage, « la joie risqua fort de se changer en tristesse. Lorsqu'en effet, on croyait tout gagné, tout fut sur le point de se perdre ».

Le bâtiment prit feu en saluant à l'entrée de Lisbonne et on ne put qu'à grand'peine en maîtriser l'incendie. Le manuscrit de Gaspar Correa, qui ne fut imprimé qu'en **1858** sous le titre de *Lendas da India* — celui que nous citons, si fréquemment, — était à bord du *Reliquias*, et fut difficilement arraché aux flammes.

D. Miguel, d'après l'historien Barbosa Machado, l'aurait acheté de Gaspar Correa pour en faire cadeau à son neveu D. Francisco. Ce manuscrit fut conservé dans la bibliothèque des comtes da Vidigueira jusqu'à **1750** environ.

Durant le séjour de D. Miguel dans l'Inde, bien des maux étaient venus fondre sur les da Gama et sur le Portugal. La nation avait perdu son chef en perdant le roi D. Sebastião (1). La famille des

(1) Le roi D. Sebastião s'embarqua pour l'Afrique et pour la mort, de son palais de Euxabregas (aujourd'hui Xabregas), situé au bord du Tage. Peu après l'expulsion de la domination espagnole et le rétablissement de la monarchie portugaise (1640), le roi D. João IV fit présent de ce palais à la comtesse de Unhão, grand'maîtresse de la reine son épouse. La maison de Unhão s'étant fondue dans celle des comtes da Vidigueira, marquis de Niza, ceux-ci restaurèrent l'ancien château et y fixèrent leur résidence. On donna leur nom à la place qui entoure le palais, connue aujourd'hui encore sous le nom de Place du marquis de Niza. Tout voyageur qui, il y a deux ou trois ans à peine, arrivait à Lisbonne par voie de terre, passait en chemin de fer à peu de mètres de ce palais situé sur la rive droite du Tage. Aujourd'hui une modification dans la voie ferrée conduit les arrivants au centre de la ville par voie souterraine. Le palais du marquis de Niza, acquis en 1866 par le gouvernement, se trouva transformé en un asile de vieillards qui a nom : Asile de la reine D. Maria Pia.

Il est de tradition dans la famille, que saint François Xavier reçut l'hospitalité dans

Gama avait perdu le sien dans la personne du comte D. Vasco et pleurait la captivité du jeune D. Francisco.

On avait vu à Alcaçar-Québir le croissant arboré avec confiance triompher de la croix suivie avec espoir. Dans sa douleur le jeune enthousiaste que fut le roi D. Sebastião (1) embrasse l'étendard portugais, veut mourir en l'étreignant; puis lui jette un adieu et se précipite dans la mêlée, rendant ainsi inutile l'héroïsme de ceux qui le suivent, et laissant le trône à un homme d'église. D. Henrique, chaste, vertueux, instruit, qui, revêtu de la dignité de cardinal par Paul III, faillit lui succéder sur le trône pontifical, quitte son couvent pour ceindre la couronne. Mais sa santé était chancelante, sa volonté était faible; et aucune faiblesse n'était permise à l'homme qui devait consoler et guérir un peuple frappé dans son amour autant que dans sa fierté.

Malgré l'âge relativement avancé du roi-cardinal, telle était l'urgence d'assurer un héritier à la dynastie qui s'effondrait, qu'il songea ou qu'on le fit songer à contracter mariage. La cour de Rome fut saisie de la demande de relèvement du vœu de célibat de D. Henrique; mais la mort agit plus promptement que le Pontife, et le cardinal mourut célibataire, laissant le champ ouvert à toutes les ambitions et à toutes les intrigues.

Ils furent nombreux les prétendants à la couronne, et ils s'étayaient de droits bizarres et divers : Catherine de Médicis par exemple se réclamait de Mathilde, comtesse de Boulogne, qui avait épousé Affonso III en 1238 (2), et Rome, sans toutefois poser le Pape en concurrent, rappelait les droits de la tiare à hériter des membres du Sacré Collège.

Mais ni Catherine de Médicis, ni le Pape, ni même le duc de Parme et le duc de Savoie — quoique tous deux fils de princesses

ce palais, en attendant de s'embarquer pour l'Inde. Et c'est peut-être en souvenir de ce fait que les Gama ajoutent à leur premier nom de baptême celui de Xavier.

(1) D'aucuns disent aujourd'hui : nerveux, hystérique, irresponsable.

(2) Mariage dont il n'y eut pas d'enfants.

portugaises — n'étaient des prétendants capables de soutenir des droits plus ou moins éphémères, contre celui que l'on appelait alors *le Démon du Midi,* de par sa mère neveu du roi-cardinal.

Deux seuls compétiteurs troublaient l'assurance de l'Escurial : la duchesse de Bragança, D. Catharina, fille de D. Duarte, frère préféré du cardinal, et D. António, prieur de Crato, bâtard de D. Luiz, fils naturel et très aimé de **D. Manuel.**

La première avait pour elle l'affection à demi paternelle de D. Henrique, sa propre ambition et en plus son énergie qui contrastait singulièrement avec la mollesse du duc son époux.

Le second comptait sur le peuple dont il avait les préférences.

D. Philippe de Castille qui depuis le départ de D. Sebastião pour l'Afrique, guettait l'heure de s'asseoir sur le trône de Portugal, chargea un Portugais, D. Christovão de Moura, qui avait ouvertement embrassé la cause de l'Espagne, d'épier les moindres faits et gestes du roi-cardinal. Jugeant qu'en bonne politique, il valait mieux faire de la diplomatie et même tenter de la corruption, avant de recourir aux armes, D. Philippe dépêchait à Lisbonne son émissaire avec ordre d'épuiser tous les moyens pour attirer à son maître les bonnes grâces du vieux monarque, et pour obtenir les bonnes promesses de la nation.

D. Henrique n'était pas de force à résister aux caresses sous lesquelles il sentait la griffe transpercer; et dans la lassitude et l'égoïsme qui sont la conséquence presque logique d'une lente maladie qui consume, il sacrifia l'attachement qu'il portait à D. Catharina.

Croyant, ou feignant de croire aux offres alléchantes de D. Philippe — qui essayait de corrompre les sujets par la promesse de titres, d'honneurs et d'argent, et le roi par l'exposé des prérogatives et de la suprématie qu'il réservait au Portugal, — le cardinal s'engagea à désigner officiellement son neveu de Castille pour son héritier.

. L'écho des malédictions de D. Catharina lui semblait moins terrible que celui des menaces qui succéderaient aux promesses sorties de l'Escurial.

A son tour le peuple choisissait son roi et prenait cause pour le prieur de Crato D. Antonio.

D. Henrique meurt le 31 janvier 1580. D. Antonio est proclamé roi par la foule, et va se faire acclamer dans les chambres; mais il se voit quand même forcé de fuir et d'aller demander appui aux cours étrangères (1). De son côté, D. Philippe se trouve contraint de remettre au sort des armes la conquête du trône qu'il convoite, et charge le duc d'Albe de triompher par la force, attendu que D. Christovão da Moura n'avait qu'à demi triomphé par l'intrigue. Un important corps d'armée pénètre dans les terres portugaises, et le 18 juin, le roi de Castille se fait acclamer à Elvas roi de Portugal. De là le rusé et habile monarque, accompagné du duc de Bragança, se dirigeait à Villa Viçosa pour saluer la duchesse avec tous respects et honneurs, et chatouillait ainsi en même temps la vanité de la femme et l'orgueil de la princesse.

D. Philippe parvint à s'asseoir à Lisbonne sur le trône des rois portugais, mais il ne put éteindre la haine que lui voua, l'âme portugaise...

D. Miguel da Gama, sans épouse, sans enfants, ayant systématiquement refusé tout projet de mariage; à son retour de l'Inde, ne voyait autour de lui que vides, tristesses, désenchantements et trahisons.

Son humeur contemplative l'éloignait de la lutte et des conspirations, mais son âme délicate s'accommodait mal de l'occupation étrangère.

Il renonça à toutes charges et honneurs et alla chercher l'oubli et la paix à l'ombre des orangers de la Vidigueira.

Ici il rebâtit l'église des Reliques où il construisit le caveau de

____

(1) Notamment à la France. D. Antonio vécut longtemps à Paris.

la famille da Gama, et y fit inhumer les restes de son grand
aïeul.

D. Miguel appela près de lui un sien ami, le Père André Coutinho — premier prêtre ordonné en Chine — qui retournait
d'Orient et qui vint vivre et mourir à côté de D. Miguel dans la soli-
tude embaumée où celui-ci avait fixé sa résidence (1).

D. Miguel donna par testament la plus grande partie de ses biens
à la Miséricorde (2).

(1) Le Père André Coutinho, possesseur de biens considérables, fit des dons importants à l'église et au couvent des Reliques. A sa mort il laissa à D. Miguel des joyaux
de prix et des tapisseries d'Arras représentant les exploits des Gama.

Il légua au couvent de nombreuses pièces d'argenterie de provenance indienne et
entre autres un reliquaire célèbre qui existe aujourd'hui au musée de l'Académie des
beaux-arts à Lisbonne.

(2) La confrérie de la Miséricorde fut instituée en 1498 par la reine D. Leonor, veuve
de D. João II et sœur de D. Manuel, au temps où elle exerça la régence.

Cette institution avait pour but de visiter et secourir les veuves de bonne conduite,
de marier des orphelins, de défendre la cause des prisonniers abandonnés, de donner
sépulture aux défunts pauvres et beaucoup d'autres œuvres de charité.

Elle s'occupait spécialement encore des condamnés à mort. Les membres de la confrérie les accompagnaient au supplice, et, le soir du jour de l'exécution, venaient ense-
velir et enterrer leurs corps.

Chaque année à la Toussaint, les Frères de la Miséricorde se rendaient processionnellement au champ de Santa Barbara à la recherche des ossements des suppliciés pour
leur donner une sépulture définitive dans le cimetière.

Le roi D. Manuel prit la confrérie de la Miséricorde sous sa protection et fit élever
à côté de l'église de la *Conceição-Velha*, qui venait d'être accordée à l'ordre du Christ,
un bâtiment propre pour son installation. Cette construction se composait d'une chapelle et de deux corps dont l'un était destiné aux orphelins et l'autre aux malades.

La chapelle était fort riche; « le sanctuaire n'était que de l'or finement ciselé ».

Frei Nicolão de Oliveira écrivait en 1620 que dans l'église de la Miséricorde on disait
par an plus de trente mille messes à raison d'un demi-toston * par messe.

Cette église et les bâtiments adjacents furent en un seul jour totalement détruits par
le violent tremblement de terre de 1755.

La confrérie de la Miséricorde dut alors s'installer dans la maison des religieux de
de la Compagnie de Jésus de São Roque. Elle y existe encore aujourd'hui. C'est dans
cette église que se trouve la chapelle de Saint-Jean-Baptiste, riche en marbres et mo-
saïques précieux. Le trésor de l'église de Saint-Roque est d'une rare magnificence.
On en a pu juger dans l'exposition qui eut lieu durant l'année du Centenaire de l'Inde,
année où l'on célébrait aussi le Centenaire de la fondation de la Miséricorde.

Le roi D. José fit relever les ruines de la chapelle de la Miséricorde attenante à celle

* Le toston vaut cent reis.

Différente était la manière de voir de D. Francisco, quatrième comte da Vidigueira, qui, à l'exemple d'autres seigneurs portugais, ne crut pas devoir s'écarter de la vie publique et deux fois accepta de ce que nous appellerons le gouvernement provisoire, la vice-royauté de l'Inde.

On a pu le taxer de *hespanholado*, parce qu'il servait son pays au nom du roi castillan, mais on n'a pas osé insulter à sa mémoire et lui cracher l'injure que d'autres fidalgos du même temps n'ont malheureusement que trop méritée.

Le comte da Vidigueira D. Francisco porta toujours dignement le nom glorieux dont il héritait, et puisqu'il faut du temps pour que les réputations mûrissent, nous en appelons au jugement de Pinheiro Chagas, et citons avec une singulière satisfaction les mots peu suspects qu'il lui dédie dans son *Histoire de Portugal*.

« Le comte da Vidigueira, dit-il, fut une exception par son intégrité et son désir sincère de réformer les mœurs, mais l'énergie lui manqua pour mener à bien ses projets, et il ne recueillit que des insultes de la part de ses subordonnés.....

..... Mais, après le comte da Vidigueira, aucun gouverneur ne fut à la hauteur des circonstances. »

Cependant, comme si le Portugal en voulait au petit-fils du comte-amiral d'avoir reçu des ordres du monarque étranger, D. Francisco rendit le dernier soupir hors de son pays natal. Il mourut à Oropesa l'an 1632 en route pour Madrid (1).

Le comte D. Francisco laissa un ouvrage intéressant intitulé : *Récit de ce qui est arrivé dans mon voyage de la Ligne à Mozambique* (2). »

de l'Ordre du Christ dont la destruction avait été plus complète encore ; car, ici, seule la Vierge du Restello avait été trouvée à peu près intacte au milieu de ces décombres *.

La chapelle, une fois reconstruite, fut remise aux membres de l'ordre du Christ, qui avaient perdu la leur ; et, là, continuèrent d'avoir lieu les cérémonies d'investiture jusqu'à l'extinction de l'ordre.

(1) Les restes du comte D. Francisco furent rapportés à la Vidigueira en 1640.

(2) Ce manuscrit existait à la bibliothèque de Madrid.

* Voir page 32.

Il avait eu pour femme D. Leonor Coutinho, fille de Ruy Lourenço de Tavora, vice-roi de l'Inde.

On doit à la comtesse D. Leonor le roman de chevalerie intitulé *D. Belizardo.*

De cette union naquit D. Vasco Luiz da Gama qui hérita des biens de son père, et du titre de cinquième comte da Vidigueira.

Il reçut celui de premier marquis de Niza en 1640, et préféra la diplomatie et les salons aux longues courses aventureuses. Nommé, à deux reprises différentes, ambassadeur ordinaire et extraordinaire à la cour de France, auprès de Louis XIII et de Louis XIV, sous la régence d'Anne d'Autriche, il le fut encore à celle de l' « Apostole de Rome » Urbain VIII et Innocent X.

Toutefois, il ne vint pas à occuper ces derniers postes en raison de la froideur des relations existantes entre la cour de Rome et celle du Portugal.

En lui s'unissait l'élégance mondaine, le culte des lettres et le goût des arts. Le marquis se plaisait à enrichir l'église du Carmel, dans sa ville da Vidigueira, ainsi que son palais de Lisbonne, d'objets précieux qu'il apportait de ses voyages.

Nouveau Mécène, d'après le mot de M. Ramos Coelho, il s'entourait d'écrivains et d'artistes durant son séjour en France et se faisait une joie de venir en aide à ceux dont il connaissait ou devinait le talent.

Passionné de bibliographie, le marquis ne s'épargnait ni labeurs ni dépenses pour satisfaire son amour des éditions précieuses.

« Il n'était pourtant pas précisément un bibliomane », dit M. Ramos Coelho dans la notice : *Au sujet du premier marquis de Niza,* car il ne faisait pas consister son bonheur dans la simple acquisition et possession d'ouvrages plus ou moins rares.

Il voulait en faire jouir d'autres avec lui, et invitait un public choisi à visiter sa bibliothèque privée, rêvant d'en créer une autre à Lisbonne, destinée à tous ceux qui y voudraient s'instruire ou chercher une distraction.

ANCIEN PALAIS DES MARQUIS DE NIZA (DA GAMA) A LISBONNE

Ce rêve fut en partie réalisé. Le marquis de Niza parvint à fonder cette autre bibliothèque.

En 1649, il écrivait à Vicente Nogueira, illustre bibliographe qui habitait alors à Rome : « Je me suis procuré jusqu'à ce jour deux mille cent soixante volumes. »

Mais le résultat ne correspondit pas à l'attente du marquis, qui se plaignait de voir sa bibliothèque si peu fréquentée.

Il prit aussi à cœur de faire traduire les *Lusiades* en latin, et profita d'avoir à ses côtés à Paris l'éminent religieux latiniste Frère Francisco de Santo Agostinho de Macedo pour lui confier cette entreprise.

Ce travail fut commencé en 1647 ; et le 23 août de cette même année, le marquis écrivait de Paris au consul portugais en Hollande, de s'informer si l'on voudrait se charger à Amsterdam de l'impression du dit poème :

« Un frère de saint François que j'ai conduit avec moi, écrivait le marquis, travaille à la traduction latine du poème de notre grand Camões... Je veux que cela soit imprimé parallèlement en latin et en portugais pour qu'on vérifie l'exactitude de cette traduction... Tous les imprimeurs de Paris la veulent imprimer ; moi je ne le veux pas, parce que le chancelier jugerait assurément à propos d'en supprimer deux ou trois octaves... (1)

Admirateur enthousiaste de son ancêtre, le marquis D. Vasco Luiz conçut le projet de faire édifier une statue à Vasco da Gama et s'adressait, le 29 avril 1647, à Francisco Brandão, autre Portugais résidant à Rome, pour prendre avis avec lui avant de le charger de l'exécution de cette œuvre (2).

Plus tard, le marquis réunissait à plusieurs reprises chez lui, à Lisbonne, un groupe d'hommes de science pour travailler au perfectionnement de la traduction dont nous parlons plus haut.

Mais il mourut sans avoir pu l'imprimer.

(1) Bibl. nat. Mss., 1, 2, 7, fol. 135.
(2) Voir page 91.

Macedo ne l'acheva pas. On croit que Soares de Brito se chargea de la terminer. Dans tous les cas, ce ne fut qu'en **1880** qu'elle fut mise sous presse à Lisbonne par les soins de Antonio José Viale (1).

Le célèbre et savant orateur jésuite Antonio Vieira, dont le style épistolaire égale en beauté ses discours oratoires, a entretenu une longue correspondance avec le marquis de Niza durant le séjour de celui-ci en France. Ces lettres ont été publiées.

Le marquis de Niza fut inhumé dans le sanctuaire de la chapelle da Vidigueira (2).

Le premier marquis de Niza avait épousé D. Ignez de Noronha, fille du III⁰ comte da Calheta, Simão Gonçalves da Camara de l'île de Madère, et de D. Maria de Menezes e Vasconcellos, fille du premier comte de Castello-Melhor. La marquise de Niza, à la mort de son mari, embrassa la vie religieuse chez les Carmélites déchaussées.

Ils avaient eu cinq enfants.

L'aîné, D. Francisco Luiz Balthazar da Gama, VI⁰ comte da Vidigueira et second marquis de Niza, épousa en premières noces D. Helena da Silveira e Noronha. Sa seconde femme fut **D. Brites** de Vilhena, fille du premier comte d'Obidos, vice-roi de l'Inde, qui lui donna dix enfants, dont huit garçons.

Le plus âgé, D. Vasco Luis Balthazar da Gama, VII⁰ comte de Vidigueira et III⁰ marquis de Niza, etc., etc., se trouva aux batailles de

---

(1) Voir pour ces détails, la notice de M. Ramos Coelho.

(2) La dalle qui recouvre sa sépulture est en marbre. On y voit les armoiries du marquis gravées en relief et très ornées, et on y lit cette inscription :

« Ci-gît, dans cette sépulture, D. Vasco Luiz da Gama, 5⁰ amiral de l'Inde et comte da Vidigueira, 1ᵉʳ marquis de Niza et alcaïde mor de cette ville, seigneur des villes da Vidigueira, Povoas et Villa de Frades, commandeur des commanderies de l'ordre S. Thiago de la ville de Beja, et du régiment de la ville de Vimioso, des Conseils d'État et de Guerre, et de toutes les audiences et juntes des rois, D. João IV, D. Affonso VI, de la Reine Régente D. Luiza, du prince D. Pedro, grand écuyer de la princesse D. Maria Francisca Isabel de Savoie, contrôleur des Finances et de la junte des trois États, deux fois ambassadeur en France, ordinaire et extraordinaire, nommé d'obédience aux Papes Urbain VIII et Innocent X. Il fut le 5⁰ petit-fils du grand D. Vasco da Gama qui découvrit l'Inde et qui en fut le premier amiral et premier comte da Vidigueira. Né le 13 septembre 1612 et mort le 28 octobre 1676.

Valença d'Alcantara, d'Albuquerque, etc. Il épousa D. Barbara de Lara qui hérita de son neveu D. Luiz Alvaro de Castro Noronha Athayde, le titre de VIIIᵉ comtesse de Monsanto et de IIIᵉ marquise de Cascaes, et encore les titres et biens des maisons da Castanheira et de Castro-Daire. Le premier marquis de Cascaes, D. Alvaro Pires de Castro avait été ambassadeur à Paris. Soixante ans après, son fils le marquis D. Luiz de Castro était à son tour nommé à cette ambassade.

Le marquis D. Luiz était « grandement festoyé à son entrée dans Paris où il fut bien accueilli par toutes manières de gens », et reçut du roi de France, Louis XIV, des distinctions particulières, comme celle d'un joyau fort riche, et de grande valeur, que le susdit roi lui offrit, présent d'une valeur plus grande que celle des joyaux qu'on offrait alors aux ambassadeurs ; et avec déclaration que la raison en était due au sentiment de considération exceptionnelle que lui portait le souverain, sans pour cela servir d'exemple pour les temps à venir. Il reçut des faveurs égales de la part du duc d'Orléans, frère du roi (1).

---

(1) D. Luis de Castro, VIIᵉ comte de Monsanto et IIᵉ marquis de Cascaes, descendait, de par son père, de D. Alvaro Pires de Castro, comte de Trianna, grand alcaïde de Lisbonne, premier connétable du royaume, et frère de la très belle et infortunée D. Ignez de Castro : « *Celle qui ne fut reine qu'après sa mort* »*.

Par sa mère, D. Luiz descendait de Henri II de Castille et de D. Affonso, connétable de Portugal, fils du duc de Viseu D. Diogo : ce frère du roi D. Manoel. que D. João II a poignardé de sa main.

* L'infant D. Pedro, héritier de la couronne, éprouva une vive passion pour D. Ignez de Castro, parente et dame de sa femme l'infante D. Constança. A la mort de celle-ci, il épousa en secret la descendante des tout-puissants seigneurs de Castro.

Craignant la colère de son père, l'infant ne déclara jamais publiquement son mariage.

Le roi D. Affonso IV se rendit à Coïmbra — où D. Ignez cachait les fruits de son union — accompagné d'homme armés qui sous ses yeux enfoncèrent leurs poignards dans les flancs de celle que le roi craignait de voir élever au trône. D'après les premiers chroniqueurs du temps, D. Ignez, « *par le lignage et par les qualités personnelles, méritait certainement d'être reine* » ; mais victime de l'amour autant que de la lâcheté de D. Pedro, elle ne porta la couronne qu'après sa mort.

Devenu roi, D. Pedro fit exhumer le cadavre de sa femme. On l'orna de draperies et d'insignes royaux. Ainsi vêtu, il fut placé sur un trône. Le souverain ordonna aux gentilshommes de la cour de lui prêter hommage et de baiser la main décharnée de celle qui durant sa vie n'avait eu que des épines pour diadème, et pour sceptre que le glaive qui lui perça le sein.

Les restes de D. Ignez furent plus tard exhumés de l'église de Santa-Clara de Coïmbra, et

Du mariage du marquis D. Vasco et de D. Barbara de Lara naquit une seule fille D. Maria Balthazar da Gama, VIII° comtesse da Vidigueira, V° marquise de Niza, IV° marquise de Cascaes, etc., etc. — Elle épousa en premières noces Nuno da Silva Telles, deuxième fils du marquis de Alegrete, et contracta un second mariage avec D. João Xavier Telles de Castro, V° comte de Unhão.

Du premier lit était né D. Vasco da Gama, IX° comte da Vidigueira, V° marquis de Niza, etc., etc., mort sans succession.

Par ce fait ses biens et titres échurent à D. Rodrigo Xavier Telles da Gama, fils du deuxième époux de sa mère, qui prit les titres de X° comte da Vidigueira, VI° marquis de Niza, V° marquis de Cascaes, VI° comte et XIV° seigneur de Unhão, etc., etc.

Celui-ci épousa D. Maria Anna Telles de Lima, fille de D. Thomas Xavier de Lima Telles da Silva, XIV° vicomte de Villa-Nova da Cerveira, et Ier marquis de Ponte de Lima.

De leur union naquit une seule fille : D. Eugenia Maria Josepha Xavier Telles Castro da Gama Athayde Noronha, etc., etc., qui hérita de tous les titres, mojorats, seigneuries et biens de son père.

Elle épousa, à l'âge de quatorze ans, un frère de sa mère, D. Domingos Xavier de Lima Telles da Silva, troisième fils des marquis de Ponte-de-Lima, qui reçut le titre de comte da Vidigueira et celui de marquis de Niza (1).

---

(1) En Portugal, le mari d'une femme titrée ne peut faire usage des titres de son épouse, à moins d'une grâce spéciale.

Le rejeton mâle étant venu à manquer dans la famille des Gama, les descendants de D. Vasco devraient porter d'autres noms patronymiques, de plus ancienne origine, notamment celui de Telles da Silva d'une antiquité presque légendaire, puisque la chronique le fait remonter à Sylvius Tullius roi de Rome, mais par respect

transportés à Alcobaça dans un richissime mausolée que D. Pedro lui fit construire à côté d'une sépulture identique qu'il se destinait à lui-même.

Durant le sombre trajet, à l'approche de la nuit, on allumait les buissons qui bordaient le chemin, et les collines se couvraient de feux, afin que le cortége s'avançât entre deux haies de flambeaux, ou « d'étoiles », d'après le mot poétique d'un historien.

Mais les restes de l'infortunée D. Ignez furent encore une fois ravis au secret de la tombe.

En 1807, les soldats de Junot, tentés sans doute par l'espoir d'un riche butin, violèrent le sépulcre de la belle Ignez et étalèrent ses os poussiéreux sur les dalles de l'Église.

Il était gentilhomme de la reine D. Maria, première du nom, grand-cordon de l'ordre de Saint-Janvier de Naples, commandeur de San-Thiago, chevalier de Saint-Jean de Jérusalem, etc., etc. Il fut décoré de la Grenade d'or par le Prince D. João, régent du Portugal après la campagne du Roussillon et de la Catalogne qu'il fit en volontaire, et dans laquelle le Portugal ne recueillit pour ses soldats que de l'honneur, et pour la nation, que l'ingratitude de l'Espagne.

Chef d'escadre et major général de l'armée, commandant et inspecteur du corps de brigade royale, le marquis servit avec distinction sur terre et sur mer.

Nous n'avons pas à juger la funeste politique d'après laquelle le Portugal envoya successivement des secours à l'Espagne — qui les lui paya en tournant peu après ses armes contre lui — et des auxiliaires à l'Angleterre qui répondait par des exigences, qui croissaient toujours en insolence. Mais le marquis chérissait son métier de marin, et obéissait aux ordres de son gouvernement.

On le voit en 1790 dans les parages de Gibraltar tenant la croisière comme commandant de la frégate *Principe do Brasil;* en 1792, à Naples, commandant la frégate *São Raphaël,* en 1793 au Roussillon, en 1794 en Angleterre ayant la nef *Rainha de Portugal* sous son commandement.

L'an 1798, le marquis de Niza, chef d'une division de quatre nefs, d'une corvette et de deux bricks, est envoyé dans la Méditerranée pour se rencontrer avec Nelson et surveiller les agissements de la flotte française.

Les vents contraires empêchent le marquis de se rencontrer avec Nelson comme ils s'étaient opposés à la rencontre de celui-ci avec Napoléon.

Pour cette raison, le marquis arriva trop tard pour prendre part à

pour le grand navigateur et obéissance au décret royal, ils signent Telles da Gama.
« Les Silva d'aujourd'hui sont les mêmes Silva, anciens rois d'Albe-la-Longue qui pro-
« cédaient de Silvius roi posthume d'Albe, fils d'Énée, dont Jules César se glorifiait d'être
« descendant. (*Histoire généalogique de la maison da Silva,* par D. Luiz de Salazar y
« Castro.) »

l'action d'Aboukir, mais Bonaparte put croire que les Portugais avaient contribué à la perte de sa flotte, et cette pensée le fit jurer « qu'un *jour le Portugal paierait de son sang ses procédés outrageants envers la République française* ».

On sait que Bonaparte n'oublia pas de tirer vengeance du petit peuple que vainement d'ailleurs il voulut écraser.

Le marquis de Niza dut alors soutenir le blocus de l'île de Malte, aidé de trois bateaux anglais sous son commandement. Et il s'en acquitta avec tant d'habileté que seul un petit navire parvint à pénétrer dans le port. Mais à peine l'amiral Nelson vint-il avec son escadre remplacer le marquis, qu'un convoi de navires força le blocus malgré le développement des forces britanniques.

De là le marquis se rendit à Naples où lui échut la tâche d'incendier la flotte napolitaine. Les princesses Victoria et Adelaïde de Bourbon, qui avaient cherché un refuge dans cette ville contre la Révolution française, s'en voyant alors chassées, s'embarquèrent sur la *Rainha de Portugal* — une des nefs du marquis de Niza — qui les conduisit à Trieste.

Le marquis rentra dans le Tage en 1800, malgré tous les efforts de l'amiral Nelson pour le retenir, tant son aide lui avait profité, ce qu'il se vit du reste forcé de reconnaître dans les dépêches qu'il adressait au gouvernement anglais.

A ce moment l'Espagne, de concert avec la France, rompt les hostilités contre le Portugal. La place d'Olivença tombe avec d'autres entre les mains des généraux espagnols.

Au moment de traiter la paix, D. Manuel Godoy et Lucien Bonaparte imposent des conditions tellement dures — la cession d'Olivença (1) entre autres — que le gouvernement portugais se refuse

---

(1) Olivença, berceau, d'après les uns, du fondateur de la maison et du nom de Gama, est une de ces places destinée par sa situation géographique, à faire partie tantôt de l'une tantôt de l'autre des deux nations voisines.

Le Portugal s'en considère pourtant toujours le naturel seigneur, et garde à jamais contre l'Espagne un vif ressentiment de ce qu'il estime une usurpation.

Quoi qu'il en soit, sur les vieilles murailles d'Olivença où tour à tour fut arboré le pa-

formellement à les accepter, et le marquis de Niza part alors à
Saint-Pétersbourg en qualité d'ambassadeur pour traiter une alliance
avec la Russie.

Entre temps, Bonaparte transmet à son frère des ordres encore
plus rigoureux, et le Portugal se voit contraint de remettre à l'Espagne la place d'Olivença et son territoire adjacent. L'acte de cession
ne fut pourtant pas signé d'une façon définitive par le délégué portugais, qui en appelait au prince régent pour la ratification ultérieure.

Après avoir laissé son nom glorieusement inscrit dans l'histoire
de la marine portugaise, le marquis D. Domingos se fit remarquer à
la cour de Russie par son intelligence et son habileté diplomatique
en même temps que par le luxe de ses équipages et de ses récep-
tions. De Russie il passa en Prusse et mourut à Königsberg en
1802 (1).

villon espagnol et lusitanien, voire même le drapeau français et anglais, on ne voit
flotter depuis 1811 que la bannière espagnole.

Aux justes et souvent réitérées réclamations du Portugal, l'Espagne fera-t-elle droit
un jour? et de nouveau verra-t-on les quines y ondoyer?

(1) *Lettre écrite en portugais et adressée à la marquise douairière par le Président du
cabinet de Saint-Pétersbourg.*

Madame,

Permettez à un ami de feu le marquis de Niza de vous exprimer la douleur dans
laquelle sa mort inattendue nous a plongés.

Votre défunt époux s'est fait connaître sous des conditions tellement favorables durant les huit mois qu'il a passés en Russie, que, sans exception, tous ceux qui l'ont
connu ou qui ont eu des affaires à traiter avec lui désireraient ardemment accom-
plir ce devoir avec moi.

Mais, comme d'après la situation que j'occupe, je me suis trouvé en relations plus
directes avec lui, et que j'ai eu l'occasion de l'apprécier davantage, c'est à moi, Madame, qu'il incombe plus particulièrement de vous manifester cette appréciation.

Doué des plus aimables qualités, le marquis de Niza, comme homme privé, est ici
pleuré de tous ; mais comme homme public, il ne l'est pas moins. Sa franchise et sa loyauté
lui ont acquis tous les suffrages. L'empereur lui-même, mon auguste maître, l'a tellement apprécié que, jusqu'aux derniers instants qu'il a passés dans ses États, il n'a pas
cessé de lui donner des preuves d'une estime et d'une amitié toutes particulières.

Son souvenir nous sera constamment aimable, Madame, et je serai extrêmement
flatté de trouver l'occasion de vous le prouver, et de vous témoigner en même temps

La marquise n'accompagna pas son mari dans ses missons diplomatiques. Elle restait à Lisbonne à la tête de sa fortune et de ses cinq enfants. L'affection qu'elle voua à son époux fut pourtant si profonde, que restée veuve à l'âge de vingt-sept ans, riche d'honneurs, de titres et de biens, jamais il ne fut question pour elle de se remarier. On racontait dans la famille qu'en apprenant la mort du marquis, la jeune marquise, dans un geste de douleur, rejeta en arrière son opulente chevelure. Plus jamais elle ne redescendit ses lourds bandeaux, laissant son front vide de parure comme son cœur était devenu vide d'amour. De l'union de la marquise D. Eugenia avec son oncle étaient nés quatre filles et un seul fils, à savoir :

D. Francisca Xavier qui épousa le marquis de Castello Melhor;

D. Thomaz Xavier, héritier naturel des biens et titres de ses parents, mais qui mourut du vivant de sa mère.

D. Eugenia Francisca qui se maria à D. Pedro de Souza et Holstein, plus tard duc de Palmella (1).

D. Maria Anna, devenue par son mariage comtesse de Sabugal.

D. Maria, morte à l'âge de douze ans.

D. Thomaz Xavier, XIIe comte da Vidigueira et VIIIe marquis de Niza, etc., etc., lieutenant de cavalerie, mourut, nous l'avons dit, du vivant de sa mère, à Rome, à l'âge de vingt-quatre ans.

Il avait épousé D. Maria Thomazia Francisca de Mello Breyner, fille de Pedro de Mello Breyner, seigneur de la très ancienne maison da Trofa (2) et de D. Anna Rufina Soares de Mello, XVIIIe seigneur de Mello.

les sentiments de la plus distinguée considération avec laquelle je suis, Madame, votre très humble et très obéissant serviteur,

Le prince Alexandre KOURAKIN.

11 juillet 1802 *.

(1) Voir à l'*Appendice*.

(2) Pedro de Mello Breyner, conseiller d'État et ministre de la Justice en 1827, s'attira la haine du parti miguéliste et en fut une des principales victimes.

Se trouvant un soir au théâtre dans sa loge, il en fut arraché pour être jeté dans un affreux cachot de la tour de S. Julião, où il vécut pendant plusieurs mois privé de

* Voir l'original à l'*Appendice*.

De cette union naquit un seul enfant qui resta orphelin de père dans sa quatrième année : D. Domingos Francisco Xavier Telles Castro da Gama Athayde Novonha Silveira e Souza, XIIIe comte da Vidigueira, IXe marquis de Niza, etc., etc.

« Cet homme, entré dans la vie par une porte dorée, a mené une existence fantastique de caprices et de fantaisies...

« ..... L'esprit, le vrai, est rare, très rare. Le marquis se signala par sa jeunesse, ses audaces, ses extravagances — tout ce qu'on voudra — mais aussi par l'esprit, la sagacité, l'instruction...

« A l'époque du développement d'une bourgeoisie triomphante, il était toujours et pour tous, le type du gentilhomme de race et d'esprit.

« ..... Le marquis était presque un savant (1). »

On ne saurait trop dire quelle fut l'étude préférée du marquis.

Ses connaissances très variées, sa mémoire peu commune, et sa très fine intelligence, lui permettaient de citer souvent, et à propos, des passages en prose et en vers des premiers auteurs anciens ou modernes qu'il analysait toujours de sa judicieuse et spirituelle critique.

Violoniste remarquable et doué d'une voix superbe, le marquis prit en Italie des leçons de chant avec Rubini, le célèbre ténor qui n'a jamais voulu se faire entendre qu'à Saint-Pétersbourg et à Londres. Contrairement aux astres que nous voyons aujourd'hui courir le monde à la poursuite d'applaudissements, cherchant à étonner les masses, autant — sinon plus — par leur excentricité tapageuse, que par leur talent, Rubini, conscient de sa valeur, refusait par orgueil

---

tout, même des secours spirituels de l'Église, que vainement il réclama à sa dernière heure.

Lorsque le prêtre fut introduit dans l'infect souterrain, le seigneur da Trofa venait d'expirer.

(1) Ainsi fut apprécié le marquis à sa mort par les divers journaux portugais d'où nous avons tiré ces phrases. A ce moment-là — et même encore aujourd'hui — la presse portugaise ne se vendait pas, comme il est d'usage dans d'autres contrées. Cette appréciation était d'ailleurs celle du pays tout entier.

de se prodiguer. Le maître faisait honneur et distinction au disciple, et le disciple faisait honneur au maître ; car quelquefois l'artiste disait à l'amateur : « Aujourd'hui vos notes sont plus claires que les miennes et votre chant est supérieur au mien ».

Ayant dans sa quatrième année perdu son père à Rome, le marquis D. Domingos continua d'habiter en Italie ou en France avec sa mère, et plus tard avec sa femme. Il ne faisait que de courts séjours à Lisbonne. La marquise D. Eugenia, son aïeule, vivait à la mode ancienne dans son palais de Xabregas, tandis que sa bru et son petit-fils s'accommodaient déjà mal d'un régime qu'il ne fallait pas songer à modifier.

Le jeune marquis, futur héritier des biens de sa grand'mère, n'avait droit qu'à une pension, durant la vie de son aïeule.

Si importante qu'elle fût, cette pension ne suffisait toujours pas aux fantaisies de celui dont on a écrit : « *Ce fut notre dernier dissipateur splendide* ».

Alors, dans la fougue de sa jeunesse et l'impétuosité de son caractère, le marquis menaçait la grand'mère de l'inouï scandale :

Il monterait sur les planches. Désormais, à la satisfaction de ses caprices sa voix suppléerait.

Aux grands maux les grands remèdes. La trouvaille était habile, le succès assuré.

La vieille dame s'exécutait.

Apte à se distinguer par son goût des sciences, aussi bien que par son amour des arts, le marquis avait un fort penchant pour la médecine. Il en suivait l'étude et les progrès avec passion.

Non content d'avoir toujours un médecin à demeure, à Lisbonne, où il vint enfin plus tard fixer sa résidence, il recevait presque journellement à sa table les médecins les plus renommés de la capitale.

On discutait ensemble les plus ardus problèmes, et bon nombre de personnes pourraient encore affirmer avoir entendu ces membres de la faculté, en présence d'un cas difficile, se dire entre eux :

« Entendons l'opinion du marquis. »

.Certes, on n'aurait pas pu lui appliquer ce mot d'un auteur français, Montaigne, je crois, qui, faisant allusion aux privilégiés de la naissance et de la fortune, a écrit : « C'est chose de grand poids que la science. Ils fondent dessous ».

Non, la science, quotidiennement acquise aux dépens du sommeil et du repos indispensables, ne lui semblait pas lourde. Il l'aimait avec ardeur, et c'était chose surprenante de le voir partager fébrilement l'existence entre l'assouvissement de passions toujours jeunes, et l'amour de journalières études.

Cet homme qui surprenait toujours par l'ampleur de son savoir, l'à-propos de ses reparties et la sûreté de son goût, n'étonnait pas moins par sa façon d'exceller dans toutes ses entreprises. Sous sa direction, une de ses nombreuses et vastes propriétés — le *Chavões* — devint le modèle des fermes, et la race des chevaux croisés d'étalons arabes et celle de taureaux croisés des meilleurs d'Espagne que le marquis y éleva, devinrent les plus renommés du pays.

Un jour, le marquis se fatigua d'être éleveur. Il se défit de ses chevaux et de ses taureaux. Mais par une coquetterie — d'ailleurs compréhensible, — il fut porté sur l'acte de vente que toute procréation de ses chevaux encourrait la nullité du contrat et que les taureaux seraient tous conduits à l'abattoir.

Avant la vente définitive, on organisa, en Portugal, deux courses de taureaux dans lesquelles la bravoure et la beauté des bêtes marquées du fer du marquis, laissèrent un souvenir qui existe encore aujourd'hui dans la mémoire des amateurs.

Comme note originale, on voyait au Chavões des Arabes conduisant des chameaux que le marquis avait fait venir du Maroc et qu'on faisait servir aux transports.

---

(1) Ces taureaux, légèrement zébrés, se distinguaient par leurs longs fanons. La coupe des fanons était un privilège exclusif de la maison royale, mais le marquis fut autorisé par des lettres patentes à en faire usage pour ses bêtes.

On rencontre encore dans le pays quelques mauvais spécimens de cette race. Ce ne sont pourtant plus que des métis qu'à demi braves et qu'à demi beaux.

L'originalité ne faisait du reste pas défaut au marquis.

Ami des bêtes, spécialement des chevaux et des chiens, il soignait les premiers *con amore* dans le luxe de ses écuries; tandis que les seconds, conscients de leurs droits, ne manquaient pas d'user largement de leur laissez-passer. Depuis le toy-terrier jusqu'au lévrier et au dogue, tous se prélassaient ou s'amusaient à leur aise dans les appartements de leur maître (1).

Les personnes admises dans le cabinet du marquis le trouvaient infailliblement, un cigare aux lèvres, entouré de livres et de revues placés au hasard sur les meubles, et ses chiens folâtrant alentour. On y a même vu quelque temps un lionceau prendre ses ébats. Souvent des singes étaient de la partie.

Dans les jardins ou les cours, se tenaient les fauves dans leurs cages : hyènes, lions, tigres.

Pair du royaume, le marquis introduisit à la Chambre, le projet de l'abolition des majorats.

La lutte fut longue et difficile; mais le champion n'était pas de ceux qui se replient devant l'obstacle. Pour lui, tout était toujours possible et là encore il combattit jusqu'à complète victoire.

Le marquis avait eu, dans sa jeunesse, l'occasion de se rencontrer avec Prim, le futur démolisseur du trône d'Isabelle de Bourbon.

Le fin aristocrate ne regardait pas à la naissance très humble et à la dure entrée dans la vie, du révolutionnaire. Deux choses les attiraient réciproquement : leur mutuelle intelligence, et leur égal amour de l'aventure.

Prompt à s'enflammer pour toute cause hardie, le marquis embrassa avec enthousiasme les idées du rénovateur.

Et quand à une des heures les plus critiques de sa carrière de *pronunciamientos*, le général Prim, privé de toutes ressources se vit forcé de fuir la patrie, il se réfugia à Lisbonne chez le mar-

---

(1) Un des chiens favoris du marquis faisait de préférence sa sieste — qu'il ne fallait pas troubler — en dedans des trous qu'il aimait à creuser dans les fauteuils rembourrés.

quis de Niza avec sa famille, et des généraux et officiers proscrits à sa suite.

Le marquis toujours exalté et toujours prodigue se fit une joie d'offrir à ces bannis d'Espagne la plus large hospitalité, et de les retenir chez lui tout le temps que dura leur exil (1).

Plus tard, quand l'Espagne se mit en quête d'un souverain, ce fut au marquis que le gouvernement provisoire s'adressa pour présenter au roi père D. Fernando de Portugal le messager du général Prim chargé de lui offrir le trône vacant des Bourbons.

Le marquis avait l'art de séduire, mais le roi D. Fernando tenait à sa retraite, à sa liberté et à ses convictions. La proposition de l'Espagne fut rejetée.

Eût-elle réussi, la guerre franco-prussienne aurait été évitée.

Mais, comme si le marquis — pourtant si ami de la France — eût eu à cœur de la pousser dans le gouffre, il fut encore le premier à proposer à l'Espagne la candidature du prince de Hohenzollern.

La destinée de la France se trouva donc à deux reprises entre les mains du marquis de Niza, D. Domingos (2).

La réplique toujours prompte, la raillerie, se déguisant sous la forme courtoise de l'homme du monde, le marquis embarrassait bon nombre de ses interlocuteurs. Nous aurions quantité de bons mots à redire, d'anecdotes piquantes à raconter, s'il s'agissait de tracer la biographie minutieuse de ce héros de légendes contemporaines.

---

(1) « Chez le marquis, le dîner, de caractère intime, s'était prolongé. Le jeune fils du général Prim venait de s'assoupir sur les genoux de son père. Les fenêtres étaient grandes ouvertes, et l'on entendait les vendeurs de journaux crier dans la rue : « La condamnation à mort du général Prim ».

A ce moment où l'enfant dormait ainsi insoucieux et calme dans les bras de son père, l'écho de la terrible sentence nous frappa comme un courant électrique. Je me levai, et je parlai. Ma très grande émotion se communiqua aux assistants. Mon impromptu fut animé et sincère...

Hommes politiques (Mémoires) par Bulhão Pato.

(2) Voir à l'Appendice.

Nous en citerons pourtant une :

Un étranger qui projetait de s'allier à la famille du marquis, lui présentant un jour sa carte généalogique, ajoutait : « A votre tour, monsieur le marquis ».

Celui-ci, redressant la tête, repartit simplement avec un fin sourire : « Ma généalogie, Monsieur... jamais je n'ai eu à m'en occuper. Mais, tenez-vous à la connaître, prenez l'histoire du Portugal. »

A cinquante-six ans, usé avant l'âge, le marquis fut frappé d'une phtisie galopante, et alla mourir aux Eaux-Bonnes, trouvant la mort où il allait chercher la vie.

Il portait les titres de XIII⁰ comte da Vidigueira, IX⁰ marquis de Niza, VIII⁰ marquis de Cascaes, seigneur et IX⁰ comte de Unhão, XIII⁰ comte de Monsanto, comte da Castanheira, IX⁰ comte de Castro-Daire, VII⁰ seigneur du majorat de Boquilobo, XVIII⁰ seigneur des majorats de São Matheus et de Santo Eutropio, XIII⁰ seigneur du majorat da Foz, XIII⁰ grand amiral de la mer des Indes, seigneur de Itamarica et des îles de Itaparica et de Tomarandura au Brésil, etc., etc.

Le chef de cette maison possédait encore les charges héréditaires de gouverneur général des places frontières, de grand veneur, grand alcaïde du château et de la ville de Lisbonne et celle d'inspecteur des haras royaux.

Il y a des talents que la misère atrophie. Et, pour d'autres, les richesses sont des entraves qui arrêtent leur développement.

Le marquis de Niza « *fut presque un savant* », mais cette érudition peu commune serait sans doute devenue de la bonne science, s'il n'avait pas été, en même temps qu'un lettré, un tireur des plus habiles, un cavalier irréprochable, un élégant raffiné, et s'il n'avait trouvé dans son berceau les moyens de se créer des fantaisies et des distractions toujours nouvelles.

Tel qu'il fut, il donna son nom, — en Portugal, s'entend — à l'époque où il vécut. Maintes fois on dit et on écrit encore : « Du temps du marquis de Niza »... et dernièrement nous lisions dans une feuille portugaise qui parlait de lui : « Cet homme que tout le pays a connu.. (1). » A l'âge de dix-sept ans, le marquis s'était épris de la beauté de D. Maria Constança de Saldanha da Gama, fille du VII⁰ comte de Ponte, venu de Londres où il représentait le Portugal, pour être accrédité en qualité de ministre auprès des derniers rois français.

Le mariage eut bientôt lieu à Paris. La fiancée comptait à peine seize ans. Le marquis, aussi avide d'indépendance que d'instruction, garda encore à ses côtés le savant abbé, son précepteur, dont il appréciait les connaissances; et la jeune marquise continua de suivre sous le nom de son mari — de Niza — le catéchisme de persévérance que Mᵍʳ Dupanloup, attaché à l'église de la Madeleine, faisait alors dans sa paroisse avec un succès déjà brillant.

La marquise fut belle et pure, intelligente, droite, simple dans ses goûts. Elle avait l'âme forte et croyante des anciens temps et marcha toujours tête haute, les yeux fixés sur l'emblème de sa religion, à travers les décombres dont sa route fut semée (2).

Son existence fut agitée comme le fut l'époque où elle vécut.

Toute jeune, elle assista à la démolition des vieilles institutions que sa famille défendait à outrance à côté de D. Miguel; et à l'implantation des idées nouvelles, conçues et exécutées par les plus proches parents de son mari.

L'excès pèse pourtant comme une loi fatale sur l'humanité. L'homme, enivré de ses propres succès, ne s'arrête ordinairement pas : avant, « *que d'un grand bien ne découle un mal très grand* ». Et la marquise n'assista pas seulement à la modification d'un ré-

---

(1) Nous nous sommes vraisemblablement trop attardée à dépeindre cette figure originale et à remémorer des souvenirs sans doute dépourvus d'intérêt pour le lecteur.

Mais la mémoire aime à se poser sur les ruines du passé. D'ailleurs, qui ne connaît l'attrait qu'exerce l'évocation de temps écoulés, et qui n'excusera une fille de se complaire à rappeler des sensations déjà lointaines, mais à jamais présentes; à faire renaître des choses mortes, quoique à ses yeux toujours vivantes; à ramasser, en souvenir de ses père et mère, une gerbe de fleurs depuis longtemps flétries!

(2) Au sujet de la marquise... « La femme qui est ainsi, porte déjà en ce monde comme une teinte de l'auréole qui la glorifiera dans les cieux... »

Hommes politiques (Mémoires) par BULHÃO PATO.

gime mais encore à la démolition, nous dirons même au *krach* de la vieille aristocratie portugaise à laquelle on porta le coup de grâce sous prétexte de régénération.

Elle ne protestait pas d'action ni de parole; mais elle protestait d'attitude. Son maintien était à lui seul une protestation.

De l'union du marquis D. Domingos et de la marquise D. Maria Constança naquirent six enfants :

D. Maria Thomazia Xavier Telles da Gama, née et morte à Paris en bas âge ;

D. Thomaz Xavier Telles da Gama, XIV° comte da Vidigueira, héritier de tous les titres et honneurs de son père ;

D. Manuel Xavier Telles da Gama, comte de Cascaes (1), qui s'est marié à D. Maria Isabel de Castro e Lemos ;

D. Vasco Xaxier Telles da Gama, lieutenant de vaisseau accidentellement noyé dans la baie de Tunis ;

D. Eugenia Xavier Telles da Gama, marquise de Unhão (2), dame d'honneur de S. M. la reine mère de Portugal, D. Maria Pia de Savoie.

D. Maria das Misericordias Xavier Telles da Gama qui épousa D. Fernando Lopez de Rivadeneyra héritier du titre de comte de Torre Novahes et autres (3).

En Portugal, contrairement à ce qui arrivait en France et à ce qui a lieu en Allemagne et ailleurs, seul le fils aîné — ou la fille à

---

(1) L'an 1898, au moment de la célébration du quatrième centenaire de la découverte de la route maritime de l'Inde, S. M. le roi D. Carlos voulut honorer la mémoire de Vasco da Gama en conférant à D. Manuel Telles da Gama, frère du comte da Vidigueira, le titre de comte de Cascaes.

Les Chambres furent saisies du projet d'exempter cette grâce de toute charge, rendant ainsi un double honneur au grand homme dont on célébrait la gloire.

Ce projet fut voté à l'unanimité *.

(2) Ce titre fut accordé à la même occasion et dans les mêmes conditions que celui dont nous parlons dans la note précédente, mais l'aîné des Gama a depuis longtemps droit au titre de comte de Unhão.

(3) Titre accordé en 1230 sur le champ de bataille à un seigneur de Lopez de Rivadeneyra, par le roi D. Alfonso IX de Léon.

* Nous avons vu à la page 25 comment le marquisat de Cascaes était venu à échoir au comte da Vidigueira, aîné des Gama.

défaut d'enfant mâle — a le droit de porter les titres du père; mais la législation actuelle portugaise à l'opposé de la loi d'autres États monarchiques, ne l'autorise pas à user officiellement d'aucun de ses titres héréditaires, à moins du paiement de droits toujours élevés (1).

Ces droits, par une anomalie assez excentrique, augmentent à l'inverse de ce que l'on pourrait croire.

C'est ainsi que la reconnaissance officielle d'un titre nobiliaire de vieille date, implique des droits de sceaux et de chancellerie supérieurs à ceux que l'on impose à toute personne nouvellement anoblie et titrée.

Beaucoup de familles, et des plus anciennes, reculent aujourd'hui devant ces frais.

Le XIVᵉ Comte da Vidigueira, D. Thomaz Xavier Telles Castro da Gama, etc., etc., qui est de bon et plein droit Marquis de Niza, etc., etc., fait officiellement à peine usage du titre de Comte da Vidigueira.

Il a épousé la Comtesse D. Maria Mendes dont il a quatre enfants :

D. José Xavier Telles Castro da Gama Athayde Noronha Silveira e Souza, XVᵉ Comte da Vidigueira (2).

D. Luiz Xavier Telles da Gama.

D. Constança Xavier Telles da Gama.

D. Eugenia Xavier Telles da Gama.

(1) Dans la famille des Marquis de Niza, celui-ci, à la naissance de son fils aîné, va personnellement en faire part au roi en ces termes : « J'ai l'honneur d'annoncer à V. M. la naissance de mon fils le comte da Vidigueira ».

Ceci constitue une exception qui n'empêche tout de même pas le nouveau-né d'avoir à s'acquitter du payement des impôts attachés à son titre, s'il veut en faire usage officiellement.

(2) Voir son portrait en tête de cet ouvrage.

APPENDICES ET DOCUMENTS

I

APPENDICES

A

Original de la lettre du Prince Kourakin.

Senhora Seja permittido a hum amigo do defunto Senhor Marquez de Niza dividir a dor conque o seu falecimento inesperado nos submergio. O defunto Vosso Esposo se fez conhecer debaixo de tantas relacõens favoraveis, durante os outto mezes que passou na Russia, que não ha absolutamente hum unico d'aquelles qo conhecerão ou com quem negociou, que não desejase ardentemente cumprir coumigo este dever. Mas tendo estado pelo meu proprio Emprego em relação mais directa com elle havendo tido mais occazioens para o avaliar, hé a mim, Senhora, que pertence ainda mais particularmente apreciai o como particular, dottado das qualidades as mais amaveis, o Marquez de Niza he aqui universalmente chorado ; mas como homem publico não o he menos. Sua franqueza, sua lealdade lhe tinham adquirido todos os votos e o Imperador meu Augusto Amo, Elle mesmo o appreciava tanto que até aos ultimos instantes que elle passou por seus Estados, não cessou de lhe dar signaes de huma estima e de huma amizade particulares.

Sua memoria nos será constantemente amavel, Senhora; e eu serei summamente lizongeado sempre que poder ter occazião de volo provar; assim como os sentimentos de consideração a mais distinta com que sou Senhora vosso humilissimo obedientissimo servidor.

O Principe Alexandre KOURAKIN.

B

Fiancée dès le berceau au comte de Assumar, fils du marquis de Alorna, la mort se chargea d'anéantir ce projet d'alliance, avant que D. Eugenia Telles da Gama, vu son âge, eût pu le caresser dans son cœur.

A onze ans, la gracieuse fillette était donc libre de tout engagement, mais sa main ne tarda pas à être demandée par D. Pedro de Souza et Holstein, capitaine de la garde, nommé ministre en Espagne auprès de la *Junte central* qui gouvernait au nom de Fernando VII, et qui était alors réunie à Séville.

Toute petite que fût cette main, plutôt apte à chiffonner légère les trousseaux d'une poupée qu'à passer, sérieuse, l'anneau nuptial au doigt de l'époux, la demande de D. Pedro fut accueillie.

Le jeune ministre s'en alla débuter dans la vie diplomatique en emportant une promesse qu'il lisait déjà grave dans de longs yeux noirs.

Le mariage eut lieu l'année suivante (1810) à Lisbonne. La petite fiancée avait l'âme formée par les bonnes paroles et les beaux exemples de sa très chrétienne mère, l'esprit cultivé autant que le permettait sa jeunesse, et le cœur prédisposé à une affection qu'elle voulait complète et absorbante.

Cette tendre fleur alla s'épanouir sous le ciel brûlant de l'Andalousie.

D. Pedro repartit pour Cadix auprès des *Cortes constituantes* accompagné de sa femme, qui y donna le jour à son premier enfant.

« Les premières années de mariage qui sont d'ordinaire une période d'amusements et de plaisirs, la jeune femme les passa dans l'ennui et les privations d'une ville assiégée, vivant dans la frayeur et les périls d'une guerre (1) et d'une épidémie. »

Créé en 1812 comte de Palmella, D. Pedro fut transféré d'Espagne en Angleterre.

Avant de quitter Cadix, il put encore écrire avec une joie où se révélait tout son patriotisme :

« Lord Wellington est entré à Madrid..... Le siège de Cadix est levé. Une division alliée est déjà en possession de Séville..... Ces éclatants succès sont dus en grande partie à la valeur des soldats portugais... »

La comtesse suivit son mari à Lisbonne ; mais de nouveau enceinte, elle dut rester dans sa ville natale, tandis que le comte allait rejoindre son poste à Londres, où il joua un rôle de première importance dans les affaires compliquées qui alors se déroulaient en Europe.

A la restauration des Bourbons, le comte de Palmella vint en France prendre part aux négociations préliminaires de la paix (2).

Il écrit alors de Paris une scintillante description de l'aspect

____

(1) *Mémoire historique de Son Excellence la duchesse de Palmella*, par J.-B. Garett.

(2) On dut alors à l'insistance des demandes réitérées du comte de Palmella la restitution des précieux manuscrits qu'avec quantité d'autres rares objets Junot avait emportés du Portugal, et qui se trouvaient entre les mains de sa veuve. Ces manuscrits, connus sous le nom de *Bible des Jeronymos*, attirèrent l'attention de Junot qui commença par demander au Prieur du couvent de lui en faire cadeau, et finit par le lui enlever de force : ces *in-folio étaient en parchemin reliés en veau avec des fermoirs et coins en vermeil aux armes du Portugal et avec ses sphères* *. « Ils avaient été offerts au roi Dom Manuel par le pape Jules II en retour du présent que le roi lui avait fait des prémices de l'or venu des Indes, et d'un ornement d'église brodé en perles **.

* Emblème adopté par le roi D. Manuel.

** Correspondance diplomatique inédite du comte de Palmella.

qu'offrait la ville à cette heure d'expansion, où tout était « *blancheur, paix, espoir et gloire* » (1) (2).

Puis le comte partit à Vienne, où en raison du congrès, se trouvaient réunis tant de fronts couronnés et de personnes de marque, telles que : Hardenberg, Humboldt, Nesselrode, lord Castlereagh, Metternich, Talleyrand et autres.

Le comte de Palmella qui se possédait toujours, avoue pourtant dans sa correspondance intime l'émotion fière qu'il éprouva en se voyant, à trente-deux ans, choisi pour discuter et défendre dans cette assemblée de diplomates rompus au métier, les intérêts si graves que son pays lui confiait.

Les yeux de l'Europe étaient fixés sur Vienne, d'où partirait l'oracle qui déciderait de son sort.

Les questions que l'on allait traiter au congrès étaient donc d'une exceptionnelle importance ; cependant elles ne semblaient pas peser lourd sur l'esprit de ceux qui devaient les résoudre. Le cœur des nations palpitait dans l'anxiété de l'attente ; mais Vienne s'amusait, Vienne était en fête, fête cosmopolite où chacun rivalisait de gaieté et de luxe.

Le comte de Palmella, trop jeune pour adhérer à un pareil cynisme, s'étonne d'une telle insouciance et en fait l'objet des lettres et des dépêches qu'il adresse à son gouvernement.

Nous n'avons pas à rappeler ici les diverses propositions que l'on eut à examiner et à discuter à Vienne. Nous dirons seulement que la question de Olivença y fut à nouveau soulevée.

Rentré en Angleterre, cette fois en qualité d'ambassadeur, son épouse ne tarda pas à l'y suivre. Le comte et sa femme s'y firent également remarquer. Lui, par ses rares qualités diplomatiques, unies au physique le plus séduisant ; elle, par l'élévation et la

(1) Correspondance inédite du comte de Palmella.

(2) Entre autres détails inédits, il ressort de la correspondance officielle du jeune diplomate que le prince régent du Portugal avait payé à Louis XVIII une forte pension durant les longues années d'exil. Cet exemple est assez rare pour mériter d'être rappelé.

grâce de ses manières, l'élégance et la culture de son esprit, la promptitude, la pénétration et la droiture de son jugement.

« Descendante de Vasco da Gama, notre premier navigateur, et de João das Regras (1), notre premier publiciste, le sang le plus illustre du Portugal coulait dans les veines de la comtesse de Palmella (2), dont les vertus et les hautes qualités ont, de l'avis général, tant contribué à illustrer et à honorer le nom de son époux (3).

Timide en raison de ses seize ans et exempte d'un orgueil qu'elle ne saurait concilier avec l'éducation strictement chrétienne qu'elle avait reçue et les exemples de modestie qu'elle avait vu pratiquer autour d'elle, la jeune comtesse savait pourtant se souvenir de sa naissance et de ses prérogatives lorsqu'elle agissait, recevait ou figurait en qualité d'ambassadrice.

Racontons à cet appui un fait dont l'éloquence nous évitera d'insister davantage :

(1) Le *grand docteur*, comme l'appelle Fernão Lopez, chroniqueur du temps, *l'esprit le plus éclairé de la Péninsule*, d'après Pinheiro Chagas, le politique habile qui par la subtilité et la fougue de sa parole enleva en 1385 aux Cortès de Coïmbra l'acclamation de D. João I, maître de Aviz et fondateur de la dynastie qui porta son nom.

João das Regras, ami de D. João de Aviz, mit au service de la cause de ce bâtard du roi D. Pedro, dont il reconnaissait les éminentes qualités, tout son talent de jurisconsulte et d'orateur.

Autrement sympathiques et autrement justes étaient pourtant les droits du fils de D. Ignez de Castro, l'épouse martyre de D. Pedro, lequel, héritant des malheurs de sa mère, se trouvait prisonnier du roi de Castille, troisième prétendant à la couronne du Portugal. Mais João das Regras avait soulevé une question de parenté existante entre le roi D. Pedro et D. Ignez et se fondait sur cet empêchement pour anathématiser et déclarer nulle l'alliance bénie à Bragança par D. Gil, évêque da Guarda...

João das Regras fut le premier mari de D. Leonor da Cunha, héritière de la seigneurie de Cascaes, dont les Gama devinrent héritiers et seigneurs.

Le fils de D. Pedro et de D. Ignez — celui que João das Regras avait empêché de régner — épousa une fille de D. Leonor da Cunha. A son tour, leur fille D. Isabel devint la femme de D. Alvaro de Castro, 1er comte de Monsanto, petit-fils du frère aîné de la célèbre D. Ignez, comte de Vianna, de Arrayolos, 1er connétable du royaume, etc., etc. C'est ainsi que, dans les veines de la comtesse de Palmella, née Telles da Gama coulait en même temps le sang de João das Regras et celui de sa victime.

(2) *Memoria historica da Excellentissima Duqueza de Palmella*, par J.-B. de Almeida Garett.

(3) Voir le *Mémoire historique* ci-dessus cité.

C'était en Angleterre. Il y avait fête à la cour. A son entrée, la jeune ambassadrice ne trouve pas son siège placé à l'endroit que par son rang elle devait occuper. La comtesse n'hésite pas à revendiquer ses droits. Avec une présence d'esprit qui causa l'admiration générale, l'ambassadrice prend une chaise qui se trouvait à quelque distance et la range à la place où elle devait s'asseoir, comme femme du représentant de la couronne du Portugal.

Cette action lui mérita sur l'heure l'applaudissement de toute la cour.

En 1820, le comte de Palmella est nommé ministre de la guerre et des affaires étrangères. Le roi D. João VI l'appelle au Brésil.

Les événements se hâtent. Le nouveau ministre prévoit que son séjour au Brésil ne sera pas de longue durée. Il allait du reste insister auprès de D. João VI pour qu'il rentre en Portugal. Afin d'éviter à sa femme les fatigues de ce long voyage, il la laisse de nouveau à Lisbonne et s'en va seul dans le lointain pays où agonisait la monarchie absolue que le comte de Palmella voulait remplacer par une monarchie constitutionnelle.

Le mariage de D. Pedro n'avait pu être un mariage d'amour. Les grâces de la onzième année n'étaient pas pour séduire l'homme qui avait goûté aux brûlantes amours de Mme de Staël (1), mais à me-

(1) Le père de D. Pedro venait de mourir à Rome ; et celui-ci traînait sa douleur et les mélancolies de sa vingtième année parmi les ruines et les beautés de l'antique capitale.

Mme de Staël qui se trouvait aussi à Rome, portait au cœur une égale blessure — elle venait de perdre son père à qui elle avait voué une si bruyante et si sentimentale affection — et cherchait pareillement à distraire sa peine dans l'évocation des âges disparus. La blessure en outre, s'envenimait de l'amertume que lui avait laissée la trahison de l'homme que jusque-là elle avait le mieux aimé *.

Tous deux cherchaient donc de la même façon à endormir leurs souffrances. A cette recherche ils se rencontrèrent.

Pleurer à la même heure, et en un même lieu une égale douleur, n'est-ce pas déjà comme une affinité secrète, presque comme un lien mystérieux ?

Mme de Staël le comprit sans doute ainsi, et ne chercha pas à se soustraire au charme de la nature fine et triste de D. Pedro. A son tour celui-ci subit l'empire de la femme dont le talent attirait tant d'admirations.

On ne se rend pas bien compte de la place que prit ce sentiment dans la vie du

* Benjamin Constant.

sure que les promesses de l'enfant devenaient les charmes de la
femme, le mari s'en laissait captiver davantage. Chaque jour D.

cœur de D. Pedro plutôt froid que passionné *. Quant à Mme de Staël, elle y trouva
le baume qui cicatrisa ses plaies encore saignantes, et but à longs traits à la coupe de
ce nouvel enchantement, sans se douter, ou en se doutant peut-être, de combien la lie
lui en deviendrait amère!

On ignore en général que *Corinne*, l'œuvre romantique et passionnée de Mme de Staël,
est due à cette rencontre, et que, dans la pensée de l'auteur, lord Nelvil n'est autre que
D. Pedro de Sousa.

Il y avait donc loin de la fougueuse passion de Mme de Staël aux épanchements en-
fantins de la petite D. Eugenia.

On lira peut-être avec plaisir quelques passages des nombreuses lettres que Mme de
Staël a adressées à D. Pedro.

« Je ne puis exprimer, je ne puis me dire à moi-même, combien je suis malheureuse
de vous avoir quitté : je n'ai jamais nourri l'espérance de passer ma vie avec vous,
et je souffre comme si je m'étais confiée au bonheur.

« Il y a dans votre caractère et dans vos manières je ne sais quel charme qui a agi
mystérieusement sur moi; ce qui peut se dire, ce qui peut s'écrire ne rendra jamais
cette délicieuse harmonie de tout votre être qui me fait trouver tant d'enchantement
dans votre affection. Mais que puis-je vous dire de plus que le triomphe que vous avez
remporté sur ma propre nature? »

. . . .

Si vous êtes ce que je crois, vous m'aimerez quelque temps; pas toujours; car la
destinée ne nous a pas fait contemporains, mais ce ne sera pas facilement que vous
donnerez ma place dans votre cœur, et vous ne ferez qu'un choix qui justifie mon
enthousiame pour vous... »

. . . .

« Ah! venez, venez, et vous serez reçu avec toutes les affections que l'enthousiasme
et l'estime peuvent réunir. »

. . . .

« Ma chimère sera que vous serez un jour l'époux de ma fille.

« J'ai écrit quelques-unes des choses que vous m'avez dites ce jour-là; je n'inven-
terai jamais mieux et j'aime cette intelligence secrète qui s'établira entre nous quand
vous lirez *Corinne*. Vous vous y connaitrez tel que vous êtes et tel que vous serez. »

. . . .

« Je vous ai aimé et tout s'est animé pour moi, les beaux-arts, la nature et jusqu'au
souvenir du passé qui me faisait mal et dont j'ai appris à jouir. »

. . . .

* Voyons comment Mme de Staël dépeint le caractère de D. Pedro dans une lettre qu'elle
lui adresse à lui-même :
« *Tout est mouvement en moi; tout est réflexion en vous;* tout ce que je *sens je le dis*, un
voile couvre toutes vos impressions. Et cependant j'étais plus attachée par ce secret de votre
âme que par tout ce qui jamais m'a été révélé. Le temps prouvera si ce sentiment est une illusion de l'imagination ou un instinct du cœur qui m'a fait vous deviner. »

Pedro se sentait plus épris des yeux passionnés et de l'âme ardente de sa jeune compagne.

Pour D. Eugénia, elle avait fondu tout son cœur dans le cœur de son époux à partir des premiers instants. Son affection à elle ne grandissait pas. Elle n'était pas de celles que l'on mesure.

Cette séparation lui fut donc très douloureuse, et rien n'en

« Il me semblait que c'était l'emblème de ce que je souhaitais. Vous suivre à Rome et mourir là près de vous. »

. . . .

« Adieu, adieu. J'ai été ici constamment souffrante, je ne puis me remettre de cette séparation. Adieu. »

. . . .

« Je ne sais pas ce que je n'aurais pas donné de mon existence pour un mot écrit de votre main. »

. . . .

« Mais pourquoi donc m'avez-vous oubliée? Les plus éloignées de mes relations en Italie m'ont écrit avec soin, avec intérêt, et vous qui m'avez inspiré un si profond intérêt, vous n'avez pas craint de m'affliger. Est-ce qu'on a moins de prix parce qu'on aime? ou mon amitié diminue-t-elle de ma valeur à vos yeux? »

« J'ai reçu la nouvelle de votre mariage, Don Pedro, avec émotion; je ne croyais pas que vous fixeriez votre vie si tôt *. »

. . . .

« Si M... comme je le crois, vous dit que je vous aime, il a raison; s'il disait tout autre chose, souvenez-vous de Rome et de mon éternelle amitié pour vous..... »

. . . .

« Enfin je suis bien tourmentée et ma pensée dominante est cette cruelle séparation indéfinie. Oh! mon Dieu! je ne fais que pleurer; à tout prix je veux vous revoir. »

. . . .

. . . .

« J'espère que ce mot vous atteindra encore. Puisse-t-il vous dire combien j'ai pleuré hier en entendant vos chevaux s'éloigner et combien vous me rendez heureuse en revenant. Je ne sais que cela. Je ne sais que cela..... Adieu, cher, cher Dom Pedro, oh! quand dirai-je ce nom avec un avenir? »

. . . .

« Mon Dieu, n'est-il pas bizarre que cet homme, libre de toutes ses actions, qui voudrait devenir mon ombre si cela ne me dégoûtait pas moi-même, soit un homme qui me déplaît autant, et que vous, vous si aimable, vous que j'aime tant, vous soyez entouré de tant de liens. Il y a sûrement une intention toute surnaturelle qui ne veut pas que la terre soit trop douce pour ses passagers. »

. . . .

« Prenez-moi avec vous! Ah! pourquoi cela ne se peut-il plus? »

* Ceci se rapportait à des projets d'alliance qui n'aboutirent pas.

exprime mieux la souffrance que les accents si simples et pourtant si sincères qu'ils échangeaient dans leur correspondance.

« Mon cher ami de mon âme et de mon cœur..... Je me sens mourir de regrets et la première nuit que j'ai dû passer ici, j'ai cru que mon cœur allait éclater! Cela m'est très, très pénible!...

. . . .

« ..... Comme je regrette l'odeur de ton cigare! »

Et plus tard :

« Je tâche de m'exercer à la direction du ménage afin de pouvoir à ton retour m'occuper de tout.....

« Tu ne peux te figurer avec quelle satisfaction je fais tout cela parce que je vois que cela te fera plaisir, et que je pourrai, dans quelque temps, t'être utile à quelque chose..... »

. . . .

Plus tard encore :

« Tu me manques terriblement, je me fais pitié à moi-même. Si tu ne reviens pas vite, tu me trouveras sans yeux.....

« Adieu, adieu, chéri de mon âme. Je ne puis m'empêcher de pleurer des ruisseaux de larmes pendant que je t'écris.....

« ... Il m'en coûte d'avoir de la patience, surtout le soir, heure à laquelle nous nous mettions habituellement à causer. Maintenant à ce moment où nous commencions à vivre, il faut aller nous coucher!... Vers minuit et demi, tout au plus à une heure, tout est tranquille et moi je me tourne et me retourne dans mon lit parce que, tout en me levant à neuf heures, je ne puis m'habituer à me coucher si tôt.....

« Ce n'est pas la première fois que nous nous séparons, mais jamais cela ne m'a été aussi pénible. Je ne sais si c'est parce que je t'aime mieux, pourtant je crois qu'il y a longtemps que mon amour pour toi ne peut grandir. Et cela m'est très consolant de voir que ton affection n'a diminué en rien. J'ai même la présomption de croire qu'elle a augmenté. Je voudrais pouvoir te montrer mon cœur..... »

Le roi D. João VI, laissant au Brésil le prince héritier D. Pedro, retourna en Europe, et ramena avec lui le comte de Palmella; mais, d'après un ordre issu de la Chambre, on défend au comte de débarquer à Lisbonne; et on le relègue à Borba dans l'Alemtejo où la comtesse alla vivre joyeuse de la vie d'exil.

Mais alors en Portugal régnait en premier lieu l'inconstance. D. João VI reprend son rôle de souverain. Il rappelle le comte de Palmella et le gratifie du titre de marquis.

Cela n'empêche pas qu'en 1824 le marquis ne soit nouvellement arrêté et cette fois enfermé dans la tour de S. Vicente (Belem).

Le courage et le dévouement de la marquise grandissent avec le péril d'ailleurs imminent, car on assassinait en ce moment à Lisbonne, au nom de la politique. On la voit frapper à toutes les portes, en appeler à toutes les consciences. Il lui fallait la mise en liberté de l'époux. Elle l'obtint, et alla elle-même lui en porter la nouvelle et faire ouvrir devant lui les portes de sa prison (1).

L'agitation de la métropole avait son retentissement dans la grande colonie portugaise. Le Brésil ne voulait d'ailleurs plus être considéré comme une province du Portugal qui s'était refusé à accepter le rôle de province lorsque la royauté avait fixé sa résidence parmi les Brésiliens. Ceux-ci soumettaient à la discussion les ordres souvent contradictoires qui arrivaient de Lisbonne. De ces discussions naissaient les disputes. Celles-ci engendraient des soulèvements qui ne tardèrent pas à se manifester en divers endroits. La puissance matérielle était encore entre les mains de ceux qui représentaient le gouvernement de la métropole, mais la force morale faiblissait.

En 1822, le conseil d'État de Rio de Janeiro confère à D. Pedro le titre de régent et de défenseur perpétuel du Brésil, titre qui ne tarda pas à être échangé contre celui d'Empereur.

Le beau diamant de la monarchie portugaise venait à jamais de se détacher de son diadème.

(1) Voir *Mémoires du baron Hyde de Neuville.*

Le marquis de Palmella part pour la troisième fois en 1825 représenter le Portugal à Londres qui commence à se peupler d'émigrés auxquels la marquise tend toujours une main secourable. Et, — chose bizarre — les changements de la politique étaient si subits, qu'il se trouvait à Londres des proscrits de tous les partis. La marquise ne faisait aucune différence. Pour elle il n'y avait que des Portugais en détresse, cela lui suffisait. Elle secourut même d'une façon spéciale et touchante un des émigrés, personnage qui était au pouvoir lors de l'emprisonnement de son mari.

Le débonnaire D. João VI, qui s'était déjà vu dans la nécessité d'emprisonner sa femme, et de bannir son fils D. Miguel du royaume, — tous deux conspirant contre sa personne —, ne survécut pas longtemps à la perte du Brésil, et meurt en laissant D. Pedro pour naturel héritier de la couronne.

« Mais celui-ci fait revenir D. Miguel de Vienne pour lui confier le commandement de l'armée, et abdique le trône de Portugal en faveur de sa fille D. Maria II. La petite reine arrive du Brésil à Londres, et en 1828, à l'hôtel Gallion, l'enfant couronnée « reçoit le premier hom-
« mage de ses sujets proscrits, pauvres et sans patrie comme elle,
« mais riches de constance, forts de leur conscience et sûrs de lui
« reconquérir un trône que le despotisme ne pouvait plus occuper.....

« Je vois encore l'attitude, le geste, l'expression intraduisible de joie et de tristesse de la marquise de Palmella, assistant à cette imposante cérémonie tout auprès de la reine.

« Dans ses yeux qui pleuraient et riaient en même temps, brillait toute la vieille loyauté portugaise : le respect doublé du dévouement aussi bien que d'un orgueilleux et presque maternel amour (1) ».

Le gouvernement anglais, *tory* alors, sans toutefois se prononcer pour le parti absolu que représentait D. Miguel, s'inclinait plutôt de ce côté. Il laissait faire les Portugais, mais D. Maria II ne reçut de l'Angleterre que de sympathiques et stériles manifestations.

____

(1) *Memoria da Excellentissima Duqueza de Palmella,* par J.-B. Garett.

Entre temps, en Portugal, la guerre civile arrivait à sa période la plus aiguë. D. Miguel, rappelé de Vienne sous la promesse de prêter obéissance à son frère D. Pedro, oubliait sa parole, se faisait proclamer roi, et semait dans le pays la discorde et la terreur.

Tous les moyens étaient bons pour étouffer la voix de l'affranchissement, et pour remettre la nation sous le despotisme le plus tyrannique : confiscation, exil, emprisonnement, tortures et potence, voire même le bûcher.

La petite D. Maria II repart pour le Brésil accompagnée des membres de la régence dont le marquis de Palmella faisait partie.

Les temps étaient particulièrement durs pour la noblesse portugaise partagée en deux camps. Les femmes même n'échappaient pas aux représailles de la politique. Les couvents étaient devenus des prisons où beaucoup de grandes dames vivaient dans l'angoisse et dans la privation.

La marquise de Palmella se vit contrainte à restreindre ses dépenses et durant l'absence de son mari, se retira à Passy qui n'était pas précisément alors un quartier *select* de Paris, comme il l'est aujourd'hui.

Elle y vécut éloignée du monde, entourée de ses nombreux enfants.

Mais en 1829, D. Pedro veut frapper un coup décisif. Il abdique cette fois la couronne du Brésil en faveur de son fils D. Pedro de Alcantara, et revient en Europe. Le marquis de Palmella l'accompagne.

Une expédition d'émigrés et d'officiers nationaux et étrangers, fut alors organisée à Belle-Isle sous le commandement de D. Pedro.

Celui-ci ayant pris le titre de duc de Bragança, adresse un manifeste à l'Europe, et combattant pour les droits de sa fille D. Maria da Gloria, à la tête des troupes libérales, il parvient à mettre un terme au régime absolu et tyranique de D. Miguel, à qui il permet de s'exiler, ce qui souleva contre D. Pedro un mouvement populaire, tant le châtiment sembla doux aux victimes du prince usurpateur.

On commençait à respirer en Portugal. Une lueur d'espérance s'étendait d'un bout du pays à l'autre; mais ce qui était pour la nation l'aube d'une ère de paix, ne fut pour la marquise que le flambeau qui éclaira le rude sentier qu'il lui faudrait gravir.

Son fils aîné, le comte de Calhariz atteint *du long mal qui va consumant*, forcé de demander à un climat plus doux l'atténuation de ses souffrances s'embarqua avec sa mère pour l'île de S. Miguel.

Là, appuyé contre elle, au fond d'une voiture, vêtu de son uniforme d'artilleur il assistait au débarquement et à la revue des troupes libérales, et de son regard d'agonisant suivait son père que D. Pedro tenait à ses côtés.

La mort finit son œuvre. La mère remit à Dieu l'âme chrétiennement préparée de son enfant, et repartit à Paris où d'autres devoirs maternels l'appelaient, tandis que le marquis prenait part à la célèbre expédition des 7,500 braves qui débarquèrent sur la plage du Mindello pour s'emparer définitivement du royaume.

La marquise suivait de loin le déroulement du drame passionnant de la restauration, où son mari jouait le rôle d'auteur, et celui non moins important d'un de ses principaux acteurs.

Enfin la jeune D. Maria vient s'asseoir sur son trône. A peine en a-t-elle pris possession, que le marquis de Palmella est créé duc et nommé président du Conseil.

La duchesse arrive avec les siens à Lisbonne, d'où cependant, en 1836, son mari doit, de rechef, s'exiler à la suite d'une nouvelle révolution.

La duchesse restait au chevet de son troisième fils Dom Manuel qui, à l'âge de dix-huit ans, se mourait du même mal qui avait enlevé son frère.

On la voit pourtant encore accompagner son mari en Angleterre, où le duc était nommé ambassadeur extraordinaire à l'occasion du couronnement de la reine Victoria.

Ce voyage fut pour la duchesse la dernière étape de sa vie mondaine ou publique. Désormais elle n'appartient qu'à sa mère, la marquise de Niza D. Eugenia, qu'elle entoure de soins jusqu'à sa mort; à son mari que les exigences et les vicissitudes de la politique absorbaient forcément, et à ses enfants de tout âge qui réclamaient des soins si divers.

Dans les dernières années de sa vie, consumée elle-même par la tuberculose qui ravageait sa race, la duchesse mit au monde son treizième, quatorzième et quinzième enfant, maria son fils aîné D. Domingos, marquis de Fayal, ainsi que quatre de ses filles, et vit encore mourir son fils D. Rodrigo âgé de 15 ans, sa fille D. Marianna déjà mariée, et D. Maria, et D. Pedro en bas âge.

Frappée ainsi au cœur, le mal chez elle avançait toujours. Vainement on essaya des voyages en France, en Piémont, à Rome, etc.

La duchesse rendit le dernier soupir à Lisbonne à l'âge de cinquante ans, trois jours après être revenue de Madère où un dernier effort avait été tenté.

C

Le retentissement qu'eut plus tard la négociation de cette candidature, et les événements qui résultèrent de l'échec de ces sollicitations rendent cette période de l'interrègne de l'Espagne particulièrement intéressante. Ces temps sont d'ailleurs trop près de nous pour que la génération présente se les rappelle sans émotion.

On sait en général — cela tient de l'histoire contemporaine — que le roi-consort et père de Portugal, D. Fernando de Saxe-Gobourg-Gotha fut désigné pour succéder à la Reine D. Isabel que la révolution venait de déposséder du trône de ses ancêtres. On sait également que ce projet n'eut pas de suites, mais peu de personnes connaissent les ressorts de cette intrigue diplomatique, où les principaux acteurs se conservèrent fidèles à leurs convictions et où les principaux intéressés firent preuve d'un patriotisme dont l'ardeur est démontrée dans les lettres d'où nous extrayons quelques passages (1).

____

(1) Il nous est impossible de rapporter ici en entier les lettres nombreuses qui furent

D. Luiz, comme nous allons voir, protesta avec indignation contre ceux qui malignement invoquaient son nom pour réunir sur une même tête les deux couronnes, ou sous une même couronne les deux nations.

D. Fernando, peut-être tout d'abord vaguement indécis, rejeta la proposition de l'Espagne, puis l'accepta par dévouement, pour refuser à nouveau, par susceptibilité patriotique, de ceindre la couronne du pays voisin.

Le général Prim, effrayé de l'anarchie qui s'étendait partout autour de lui, voyait dans l'acceptation du roi D. Fernando, non pas le prélude de l'union ibérique, mais la jouissance pour l'Espagne d'un prince dont la déjà longue pratique des affaires d'État, la fidélité à la constitution de son pays, l'esprit libéral, les goûts artistiques, la bonté et la popularité étaient autant de promesses pour consolider le trône et la prospérité dans sa nouvelle patrie.

Le marquis de Niza, ami de Prim depuis de longues années, voulant aider le général à sortir vainqueur de la crise où se débattait la révolution, accueillit avec ardeur les idées de l'homme de caractère, d'énergie et de charme qu'était le maréchal Prim, et se dévouait à une idée qu'il connaissait mieux que quiconque en Portugal et que, pour cette même raison, il jugeait compatible avec la parfaite indépendance des deux pays.

Cependant, avant même que la presse et le public ne qualifiassent d'Ibérisme toute démarche se rapportant à la candidature de D. Fernando, le marquis délaissa cette cause, sans toutefois abandonner l'ami.

Dans le bref exposé qui suit, on verra comment le marquis de Niza fut le premier à proposer au maréchal Prim de se tourner vers le Prince de Hohenzollern, lequel, à défaut de son beau-père, le roi D. Fernando, semblait offrir le plus d'avantages à l'Espagne.

échangées entre l'Espagne et le Portugal à propos de la candidature de D. Fernando. Nous avons choisi celles qui nous semblent offrir plus d'intérêt pour en rappeler les traits les plus saillants.

Le 14 janvier 1869, Fernandez de los Rios fut chargé par le général Prim, président du ministère d'Espagne, de se rendre à Lisbonne, pour remettre au Roi Dom Fernando une lettre signée du conseil des ministres, et en même temps pour soumettre à Sa Majesté une question diplomatique de la plus haute transcendance.

Fernandez de los Rios devait garder le plus sévère incognito.

Une seule personne serait mise au courant de cette mission marquis de Niza, pour qui M. de los Rios était muni d'une lettre également réservée que le général lui avait confiée.

Le marquis s'empressa de répondre à la confiance que lui témoignait le général Prim, et après avoir reçu deux fois et en secret M. de los Rios, qu'il attendait à la porte un peu écartée de son jardin, il fut convenu que tous deux quitteraient Lisbonne à 5 heures du matin pour se rendre à Cintra, où Dom Fernando jouissait des jours ensoleillés d'hiver, dans son château haut perché da Pena.

Là, la consigne était des plus sévères. Pas une seule personne n'était admise auprès du roi.

De plus, il existait depuis quelques mois un petit froid entre le roi et le marquis, et toutes ces circonstances rendaient l'entrevue difficile ; mais celui-ci n'hésita point, en arrivant à l'hôtel de Cintra, à écrire à Dom Fernando un mot en ces termes :

« Cintra, le 19 janvier 1869.

« Sire, une raison de la plus haute importance pourrait seule me décider à oser demander à Votre Majesté la grâce de m'accorder quelques minutes d'audience.

« J'attends donc respectueusement les ordres de Votre Majesté comme sujet le plus respectueux de Votre Majesté.

« Marquis de Niza. »

Ayant placé cette lettre dans sa poche, avec l'intention de la remettre au premier serviteur de sa connaissance que le hasard lui ferait rencontrer sur sa route, le marquis se mit en marche accompagné de M. de los Rios, et tous deux commencèrent l'ascension en touristes.

Ils arrivèrent au parc, et pénétrèrent dans son enceinte non sans crainte d'être invités à rebrousser chemin. Les instructions concernant l'inviolabilité de la retraite de Dom Fernando étaient alors absolues; mais ils eurent la chance de s'aventurer sans encombre jusqu'à la plate-forme du château. Là, le marquis décida un des serviteurs à porter, au valet de chambre du Roi, la lettre écrite deux heures avant.

Peu de minutes après on fit entrer le marquis.

En sortant du château, celui-ci entraîna M. de los Rios vers un bois de camélias.

Le souverain se refusait à recevoir l'émissaire espagnol et à lui parler autrement qu'en le rencontrant comme par hasard dans sa promenade quotidienne.

Le marquis avait dû lui exposer le motif de la visite de M. de los Rios et insister pour que Sa Majesté consentît à recevoir la missive du général Prim, en le suppliant de ne pas faire à celui-ci l'affront de ne point prendre connaissance de sa lettre.

M. de los Rios se déchargea de sa mission. Dom Fernando, après hésitation, rompit la lettre, la lut et la remit aux mains du porteur, qui devait la retourner au général.

Le roi s'engagea alors à observer le plus strict silence au sujet de cette démarche qui ne devait absolument être connue que des trois personnes là présentes.

« Si vous n'en parlez pas, ni le marquis, dit le roi à M. de los Rios, je vous donne ma parole que personne n'en aura connaissance (1). »

Aux instances de M. de los Rios pour que D. Fernando accueillît favorablement la proposition de l'Espagne, le Roi répondit qu'il était lié d'amitié avec le duc de Montpensier et ne voulait pas lui nuire, qu'il ne pouvait se montrer disposé à accepter cette candidature

_____

(1) Ce secret fut si bien gardé que, l'année suivante, D. Fernando lui-même loua la discrétion dont avaient fait preuve les deux messagers du président du conseil de Madrid.

après avoir déjà fait entendre son refus à d'autres moments, qu'il ne *pouvait laisser* à l'Espagne aucun espoir, que d'ailleurs *c'était pour lui un cas de conscience* et qu'il doutait d'avoir la force suffisante pour faire à l'Espagne tout le bien que réclamait l'état du pays.

Ce même soir, M. de los Rios prit le train pour Madrid, porteur de la lettre suivante, que le marquis adressait au maréchal Prim :

Cintra, 19 janvier 1869,
3 heures de l'après-midi.

« Mon cher ami,

« L'endroit d'où je date ma lettre vous prouvera la démarche que nous nous vîmes forcés de faire.

« Après des efforts considérables pour aboutir à une réponse, nous sommes parvenus à obtenir le *maximum* que nous pouvions espérer.

« N'ayant pas dit *non*, à mon avis, *c'est oui*, sans responsabilité ultérieure... N'ayant pas dit *non*, il a laissé entrevoir la possibilité d'accepter un fait accompli.

« Sur mon honneur, voilà mon opinion franche et sincère que je soumets à votre approbation et à celle de vos amis sans aucune responsabilité morale.

« Ma personne, ma position, mon âme sont à vous.

« DE NIZA. »

M. Fernandez de los Rios déclara plus tard devoir à la mémoire du marquis de Niza de rendre public le projet de faire restituer Olivença (1) par l'Espagne, projet qui germa spontanément dans la pensée du marquis ce matin du 19 janvier 1869.

« J'en fis, dit M. de los Rios dans son ouvrage : *Ma mission en Portugal,* la proposition au général Prim à mon retour à Madrid, et le marquis me le rappela dans les paragraphes suivants d'une lettre qu'il m'adressa, avant que j'eusse le caractère de représentant d'Espagne à Lisbonne...

. . . .

(1) Voir note, p. 162.

Lettre du Marquis.

« Au sujet de la restitution de Olivença quelles sont les dispositions de Don Juan (1)? N'a-t-il pas assez longtemps joué le rôle
d'homme d'épée? N'est-ce pas le moment pour lui d'échanger ce rôle
contre celui d'homme politique, dont il vient de révéler les talents?
Que valent quelques vieilles et misérables murailles vis-à-vis des
immenses intérêts que l'avenir peut réserver à ce sacrifice insigni-
fiant?

« D'ailleurs, le respect du droit et de la faiblesse fait toujours
honneur à la force. Ces actes ne sont jamais perdus et ce sera un
bon argument à invoquer lorsqu'il s'agira de recouvrer Gibraltar (2).

« Je crois très utile de préparer la majorité de vos Cortès à ces
deux grandes questions; mais plutôt d'une manière confidentielle;
entre amis seulement, et afin de pouvoir compter les voix au moment
opportun, sans y donner publicité à l'heure actuelle. »

. . . .

« Ce que le marquis a commencé, ajoute de los Rios, je l'ai
moi-même — pour le cas où nous viendrait du Portugal la solution
désirée — appuyé auprès du général Prim qui discutait seulement
la manière de préparer et de réaliser la restitution de Olivença. »

Ainsi finit la mission secrète de de los Rios; mais pas la négociation de la candidature de D. Fernando, comme nous allons voir.

Un rival s'agitait : le duc de Montpensier, notoirement coupable
d'une ambition démesurée et d'une choquante ingratitude envers
sa belle-sœur la reine D. Isabel.

Le marquis de Niza suivait de l'œil les menées du duc, alors à
Lisbonne. Il en avertissait le cabinet de Madrid, et écrivait :

(1) Le maréchal Prim.
(2) Les intelligences les plus fines subissent parfois de curieux aveuglements.
Comme si la politique anglaise s'inspirait jamais d'une idée généreuse! et comme si
la devise du léopard pouvait jamais être autre que déloger, se loger et demeurer

« ... Il faudra absolument changer les deux attachés.....: ils sont sans cesse chez Montpensier; le premier est un bon garçon, mais je ne le crois pas si innocent, parce que de chez Montpensier, il s'est introduit chez D. Fernando; le second est tout à fait..... mais très dévoué à Montpensier... »

L'activité que le duc continuait de déployer — toujours du reste avec peu de chance d'aboutir — devenait un obstacle sérieux pour les partisans de D. Fernando, celui-ci se refusant à lui disputer le trône.

Mais la dynastie de Bragança étant celle qui semblait promettre le plus d'avantages à l'Espagne, on songea même alors à lancer le nom de Dom Miguel de Bragança, fils de feu le prince proscrit D. Miguel. Ce projet, ou plutôt cette pensée n'eut pas de suites, et mourut en naissant.

Autrement sérieux en lui-même, et autrement grave dans ses conséquences fut le dessein de poser la couronne d'Espagne sur le front du gendre du roi D. Fernando.

Nous allons dire comment le marquis de Niza fut le premier à rappeler à l'Espagne le nom du prince Léopold de Hohenzollern.

Lettre du 7 mai.

. . . .

« Le vicomte de Seisal, notre ministre en Belgique, vient d'arriver il y a quelques jours. Je suis lié d'assez bonne amitié avec lui. C'est un parfait *gentleman*, très loyal et franc. Il a des rapports assez intimes avec Dom Fernando, avec le prince de Hohenzollern et l'infante Dona Antonia. Nous parlions de choses générales lorsque tout d'un coup il m'a posé cette question : — Pourquoi n'usez-vous pas de vos relations avec les hommes influents d'Espagne, surtout avec le maréchal Prim, pour lui conseiller la candidature du prince Hohenzollern? Je le connais beaucoup. Il est excellent. Il a 34 ans, c'est un très bon garçon, très instruit et très libéral. La Prusse verrait cette combinaison avec plaisir, et D. Fernando aussi je pense. Il n'y a que l'Empereur qui ne l'aimerait pas, mais il la préférerait encore à la candidature de Montpensier, et il n'oserait s'y opposer ouvertement. — Cela mettrait aussi un terme à toutes ces rumeurs d'ibérisme. — J'ai répondu au Vicomte que je ne m'en mêlais pas, mais que je n'aurais pas de difficulté à écrire à ce sujet et à présenter cette idée plutôt comme une hypothèse que comme un conseil. Il a insisté pour que j'écrive et m'a ajouté qu'il en parlerait facilement à Prim lui-même, et que, si comme il croyait, j'approuvais son plan, il pourrait en parler aussi au Prince qu'il doit voir à Dusseldorf pour lui délivrer quelques commissions qu'il a pour lui. Il m'a même encore offert de me donner, à moi, ces commissions afin de me trouver un prétexte pour que j'aille rendre visite au Prince, si je veux.

« Je ne crois pas cette conversation de tout point innocente et peut-être y a-t-il là quelque inspiration de Dom Fernando.

« Je me suis tenu dans la plus grande réserve, et n'en sortirai que d'accord avec vous et dans les limites de vos instructions. A vous en bonne amitié.

« De Niza. »

Du même à de los Rios.

. . . .

« Je rentrais chez moi lorsque je rencontrai le marquis Oldoini, ministre d'Italie, et j'ai compris qu'il voulait entrer en matière. Après mille détours, en voyant que je ne m'approchais pas de son but il me dit, ce que je vous écris en forme de dialogue pour mieux répéter ses paroles :

« *Oldoini.* — « Eh bien, Marquis, que vont faire maintenant nos amis d'Espagne ?

« *Niza.* — Rien d'extraordinaire, que je sache.

« *Oldoini.* — Il paraît que si, qu'ils veulent constituer une sorte de régence ou une dictature militaire.

. . . .

« *Niza.* — Je n'en crois rien. De qui tenez-vous ces nouvelles ? De Mazo (1) ?

(1) Alors ministre d'Espagne à Lisbonne.

« *Oldoini.* — Je ne l'ai pas vu depuis son retour.

« *Niza.* — C'est curieux. Je montais hier chez lui quand vous en descendiez, et moi je l'ai trouvé.

« *Oldoini.* — C'est vrai. Je vous dirai confidentiellement que c'est lui qui m'en a parlé.

« *Niza.* — Malgré cela, je n'en crois pas un mot. Mazo voit peut-être *les choses d'après ses propres passions.*

« Après d'autres phrases insignifiantes il me dit exactement comme Seisal :

« — Pourquoi ne profitez-vous pas de vos relations avec le général Prim pour proposer le Prince de Hohenzollern?

« Je répondis que je ne pouvais m'occuper de choses aussi graves et il se mit à rire.

« Tout ceci me fait entendre que D. Fernando lui a soufflé quelque chose. Je lui ai demandé s'il croyait que D. Fernando appuierait cette combinaison, et il m'a donné une réponse semblable à celle que je lui avais donnée moi-même, mais il a fini par avouer que cela ne lui serait probablement pas désagréable; que l'Italie le verrait d'un bon œil et l'appuierait en Prusse s'il en était besoin; puis il a ajouté que tout cela n'était que son opinion personnelle et aucunement celle du ministre d'Italie.

« Je connais bien les Italiens, et je connais celui-ci spécialement. Je pense que, de même que Seisal, il répétait une leçon.

« Réfléchissons sur tout ceci.

« Entièrement à vous.

« DE NIZA. »

Du même au même :

. . . .

« J'ai causé de nouveau avec le ministre d'Italie. Je n'ai rien avoué. Voulez-vous que j'écrive à Bruxelles officieusement? (*como cousa minha*).

« Le Prince est catholique, très riche. Il ne parle pas espagnol,

mais il parle portugais. Il est très instruit, affable, généreux et libéral. La princesse est très belle, d'un caractère doux et aimable.

« Faute de mieux (1), le choix ne serait pas mauvais...

Plus tard :

« En effet l'Espagne n'est pas heureuse. Cela ne me surprend pas.
En Portugal, c'est la même chose. On croit chez nous que la tolérance
politique consiste à laisser dans les ministères et dans les administra-
tions publiques une foule de gens tout au moins inutiles, et nuisibles
souvent.

« La générosité mal appliquée est le cancer des situations libérales, toujours trompées parce que le jeu n'est pas égal. »

Du même au même :

. . . .

« Hier j'ai eu une longue conversation avec l'Italien. Il m'a
demandé avec instance de ne pas mêler son nom à cette affaire.

« Je vous fais donc cette même recommandation...

« Je lui ai communiqué... qu'un de mes amis me disait que,
puisque par ma situation je me trouve en rapport avec les chefs des
nations étrangères et que je puis approcher D. Fernando, je devais
sonder le terrain auprès de lui, et si je trouvais le terrain bien disposé, j'aurais alors à écrire quelques mots à mes amis de Madrid.
J'ajoutai que cette pensée me semblait bonne...

« Il me répondit qu'il allait me parler franchement, qu'il m'aimait bien (je n'en crois pas un mot) et que pour le moment je ne
devais pas parler à D. Fernando, qui se montrait très fâché, et décidé
à ne donner son avis sur aucune affaire d'Espagne, qu'il croyait
même que le roi D. Fernando s'était engagé dans ce sens vis-à-vis de
quelqu'un, mais qu'il ne savait vis-à-vis de qui. — Serait-ce vis-à-vis
de D. Luiz (2)! — Que de son avis on devait traiter d'abord à Berlin

(1) Le *mieux* ici signifiait D. Fernando.
(2) Roi régnant de Portugal et fils de D. Fernando.

avec Bismark sous toute réserve, et à l'insu de la France ; puis à
Dusseldorf avec l'intéressé : que son opinion personnelle était que la
France même, accepterait le fait accompli (1). »

A la mission secrète succéda peu de temps après une mission
diplomatique, réservée encore — elle le fut jusqu'au bout — mais
traitée d'une manière plus ouverte.

Au mois d'août de la même année, M. Fernandez de los Rios prenait possession du poste de ministre d'Espagne à Lisbonne, où le
parti du duc de Montpensier avait eu soin de faire précéder l'arrivée
du ministre, de la réputation d'*Ibériste*. — Lisbonne se méfiait, et le
voyait de mauvais œil.

De los Rios déplorait l'absence du marquis de Niza, parti à l'é-
tranger. La candidature du prince de Hohenzollern semblait dormir,
ou plutôt ne pas avancer, mais le Duc ne dormait pas ; et dans le
but d'irriter les susceptibilités de la nation portugaise — comme si
vraiment l'Ibérisme fût en cause ! — il faisait déclarer à ses partisans
que, désespérant d'obtenir l'acceptation de D. Fernando, l'Espagne
s'était tournée vers D. Luiz, que le marquis de Niza s'était rendu à
Madrid et de là à Vichy où il devait faire connaître l'assentiment
de D. Luiz aux propositions suivantes :

Le Portugal et l'Espagne conserveraient leur autonomie res-
pective, avec ministres indépendants hormis celui de la Guerre et
des Finances. Le roi résiderait à Madrid, mais irait à Lisbonne pour
l'ouverture du Parlement. — Les deux pays, l'Espagne et le Portugal,
seraient placés l'un et l'autre sous le sceptre de la dynastie de Bra-
gance, et l'Espagne serait vis-à-vis du Portugal ce que la Hongrie
est vis-à-vis de l'Autriche, sous le sceptre de la maison de Habs-
bourg.

D. Luiz prit connaissance de ces affirmations mensongères, et
écrivit la lettre suivante au Président de son conseil : le duc de
Loulé.

____

(1) On a eu l'occasion de le voir.....

« Palais de Nafra, 26 septembre 1869.

« Mon cher Duc, Ayant appris que quelques journaux ont affirmé qu'en vertu de combinaisons faites ultérieurement à Paris, j'abdiquerais la couronne du Portugal en faveur de mon fils, sous la régence de mon auguste Père, en acceptant pour moi-même la couronne d'Espagne; et, étant désireux d'éviter qu'une rumeur si mal fondée puisse prendre du développement, je vous prie, mon cher Duc, de faire démentir au plus vite cette nouvelle...

. . . .

« Mon poste d'honneur est à coté de la nation. J'accomplirai les devoirs que m'imposent l'amour que je dois aux institutions de mon pays et la loyauté que je dois à la patrie. Je suis né Portugais et Portugais je veux mourir. Votre affectionné

« Luiz. »

Les Montpensiéristes ne se décourageaient pas, et continuaient de publier des nouvelles à sensation. N'ayant plus de prise sur D. Luiz, ils reprenaient à partie D. Fernando et déclaraient que celui-ci se serait enfin décidé à renoncer à sa retraite pour ceindre une nouvelle couronne, prélude de l'union ibérique.

De plus, on attribue au Duc d'avoir mis adroitement en exécution un plan qui de prime abord semblait rendre D. Fernando inhabile à s'asseoir sur le trône d'Espagne.

La liaison déjà ancienne du roi avec une ex-cantatrice était notoirement connue. On pouvait déplorer ce scandale — et beaucoup le déploraient, — mais ce n'était pas précisément au prix du mariage du roi avec l'artiste que l'on souhaitait d'en voir la fin.

Le duc de Montpensier résolut, paraît-il, d'exploiter la situation. Il se concerta avec l'Infante D. Isabel Maria de Bragança, très dévote, vivant à l'écart de la cour, qui développa dans la conscience de D. Fernando les scrupules qui sans doute, plus d'une fois, avaient surgi dans son âme ; et le mariage fut décidé et célébré sans retard.

Qui sait si D. Fernando ne vit pas aussi dans la régularisation et la publicité de cette union, un empêchement qui le mettait à l'abri de nouvelles sollicitations où tout lui semblait en jeu : ses sentiments humanitaires, sa conscience, son patriotisme et ses goûts personnels !

On est quelquefois pris dans son propre piège.

En admettant que le Duc, dans un but peu avouable, eût poussé D. Fernando au mariage, il aura pu constater avec surprise et dépit que l'obstacle qui lui semblait infranchissable s'effaçait de lui-même en face des difficultés dans lesquelles l'Espagne se débattait. A cette nation monarchique il fallait un souverain, et aucun autre prince ne valait D. Fernando à ses yeux. Si belle que soit la médaille, elle a toujours son revers.

Des mois s'écoulent. L'Espagne hésite à risquer une nouvelle démarche. Le ministre voyait souvent D. Fernando, mais il n'était plus question entre eux que d'art et de littérature ; choses que tous deux affectionnaient.

Cependant les événements forcent Prim à revenir à la charge et D. Fernando croit devoir écrire à M. de los Rios ce qui suit :

« Lisbonne, le 15 mai 1870.

« ..... Lorsqu'à la recherche d'une solution, on se heurte à des difficultés insurmontables, la discussion devient aussi peu agréable pour celui qui interroge que pour celui qui est interrogé.

« Je vous demande pardon de ne pouvoir vous accorder une *deuxième audience*. Je trouve mieux de vous écrire en vous disant que je persiste ferme dans mes vieilles idées, si souvent répétées, de *ne pas accepter*. Je vous prie donc, au nom de la bonne amitié que vous m'avez toujours témoignée, de ne plus me parler de cette affaire si grave et si impossible à mes yeux. Pourtant personne ne formera des vœux plus ardents que moi pour le bien-être de l'Espagne, et, d'un autre côté, je désire sincèrement que notre mutuelle amitié soit à jamais la même.

« Dom Fernando. »

Vers cette époque, l'empereur Napoléon écrivait à D. Luiz qu'il verrait avec plaisir D. Fernando accepter le lourd fardeau de la couronne d'Espagne (1).

Au mois de juin, Prim se trouve forcé de déclarer aux Cortez constituantes que, s'il n'y avait pas de roi pour le trône d'Espagne, c'était que le roi D. Fernando ne voulait pas accepter la couronne, se refusant ainsi à contribuer à la grandeur, à l'avenir et à la gloire des deux pays. « *Et je dis des deux pays*, parce que nous autres, Espagnols, n'avons jamais eu et n'avons pas aujourd'hui encore la prétention de voir ce noble pays de Portugal se *fondre dans le nôtre*... C'est une appréhension de ces *nobles hidalgos ;* et il convient qu'ils sachent *que telle* n'est pas notre intention. Nous savons que cela ne peut pas être et nous ne prétendrons pas maintenant et n'avons jamais prétendu, et ne prétendrons jamais voir disparaître cette noble nation... »

« Ces paroles, ou autres semblables, je les ai prononcées dans un banquet que m'a offert, à mon arrivée à Lisbonne, le marquis de Niza, ce très noble, très illustre et très parfait gentilhomme. »

. . . .

La candidature du prince de Hohenzollern est enfin publiquement mise en cause.

On sait comment la France bondit en l'apprenant.

Les cabinets de Florence, de Londres et de Vienne, inquiets de la tournure que prenaient les choses, insistaient auprès de l'Espagne et du Portugal pour une décision. Le malaise devenait général, le cœur des nations se sentait oppressé.

Le 12 juillet, le maréchal Prim écrivait à M. de los Rios :

« ..... La France s'est vexée sans raison, mais cela lui est égal... elle se prépare à la guerre. En voilà une absurdité ! Nous ferons ce qui conviendra le mieux au bien du pays...

(1) Plus tard, Napoléon écrivait que l'annexion du Portugal à l'Espagne serait tolérée, si celle-ci ne se mêlait pas de la guerre franco-prussienne. Il prouvait ainsi qu'il héritait de son grand oncle la singulière idée de considérer le Portugal comme une amorce dont les Bonaparte pourraient se servir aux heures difficiles pour s'attirer les gros poissons.

« Je pense comme vous sur la réponse que donnera le roi D. Fernando, car outre ses raisons de commodité personnelle, la situation
de l'Espagne l'effraie ; non pas que la valeur lui manque, il ne s'agit
pas de cela ; mais parce qu'il s'est créé une existence à son goût,
et qu'il tient à ne pas la perdre... »

De minute en minute, les esprits se surchauffaient.

Les conséquences de la candidature « Hohenzollern » avaient
été si désastreuses que l'Espagne ne pouvait se résigner à perdre
l'espoir de décider D. Fernando. Celui-ci répondait maintenant qu'il
n'enlèverait pas à sa fille — la princesse de Hohenzollern — la
possibilité de devenir reine ; que d'ailleurs les couronnes ne sont
pas des choses auxquelles on doit prétendre, mais des choses que
l'on donne, et que si jamais il acceptait, ce ne serait qu'à l'insistance
des puissances, et après élection par plébiscite.

Le 13 juillet, D. Fernando s'informait auprès de M. de los Rios de
ce qu'il pouvait y avoir de vrai dans le désistement de la candidature Hohenzollern. En même temps, il blâmait la publicité avec
laquelle on traitait alors ces négociations, et *louait la discrétion qui
avait entouré la démarche du mois de janvier* 1869. Les Cortès étaient
convoquées pour le 20. L'échéance était fatale. Les moments étaient
précieux. La presse portugaise commençait à se déclarer pour l'acceptation de D. Fernando. Les instances de partout se renouvelaient.
L'agitation et l'anxiété étaient au comble. On rendait D. Fernando
responsable des malheurs qui semblaient prêts à fondre sur l'Europe. La France, l'Allemagne, l'Espagne, le Portugal attendaient
une solution. Tous les yeux se portaient vers lui. Le 15 juillet, Fernandez de los Rios est à même de télégraphier :

« Enfin je puis répondre que D. Fernando accepte... Il accepte
après avoir réfléchi aux périls de la Péninsule, mais ne veut pas se
poser en prétendant... Il ne veut pas non plus courir le risque d'a-
bandonner le trône dans quelques mois. Il exige que quelques-unes
des puissances lui garantissent une certaine stabilité. Il faudra dé-
finir la situation personnelle de la comtesse, épouse ici du roi régent,

épouse là-bas du monarque régnant. On ne le forcera pas à monter sa cour avec l'étiquette surannée des Bourbons, mais il tient à la simplicité et à la dignité d'une monarchie démocratique fondée par la constitution... »

L'Espagne n'avait toujours pas de roi et, afin d'éviter de plus grands embarras qui facilement se changeraient en périls graves dans la crise aiguë que traversait la nation, la convocation des Cortès fut annulée.

Donc la réserve qu'exigeait D. Fernando s'imposait d'elle-même.

Entre temps, la guerre entre la France et l'Allemagne est déclarée. Les forces se mobilisent. Le gigantesque duel va commencer.

Le 22 juillet, le maréchal Prim envoyait à de los Rios un émissaire porteur de deux lettres dont nous rappelons les passages les plus intéressants :

Du maréchal Prim à F. de los Rios : « .... Je crois que ma lettre à D. Fernando évitera que vis-à-vis du monde, il puisse être considéré comme prétendant à la couronne d'Espagne, tant parce qu'il est de toute dignité qu'il en soit ainsi, que parce que telle est la vérité..... »

L'acceptation de D. Fernando ne doit pas être signifiée par dépêche, ni par lettre, et je me permets de prier Sa Majesté de daigner se donner la peine de l'écrire de sa main pour que l'acceptation autographe reste consignée dans les annales de notre histoire. »

. . . .

La comtesse d'Edla, épouse de D. Fernando, manifestait à M. de los Rios la crainte de la possibilité d'une réaction en faveur du prince de Hohenzollern, ce qui mettrait D. Fernando dans le cas de retirer sa parole. Prim ajoute à ce sujet :

« Vous pouvez donner l'assurance la plus formelle que cela n'arrivera pas, et, de plus, cela ne peut pas arriver tant que je serai à la tête de ce gouvernement. Cela ne peut pas arriver parce que cela ne serait pas digne, etc..... et cela ne peut pas arriver parce

que D. Fernando est le prince qui a le plus de partisans en Espagne. Après ce qui a eu lieu, la candidature du prince Léopold est à
jamais mise de côté. »

Lettre du maréchal Prim, comte de Reus, à Sa Majesté le roi
D. Fernando.

Présidence du Conseil des ministres, 22 juillet 1870.

« ..... Votre Majesté jugea à propos d'anticiper le vote de l'assemblée souveraine par sa ferme résolution de ne pas accepter la
couronne, encore qu'elle lui fût par elle offerte.....

« Le gouvernement de Son Altesse le Régent à la recherche d'un
candidat se vit donc forcé de recourir à d'autres maisons régnan-
tes. V. M. qui observe et suit avec un vif intérêt et une intelligence
parfaite des choses le mouvement politique de tous les peuples,
est sans doute au courant de toutes les vicissitudes qu'a subies la
grave et transcendante question de la candidature pour le trône vacant de l'Espagne.....

« Sans aucune pensée hostile ou mortifiante envers la France avec
laquelle l'Espagne était, et est encore, dans des rapports de la plus
sincère et cordiale amitié; le cabinet, que j'ai l'honneur de prési-
der, autorisé par S. A., s'est adressé par mon entremise au prince
Léopold de Hohenzollern.

« V. M. connaît les conséquences lamentables qu'a occasion-
nées ce fait, puisque la France a reconnu la loyauté de la conduite
de l'Espagne dans cette affaire.

« Néanmoins le renoncement du candidat n'a pas suffi à éviter
que la France et la Prusse ne soumettent au sort des armes d'anciennes querelles ranimées par des excitations nationales :

. . . .

« Dans cet état, Sire, l'Europe, effrayée à la vue du péril imminent d'une conflagration européenne, est triste et abattue. Les esprits des hommes les plus valeureux d'Espagne et du Portugal, en

raison de leur situation mal assurée, partagent cette tristesse et cet abattement. V. M. trouvera excusable que je me permette d'insister à nouveau pour obtenir une réponse satisfaisante au nom du patriotisme ardent de V. M. et de l'affection invariable qu'Elle porte aux deux peuples frères..... »

. . . .

Pour ce qui concernait la comtesse d'Edla, le général Prim télégraphiait au ministre :

« En ce moment, je crois que, pour commencer, la modestie serait la meilleure recommandation pour l'avenir..... »

Et comme le général exhortait de los Rios à une grande circonspection dans ses rapports avec D. Fernando, ce dernier répondait :

« Ne craignez pas que j'aille trop souvent à Cintra. Lors de ma dernière visite, qui a eu lieu la nuit, à l'insu de tous, j'ai fait une chute terrible et j'ai reçu un coup à la poitrine. Afin d'y pouvoir retourner j'ai dû me faire poser huit ventouses, et me voilà prêt à aller prendre la réponse..... »

. . . .

Il arrive souvent que lorsque les difficultés paraissent surmontées, elles ne font que commencer. D. Fernando tenait absolument à régler la situation de son épouse, et à faire admettre d'autres conditions plus importantes.....

Lettre de D. Fernando à M. de los Rios. Le 26 juillet 1870.

. . . .

« On n'ignore pas combien il m'en coûte de quitter ma vie paisible, encore que ce soit pour occuper le trône d'une grande et noble nation. Il n'y a que les intérêts de l'Europe et spécialement les intérêts de la Péninsule qui peuvent me décider à prendre pareille résolution. Mais si je m'y décide, il est certain que ce ne sera pas sans stipuler des conditions honorables qui serviront de garanties à l'indépendance future du Portugal, à la sécurité et à la dignité de ma personne ainsi qu'à celle de ma chère épouse la comtesse d'Edla..... »

. . . .

« Pour que je sois roi d'Espagne, il faut que l'on règle la question de la succession, ou qu'au moins il soit bien arrêté qu'on la réglera à l'avenir, de telle sorte que les deux couronnes de l'Espagne et du Portugal ne puissent jamais se réunir sur un même front. »

. . . .

Suivaient alors d'autres conditions, à savoir : que la votation des Cortès ne serait pas inférieure aux trois quarts des membres de l'Assemblée constituante;

Que dans le cas d'abdication ou d'autres éventualités qui le forceraient à rentrer dans la vie privée, il lui serait garanti par l'Espagne une liste civile égale à celle dont il jouissait en Portugal;

Que la situation de la comtesse d'Edla serait établie comme il convenait à celle qu'il avait prise pour épouse;

Que les quatre nations occidentales : l'Angleterre, la France, l'Espagne et le Portugal se mettraient d'accord sur sa candidature pour éviter de futures complications;

Enfin que le gouvernement portugais interviendrait dans cette affaire et prendrait la responsabilité qui lui en incombait.

A ce moment-là, on faisait circuler le bruit que l'Espagne s'alliait à la Prusse contre la France. Le Portugal en était justement alarmé. De tous côtés, la pression sur D. Fernando augmentait d'heure en heure.

M. de los Rios écrit au duc de Saldanha, président du conseil des ministres à Lisbonne, pour lui faire part officiellement de l'état des négociations entre l'Espagne et D. Fernando.

Il lui montre la nécessité d'une réserve absolue jusqu'au moment où le président du conseil des ministres d'Espagne en donnerait officiellement avis au chef du ministère de Lisbonne afin d'éviter une publicité qui pourrait encore faire échouer la négociation.

De los Rios assure :

« Que la nation espagnole se complaira à ratifier de la manière la plus complète son respect déjà prouvé pour l'autonomie du Portugal. »

Il déclare :

« Que jamais on ne contrariera les sentiments du noble peuple portugais au sujet de son indépendance, ni par la violence des armes, ni par l'influence de la diplomatie, afin que tout prétexte aux craintes et aux méfiances étant écartées, les relations entre les deux peuples puissent se resserrer davantage. »

Toutes les conditions de D. Fernando étaient acceptées par l'Espagne, hormis celle qui avait rapport aux puissances étrangères — vu que Prim se refusait à les faire intervenir dans cette affaire privée de la nation — et celle du règlement de la succession qui, pour être décidée dans la forme que D. Fernando exigeait, entraînerait une infraction à la loi espagnole.

« Si D. Fernando persiste dans ses exigences, écrivait Prim, nous nous verrons forcés de mettre fin à cette négociation, et à mon vif regret..... »

D. Fernando se montrait inflexible, et se refusait à recevoir M. de los Rios. Il lui fallait absolument que la succession fût réglée *à priori*.

Les télégrammes pleuvaient dru entre le président du conseil de Madrid et le représentant de l'Espagne à Lisbonne. La situation de Prim devenait de plus en plus critique.

Télégramme du général Prim à M. de los Rios.

29 juillet, 6 heures de l'après-midi.

« Dites de ma part à D. Fernando qu'il veuille bien, avant de se décider, considérer la situation dans laquelle il va placer la Péninsule. A la réunion des Cortès il faudra nous constituer. Si nous ne pouvons présenter une solution monarchique, nous nous verrons peut-être poussés, malgré nos résolutions, vers un autre dénouement qui enveloppera le Portugal en même temps que l'Espagne. Que D. Fernando médite sur le bien ou sur le mal qu'il peut faire. Qu'il consulte son patriotisme et qu'il se décide la main sur le cœur. »

De los Rios écrivait le même jour au roi :

. . . .

« La presse d'aujourd'hui dit — et avec raison — qu'elle est grande la responsabilité de ceux qui ont conseillé V. M... responsabilité de ne pas avoir évité le carnage auquel nous assistons.

« Responsabilité des périls qui menacent l'Europe, depuis Cadix jusqu'à Saint-Pétersbourg, depuis Naples jusqu'à Lisbonne.

« Responsabilité enfin de ce qui pourra s'ensuivre, non pas dans un demi-siècle, si les deux couronnes venaient alors à se réunir sur une même tête, mais dans un mois peut-être, pour avoir abandonné les intérêts des deux monarchies. »

Réponse de D. Fernando à M. de los Rios.

Lisbonne, 30 juillet.

. . . .

« Les conditions que j'ai formulées sont écrites dans ma lettre du 26 et je les ai confirmées depuis dans mes lettres ultérieures. J'insiste là-dessus. Je ne propose aujourd'hui ni plus ni moins; je maintiens ma parole.....

« J'ignore si, dans ces conditions, il y en a qui soient contraires à la constitution espagnole.....

« Si l'affaire presse, pour ma part je n'y mets pas d'entraves, mais cela ne peut me forcer à dédaigner les convenances. Ce n'est pas moi qui ai promu ou sollicité la réunion des Cortès espagnoles. Le gouvernement de Madrid sait mieux que moi ce qu'il peut avoir à leur communiquer. »

. . . .

À grand'peine on était parvenu à ajourner la réunion des

Cortès jusqu'au 1er août dans la matinée, toujours dans l'espoir d'un arrangement définitif avec D. Fernando. M. de los Rios écrivait le 31 juillet une nouvelle lettre de sollicitation.

Prim télégraphie à de los Rios :

« Les circonstances s'aggravent, les Prussiens s'attribuent la victoire dans les dernières batailles. A Paris, tout doit aller bien mal.

« Je viens de voir une dépêche de l'Impératrice à sa mère dans laquelle elle lui dit de ne pas partir, que les événements se compliquent. Ici il est plus que probable que les républicains se jetteront en avant. Nous allons voir comment vous vous tirerez d'affaire. Dieu veuille que ce soit comme le souhaite votre ami.

« P. »

Lettre de D. Fernando au Ministre d'Espagne.

Lisbonne, le 31 juillet.

. . . .

« Il y a pourtant une chose sur laquelle je ne puis faire de concession, c'est sur ce qui se rapporte à la succession, parce que ce n'est pas une question personnelle et qu'il s'agit de l'indépendance de ce pays qui a été le mien depuis de si longues années. A cet effet, il est indispensable que l'on stipule que la succession au trône sera déterminée de manière à ce que l'indépendance des deux nations soit garantie, et qu'en aucun cas, les deux couronnes ne puissent être réunies sur un même front.

« Ce point est capital pour moi, car je ne puis jamais être, ni paraître l'instrument d'une politique qui poursuive d'autres desseins.

« Sur ce point la responsabilité du duc de Saldanha ne suffit pas. Il faut la garantie d'une loi espagnole.....

« Voilà mon dernier mot avec lequel je n'ai pas été en contradiction depuis ce que j'ai écrit le 26..... Sans l'acceptation pure et simple, il est inutile de continuer à discuter cette affaire ».....

Du même au même.

Lisbonne, le 1er août.

. . . .

« Je vois à mon grand regret que nous ne pouvons nous entendre puisque ma conscience ne me permet pas de changer quoi que ce soit à l'importante question de la succession.

Télégramme du général Prim à M. de los Rios.

« Si l'on évitait toute discussion sur la succession, on serait en pleine liberté de traiter cette question durant le règne de D. Fernando ou après. »

M. de los Rios croit pouvoir influencer la décision de D. Fernando en lui adressant de nouvelles réflexions.

Réponse de D. Fernando.

Lisbonne, 2 août.

« Je croyais m'être expliqué d'une façon assez claire et catégorique pour faire connaître d'une manière définitive mes intentions, mais je constate avec surprise que je n'ai pas été bien compris et que l'on croit possible de changer mes convictions qui d'ailleurs, sont nées de ma conscience de prince portugais et d'honnête homme.

. . . .

« Ce n'est pas à moi à examiner si la constitution espagnole s'oppose à la condition que j'ai imposée; je sais parfaitement comment les Constituantes peuvent modifier la disposition d'un article quelconque..., et je le sais par expérience. En Portugal, plus d'un article a été modifié à cause de moi. Du reste, il n'appartient qu'à moi d'établir dans quelles conditions je puis accepter l'invitation qui m'est faite, sans me préoccuper des moyens à employer pour que je puisse répondre à cette invitation.

« Ce qu'il m'est impossible d'admettre, c'est que l'on dise que par ce fait je déshérite mes descendants et que je nuis à mes enfants.

« J'ai toujours été un père affectueux. Je suis aussi prince portugais. Je connais parfaitement les devoirs que m'imposent ces deux
qualités. J'ai plus d'un enfant et j'ai des petits-fils; ainsi donc la
condition que j'impose n'est ni impossible à accepter, ni nuisible à
mes descendants...

« Celui d'entre eux qui dans l'avenir serait roi d'Espagne ne
serait pas roi de Portugal et réciproquement.

. . . .

« Dans la longue correspondance que nous avons échangée à ce
sujet, je crois avoir prouvé mon désir d'être utile à la paix de la
Péninsule. Mais si mon abnégation est grande, mes devoirs ne sont
pas moindres. D'ailleurs ma résolution est immuable..... »

. . . .

La presse entière s'agitait autour de cette question.

L'opinion était de plus en plus démontée. En désespoir de cause
Prim propose de soumettre la clause de la succession à l'arbitrage
réservé et solennel du roi D. Luiz, de la reine D. Maria Pia, du gouvernement et du conseil d'État portugais.

Lettre de D. Fernando à M. de los Rios.

Lisbonne, 3 août.

. . . .

« Remettre entre les mains du roi, de la reine, du gouvernement
et du conseil d'État la décision d'une affaire qui m'est entièrement
personnelle et qui dépend de ma seule volonté, impliquerait l'abdication de mon libre arbitre et le renoncement à ma liberté
d'action dont je ne veux nullement faire abstraction.....

« Vu que le gouvernement espagnol ne peut accepter la condition que j'ai jugée indispensable, je suis d'opinion que nous devons
tenir pour nulle cette longue correspondance.... »

. . . .

Les rapports devenaient tendus.

De part et d'autre on s'aigrissait. M. de los Rios écrit à D. Fernando que le refus de S. M. s'appuyant seulement sur les scrupules de sa conscience de prince portugais, il était de tout point indispensable que le roi D. Luiz eût connaissance de ces scrupules et des dangers qu'un pareil refus pourrait faire courir au Portugal, etc., etc.

D. Fernando répond plus catégoriquement que jamais.

Lisbonne, 4 août.

« Je regrette de dire à M. de los Rios que je ne puis discuter davantage la *question de succession*..... Je considère cette affaire terminée et je ne puis croire que l'on n'ajoute pas foi à mes paroles.

« D. Fernando. »

. . . .

Le général Prim essaie d'une nouvelle formule qu'il croit devoir suffire à D. Fernando; mais celui-ci n'admettait pas de changements et tenait à sa rédaction. Il la lui fallait telle que.

« Je ne me préoccupe pas, écrivait-il encore, de ce que les peuples feront à l'avenir; ma responsabilité n'y sera pour rien. Ce qui m'incombe maintenant, c'est de sauvegarder autant qu'il est en mon pouvoir les droits d'un peuple que j'aime, parce que je suis reconnaissant à l'attachement qu'il m'a toujours témoigné et parce que, ayant passé dans ce pays la meilleure partie de ma vie, j'y garde encore tout ce qui m'est cher en ce monde. »

. . . .

Le général Prim tente un suprême effort, et D. Fernando donne son éternelle réponse :

« Je médite jour et nuit, à partir du 26 juillet, sur l'importante affaire qui nous a occupés et à tel point que j'en suis malade. Il est donc à supposer que j'ai des raisons puissantes pour mon insistance..... Ma conviction est inaltérable..... Il est clair qu'il n'y a rien de stable en ce monde, mais cela n'empêche pas que l'on établisse des lois et des traités pour garantir des idées ou des intérêts que l'on juge importants. Si plus tard le temps ou les événements les détruisent, la faute n'en est à personne. Cela ne prouve que l'instabilité des choses humaines. Chacun n'a à répondre que de ses paroles et de ses actions. »

. . . .

Le général Prim ne pouvait lâcher ses lambeaux d'espoir. Il s'y accrochait avec d'autant plus d'angoisse, qu'il entrevoyait peut-être un spectre le guettant derrière la candidature qui succéderait à celle de D. Fernando.

M. de los Rios adresse une dernière supplique au roi :

Lisbonne, 7 août.

« Veuille la Providence de la Péninsule, que dans un avenir prochain, nous n'ayons pas à déplorer la rupture de ces négociations. Veuille-t-elle surtout pousser V. M. à prendre la seule décision que conseille cette affaire : celle d'accepter résolument la couronne d'Espagne pour devenir là-bas le vrai gardien de l'autonomie portugaise et le témoin des loyaux sentiments du peuple espagnol. »

. . . .

Mais la Providence demeura sourde à l'appel de Fernandez de los Rios. Les événements suivirent leur cours. L'œuvre sanglante se poursuivait. Une autre candidature fut posée et cette fois acceptée. D. Amédée de Savoie débarque en Espagne pour monter sur le trône des Bourbons. En forme de salut, on lui communique que Prim avait payé de sa vie son métier de faiseur de rois, prouvant ainsi que toujours il est plus aisé de démolir que de reconstruire. Le drap de neige qui recouvrait les chaussées de Madrid devenait le linceul qui ensevelissait la défense et les espérances de la nouvelle et éphémère dynastie.

D. Amédée, n'écoutant que son courage, poursuit sa route jusqu'à Madrid.

Très calme, très fier, très élégant sur sa superbe monture, tête nue sans se soucier de la bise glaciale qui soufflait du Guadarama, le prince de Savoie fait son entrée solennelle dans la capitale, devançant son état-major d'une vingtaine de mètres.

Il salue la foule, moitié dédaigneuse moitié hostile, qui d'un œil mauvais le regarde arriver, et qui à son passage subit le charme de sa noble attitude.

La crânerie du défi jeté ainsi à l'assassin conquit d'emblée au prince la sympathie et le respect de la nation; mais il y avait loin de là à l'adhésion d'un peuple; et D. Amédée ne tarda pas à descendre de lui-même les marches d'un trône d'où le cœur de l'Espagne se tenait écarté.

II

DOCUMENTS

Documento n° 1

19 de septembro de 1460

Eu o Infante Dom Amrique, Regedor e gouernador da Caualaria
do mestrado de nosso Snor Jhis. xpõ, duque de Vizeu he sõr de
Couilham faço saber aos que esta minha carta virem que esguardando
eu em como em Restelo termo da Cidade de Lx.ª per muitas veses
erão juntos muitos homes estando ahi per espaço de tpõ em armadas
que se fazião destes Reynos pera muitas isso mesmo dos que hião e
vinham a tratar suas mercadorias pera lugares desvairados no qual
estado que assi estava no dito Porto nã podià ouuir missa cares-
semdo em ello hos Ecclesiasticos Sacramentos e morriã muitos aly
e os lançauã naquellas areas, sendo desfalecidos de nõ poderem
auer saserdote que os confessasse nem Igreja, nem semiterio em que
os taes corpos assi mortos podessem ser lançados e pera os ditos
mortos assi nã ouuesem ho que pela santa madre Igreja he estaba-
lecido e suas almas com seus corpos recebessem en ello pena e pou-
qua consollação e os uiuos e sãos que assi ali estauão e per tal logar
passauão assas recebiã en ello aflissão e pouco conforto per isso,
mente aly nã acharem agoa, per omde per seruiço de Deos e do seu
santo nome e em louuor e reuerencia da gloriosa Virgem Maria
minha Snõra Madre do meu Sõr Deos mandei ali fazer hua Igreja,

pondo-lhe nome Santa Maria de Bethelem, mandando isso mesmo
fazer hu cano he chafaris e fonte pera uso da dita Igreja e pera os
sobreditos que em tal porto estiverem, e pera os que por aly forem
poderem auer agoa, e resguardando eu como tenho recebidos muitos
bens da dita Ordem de nosso Sõr Jhs xp.º e assi das pessoas della
como das rendas : faço pura e irreuogauel doação pera todo sempre a dita ordem da dita Igreja, e agoa e terra que lhe comprei, os
quaes assi dotei e anexei a dita Igreja com sertas condições asuso
escritas. SS. que da agua aja a ordem sempre seruidõe para o que
lhe mester fazer pera seus pumares e ortas e outra qualquer despesa,
e que outrossi os ditos caminhantes e os dos navios hajam e se
possão servir da dita agoa assi pera beber, como bestas e gados e seus
usos dos ditos navios, pela qual agua não pagarão nenhum tributo a
dita ordem nem a outra pessoa, somente em reconhecimento do bem
que assi recebem, e refresco, e folgança que dão aos corpos, e sal-
vação que dão a suas almas lhes aprasa per minha contemplação dize-
rem senhas vezes (*de cada vez*) o Pater noster e aue Maria per sa-
luação de minha alma e per os que eu sou tendo [1] rogar aqual Igreja
e Padroado della, ortas, casas, e terras com todas suas pertenças
dou a dita ordem demitindo a ella o dominio seu que asi da dita
Igreja e cousas d'ella, assi e polo guisa que me conuem e pertencem
de direito e por aquella forma e regra que a eu tenho e posso dar á
dita ordem per auturidade do Santo Padre, per as quaes erdades e
outras cousas que assi comprei, e ouve pera a dita Igreja prasa ao
capellão que em ella estiuer diser cada semana hua missa de Santa
Maria ao sabado per minha alma, e a comemoração seja de Santo
Espirito com seu responso e oração fidelium e ante de começar a
missa se volva o clerigo para os que a ella estiuerem pedindo-lhe
alta vóz no amor de Deos que digão o pater noster et aue Maria
pela minha alma per esta Igreja que mandei fazer, e dos da ordem e
daquelles que obrigados são. E depois que sentir que a oração he

---

(1) Sendo — *obrigado.*

acábada, va per sua missa imdiante. Da qual doação que assi faço mandei ser feita esta minha carta per firmesa dello assignada per minha mão, e sellada do sello de minhas armas, e a mandei por no cartorio do Convento de minha villa de Thomar per a qual hei per tomada a posse da dita Igreja e cousas sobreditas pera a dita ordem e per esta presente rogo e encomendo aos mestres ou gouernadores della que apos mim vierem que assi o mandem cumprir como aqui he conteudo. Feita em minha villa 19 de setembro. João de Moraes a fez. Anno de nosso Sôr. Jhs. exp.° de 1460. E rogo, e peço, mando e encomendo aos ditos mestres e gouernadores que despois de mim forem da dita ordem, que em cada hum anno per a primeira renda que render a dita Igreja de Santa Maria de Belem, mandem sempre dar ao Capellão que assi tiuer cargo de a cantar hum marco de prata pago em prata, que lhe mando dar pór ter cargo ao dito dia de sabado sempre dizer a dita missa como suso em esta carta fáz mensão mandando-lhe cada hum fazer delle sempre mui bom pagamento como he razão per esta doação que assi fiz a dita ordem desta Igreja e per muitos outros acrecentamentos e bens que em ella feitos tenho.

Desta doação impetrou o dito Infante pera zeu zello auer mais inteiro effeito, aprouação e confirmação do Papa Pio 2.° com ercição desta Igreja em parochial com fonte baptismal, e outras insignias de Parochia. E esta ereição em vida sobmente do dito Infante como mais largamente se contem nos Letras do dito Papa feitas en Mantua Pridie idus octob. anno 1459 pont. (*Anno*) secund (1).

Documento nº 2

24 de março de 1474

Dom Manuel etc. a quantos esta nossa carta virem fazemos saber que por parte dos herdeiros de Vasco da Guama nos foy apresentada huuas carta del-Rey dom Joham meu senhor cuja alma ds aja da-

qual o teor tal he — Dom Joham per graça de ds Rey de portugal
dos algarues daquem e d'allem mar em Affriqua aquantos esta nossa
carta airem fazemos saber que por parte de Vasco da Gama nos foi
apresentada huua carta del Rey meu senhor e padre que ds aja o
qual ho teor tal he de verbo a verbo como se ao diante segue —
Dom afonso per graça de ds Rey de portugal e dos algarues daquem e dallem maar em affriqua, a quantos esta nossa carta virem
fazemos saber que a nos enuiou dizer Vasco da Guama nosso escudeiro morador em a nossa villa deluas que elle e certos primos seus
tẽ huũa herdade que se chama alcanam de mal, jaz no termo da
dita villa, a qual foy defesa per elRei dom pedro meu uisauõo que
ds aja, per carta sua que dello tem. E por quanto na dita carta se
nom declara quanta pẽna os que a dita defesa quebrarem quebrare
ham de paguar por cabeça de guado grande e pequeno e por fato
junto nem por cada cousa das outras em a dita defesa contiudas
soomente assi em jeral diz que por cadauez que contra a dita carta
fosem lhe paguem quinhentos soldos, nos pedia por mercêque por
nossa carta declarassemos as ditas penas segundo eram declaradas
em outras cartas de defesas da dita villa, apresentandonos loguo o
trellado em pruuica forma de huũa nossa carta que Ruy Guomez
tem doutra sua herdade em que se as ditas pennas declararam pella
maneira aqui abaixo contiudas. E nos visto seu requerimento ser
justo e querendo lhe fazer graça e mercê temos por bem ẽ queremos
que qualquer pesoa que contra sua voutade daqui e diante for
achada na dita sua defesa pascendo as eruas com suas bestas e guados e porcos ou ceguando as ditas eruas, ou cor-
tando Rama e madeira pague por cada huũa cabeça de besta ou de
guado grande sasenta soldos de moeda antigua, e por cada huũa cabeça dovelhas, carneiros, porcos, de qualquer outro guado meudo
vinte soldos da dita moeda, e das outras cousas pague outros sessenta
soldos, e isto por cada vez que na dita defesa lhe forem achadas e
mais lhe correguem toda a perda e danno que na dita herdade lhe
fizerem. E esto com tanto que esto nom embargue aos que pella a

dita herdade quiserem ir pescar ao odianna e leuar a ella seus gados pera as canadas antiguas, que assi aviam daver. Porem mandamos ao nosso corregedor da comarca d'âtre tejo e odianna e aos juizes da dita villa delvas e a quaesquer outros juizes e justiça officiaes e pesoas aque ho conhecimento desto pertencer que cumpram e guardem e façam mui bem cumprir e guardar esta nossa carta ao dito Vasco da Guama, como em ella é conteudo e lhe façam executar as ditas pennas de quaesquer pesoas que nellas emcorrerem e entreguallas ao dito Vasco da Guama, e isto quanto aa sua parte que tem na dita herdade non poendo sobre ella embarguo nem contradiçam alguūa por que nossa mercê he de a dita herdade ser assi defesa e o dito Vasco da Guama aver as ditas pennas da sua parte della como dito he. E em testemunho dello e por guarda sua lhe mandamos dar esta nossa carta asinada por nos e assellada do nosso sello pendente. Dada em Santarem a vinte e quatro dias de março xptouam de Barros a fez anno de mil e quatrocentos e satenta e quatro. Pedindo-nos ho dito Vasco da Guama que lhe confirmassemos a dita carta e visto por nos seu requerimento, querendo lhe fazer graça e mercê temos por bem e lha confirmamos. E porem mãdamos ao nosso corregedor da comarca de entre tejo e odianna e ao juiz e officiaes que ora sam e ao diante forem em a dita nossa villa deluas e a quaesquer outros a q esta nossa carta for mostrada ou e treslado della empruuica forma que lha cumpram e guardem e façam inteiramente comprir e guardar assy e pella guisa que em ella he contiudo por que assi he nossa mercê. Dada em a villa de monte-mór o nouo acinquo dias do mes de fevereiro Luiz péres a fez año do nascimento de nosso senhor Jhu xpõ de mil quatrocentos e oytenta e dous annos.

Documento nᵒ 3
9 de junho de 1478

Dom João etc. A quantos esta nosa carta vjrem fazemos saber que pellos serujços que estcuom da guama alcaide moor da nosa

ujlla de Sines comemdador do cerquall tem feitos a nos e a dicta
hordem e ao diamte delle esperamos de Reçeber e queremdo lhe
fazer graça e merçee temos por bem e nos praz que elle tenha e aja
de nos e da dicta hordem em comemda a Remda / uinhos (?) e
aportajem e a Remda / dos tabaliães da dicta ujlla /. E jsso mesmo
os linhos auelhos (sic) e cordeiros / bacoros e cabrjtos mell foros
com temças loguimes e todalas outras meuças como se sempre pera
nos nos e pera a dicta ordem colherem e arrecadaram em a dicta
villa e mjlhor se com direito as elle poder auer e rrecadar as quaes
rrendas lhe nos asy damos pellos dictos serujços e em contentamento
e satisfaçam da alcaydarja dos collos / e mando que em elles tynha
por ser capitam / e alcayde moor de synes que nos leyxou as quaes
rrendas lhe nos asy damos encomemda como dicto he e queremos
que elle os aja e posua asy e tam compridamente como as ham e
possuem os outros comendadores da dicta hordem suas comemdas
ata lhe ser tornada a dicta alcaydaria dos collos e mando que neles
tinha por asy ser capitam e alcaide moor da dicta ujlla / de sines em
quallquer tempo que lhe todo tornado seja e ele dicto esteuom da
guama / nom tera mais em a dicta comemda as dictas remdas so-
memte aver de temça na mesa mestrall da dicta hordem e dy em
diamte cadano dez mjl reaes brancos dos quaes queremos e nos
praz que elle aja paguamento pelas dictas mesmas remdas e mandamos aos ueadores e ofeciaes de nosa fazemda que pera ellas nomea-
damente lhe dem cadano despacho dos dez mil reaes e porem mamdamos ao noso contador do dicto mestrado e o noso almoxarife ou
Reçebedor que ora he e adiante foor do dicto almoxarifado de sines
todolos outros ofeciaes e pesoas que o conhecimento desto pertemcer per qualquer guisa que seja que metam loguo de pose e aja
por metido o dicto esteuom da guama ou quem elle por elo em seu
nome emujar de todalas dictas remdas cada huma delas como dicto
he lhas leixem asy aRendar e colher aRecadar per sy e per quem
lhe aprouer pella maneira sobre djeta e lhe cumpram e guardem he
façam muj bem comprir e guardar esta nosa carta como em ella

hē comteuda sem outra duujda nem embarguo que em maneira alguma a ello ponham por que asy he nosa merçee em testemunho dello e por sua guarda lhe mamdamos dar esta nossa carta asinada per nos e asellada do noso sello dada em monte mor o nouo / a noue dias de junho / cristouom de bairos a fez anno de noso Senhor Jesu cristo de mjll quatrocentos e setenta e oito.

Documento n° 4

18 de abril de 1479

Dom Ioham etc. a quantos estas nossa carta virem fazemos saber que da parte d esteuam da gama comendador do cerquall e alcaide moor de Sines nos foy apresentada huua carta esprita em purgaminho assinada per elrey meu senhor e padre que deus tem da quall o theor de verbo a verbo he este que se segue — Dom affonso per graça de deus Rey de purtugall e dos algarues etc. a quantos esta minha carta virem faço saber que querendo eu fazer graça e merce a esteuam da gama comendador do cerquall e allcaide moor de synes tenho por bem e faço lhe mercee em sua vida do servico gerall que me sam e foram obrigados a pagar Sallamaão allpaão e yuda aabram judeus moradores em a villa de samtiaguo de cacem e me praz que elle per sy e per quem lhe aproueer mande delles recadar ho dito scruiço Reall d aquy em diamte en sua vida sem meus oficiaes em ello terem que veer. E porem mando ao meu contador e allmoxarife da dita comarqua que lhe leixem teer e aveer em sua vida o dito seruiço Reall dos ditos judeus e recdaallo delles per sy e per quem lhe prouuer sem outro embarguo que lhe ello ponham porque asy he minha mercee e o dito contador fara registar no liuro dos ditos contos esta carta para se saber como tenho esto dado ao dito esteuam da gama e elle tenha por sua guarda. Dada em avys xbiij dias de abrill antam gonsalues a fez anno de mill iiij^clxxix annos — pedindo nos ho dito esteuam da gama por mercee que lhe

confirmassemos a dita carta como em ella he contheudo e vysto per
nos seu requerimento querendo lhe fazer graça e merce temos por
bem e confirmamos lha e avemos por confirmada asy e pela guisa
que se em ella conthem. E porem mandamos a quaeesquer nossos
oficiaes a que o conhecimento desto pertencer que lhe cumpram e
guardem esta nossa carta de confirmaçam como em ella faz mençam
sem embarguo allguum que a ello ponham. Dada em Santarem a
bj dias de março gaspar luis a fez anno de mil iiij^{c}lxxxiiij.

Documento n° 5

22 de dezembro de 1492

Dom Joham, etc. saude. Sabede que Diogo Vaaz noso escudeiro
morador na villa de Setuuell Nos emuiou dizer que himdo elle huũa
noyte de sua cassa em companhia de Vasquo da Gama pera sua
cassa toparom com Joham Carualho allcaide da dita villa e por o
dito Vasquo da Gama hir embuçado e cuberto com huũa capa o
dito allcaide Remetera a elle pera o descobrir da dita capa e o
conheçer E que elle sopricamte lhe disera que o nam descobrise
que nam era mallfeitor e lhe disera que era o dito Vasco da Gama E
que o leixase e que o dito alcaide nã quisera fazer E começara de
chamar aaquedellrrey a que os premdessem E que elle vemdo . . . os
queriã premder lleuara de huũa espada que trazia e com huũa adar-
gua E sse metera . . . ho dito allcaide e com os que com elle erã aos
golpes e se defemdera delles que o nam prem. . . E que ao dito
arroido acudiram os Juizes da dita villa com outra gemte E elle nam
os conhecemdo . . . ha todos amte sy aos gollpes atee que os conhecera E tanto que os conhecera se metera em . . . os defemdemdo
sse pore damtes delles e rresistimdo comtra elles e . . . o dito allcaide nam semdo de nemhuũa das partes nem huu ferido E que
por ello . . . amdaua amorado com temor de nossas Justiças de o por
ello premderem. Pedimdo nos . . . doasemos a nosa Justiça se nos a

ella por Razam da dita Resistemcia que comtra... e Juizes come-
tera eratheudo E nos vemdo o que nos elle dizer e pedir Emuiou se asy
he como elle diz e hy mais nom ha E queremdo lhe fazer graça e
merçee Teemos por bem e perdoamoslhe a nosa Justiça a que nos
elle por Razam da dita Resistemcia e malleficio era theudo com tamto
que elle pagasse mjll reaes pera arca da piedade E por quamto elle
lloguo pagou os ditos dinheiros a Gomçallo do Reguo scripuam
segumdo dello fomos certo per seu asinado e por outro de Rodrigue
Annes outrosy scripuam que os sobre elle pos em Reçepta Mandamos
que daquy em diamte ho nam premdaees nem mamdes premder etc.
em forma. Dada na nosa cidade de Lixboa a xxij dias do mes de
dezembro. El Rey ho mamdou pellos doutores Fernam da Mesquita
seu desembarguador do paaço e Diogo Pinheiro do seu desembar-
guo e perpetum aministrador do moesteiro de Crasto da Vallãs.
Joham Afomso a fez anno de noso Senhor Jhu Xpo de mil iiijᵉlRij
(1492) annos.

Documento nᵘ 6

17 de dezembro de 1495

Eu dom Jorge etc. A quamtos esta mjnha carta virem faço saber
que esgardamdo eu aos muytos seruiços que vasco da gama fidalgo
da casa del Rey meu senhor e padre cuja alma deus tem e a el rey
meu senhor e a mym tem fejtos e espero que ao diante fara e querendo lhe fazer graça e merçee teenho por bem e lhe dou em em-
comenda a mjnha comenda de mouguellas que he da dita hordem
com seu prestymo e todas suas Remdas dizimos foros e trebutos asy
e pera gujsa que ella direitamente aa dita hordem pertence ecom o
a tynha e avya e pesoya dom João fadrique que della foy vltjmo
comemdador per cuja morte a dita comemda vagou E porem mando ao
meu comtador do dito mestrado eao ouuydor delle e a quaaes quer
justiças a que esta mjnha injnha (*sic*) carta for mostrada e a conhe-

cimento della pertemçer que ho metam e façam meter em pose da
dita comemda e prestymo e Remdas e dizimos direitos foros trebutos
e de todalas outras cousas a ella pertemçemtes / e lhas leixem
aver, lograr e teer e pesoyr asy e tam jmteiramente como a dita
hordem e comemda pertemçem / e como as auya o dito dom Joaõ
fadrique que della foy vltimo comemdador / e mjlhor se as elle dito
vasco da gama mylhor poder aver e teer por que mjnha mercee
he / lhe fazer de todo merce e dar em emcomemda a dita comemda
de mougellas como de fejto dou e per sua guarda lhe mamdey dar
esta mjnha carta etc. dada em montemor ho novo a desesete dias
do mez de dezembro amtam lujs a fez de mil quatrocentos no-
venta e cinco.

Outro alvará a Vasco da Gama concedendo-lhe a commenda da
Chouparria, que tambem pertencera a D. João Fadreique, em **18** do
dezembro de **1495.**

Documento nᵘ 7

Julho de 1499

NOTA DA CARTA QUE FOI A EL-REI A RAINHA DE CASTELLA COM A NOTICIA DO DESCOBRIMENTO

Muyto altos, muito excellentes Principes e muyto pederosos senhores. Sabem Vossas Altezas como tinhamos mandado a descobrir
Vasco da Gama, fidalgo da nossa caza, e com elle Paulo da Gama, seu
irmão, com quatro navios pelo oceano, os quaes agora já passava de
dois annos que eram partidos; e como o fundamento principal desta
empresa sempre fosse por nossos antepassados de serviço de Deus Nosso
Senhor e proveito nosso, prouve-lhe por sua piedade assy os enca-
minhar, segundo recado que por hum dos capitães que a nós a esta
cidade ora he chegado ouvemos, que acharão e descobrirão a India
e outros Reynos e Senhorios a ella comarquaãos ; e entraram e nave-
garam o mar della em que acharam grandes cidades e de grandes
edificios e rios e de grandes povoações, nas quaes se fas todo o trauto

de especiaria e pedraria que passa em naus, que os mesmos desco-
bridores virão e achárão em grande cantidade e de grande grandeza,
a Meca e d'hy ao Cairo, de honde se espalha pelo mundo, da qual
trouxerão logo agora estes cantidade; a saber, de canella, cravo, gen-
givre, nos moscada e pimenta e outros modos de especiarya e ainda
os lenhos e folhas delles mesmos, e muita pedraria fina de todas
sortes, a saber Robys e outras; e ainda achárão terra em que ha
minas de ouro, do qual e da dita especiaria não trouxeram logo tanta
soma como poderam, por não levarem mercadoria. E por que sabemos que Vossas Altezas disto ham de receber grande praser e contentamento, ouvemos por bem dar lhe disso noteficação : E cream
Vossas Altezas, que segundo o que por estes sabemos que se pode
fazer, que nam ha hy duvida que, segundo a disposição da gente
christam que acham, posto que tão confirmada na face não seja nem
della tenham tam inteiro conhecimento, se não sigua e faça muito
servico de Deos em serem convertidos e inteiramente confirmados em
sua santa fee, com grande exalçamento della; e depois de serem
assim confirmados ser azo da destroyção dos mouros daquellas
partes; alem de esperarmos em Nosso Senhor, que o trauto principal, de que toda a mourama daquellas partes se aproveitava e que
por suas mãos se fazia, sem outras pessoas nem lineageens nisso en-
tenderem, por nossas ordenanças com os naturaes e navios de nossos
Reynos se mudar todo, para daquy se largamente poder prover toda
a christandade desta parte da Europa das ditas especiarias e pedra-
rias, que será, com ajuda delle mesmo Deos que assy por sua mercê
ho hordena, mais causa de nossas tençoens e prepositos com mais
fervor se exercitarem por seu serviço na guerra dos mouros de
nossas conquistas destas partes, para que Vossas Altesas tem tanto
proposito, e nós tanta devoçam. Muyto altos, muito excellentes Principes e muito poderosos Senhores, Nosso Senhor Deos haja sempre
vossas pessoas e Reaes Estados em sua santa guarda. Escrita em
Lisboa julho de 1499.

Documento n° 8

28 de Agosto 1499

Reverendissimo em xp.^{to} Padre que como irmão muito amamos.
Nós D. Manoel por graça de Deus Rei de Portugal e dos Algarves daquem e dálem mar em Africa e Senhor de Guiné e da Conquista, da
navegação e commercio da Ethiopia, Arabia, Persia e da India, uos
enviamos encommendar a V. Rev.^{ma} P... da mui grande nova...
dando nosso Senhor fim ao nosso trabalho ácerca da investigação da
Ethiopia e India, terras outras, e ilhas Orientaes... com praser vollo
noteficamos... e para saberdes o processo deste caso pelo que escrevemos ao Santo Padre vos enviamos dentro nela a minuta de sua
carta... alem do que a S. Santidade escrevemos, saberá V. Rev.^{ma} P.
que estes que ora tornaram da dita investigaçam e descobrimento
entre outros portos da India estiveram em uma cidade chamada Quolicut donde nos trouxerão canela, cravo (etc etc)... O rei se tem por
christão e a maior parte do seu povo... ha lá por todo o anno pepi-
nos, laranjas, limões e cidras... ha grandes frotas... A ilha Taprobana, á qual se chama Ceilam, he 150 leguas de Quolicut... Trouxeram os nossos 5 ou 6 indios de Quolicut... e mais um mouro de
Tunes... e um judeu tornado christão mercador e lapidario muito
sabedor das terras da Costa désde Alexandria para lá e da India
para o Sertão e Tartaria até ao mar maior... Nós tanto que esta nova
soubemos, logo mandamos fazer geraes procissões por todos os
nossos reynos dando muitas graças a nosso Senhor... e deve S. Santidade e V. Rev.^{ma} mostrar publicamente nom menos alegria e dar
muitos louvores a Deus. Outrosy como quer que por doações aposto-
licas mui largamente tenhamos o dominio de todo o por nós achádo,
de guisa que pouco necessario pareça mais nada, porem muito nos
pracerá e affectuosamente vollo rogamos que, depois de dadas nossas
cartas ao Santo Padre e ao collegio, queiraes, fallando n'isso como

de vosso, ao menos por mostra de algum novo contentamento para
nós em cousa tão nova e de tão grande e novo merecimento, aver
de S. Santidade nova approvação e outorga dello, na melhor forma
que parecer a V. Rev.ᵐʳ P. a qual Nosso Senhor prasa conservar como
ella deseja. Scripta em Lisboa a xxviii dagosto de 1499. — Rey.

Documento n° 9

24 de Dezembro de 1499

Nós el Rey fazemos saber A quantos este noso aluará virem q
auèdo nos respeito aos merecimentos de Vasco da Gama fidalgo de
nosa casa e aos muitos serviços que nos tem feitos no descobrimento
das yndias nos lhe temos outorgado de lhe dar e fazer doação e merçee da Vila de sines de juro e derdade com suas rendas e direitos
tirando o dizimo de deos do mar e da terra e com sua jurdiçam ciuel
e crime e por ser da ordem de santiago ante que lhe faça sua carta
em forma avemos primeiro de dar satisfaçam dela aa dita hordem
depois que nos vier despensaçam do santo padre pera se poder es-
caynbar com outra vila da coroa do regno E asy avemos de dar
satisfaçam a dom luis de noronha alcaide moer da dita vila da dita
alcaidaria. Porem nos praz e lhe prometemos per este que non
se querendo concertar connosco o dito dom luis pera leixar a dita
alcaidaria Tanto que vier a dita dispensaçam pera fazermos o dito
escaynbo, mandarmos fazer ao dito Vasco da gama sua doaçam da
jurdiçam senhoria e rendas da dita vila na forma e maneira que cos-
tumamos de dar as semelhantes vilas a outras pesoas e o dito castelo
em qualquer tenpo que depois concertarmos com o dito dom luis
sobrele ou o leixar per qualquer maneira que seja o darmos ao dito
Vasco da Gama asy de juro como a dita vila E por certidam e firmeza
delo lhe mandamos dar este aluara por nos asinado o qual queremos
que valha como carta aselada e pasada per nosa chancelaria sem
embargo de nosa hordenaçam en contrario feita em Lisboa a xxiiij

dias do mes de dezembro, Joham da fonseca a fez ano de myll iiij c
l R ix. — REY.·.[1]

Documento n° 10
1500?

Nós ElRei fazemos saber aquantos este nosso aluara virem que
esgardando nos ao muy grande e asynado serviço que a nos e a
nossos Reynos fez dom Vasco da gama do nosso conselho no descobrimento da India pello qual he Rezam que lhe façamos toda
homrra acrecentamento e mercê e porque nysto lha façamos praznos por este prezente aluara que de todallas armadas que em sua
vida mandarmos fazer e forem feitas pera as ditas partes da Indya
ora sejam somente pera trauto de mercadoria ora pera com ellas se
aver de fazer guerra, elle possa tomar e tome a capytanya moor
dellas pera nas taaes armadas em pesoa aver de hyr e nellas nos
seruir e quando elle asy a dita capytanya quizer tomar nam poere-
mos nos nellas nem faremos outro capitam mor salvo elle per quamto
per sua homrra e per comfyarmos dele que nos sabera muy bem niso
servyr nos praz lhe outorgar e de feyto outorgamos esta mercê e
pryvilegio como dito he. Porem lhe mandamos dello dar este noso
aluara per nos asynado o qual mandamos que em todo se cumpra e
garde como nelle he comtheudo por que asy he nosa mercê sem
Impedimento nem embargo allgum que a ello lhe seja posto. E
praznos e queremos que valha como se fosse carta per nos asynada
e asellada do nosso sello e passada per nosa chancellaria sem embargo de nosa ordenaçã e posto que nam seja passado pellos oficiaes
da chancellaria da camara feito.

Documento n° 11
25 de Septembro de 1501

Dom nasco de guama padram de mil cruzados douro de temça

emquanto lhe nom foor liure e despejada pera delle poder usar a
villa de sines de que lhe he feita merçee :

Dom manuel etc. A quamtos esta nossa carta uirem fazemos saber
que da parte de dom Vasco da gama...

E por quamto nos pollo presente. por alguuns respeitos nam po-
demos cumprir e satisfazer ao dito dom uasco a obrigaçam em que
lhe eramos lhe dar despeiada e liure a dita uilla de sines com
sua iurdiçam. Avemos por bem porque a satisfaçam e apenha-
mento della o dito dom uasco e seus descemdentes tenham a aiam
de nos os ditos mil cruzados com as craussolas e na maneira açima
declaradas assemtados e paguos em a dita nossa cassa da mina aos
quartees do anno per esta soo carta sem mais tirar outra de nossa
fazemda.

Porem mamdamos a fernam lourenço do nosso comsselho nosso
thessoureiro e feitor dos nossos trautos de guinee e das ymdias e a
outro qualquer que ao diante ujer e aos escpriuaes desse offiçio. Que
des primeiro dia de ianeiro que ora passou da era de mil e quinhemtos e huum annos em diamte em que lhe ouueramos de dar despejada a dita uilla em cada huum anno dem e paguem ao dito dom
uasco e a seus desçemdentes os ditos mil cruzados aos quartees do
anno. E per esta nossa carta como dito he e esto emquamto nos ou
nossos sobçessores lhe nam dermos a dita uilla liure e despeiada na
forma aqui comtheuda.

E per ho trellado desta carta que se assemtará e registará nos
liuros da dita feituria com seu conhecimento. ou de seus desçem-
demtes mamdamos aos nossos comtadores que lhe leuem em despesa
os ditos mil cruzados. E por firmeza e seguramça do dito dom uasco
lhe mamdamos dar esta carta assynada per nos e assellada do nosso
sello pemdente.

A qual queremos e mamdamos que em todo e per todo se cumpra
e guarde ynteiramente pella guisa e maneira que em ella he com-
teudo. Esto sem embarguo de quaaes quer leix ordenaçoões direitos
canonicos çiues grosas e oupeniões de doutores foros façanhas e

ordenações e capitollos de cortes que em comtrairo desto hy aia ou
possa auecr e renumçiamos expressamente a ley primeira codiçe de
pignoratitiacione com sua materya omde se determina que os fruitos
ou vemçoões de qualquer penhor se compemssem com a sorte prim-
çipal da qual ley e direitos nom queremos hussar em tempo alguum
antes promettemos por nossa fee Real de todo comprir. porque de
nosso moto propio çerta çiemçia poder Real. E aussolluto lhe fazemos
a dita doaçam e promessa da dita uilla. E por se nam poder despachar
como dito he lhe me dos os ditos mil cruzados em hapenhamento
e satisfaçam della atee lha sy darmos e emtreguarmos Realmente e
com effeito liure e dessembargada no modo sobre dito sem mymgoa-
mento alguum auemdo respeito a seus gramdes mereçimentos e aos
mujtos e assinados seruiços que nos assi fez dom soomente a nos
mas a nossos regnos e senhorios no descobrimento das ditas ymdias
como dito he dada em a nossa cidade de Lixboa a vymte cinco dias
de setembro gaspar Rodriguez a fez. — Anno de nosso Senhor Jesus
christo de mil quinhemtos e hum annos.

Documento nº 12

10 de Janeiro de 1502

Vaasco da gama doaçam de dozentos e trinta mil Reaes de Renda
em parte dos trezentos mil Reaes que lhe foram dados por galardam
do seruiço que fez no descobrimento da ymdia. E mays titollo dal-
myrante da dicta Jndia e que possa mandar na viajem de cada huum
anno dozentos cruzados que lhe seram trazidos nas mercadorias que
lhe prouuer e ele se possa chamar de dom e certos Jrmaãos seus
nomeados na dita carta :

Dom manuel etc. A quantos esta nossa carta virem fazemos
saber : que seendo pello Jnfante dom anrique meu tyo começado
o descubrimento da terra de guynee na era de mil e quatroçentos e
trynta e tres com entençom e desejo de pella costa da dita terra de

guynee. Se auer de descobrir e achar a ymdya. A qual atee os tempos dagora nunca per elle foy sabida nom soomente com proposito de a estes Regnnos se seguyr grande fama e proueyto das muytas Ryquezas que nella ha.

As quaaes sempre pellos mouros foram pessuydas. mais por que afee de nèsso Senhor por mais partes fosse espalhada e seu nome conheçido. E despoys el Rey dom afonso meu tyo e el Rey dom Joham meu primo querendo com hos meesmos desejos proseguir a dicta obra com asaz mortes e despesas em seu tempo ate o Ryo do Jnfante foy descuberto no anno de quatroçentos e oytenta e dous que sam mil e oytoçentas e oytenta e çinquo legoas donde primeiro se começou a descobrir. E nos com ho mesmo desejo querendo conseguir a obra que o dicto Infante e Rex nossos anteçessores tynham começada. confiando que Vaasco da gama fidalgo de nossa casa era tal que por o que cumpre a nosso seruiço. E em comprimento do nosso mandado pos poeria todo o perigo de sua pessoa e aRyscamento de sua vida. O emviamos com nossa armada por capitam moor della emviando com elle paulo da gama seu Jrmaão. E nicolaao coelho yso mesmo fidalgo de nossa casa a buscar a dicta India na qual viagem nos elle asy seruio que honde en tantos annos que o dicto descobrimento ora começado e a elle muytos capitaães enviados. E se descobriram as dictas mil oytoçentas e oytenta e cinco legoas. E elle nesta soo viagem descobrio mil e quinhentas e cincoenta leguoas. honde ysso mesmo descobrio humma grande mina douro. E muytas villas e cidades muy Rycas e de grandes tractos. E emfim de seu descobrimento. achou e descobrio a Jndia. que por todolos escriptores que ho mundo escpreueram sobre todalas prouincias dele esta de Rica poseram. A qual todolos emperadores e grandes Rex que no mundo foram sobre todas esta desejaram / sobre a qual tantas despesas deste Regnnos forom feitos. e nom menos mortes de capitaães e outras gentes o nom soomente de todolos Rex desejadas de pesuyr. mays de se uer. O qual descobrimento e obra de tantos tempos começada elle acabou nam com menos mas com mays mortes de homens / despezas e perigos de sua pessoa de que pellos outros foy começada e conthynuada morrendo na dicta viagem / paulo da gama seu Jrmaão e asy ametade da gente que en toda a dicta armada em viamos : passando nella muytos perigos. asy pella viagem seer muy longa, que passou de dous annos. como tambem por nos fazer mays verdadeyra emformaçam da terra e cousas della. E vendo nos o muyto seruiço que a nos e a nossos Regnnos na dicta viagem e descobrimento ffez e grande proucyto : que nom soomente a elles dictos nossos Regnnos mais a toda a christandade se pode seguir e danificamento que aos Jnffices se espera. por ateé o tempo dagora teerem o logramento da dicta Jmdia. e mais principalmente pello muyto seruiço que a nosso Senhor esperamos que sygua por todalas gentes da dicta Jndia pareçer que ligeiramente se poderam trazer a verdadeiro conheçimento de sua sancta fee polo muito que ja dela teem alguuns deles serem e estarem nella Jnteiramente conffirmados. E querendo lhe em alguuma parte agalardoar o muyto que nysto nos tem seruido como todo principe deue fazer a aquelles que asy grandemente e bem o seruem.

E por lhe fazermos graça e mercee. de nosso propio moto liure vontade / certa sciençia poder Real e absoluto. Sem nollo elle pedir nem outro por elle. lhe fazemos pura liure e ynrreuogavel doaçam deste dia pera todo sempre entre viuos valedoira de trezentos mil Reaes de Renda en cada huum anno de juro e derdade pera elle e todos seus desçendentes e emparte de pago delles lhe damos a dizima noua do pescado da villa de synes e de villa nova de mil fontes. asy e pella maneira que ella a nos e a a coroa do Regnno pertence. E ao diante pertençer pode, em preço e contia de sesente mil reis que achamos que val cada anno. E posto que ao diante mais creça sera pera elle e pera seus herdeiros. E se menos valler nos nom seremos obrigado a lho compoer. A qual dizima de nos tynha dom martinho de castelbranco veedor de nossa fazenda. e nolla leixou pera a darmos ao dicto Vaasco da gama. E a elle demos satisfaçam della em outra parte. E asy lhe damos e queremos que

aja per as nossas sysas da dicta villa de synes cento e trinta mil reis
em cada huum anno que he o preço que Razoadamente as dictas
sysas ora vallem. das quaaes sysas queremos e mandamos que se
nom faça nenhuma despesa que seja / asy pera nos como pera nosso
asentamento nem pera outra nenhuuma cousa per espiçial que seja /
atee elle sera acabado de pagar da copia dos dictos çento e trynta mil
reis. E o que mais creçer o nosso almoxarife o Recadara pera nos e
se menos Render o que fallecer avera per as nossas sysas de Santiago
de caçem. E elle poera de sua maão Recebedor na dicta Villa de
synes que Reçeba e a Recade os ditos çento e trinta mil reis. E acon-
teçendo de os Rendeyros que forem das sysas dela perderem ou
nam quererem pagar como sam abrygados. Entam nos praz que elle
dicto vaasquo da gama ou seus herdeiros ou seu Reçebedor possa
constranger e executar os dictos Rendeyros per o que asy deuerem.
atee elles per encheo sem quebra pagos da dicta copia, asy como o
faria o nosso almoxarife a Recadando pera nos as dictas sysas. O
qual lhe entregara pera ysso suas fianças. E elles poderam apellar
ou agrauar pera o nosso contador ou pera a nossa fazenda se nysso
sentirem seer agrauados. E pera esta paga seer mais çerta e segura
nos nom faremos nenhumma quita aos Rendeyros das dictas sysas
em caso que percam nellas.

Outro sy lhe damos e queremos que aja elle e asy seus descendentes per as nossas sysas da dita villa de santiago corenta mil reis
em cada huum anno, os quaaes averam e lhe seram pagos pello
nosso Reçebedor dellas aos quartees do anno per em cheo sem nellas
aver quebra. pagando lhe primeiro seu quartell que outra nenhuuma despesa que faça e asy de quartel em quartel que he fim do
anno. E asy mesmo lhe pagara aos quartees sem quebra pella dicta
maneyra qualquer dinheiro que lhe faleçer em a dicta villa de sines
pera comprimento dos çento e trinta mil reis. leuando certidam do
nosso contador de beja da conthia que quebrou nas dictas sysas de
synes. Ao qual mandamos que tanto que ellas forem a Rendadas
e souber o que asy nellas ha de quebra lhe de logo a dicta çertidam.

E o dicto Recebedor cobrarà seus conheçimentos e os dara en conta ao nosso almoxarife ou Recebedor da dicta villa de beja. Ao qual mandamos per esta que lho reçeba.

E quanto he aos satenta mil reis que faleçem pera comprimento dos dictos trezentos mil reis lhe mandamos logo dar e asentar asy de juro e derdade em a casa do paaço da madeira desta cidade de lixboa. e ouue dello nossa carta patente.

E per esta mandamos aos dictos nosso almoxarife ou contador de beja que ho metam logo em posse da dicta dizima do pescado de sines e lha leyxem teer lograr / e pessuir / a Rendar / e a Recadar / como lhe prouver. E asy lhe leixem aver e Receber / e a Recadar pera sy em cada huum anno a elle e a todos seus herdeiros, desçendentes deste janeiro que ora passou da era de mil e quinhentos em diante pellas dictas sysas de synes os dictos cento e trinta mil Reaes na maneira que dicto he / per esta soo carta sem mais tirar outra de nossa fazenda. E per o trellado della que ficara Registada no liuro do dicto almoxarifado lhe seram leuados em despesa os dictos cento e trinta mil reis de synes. E asy os corenta mil reis que ha de aver em santiago. / Outro sy ho fazemos almyrante da dicta Jndia. Com todalas honras preminencias liberdades / poder jurdiçam / Rendas foros e direytos que com o dicto almyrantado per dereyto deue aver, e as tem o nosso almirante destes Regnnos. Segundo mais compridamente se contem em seu Regimento. As quaaes Rendas e dereytos se entemderam dos lugares e terras que a nosso Senhor aprouuer delle aver e estar a nossa obydiencia. Outro sy nos praz / e lhe outorgamos e lhe fazemos doaçam e merçee de juro e derdade deste dia pera todo sempre que nunca em tempo alguum possa seer Reuogado, que o dicto Vaasquo da gama e todos seus descendentes que herdarem e ouuerem os ditos trezentos mil reis de Renda em cada Viagem que emviarmos nauios aa dicta Jndia entendendo se cada huum anno huuma vez possa mandar nelles dozentos cruzados e trazellos nas mercadorias que lha prouuer sem dellas nos pagar outro direito / nem tributo alguum. Saluo pagara a vintena aa hordem de chrislo. E mandamos que aos nossos capitaaes e feytores que la forem que lhe leuem os dictos dozentos cruzados e os tragam empregados nas dictas mercadorias. E bem asy o fazemos a elle dicto Vaasco da gama de dom, e por seu Respeyto yso mesmo queremos e nos praz que ayres da gama e tareyja da gama seus Irmaãos sejam de dom e possam todos daqui em diante chamar de dom e asy seus filhos e netos e todos aquelles que delles descenderem.

A qual doaçam lha sy fazemos deste dia pera todo sempre de juro e derdade como dicto he. Sem embargo de quaaes quer lex hordenaçoões dereytos canonicos e ciuis, glosas foros custumes opinioões de doctores e capitollos de cortes e cousas que contra esto forem ou ao diante possam seer feictos. as quaes todos e cada huuma dellas aqui avemos por expressas e declaradas e por de nenhuum vigor e efeicto e queremos e mandamos que esta nossa carta de doaçam tenha e valha asy e tam compridamente commo nella he contheudo. E prometemos por nos e nossos sobçessores que apos nos ham de vyr de nunqua hyremos contra ella em parte nem en todo. Antes a fazemos sempre comprir e manteer como nella he contheudo. E asy Rogamos e encomendamos aos nossos sobçessores por nossa bençam que nunqua contra ella vaão em parte nem em todo.

Antes a façam asy comprir e manteer como nella he declarado. porquanto asy he nossa merçee. Outro sy queremos e mandamos que hos herdeiros do dito Vaasquo da gama que esta merçee ouuerem derdar se chamem da gama por lembrança e memoria do dicto Vaasco da gama. E em testemunho e por firmeza de todo lhe mandamos dar esta nossa carta per nos asygnada e sellada do nosso seello pendente. dada em a nossa cidade de lixboa a dez dias dias do mez de janeiro. gaspar rodrigues a fez.

Anno de nosso Senhor Jesus christo de mil quynhentos e dous annos.

Documento n° 13

1 de Janeiro de 1501

Dom manuell etc. A quamtos esta nossa carta uirem fazemos saber A uos corregedor na comarqua dantre douro e minho e ato-
dollos juizes e justiças da nossa muy nobre e leall çidade do porto,
e a outros quaees quer officiaees e pessoas, aque o conhecimento
desto pertemceer, por qualquer guisa que seja, ou o trellado della
em pubrica forma, dado por auctoridade de justiça for mostrado
saude, sabede, que esguardamdo nos aos muitos seruiços, que temos
recebidos d'aluaro de bragua escudeiro de nossa casa, especialmente
no descobrimento da Ymdia em que elle foy com dom Vasco da
Guamaa fidallgo de nossa casa e do nosso conselho, e querendolhe
nos em alguũa maneira agualardoar ho dito seruiço e os que delle
esperamos receber, temos por bem e mandamos que daqui em
diamte elle e huũ seu filho mais velho, que elle tenha lidimo, e
daqui em diamte todollos filhos de seus filhos mais uelhos que delles
decemderem por linha dereita masquollina, para sempre sejam
priuilligiados e escusados e guardados e asi os seus casciros, amos
e mordomos, lavradores encabeçados, que esteuerem e laurarem nas
suas quymtaas e casaaes emcabeçados por esta maneira. . . . . . .

. . . .

dada em a nossa çidade de lixboa primeiro dia de feuereiro, luiz
correa a fez Anno de myll e quynhemtos e huũ Annos.

Documento n° 14

21 de Março de 1501

Allvara delRey dom manuell em que manda ao allmirante dom
Vasco da gama que nom emtre em synes sob pena de quinhentos cruzados e mais sob a dita pena non faça mais nas suas casas.

In nomine domini amen Saibam quamtos este estromemto dado

em pubrica forma per mandado e autorydade de Justica virem que
no anno do nacimento de noso senhor Jeshus Christo de mil quinhentos e sete annos aos xxvi dias do mes de Junho em a villa de samtiaguo de cacem na casa da fazemda do mestre de sam tyaguo e davis
duque de coymbra etc.ª noso senhor estando hy o Licenceado fram-
cisco barradas cavaleiro da ordem de samtiaguo comemdador de
mougelas chamceler da casa do dito senhor e desembargador dela
loguo per Joham da gama fidalguo da casa do dito senhor que tem
carreguo de veador da dita fazemda foy apresentado ao dito licenciado huum aluara asynado por elRey noso senhor de que o theor
all he Nos elRey fazemos saber a vos dom Vasco da gama almyrante
das Imdias e do noso conselho que nos avemos por bem e noso serviço poa allguns Respeytos que nos a ello mouem que da feytura
desie alvara a trymta dias primeiros seguymtes tirees vosa molher e
toda vosa casa da villa de synes omde ora a temdes E vos nem a dita
vosa molher e casa nam poderees mays tornar nem emtrar na dita
villa nem em seu termo saluo por licemça do mestre meu muyto
amado e preçado sobrynho. E emtramdo cada huum de vos sem sua
licença com vosa casa ou sem ella avemos por bem que paguees
quinhemtos cruzados de pena pera os captivos E aalem diso ficara a
nos vos darmos por iso o castiguo que merecem aquelles que nam
cumprem os mandados de seu Rey e senhor. Porem vollo noteficamos
asy por este presente aluara o quall vos mandamos que em todo cum-
praces e guardes como nelle he comtheudo sob as ditas penas por
que asy ho avemos por bem e da pobricaçam dele mandamos que se
faça auto por quem vollo noteficar pera sempre se saber como asy
vos foy noteficado feyto em tomar a xxi dias de março amtonio car-
neiro o fez de mil vᶜ e sete. E asy mesmo vos mandamos que na obra
das casas que na alguma e sobre sejaces nyso sem mays obrardes
nem mandardes obrar em maneira allguma por que asy ho avemos
por bem sob a dita pena em que emcorrerees se asy o nam comprirdes.
E apresemtado o dito aluara pelo dito João da gama como dito he loguo
por elle foy dito ao dito lecemciado que por quanto o dito aluara era

avido cm fauor e liberdade da ordem de sam tiaguo que lhe pedia que imtrepusese e dese sua autoridade ordinaria a mim notario pubrico jeral pera o treladar en este tonbo da dita ordem. E visto pello dito Licenciado o dizer do dito João da gama e bem asy o dito aluara e como era asynado per sua alteza lympo sem nenhuma borradura nem amtrelinha nem em alguma parte carecido mandou a mym sobredito notario que o treladase aqui e que pera elo daua e imtrepunha todo seu poder e autoridade ordinaria e o afirmase de meu publico synal testemunhas que presemtes estauam gastam diaz moço da dita fazenda e pero coelho criado do dito Joham da gama e eu Dioguo coelho escudeiro da casa do dito senhor mestre scripuam dos seus comtos em ela e notario pubrico jerall em os mestrados de sam tiaguo e davis por sua senhoria que o dito aluara aqui treladey e meu publico synal fiz que tal he == *logar do signal publico*.

Documento n° 15

9 de Junho de 1507

Dom Joham etc. Fazemos saber a quantos esta nosa carta de colaçam e prouisam virem que vagando ora a comenda da chouparia per trespasamento que ho almirante dom Vasco da Gama fez ha ordem de christus consyrando nos hos serviços de Francisco de Lemos cavaleiro da ordem de santiago tem feytos a nos e a ordem e ao diante dele esperamos receber e vista sua ancianidade e linhajem lhe colamos a dita comenda e dela lhe fazemos provisam com todos seus direitos e pertenças a quall colaçan e provisam a nos pertence in solydo fazer estando ele Francisco de Lemos asentado em giolhos diante de nos o qual jurou em nosas maaos em seu avyto que nos sera fiell e a nosos socesores canonicamente. . . . .

. . . .

Dada em a nosa vila de Santiago de Caçem a ix dias do mez de

juñho Diogo Coelho a fez anno do nacimento de noso Senhor Jesu
Christo de v° vii.

Eu João da Gama a fiz sprever e sosprevy.

Documento n° 16

18 de Novembro de 1508

Nós elRey por este nosso aluara nos paz dar lugar e liçemça a luis
darqua que elle posa vemder e de feito vemda a sua alcaidarya moor
que tem da villa da villa franca de xira ao almirante da India do
nosso conselho asy como elle a teem porem pera o poder fazer-lhe
mandamos dar este aluara por nos asinado pello qual mandamos que
pella renunciaçam que o dito luis darca fezer da dita alcaidarya moor
da dita villa seja feita ao dito almirante sua carta em forma asy
como o dito luis darca a tever por nosa carta porque asy nos praz.
Spryto em tauilla a x biij dias de novembro. Antonio Carn.° o fez
1508. Rey...

Licença a luis darca pera vender ao almirante a alcaydarya moor
de villa franca asy como elle a tem e que por sur renunciaçam lhe
façam sua carta em forma.

Documento n° 17

1 de Junho de 1513

Nós elrey fazemos saber a quamtos este noso aluará virem que
avemdo Nos respeito aos merecimentos e muyto gramdes seruicos
de dom Vasquo da gama Almirante da Imdea do noso comselho
queremos e nos praz que daquy em diamte de todas has cousas
que lhe vierem das ditas partes da ymdea ora lhas enuyem alguas
pesoas ou de seu dinheiro ou mercadoryas elle as mande vyr em
nosas naos ou alheias que das ditas partes venham que elle nom pague nenhuuns direitos nem fretes nom sendo porém especearyas se

nom aquelas de que temos feito liures aos que la amdam en noso
seruiço e porem mandamos ao noso feytor da nosa casa da ymdea
e oficiaes e pesoas a que pertemcer que quamdo taes cousas do
dito almirante de la yierem lhas leixem leuar liuremente sem lhe
poerem nenhua duuyda nem embarguo e faram registar este aluará
em a dita casa e no almazem e nas casas em que for necesareo
pera se saber como ysto asy temos mandado, feito em lixboa ao
prymeiro dia de Junho. Francisco Lopes o fez de mil b.ᵉ xiij. Rey ⸭
que as cousas que veerem ao almirante da Imdia nom paguem direitos nem fretes.

Documento nº 18
17 de Agosto de 1518

Almirante amiguo. A nós nos parece que este requerimento que
comnosque tomastes do titolo de comde que direes que vos teemos
prometido vos o tomastes como vos aprouve e nos pelos seruiços
que vos teemdes feitos vos nam quiseemos dar a licença que nos
pediis pera vos irdes de nosos Reynos mas por este vos mandamos
que vos estees em nossos Reynos atée fim do mes dezembro este
primeiro que ora veem deste anno presente E nos esperamos que
n'este tempo vos vejaes o erro que fazees e nos queyraes seruir
como he rezam e nam seguir o tal extremo e tamto que se acabar
o dito tempo se vos todauya quiserdes estar no dito preposito de
vos yrdes de nossos reynos ainda que Nos diso muyto pesará nos
vos nam impidiremos vosa ida e leuada de vosa molher e filhos
e de vossa fazenda movel. Feyto em lixboa a xbii dias dagosto o
secretario o fez **1518** Rey —

Documento nº 19
29 de Dezembro de 1519

Don Manuel Per graça de ds Rey de portugal e dos Algaues
Daquẽ e dalem Mar em africa señnor De guine e da Conquista naue-

gaçã e comercio De etiopia Arabia Persia e da India. A quantos
esta Nossa carta virem fazemos saber que esguardando Nos ao muy
grande e asinado seruiço que Dom Vasco da gama nosso almirante
das Indias e do nosso cõselho nos tem feito no descobrimento das
Indias de que o nosso Sennor se seguyo tanto seruiço e acrecen-
tamẽto de sua fee e esperarmos que ao diante se sigua muito mais
e asi a Nosos Regnos e Senhorios tanto honra proueito e acres-
centamento como louvores a nosso Senñor a todos he visto e noto-
rio por que he justa cousa os seruiços de tanto merecimento di-
gnos de tãta memorya serem remunerados com mercês e honrras
e pela muyto boa vontade que ao dito Almirante teemos e por fol-
garmos de lhe fazer mercê. Por esta presente carta lhe damos o
titulo de conde da vila da Vidigueira e o fazemos conde della com
todas as honras priminencias perrogativas. Autoridade, graças,
Priuilegios, liberdades, e franquezas q ham e de que gousem e usam
os condes de Nossos Reynos e asi como de direito uso e costume
antigo lhe pertencem Das quaes e todo e per todo queremos e
mandamos que elle huse e inteiramente lhe sejam guardadas em
todos os autos e tempos em que com direito dellas deua husar e
gouuir sem Mingoamento nem duvida alguña que em ello lhe
seja posta porque asi he nossa merce.

E por certidam dello e sua segurança lhe mandamos dar esta
Carta por Nos asinada e aselada do nosso sello. Dada em a Nossa Ci-
dade devora a xxix de Dezembro Jorge Royz a fez Año de nosso
Senñor Jhuu xpo De Mil quinhentos xix. El Rey.·.

A carta De Titulo de Conde Da vila Da Vidigueira a dom Vasquo
da gama Almirante das Indias.

Documento nº 20
7 de novembro de 1519

Em nome deos amen.

Saybam o que este estormento de comtrato de promutaçam vemda

e escaybo e Renuciaçam virem que no anno do nacimento de nosso
Senhor Jesus Christo de mill e quinhentos desenove annos sete dias
do mes de novembro na cydade deuora nas pousadas homde ora
pousa o manyfico senhor dom vasquo da gama allmyrante da hyndia
do conselho dell Rey noso Senho etc. estando hy presente o dito
Senhor allmyrante e asy a manyfyqua Senhora dona Catryna da-
tayde allmyranta sua molher e yso mesmo o senhor dom francisquo
da gama seu filho primojenito herdeiro e outro sy pareceo hy o ba-
charell João allves ouvidor do muy illustre senhor dom James duque
de bragança e de gymaraes etc. como seu procurador abastante em
presença de mym notario, e das testemunhas ao diante escriptas
lloguo pelo dito ouvydor foi apresentada huma procuraçam do dito
senhor duque segundo se por ella amostrava asynada por ho dito
senhor e asellada do sinete de suas armas e mais apresentaram o
dito senhor allmirante e o dito ouvidor procurador huum alluará
dell Rey Noso Senhor asynado por sua allteza segundo per elle parecia da qual procuraçam e a sy do dito alluará o teor de verbo a
verbo he o segymte :

Eu o duque de bragança, e de gymarães etc. faço saber aos que
este virem que eu dou meu poder a bastante ao bacharel João allues
meu ouvidor nas minhas terras desta Comarqua damte tejo e o diana
pera que aprazendo a ell Rey meu Senhor posa per my, e em meu
nome renuciar e dymytyr as minhas Villas da Vydigueira e Vylla de
frades com suas Rendas direitos Jurdiçam e padroado da ygreja pera
virem a dom Vasquo da gama do conselho dell Rey meu Senhor, e
allmirante da Imdia etc. e a seus sobcesores dando-me elle os quatro
centos myll reis, que tem de Juro de sua allteza assentados na casa
da myna pera vyrem amym e a meus sobseores de Juro e asy como
me venrião as ditas Villas e a meus socesores se os tivese e posoyse
ase como ora tenho e posoyo segundo minhas doações e mais quatro
myll cruzados em dinheiro e para o sobredito aver efeito para fazer
qualquer comtrato de escaybo, troqua, ou venda que necesario for
emtrando nyso quallquer fazenda de raiz, que na dita villa tenha

qualquer callidade que seja e asy se posa em meu nome obrigar
pera todo o suso dito, e de meus socesores as peênas que necesarias
forem, e lhe bem parecer e fazer todo o que ao dito caso comprir, e
necessario for a sy e tam inteiramente como ho eu faria se a todo
presente fose, e por certidam dello mandei fazer este per mym asynado e sellado com o synete de minhas armas feito em Villa vysosa
quatro dias de novembro, dioguo fygeira o fez de mill e quinhentos
dezenove annos.

nós ell Rey fazemos saber a quantos este nosso allvara vyrem que
a nós praz dar licença e autoridade a dom vasquo da gama do noso
Conselho e allmyrante das yndias pera que possa vender e dar em
troquo e escaibo os quatro cemtos mill reis, que de nós tem de Iuro
ao duque de bragança meu muito amado e prezado sobrinho pelas
suas villas da Vidygeiras e villa de frades como estão concertados e
yso mesmo damos a dita llicença e autorydade ao dito duque meu
sobrinho pera lhas vender, e por Certidam dello e sua garda e nosa
llembrança mandamos pasar este alluará que queremos que valha
como Carta por nós asynada, ea sellada do noso sello pendente sem
embarguo de quaesquer llex e ordenaçoens que hy aja em comtrayo
e deste nom ser pasado pella chamcellaria feito em euora a vinte e
quatro dias de oytubro : damyão dias o fez de mil quinhentos desenove.

e per vertude dos quaes os ditos senhor allmyrante e sua molher
e seu filho sobreditos diseram que elles dauam trespasauam. tro-
cauam. e promutauam e escaibauam como o dito senhor duque em
pessoa do dito seu procurador pellas Villas da Vidygeira e Villa de
frades quatro centos mill reaes de tença de Iuro que tynha nos lli-
vros de ell Rey noso senhor asentados na casa da myna de que tinha
sua Carta de doaçam de Iuro e herdade para elle e seus filhos e
herdeiros e sobcesores pera todo sempre pera vyrem ao dito senhor
duque, e a seus sobcesores de Iuro e erdade a sy como te guora
tynha as ditas Villas da Vidigeira e Villa de frades, e ellas vymriâo a
seus sosesores se os o dito senhor tivese e que a sy obrygava de lhes

fazer duar a ell Rey noso Senhor e desoya pera entam Renucyava e
defeito Renuciaram os ditos quatro centos mill reis e os tiravam de
sy e se desenvestiam delles e os traspasavam e punham ao senhor
duque pera elle, e pera todos seus sobcesores pera elles vyrem de
Iuro e herdade asy como dito he e mylhor se mylhor os aver poder
e pydia por mercê a ell Rey noso Senhor, que asy lhos dése, e tras-
pasase e lhe mandase com elles como cousa sua que já he, e asy lhe
davam mais pellas ditas villas pelo que mays podiã valler quatro
mill Cruzados douro os quaes o dito bacharel João alves procurador
do dito senhor hy perante mym tabaliam e testemunhas contou, e
recebêo por huma soma de portugueses douro de dez cruzados cada
huum na qual soma dise que era quatro centos portuguezes em que
havia a dita soma dos ditos quatro mill cruzados, e se deu delles por
bem pago, e entregue em nome do dito senhor duque com os quaes
e asy com os ditos quatro centos mill cruzados de Iuro avya que lhe
dava equivallencia das couzas abaixo decraradas e o dito João allues
ouvydor em nome do dito senhor e como seu procurador recebeo
em sy a dita traspasasam e tença dos ditos quatro centos mill reis
sobreditos, e asy os ditos quatro mill Cruzados pella maneira que
dito he, e pelo mesmo modo e maneira dise o dito bacharel e procurador em nome do dito senhor duque, que pellas cousas sobreditas
dava em trogo o escaybo permutaçam, ou vemda ou por qualquer
maneira que ser posa, e por direito mais valer per vigor da dita autoridade Real, e pello poder a elle comytido como defeito lloguo deu
ao dito senhor allmyrante as sobreditas Villas da Vidigeira e villa
de frades com toda sua Jurdiçam ciuel e crime mero e mysto Imperio
e com o padroado da ygreja da vidigueira com todo o senhorio e castello, e com suas Rendas e direitos e anexas entrando nyso quallquer
fazenda de rayz que na dita villa tenha de quallquer callidade, que
seja, e lhe pertençam nas ditas villas, e em cada huma dellas e lhe
pertencer poder, e mylhor, se mylhor se milhor o dito allmyrante e
seus socesores os poderem aver e ter, e com direito pesoyr, e dise o
dito ouvidor procurador do dito senhor duque, que em nome do

dito senhor renuciava e demetia de sy e do dito senhor como defeito lloguo renuciou, e dymytio as ditas Villas da vidigeira e villa de frades com todo o seu senhorio e Jurdiçam civel e Crime méro e mysto Imperio, graças privillegyos e lliberdades com que as o dito senhor duque teve e posoyo, e como as posoyram e teveram seus antecesores do dito senhor, e asy todallas Rendas dereytos, fóros, e padroado da dita ygreja da vydigeira e castello com todo o mays que em as ditas villas tynha e da auçam e posse de todo o sobredito que nelles tem se desenvestia e dimytia e Renucyaua nas mãos de sua allteza pera as dar ao dito allmirante: dizendo mais o dito procurador, que em nome do dito senhor duque per virtude desto comtracto e escaybo auyam e defeito lloguo ouue ao dito senhor allmirante por em pose Reall e autoall. cyuel, e naturall das ditas villas com todo ho mais que dito he, e que o dito allmirante per si ou per quem quiser a mande tomar com autoridade de Iustiça ou sem ella e fazer dellas e de cada huma como de cousa sua eo dito allmyrante pela dita maneira recebêo, e ouve por recebida a dita traspasaçam das ditas villas e Renucyaçãm dellas e se obrigaram o dito senhor allmyrante por sy, e seus erdeiros e sosesores de ter, e manter este comtrato sob obrigaçam de seus bens moves e de Raiz, Tenças e Rendas, e pello dito modo se obrygou asy a cumpryr, e manter o dito joão allves em nome do dito senhor duque, e de seus sobsesores que numqua Jamays elles, nem cada hum delles em tempo allgum, nem seus erdeiros e socesores vinriam contra o dito contrato direte, nem indirete, e sendo cazo que por parte do dito allmyrante, ou de seus sobcesores seja procurado desfazer este contrato e achando-se que per direito se pode desfazer que entam per ese mesmo feito as ditas villas e terras com as cousas sobreditas se tornem a encorporar na casa do dito senhor duque, e lhe fiquem llyvres e desembargadas com todas as bemfeirias que ho dito allmyrante ou seus erdeiros teverem feitos sem poderem Repartyr as despesas e gastos que feitos tyverem e de si lhe paguem todallas custas e despesas que sobre ello fizerem e dise o dito ouvydor pelo mesmo modo que sendo procu-

rado por parte do dito senhor duque, ou seus sobcesores hyrem
contra o dito contrato, que lhe pagem ao dito allmirante, ou a séus
sobcesores, as bemfeytoryas que feytas tyverem necesarias, e pro-
veitosas e em pena lhas paguem em dobro e lhe tornem os quatro
centos mill reis de Tença de Juro como os elle tynha, e mais os ditos
quatro mill cruzados, e dise o dito almirante, que posto que ora, ou
em algum tompo se disese e podese dyzer, que as cousas que elle asy
daua eram de mayor preço e cantydade que as que Recebya do dito
senhor duque que elle certificado e bem enformado da vallya de
tudo e por mais fazer em seu estado com as ditas villas da mais de-
masya e mayor preço faxya doaçam ao dito senhor e seus erdeiros, e
se necesayro era Reunciava allei segunda quanto dise de Recemdenda
vendicione e a ordenaçam do quarto Livro do que quer desfazer a
venda etc., e outro tanto dise o dito bacharel joam allues em nome
do dito senhor duque e seus erdeiros lhe fazia a doaçam ao dito allmyrante e seus erdeiros da maioria quando quer que se podese ac
har que as ditas villas vallesem mais que os sobreditos quatro centos
mil reis de Iuro e quatro mill Cruzados, e asy Renuciava a beneficio
e favor da dita llei e ordenaçam sobredita e quiserão, e outorgáram
os sobreditos que o dito senhor duque ouvese, e começase Receber
os ditos quatro centos mill reis dés Janeiro que ora vem de quinhentos e vinte em diante e o dito allmyrante ouuese as Rendas das
ditas vyllas pella maneira que dito he nam avendo cousa allguma do
que ora Já esta Recolhido deste anno presente de quinhentos e desenove e diseram o dito allmyrante; eo dito joam allues procurador
em nome do dito senhor duque, que pediam por mercê a sua allteza
que onuese por bem de aprovar, e dar autoridade ao dito Comtrato
por quanto dom teodosio filho primogenito do dito senhor duque, e
asy dom francisco filho do dito allmyrante som menores de hydade,
lhe pediam por mercê quisese suprir nelles todo defeito de hydade
e os abellytase pera maior favor e fyrmeza deste contrato e pera o
dito senhor duque, e seus subsesores e erdeiros ter e manter o dito
Contrato obrigou o dito Procurador todos bês moves e de raiz do dito

senhor duque em suas Rendas, e tenças avydas e por aver e em testemunho dello outorgaram, e mandaram ser feito este estormento
sendo presentes por testemunhas eytor tavares caualeyro da Casa
dell Rey noso Senhor, e gaspar do Rego seu almoxarife na villa de
niza, e martim diogo morador na vidygeira, e llopo dias cavalleiro
da casa do dito allmyrante e eu domingos gonçallues pubrico tabaliam dell Rey noso Senhor na dita cidade, que este estormento em
minha nota e lyvro tomei e escrepvy da qual per meu escripuam
com autoridade, e llycença do dito Senhor fiellmente o fez trelladar
e com o propyo o concertei eo soescrepui e assyney de meu synal
que tall he.

Documento nº 21

17 de dezembro 1519

Dom manell per graça de deos Rei de purtugall e e dos allgarues
d'aquem e d'alem mar em afryqua Senhor de gyne, e da comquista
navegação Comercyo de tyopia a Rabya persia e da India aquantos esta nosa Carta vyrem fazemos saber, que por parte de dom
vasquo da gama do noso conselho allmyrante das indias nos foi
apresentado huum contracto feito, e cellebrado amtre elle, e dom
James duque de bragança e de guymarães, etc., meu muyto amado
e prezado sobrinho de vemda escaymbo permutacão e Renuciaçam,
que parecia ser feito, e asynado por domingos gonçallues taba-
lyam das notas per nós em esta nosa Cidade devora a sete dias do
mez de novembro do ano da data desta nosa Carta em o qual Contrato se cotynha antre outras cousas que o dito duque meu sobrinho
daua ao dito allmirante as suas vyllas da vidigueira e vylla de
frades com todas suas Rendas Jurdiçam e direitos e foros, e lyber-
dades perminencias prevyllegios e trebutos com que as de nós tynha
e teveram seus antesesores, e castelo e com o padroado da ygreja
por quatro centos mil reis de Juro, que o dito allmyante de nós
tinha asentados na nosa casa da myna, e quatro mill cruzados douro

contados, que lloguo o dito allmirante pagou segundo se mais compridamente continha no dito contrato os quaes ambos a Renuciaram em nosas mãos a saber o dito duque meu sobrinho as ditas vyllas no modo sobredito pera as darmos ao dito allmyrante os ditos quatro centos mill reaes pera os darmos ao duque meu sobrinho pera o qual offerecêram huum allvará de llembrança, que de nós tynha pera se fazer a dita venda troca, e escaymbo, e por quanto o dito duque a que Já fezemos doaçam dos ditos quatro centos mill reis e em pose delles a saber cento nas sysas da Rayolos, e cento nas sysas d'alter do chão, et cento nas sysas de monforte, e cento nas sysas de monçarás segundo mays llargamente na dita sua doaçam se contem e vysto por nós o dito contrauto e Renuciaçam, e querendo-lhe fazer graça e mercê esguardando os muytos e muy asynados servyços que delle dito allmyrante temos Recebydos espycyalmente no descubrymento das Imdias, e asento dellas o qual não sómente Redundou e Redunda em grande proveyto noso e da Corôa de nosos Reynos e Senhoryos mas gerallmente em proveito unyversall dos moradores delles e de toda a crystamdade pello eisallmento da nosa santa fee catolyca por quanto os moradores da dita Indya são muytos tornados a ella pelo dano, que dos Infices Recebem por que athe o dito tempo que a sy a descubryo elles persuyam as Riquezas dellas os quaes llouvores a noso senhor deus nos ora posoymus e assy pellos que ao diamte esperamos Receber do noso propyo moto e certa cyencya e poder Reall e ausoluto lhe fazemos pura e emRevogavell doaçam e mercê pera todo sempre de Juro, erdade, pera elle e todos seus erdeiros, e sobsesores das ditas Villas da Vydigueyra, e Villa de frades com todas suas Rendas e direitos, fóros, e trebutos que o dito duque tinha e lhe pertenciam, e mylhor se com direito e poder aver, com toda sua Jurdiçam cyvel e crime móro, e mysto ymperio, e com os prevyllegyos, e llyberdades com que as o dito duque de nós tem por nosas doaçãens e Cartas e alluares sob nosos synaes e sellos nosos, e dos Reys amtepasados confirmadas por nos e Castello da vydy-

gueira e com o padroado da Igreja da dita Vylla tudo Juntamente
de Juro derdade na maneyra sobredita pera elle dito allmyrante e
seus sosesores, que depoys delle em qualquer tempo, e tempos vierem asy, e na maneyra, que por suas doaçoens as ouverem de sob-
seder os erdeiros do dito duque se elle a ese tempo as tivera Reser-
vando pera nos co Reyçam, e allçada como nas doações, Cartas,
alluaraes, e prevyllegios do dito duque per nós confirmados for conteudo e ysto sem embarguo de quaesquer lleys, ordenações, capytollos
de Cortes, grosas determynaçoens oupyneões de doutores, que em contrayro sejam ou posam ser, e sem embarguo da ordenaçam do llivro
segundo titulo vinte sete, que comesa, e bem asy nos tempos pasa-
dos, etc. ym contrairo feita a quall expresamente derrogamos, e queremos que nam haja llugar, nem outro allgum capytolo dos con-
teudos no dito titollo naquella parte, que contra esta nosa doaçam
for, pôsto que eyceda a forma e llymytaçam de nosas ordenasões, e
sem embargo da dita ordenaçam de como as Raynhas, e ymfamtes,
e outros senhores devem usar das Jurdições e do que dispõem que
aos que fazemos mercê dallgumas terras pôsto que digamos que as
ajam como as tinham e aviam outros senhores que damtes delles
foram por nenhuma crausullas per exuberantes, que sejam nem pasa
no donatario aquellas cousas que por yspycyaes clausollas, ou prevyllegios comtra disposyçam, e llymytaçam das ordenações fôra con-
cedido e que sem embarguo de taes pallavras ajam somente a Jurdiçam e poder Regullados segundo forma de nossas ordenações e
mays nam, sallvo se por nós vistas, e de nosa certa cyencya, e nosa
doaçam expresamente todas insertas, e decraradas fosem e nam
d'aoutra maneira por quanto a dita ordenaçam quanto ao vallor, e
firmeza desta doaçam derogámos e havemos por bem, que nam aja
llugar neste caso, e que sem embargo della e de quaesquer outras,
que em contrayro desta sejam o dito allmirante e seus sobsesores
para sempre tenha as ditas terras com a dita Jurdiçam e cousas sobreditas sem embarguo de lley mentall et de todo o em ella conteudo
e por que asy he nosa vomtade avemos por bem que as aja asy

como as o dito duque tinha por suas doações, Cartas e allvarás por
que asy nos praz pelos muytos e muy asynados serviços que nos tem
feitos como dito he e por os comprar por suas Rendas e dinheiro, e
prometemos e fycamos por nosa fee Real de nunqua Jamás contra
esta nosa Carta de doaçam e mercê em parte nem em todo e asy o
mandamos e encomendamos a todos nosos erdeiros sobsesores por
nosa bençam, que o cumpram e guardem como nelle he conteudo e
porem mandamos ao noso Regedor da Casa da sopricaçam, e aos
nosos coregedores da Corde e Comarqua omde as ditas villas sam
que a muy Imteyramente cumpram, e façam comprir e guardar
como nella se contem, e por quanto dom theodosco filho do duque
meu muito amado e presado sobrinho he menor didade para vally-
dença desta nós o fazemos pera esto de perfeyta idade e soprimos
todo e quallquer defeyto que nelle ao presente ha eo abyllytamos e
avemos por de perfeita idade para consyntir e dar outorga nelle e
nós imterpoemos em ello nosa Real autorydade e queremos, e mandamos que valha a sy todo o que pelo dito defeyto nunqua em
nenhum tempo se posa ymvallydar eata por que nosa mercê e vontade he asy se cumprir em todo e em testemunho do quall lhe mandamos dar esta nosa Carta por nós asynada e asellada com o noso
sello de chumbo pella quall mandamos a todas nosas Justicas, que
por elle, ou por sua parte Requeridas forem ho metam em pose das
ditas vyllas, Jordyçam, e Rendas a sy como nella se contem e delle
lhe dem escripturas, e estormentos, que necesarios forem dada em
a nosa Cidade devora desesete dias do mes de desembro.

Jorje fernandez a fez ano do nacimento de noso Senhor Jezus
Christo de mill e quinhentos e desanove — leuou as proprias escripturas do contrato, e doaçam, gaspar vaaz creado do conde almirante,
e asinou aqui gaspar vaaz (1).

(1) Arch. nac. da Torre de Tombo. liv. 7 do Guadiana fl. 121, etc., e liv. 3.º de D.
João III, fl. 171, já citado na nossa 2.ª edição.
Manusc. da bibliotheca nacional de Lisboa, documento publicado ultimamente por
Luciano Cordeiro no *Boletim da Sociedade de Geographia de Lisboa*, n.º 4.

Documento nº 22

INSTRUCÇÕES DADAS POR EL-REI D. MANUEL PARA UNS PANOS QUE MANDAVA FAZER,
ONDE SE FIGURASSEM O DESCOVRIMEMTO DA INDIA
VARIOS COSTUMES D'ELLA E ALGUNS DOS PRIMEIROS TEMPOS DA SUA CONQUISTA

Item. Primeiramente em como o almirante e seu Irmão e Nicolau Coelho, todos tres se estando espedimdo de mym e tomando seu regimento no tempo do primeiro descobrimento, e ysto em huum encasamento.

Item. Em outro encasamento Nosa Senhora de Belem pello natural; e os frades em precisam até agoa com suas capas e cirios ; e as naaos quatro que vão a veella com as cruzes de Christos nas veellas e os amjos diante que levavam; e o nome de cada naao no costado ou omde lhe mylhor perrecer; e a capitayna com ha bamdeira de Christos e a das armas dos capitaes em cada nao; e la no despidimento os nomes.

Item. Em outro o cabo da Boôa Esperança e com ho nome seprito que diga Praso Presmomtoryo con alguûas alymarias dalifamtes e negros, e gaado vacuum, e casas a mancira de la, e pastores com manadas ; e as tres naaos asy como partiram de Lisboa, que vão em rostro do cabo.

E no cabo posto huum padram com as armas e ✝ de Christos em cyma e a era em que foram postos e, alguûa letra que bem parecer.

Saber; as armas e o pelicano em baixo e a ✝ de cruzados em cyma.

Item. Em outro Çufalla pello naturall, e as naaos ancoradas, com suas bandeiras, e como saem em terra nos bates e pohem o padram.

E os mouros e caferes no natural, e nas cores e vestidos como resgatam o ouro, com elles vem, e cada huum resgata e parte em seu batel das naaos, saber : os mouros em huum cabo apartadamente, e os caferes em outro stando huns e outros em terra. E o rey de Çufala como vem fallar ao capitam, e assentar paz, e tomar bandeira das armas e a maneira em que se lhe daa. E na terra seja pello natural; as arvores e alyfantes e lyoes e bufaros.

Item. Em outro, Macanbique : huua fortaleza, e porto de mar, e naaos nelle que emtram e saem d huum cabo e do outro em maneira de duas frotas, e com duas naos capitanyas, cada huûa de sua parte, com bamdeiras na gavea das ✝ de Christos, e as outras como as outras.

Item. Em outro. Quyloa² tambem no naturall : fortaleza apartada, con bandeiras das armas, e cidade; e com a frota diante; e como a gente entra pela cidade e se toma : e como se faz o rey pelo capitam moor, e lhe toma menajem e juramento de sogeyto.

Item. Em outro Mambaça : como se toma, e a gente entra por duas partes; e o modo do desembarcar; e asy o fogo da cidade; e como se pohem as bandeiras nas torres; e modo da sayda da gente fora da cidade, e mortos; tudo pello naturall, e asy nos trajos dos homens de la terra, e suas bandeiras, e modo de suas armas, e recolhimento dos despojos as naaos que aqui ouve.

Item. A tomada de Brava como foy.

Item. Em outro, o fecto de Çoçotova tambem pello natural como foy.

Item. O fecto de Ormuz, com os lugares que forem pera poher.

Item. O fazemento da forteleza de Cochy; e os capitaes como ha amdam fazendo; e as naaos como estam no mar; e as duas armadas, e capitães d elas; e huua Igreja, e como se bautizam os da terra e que venhao.

Item. O fazemento de Cananor, asy como se fez; e as bandeiras com suas armas.

Item. O desbarato da armada de rumes, pelo natural, e com toda fremosura que se lhe poder fazer; e as naaos todas levaram, aquelas que teverem capitaes conhecidos, huua bamdeira em cada huu das suas armas.

Item. O desbarato da armada dos mouros que fez Dom Lourenço, tambem na maneira em que estaa, e com toda outra fremosura que se lhe posa fazer.

. · Item. O desbarato e destroiçam que fez Lopo Soarez; a maneira em que foy; e a maneira em que estavam as naaos ymigos, e como armada e aparelhadas; e como as naaos estavam, e asy as nossas, e como foram as gentes dEl Rey nos bates das suas naaos a pellejar com ellas e com a diferença dos jmiguos, saber, de gemtes, e trajos e armas, e asy bamdeiras d El Rey e dos capitaes, e dos ymiguos, e fogo das naaos, e asento das artelharyas em terras para as defemderem.

Item. O descobrimento da Taprobana : e como chegam as naaos e pohem o padram : e o rey da tera como recebe os ambaxadores, e na maneira em que dizem que elle estava; e como caregam de canella os de terra a meter nas naaos.

Item. A tomada de Chaul, na maneira em que foy, e que ho viso rey tomou neste caminho.

Item. A tomada de Calecut, e no modo em que fóy; saber; queymar das naaos, e do seu cerame; e entrada da cidade, e queymamento da sua mezquita, e entrada dos paços d'el rey de Calecut, e despojo da cidade, e o modo da sayda da gente, e as bandeiras dos capitaes.

Item. A chegada do almirante a Calecut : tres naaos e o modo em que hiam, e como poseram os padrões, e como foy reçebido pella da terra.

Item. A tornada do almirante, e chegada a Lixboa com suas naaos; e como foy reçebido e chenou a El Rey com o trebuto e parias que trouxe de Quiloa.

Item. Em Cochy a casa da feitoria; e modo que se tem na compra e vemda das especiarias com os mercadores e joyas; e como descarregam.

E como se daa a copa a el rey de Cochy, e a cerimonya com que se lhe daa. E a pyntura das geentes, cor e vestidos, e armas o natural, e seus amdores, e alifantes, e sombreiros.

Item. As molheres como se queymam, com o modo todo em que se faz.

Item. O rey que se espedaça, e o modo em que o faz.

Item. As molheres que se metem nos cambos.

Item. O modo de trazer as joyas nos dedos dos pees e o modo em que as trazem.

Item. Os amdores como sam guarnecidos de pedraria[2].

QUATRIÈME PARTIE

VOYAGE D'EXPLORATION DE VASCO DA GAMA

L nous a semblé que, pour compléter la figure du grand amiral, il fallait la regarder du point où un témoin infime avait pu la voir. Le récit du Routier, qu'on appelle journal de l'expédition, a été à nouveau traduit par nous, non pas à la moderne, mais avec le scrupule de le replacer pour les mots dans son temps.

Sans doute en ce récit la simplicité, l'ingénuité extrême touchent parfois à la niaiserie et à l'insipidité, car rien n'égale en candeur cet écrit que nous présentons dans toute son intégrité. Aucun apprêt de style ne saurait captiver plus que la phrase entièrement dépourvue d'art, que la vérité scrupuleuse et la modestie exagérée — car elle l'est vraiment exagérée, cette modestie — avec laquelle ce compagnon de Vasco da Gama relate les principaux événements de la grande entreprise.

L'auteur de ce récit n'était pas certes un lettré. Nous avons des ouvrages de ce temps sur la même expédition qui contrastent singulièrement avec l'exposé qui aujourd'hui nous occupe. Il n'était pas non plus capitaine, car il parle des autres capitaines en se mettant toujours à l'écart. Ce n'était pas davantage un marin de dernière catégorie, puisqu'il fut chargé d'exécuter des ordres pour lesquels il dut exister un certain choix. A Calicut, notamment, il fut l'un des treize que Vasco da Gama emmena avec lui à l'audience solennelle du Grand Samorim.

Nous avons vu que le célèbre historien contemporain, Alexandre Herculano, à la suite de nombreuses recherches, attribue le Routier, dont nous publions la traduction, à Alvaro Velho. Sa position officielle nous échappe, mais son mérite ne saurait être contesté, car il était modeste, observateur et brave.

Braves, assurément, ils le furent, ces héros de la grande épopée portugaise, et si le découragement s'empara momentanément de quelques-uns et leur inspira des pensées et des projets de trahison, notre auteur ne fut pas de ceux-là.

Observateur, on ne le saurait nier, puisque si d'une part les grands périls semblaient le laisser indifférent, de l'autre il se plaît à noter toute sorte de minutieux détails.

Rien n'est plus touchant que l'oubli de soi-même et la tendresse dévouée de cet homme envers son chef, dont il exécutait avec tant de plaisir et de précision les volontés. Ce dévouement semblait chose si simple à cette nature primitive, qu'il n'en parle jamais. Cela ne transperce pas moins chaque fois qu'il fait mention du *capitão-mór*.

L'intérêt du récit s'augmentant de l'intérêt éprouvé par celui qui raconte, il est évident que tout ce qu'a pu écrire cet illettré, témoin oculaire de ce qu'il narre, a, pour ceux qui subissent l'enchantement des choses anciennes, un charme qui ressort particulièrement de sa grande sincérité et de son exquise naïveté.

Récit du Routier

Au nom de Dieu, Amen !

L'an MCCCCLXLVII, le Roi Dom Manuel, premier de ce nom en Portugal envoya une expédition de quatre bâtiments à la recherche du pays des épices, sous la direction du capitam-mor Vasco da Gama. Son frère Paulo da Gama et Nicolao Coelho commandaient chacun un des autres vaisseaux.

Le samedi huit du mois de juillet de la dite année mil quatre cent quatre-vingt-dix-sept, nous partîmes du Restello et entreprîmes notre voyage. Que Dieu notre Seigneur nous permette de le terminer pour son service ! (1) Amen !

Le samedi suivant nous arrivâmes en vue des Canaries et passâmes la nuit sous le vent de la côte de Lancerote et le lendemain matin, au lever du jour, nous nous trouvions en face de la Terra Alta (Terre Haute) où nous nous mîmes à pêcher durant deux heures environ, et à la tombée de la nuit nous étions arrivés vis-à-vis du *Rio do Ouro* (fleuve de l'Or).

Et le brouillard devint si épais dans la nuit que Paulo da Gama s'égara, se sépara de la flotte et alla d'un côté, tandis que le Capitam-mor s'en allait de l'autre.

(1) Nous appelons l'attention du lecteur sur ces paroles En effet quoi de plus candide et de plus émouvant ! Ces hommes s'en vont porter une lettre au roi de Calicut, ignorant la route qui y conduit, et ils partent ainsi dans la sécurité d'une conscience tranquille, et l'espoir d'une Providence qui ne peut manquer à ceux qui l'appellent !

Rien qui trahisse l'ambition personnelle ou collective. Un seul cri du cœur, un seul souhait : celui d'entreprendre et de terminer le voyage avec leur Dieu !

Dans ce peu de mots se résume toute la croyance et la vitalité d'âme de ces marins. Que nous sommes loin de l'état compliqué, indécis et plus ou moins maladif de nos âmes d'aujourd'hui !

Ils s'en allaient, eux, dans des vaisseaux où (d'après le mot d'un Anglais) on ne voudrait point de nos jours traverser la Manche, et pas l'ombre d'une hésitation ! La route est douteuse, les périls sont certains, n'importe. Pour eux, suivant le langage de l'Écriture, la lumière luit vraiment dans les ténèbres. Dieu était le commencement, Dieu serait le terme. (N. du T.)

Une fois le jour reparu nous ne pûmes apercevoir ni son vaisseau ni les autres navires, et nous fîmes route vers les îles du Cabo Verde (Cap-Vert) selon l'ordre donné, que cette voie serait suivie par ceux qui pourraient s'égarer.

Le dimanche suivant de grand matin, nous étions en vue *da Ilha do Sal* (Ile du Sel) et une heure après nous apercevions trois bateaux que nous hélâmes.

L'un était notre bâtiment des vivres, l'autre celui de Nicolao Coelho et le troisième était le vaisseau dans lequel se trouvait Bartholomeu Dias (1) qui devait nous conduire jusqu'à Mina. Tous trois avaient perdu de vue le navire du Capitam-mor.

Après cette rencontre nous poursuivîmes notre voyage. Le vent était tombé et nous eûmes une mer plate jusqu'au mercredi matin. Vers dix heures nous aperçûmes le vaisseau du Capitam-mor, qui avait pris sur nous une avance d'à peu près cinq lieues; et dans l'après-midi, quand nous pûmes nous aboucher, nous lançâmes beaucoup de bombardes et fîmes sonner nos trompettes toujours avec grande joie de l'avoir retrouvé.

Le lendemain jeudi, nous arrivâmes à l'île Santiago où, après être descendu sur la place de Santa-Maria avec grand contentement et force réjouissances, nous fîmes provision de viande, d'eau et de bois et nous réparâmes les vergues de nos vaisseaux, qui en avaient grand besoin.

Et un jeudi qui était le troisième jour du mois d'août, nous tournâmes à l'est, et un jour qu'il ventait sud, la grand'vergue du Capitam-mór fut brisée. Cela arriva le dix-huitième août, à cent lieues à peu près de l'île de Santiago. Nous nous mîmes en panne avec le traquet et la misaine pendant deux jours et une nuit.

(1) Bartholomeu Dias avait déjà exploré la côte jusqu'au Cap, qu'il nomma des Tourmentes, à cause des tempêtes terrifiantes qui l'y avaient assailli. L'équipage affolé s'était refusé à poursuivre l'expédition. Le roi D. João II avait échangé ce nom du cap contre celui de Bonne Espérance. Diogo Dias, frère de Bartholomeu, était écrivain à bord de la capitane. (N. du T.)

Et le 22 du même mois en prenant au large sud, un quart sud-est, nous vîmes beaucoup d'oiseaux pareils à des hérons, qui, lorsque la nuit fut venue, se mirent à tirer très fort contre le sud-ouest, comme des oiseaux qui regagnent la côte. Et ce même jour, nous aperçûmes une baleine, à quelque huit cents lieues dans la mer.

Le 27 du mois d'octobre, veille des saints Simon et Jude, jour de vendredi, nous vîmes beaucoup de baleines et ce qu'on appelle quoquas (1) et des loups-marins (2).

Le mercredi premier jour du mois de novembre, fête de tous les saints, nous vîmes beaucoup de signes annonçant la côte. Entre autres, une sorte d'algue ou sargasse qui grandit le long des rivages. Le quatrième jour du même mois, un samedi, deux heures avant l'aube, nous trouvâmes fond par cent dix brasses, tout au plus, et à neuf heures nous aperçûmes terre. Alors, tous réunis et en habits de fête nous saluâmes le capitaine avec beaucoup de bannières, d'étendards et de coups de bombarde. Ce même jour, nous rasâmes la côte au plus près, sans pourtant aborder. Le mardi nous avons aperçu une vaste baie, à l'entrée d'une terre très basse. Le Capitam-mor envoya Pero d'Alanquer (3) dans la chaloupe à la recherche d'un bon mouillage, et il en trouva un de très bonne condition, propre et abrité de tous les vents, à l'exception du nord-est. Il était situé est et ouest. On lui donna le nom de Santa-Ellena (Sainte-Hélène) (4)

Mercredi, on jeta l'ancre dans cette baie et nous y restâmes environ huit jours à nettoyer les navires, à réparer les voiles et à faire du bois.

---

(1) Veut-il dire phoques en ces mers?

(2) On se demande si c'étaient des anarrhiques (loups-marins), des morses ou autres amphibies disparus aujourd'hui de ces parages.

(3) Pilote de la *Capitane*.

(4) Il ne faut pas confondre cette baie ou aiguade située sur la côte occidentale du continent africain avec l'île de ce nom. L'île de Sainte-Hélène n'en fut pas moins découverte par un Portugais, qui avait nom João da Nova, lorsqu'il retournait de l'Inde en 1502.

A quatre lieues de cette anse, vers le sud-est se trouve l'embouchure d'un fleuve, qui coule de l'intérieur, et qui en cet endroit mesure la distance d'un jet de pierre, et a une profondeur de deux ou trois brasses. On lui imposa le nom de fleuve Santiago (1).

Dans ce pays il y a des hommes au teint basané, qui ne se nourrissent que de loups-marins, de baleines, de la chair de gazelle et de racines d'herbes. Ils se revêtent de peaux, et portent des pagnes de minces proportions.

Leurs armes consistent en cornes de bœuf durcies au feu et emmanchées dans des gaules d'olivier sauvage. Ils ont aussi beaucoup de chiens, semblables à ceux du Portugal, et qui aboient comme eux.

Les oiseaux de cette contrée sont pareils à ceux du Portugal : grands cormorans, mouettes, tourterelles, alouettes et beaucoup d'autres encore. Le climat en est très sain et tempéré. On y trouve des herbes de très bonne qualité.

Au lendemain de notre ancrage, c'est-à-dire le jeudi, nous descendîmes à terre avec le Capitam-mór et nous y prîmes un des naturels qui était petit de taille, ressemblait à Sancho Mixiaa (2) et qui était occupé à récolter du miel dans les buissons, car les abeilles de ce pays le déposent dans les halliers.

Nous le conduisîmes au Capitam-mór, qui le mit à sa table, et il mangea de tout ce que nous mangions. Le lendemain le Capitam-mór l'habilla fort honnêtement et le fit reconduire à terre.

Le jour suivant, quatorze ou quinze indigènes vinrent vers nos vaisseaux, et le Capitam-mór descendit à terre et leur montra beaucoup de marchandises afin de savoir s'il y en avait de pareilles chez eux. C'était de la canelle, du girofle, de la semence perlière (aljofar), de l'or et autres articles. Ils n'en témoignèrent pas d'étonnement, d'où nous conclûmes qu'ils les connaissaient.

Le Capitam-mór leur fit cadeau de grelots et de bagues d'étain.

C'était un vendredi et cela s'est répété le samedi suivant, et le

(1) Aujourd'hui fleuve Berg. (Alex. Herculano).
(2) Individu qui sans doute devait faire partie de l'expédition.

dimanche il en revint une quarantaine ou une cinquantaine de ces indigènes. Après avoir dîné, nous débarquâmes, puis avec des *ceitis* (1) nous achetions des coquilles qui paraissaient argentées et qu'ils portaient aux oreilles, et des queues de renard posées au bout de perches avec lesquelles ils s'éventaient la figure. Pour une seule pièce de monnaie j'achetai le pagne dont l'un d'eux se couvrait. Cela nous fit comprendre qu'ils appréciaient le cuivre, car ils en portaient eux-mêmes aux oreilles. Ce jour-là un certain Fernam Velloso, qui escortait le Capitam-mór eut le désir de suivre les indigènes chez eux, afin de voir quelle était leur manière de vivre et de se nourrir, et il demanda, comme faveur, au Capitam-mór de le lui permettre.

Celui-ci, importuné par la persistance de sa demande, accorda la permission. Nous retournâmes donc souper dans la Capitane, et Velloso s'en alla avec les nègres.

Et aussitôt après nous avoir quittés, ils prirent un loup-marin qu'ils firent rôtir au pied d'une chaîne de montagnes, dans un terrain sauvage, et ils en offrirent à Fernam Velloso ainsi que des racines qu'ils mangeaient avec. Après ce repas, les nègres le renvoyèrent au vaisseau, ne voulant pas qu'il les suivît plus loin, et quand Velloso se trouva en face des navires, il commença d'appeler, tandis que les naturels restaient cachés dans les forêts.

Nous étions encore à souper, mais les capitaines cessèrent immédiatement leur repas, et nous aussi. Tous, nous sautâmes dans une barque à voile. Les nègres se mirent à courir le long de la plage, et arrivèrent auprès de Fernam Velloso aussi prestement que nous. Mais quand nous voulûmes le ramener avec nous, les indigènes se mirent à nous lancer des zagaies et blessèrent ainsi le Capitam-mór (2), et cela nous arriva ainsi parce que nous nous

____

(1) Le *ceitil* était la plus petite monnaie de cuivre de l'époque. (N. du T.).

(2) Les zagaies ont le bout durci au feu. Vasco da Gama en fut quitte pour une blessure au pied, mais plus tard, le vice-roi Francisco d'Almeida perdit la vie en ce même endroit, blessé par une zagaie. (N. du T.).

étions fiés à eux, en les jugeant trop timides. Croyant qu'ils n'oseraient faire ce qu'ils ont pourtant si bien osé, nous ne nous étions pas pourvus d'armes. Après cela, nous retournâmes à bord. Et aussitôt que nos bâtiments furent mis en état, nettoyés et fournis de bois, nous quittâmes ce pays, un jeudi matin, le 16 novembre. Nous tous ignorions à quelle distance nous nous trouvions du cap de Bonne-Espérance, sauf Pero d'Alanquer, lequel supposait que nous pouvions tout au plus en être éloignés de trente lieues, et s'il n'osait l'affirmer c'est que, étant parti dudit cap (1) un matin, il avait passé à cet endroit pendant la nuit avec vent contraire; qu'alors même il avait dû prendre au large, et c'était pourquoi il ne savait pas reconnaître au juste où nous étions. Voilà la raison qui nous fit prendre la haute mer sous un vent qui tirait du sud, sud-est. Et le samedi après-midi, nous nous trouvions en vue du cap de Bonne-Espérance.

Ce même jour, nous virions au large et, la nuit, nous voguions vers la côte. Et dimanche matin, le 19 du mois de novembre, nous apercevions de nouveau le cap, sans pouvoir toutefois le doubler à cause du vent qui soufflait sud-sud-est, et que ce cap gît nord-est-sud-est.

Nous reprîmes au large dans la journée, puis dans la nuit de lundi, nous revirâmes à la côte.

Et mercredi, à midi, nous longions la côte du cap, vent en poupe.

A la pointe sud de ce cap, il existe une anse (2) très spacieuse, qui s'enfonce au moins de six lieues dans la terre, et dont l'embouchure peut mesurer une égale étendue.

Le vingt-cinq de ce mois de novembre, un samedi dans la soirée, jour de Sainte-Catherine, nous pénétrâmes dans la baie de Sam-Braz (Saint-Blaise) (3) où nous demeurâmes treize jours pour

(1) Lors de l'expédition de Bartolomeo Dias. (N. du T.).

(2) C'est la Baie Fausse, entre le Cap Faux et celui de Bonne-Espérance. (Alex. Herculano).

(3) La concordance des noms géographiques anciens avec les noms modernes qui leur correspondent n'est pas facile. Alexandre Herculano, à qui l'on doit la publication

démolir le bâtiment qui portait nos vivres, après les avoir transportés sur les autres vaisseaux.

Le vendredi suivant, tandis que nous étions encore dans la baie de Sam-Braz, il vint vers nous à peu près quatre-vingt-dix hommes, à peau très foncée, de la même teinte que celle des naturels de la baie de Sainte-Hélène et il s'en trouvait aussi le long de la rive et sur les collines environnantes.

A ce moment nous étions tous, ou à peu près, dans la Capitane. A la vue de ces hommes nous gagnâmes la terre dans nos chaloupes, très bien armés cette fois, et à mesure que nous approchions, le Capitam-mór leur jetait des grelots qu'ils ramassaient, et non seulement ils ramassaient ceux qu'on leur jetait, mais ils venaient encore les saisir dans la propre main du Capitam-mór.

Ceci nous causa un grand étonnement, car lorsque Bartholomeu Dias s'était trouvé en ces parages, les indigènes s'enfuyaient à son approche, et n'acceptaient rien de ce qu'il leur offrait. Un jour même qu'il s'approvisionnait d'eau à une très bonne source, au bord de la mer, les naturels avaient défendu cette aiguade à coups de pierre du haut d'une colline qui la surplombe. Bartholomeu Dias leur avait tiré un coup d'arbalète et avait tué un des naturels. Nous attribuâmes la familiarité dont ils usaient envers nous, à ce qu'ils auraient pu entendre à notre endroit des habitants de Sainte-Hélène, où nous avions fait relâche précédemment, cette baie n'étant distante que de soixante lieues à peu près d'où nous

de ce Routier, n'hésite pas à se mettre en désaccord avec d'Anville, qui confond la baie de Sam Braz avec Vlees-Bay ; avec le *Neptune-Oriental,* qui prend la baie Formosa pour la Mossel-Bay ; et avec Malte-Brun, qui met la baie de Sam Braz à la place de la baie Saint-Sébastien, et qui désigne à la place de celle de Sam-Braz la Bay-Mossel, qu'il dénomme baie de Sainte-Catherine, Herculano croit plutôt devoir admettre la nomenclature hollandaise qui suit :

Hollandais.	Mossel.	*Portugais.*	Sam-Braz.
—	Plettenberg.	—	Formosa.
—	Camtoo.	—	Sam-Francisco.
—	Zwarte-Kop.	—	de Lagoa.

(N. du T.).

étions. Par eux, ils auraient pu savoir qu'au lieu de leur vouloir du mal, nous étions plutôt disposés à leur donner du nôtre.

Le Capitam-mór ne voulut pas mettre pied à terre à l'endroit où se montraient les nègres, trouvant ce lieu trop boisé, et fit aborder un peu plus loin sur une plage découverte. Là il débarqua. Nous fîmes signe aux noirs de nous rejoindre, et ils nous rejoignirent et le Capitam-mór suivi des autres capitaines pénétra dans le pays avec des hommes armés, dont quelques-uns portaient des arbalètes. Le Capitam-mór fit signe aux nègres de se séparer, il ordonna ensuite à un ou deux d'entre eux d'approcher, et leur distribua des grelots et des bonnets écarlates, tandis qu'eux nous donnaient en échange des anneaux en ivoire qu'ils portaient aux bras. Il doit y avoir beaucoup d'éléphants dans ce pays, car nous en voyons les excréments près de la source où ils venaient s'abreuver.

Le samedi, il nous vint à peu près deux cents nègres, tant grands que petits, amenant avec eux du bétail : une douzaine de bœufs et de vaches, et quatre ou cinq moutons. A cette vue on descendit à terre.

Ils se mirent à jouer de la flûte, et quelques-uns en tiraient des sons graves et d'autres des sons aigus, en sorte que ces instruments s'accordaient très bien entre eux, d'une façon étonnante même, pour des sauvages, chez lesquels on ne s'attend pas à trouver des musiciens; puis ils entreprirent des danses à la mode de leur pays.

Le Capitam-mór, nous commanda de faire sonner les trompettes et de danser dans les chaloupes. Il dansa avec nous. Après cette réjouissance, nous descendîmes à terre où les indigènes nous remirent en échange de trois bracelets, un bœuf noir, très gras, que nous avons mangé le dimanche, et dont la chair était aussi savoureuse que celle des bœufs du Portugal. Le dimanche, il revint autant de naturels, avec leurs femmes et leurs enfants. Les femmes se tenaient sur une hauteur près de la mer; les hommes conduisaient beaucoup de bœufs et de vaches, et ils se partagèrent en deux groupes sur la rive où ils dansèrent comme la veille.

C'était leur habitude de faire rester les jeunes gens armés dans les fourrés, tandis que les hommes d'âge mûr venaient nous aborder, portant à la main des bâtons courts, dans lesquels étaient fixés des queues de renard qui leur servaient à s'éventer le visage.

Pendant que nous conversions ainsi par signes nous aperçûmes les jeunes nègres accroupis les armes à la main.

Le Capitam-mór fit descendre à terre un homme du nom de Martim Affonso, qui avait déjà été à Manicongo, en lui donnant des bracelets pour s'acheter un bœuf.

Les nègres après avoir accepté les bracelets, prirent Martim Affonso par la main et le conduisirent à la source. Là ils lui demandèrent pourquoi nous leur avions pris de l'eau? puis ils chassèrent les bœufs dans le bois. Et lorsque le Capitam-mór s'en aperçut, il nous ordonna de nous retirer et fit reculer aussi Martim Affonso de crainte que les sauvages ne concertassent quelque embûche.

Alors nous revînmes vers l'endroit que nous avions d'abord occupé et les indigènes nous suivirent. Et le Capitam-mór nous commanda d'avancer à l'intérieur, revêtu de nos armures et munis de lances, de zagaies et d'arbalètes tendues, afin de montrer à ces gens notre puissance, et quel tort nous pouvions leur faire si nous en avions la volonté.

Les nègres alors commencèrent à se grouper et à courir les uns vers les autres. Le Capitam-mór pour éviter de faire des morts parmi eux, nous commanda de rentrer à bord, puis afin de leur donner à entendre le mal que nous pouvions leur faire, il ordonna de tirer les deux bombardes qui se trouvaient à la poupe de notre barque.

Dès que les nègres qui étaient tous assis sur le rivage, près du fourré, entendirent la détonation des bombes, ils s'enfuirent avec une telle prestesse vers les bois qu'ils laissèrent derrière eux les peaux dont ils se couvraient et leurs armes. Puis, deux d'entre eux sortirent du taillis pour venir les prendre. Ils s'assemblèrent alors tous et prirent le chemin de la montagne en poussant leur bétail devant eux.

Les bœufs de ce pays sont très grands, comme ceux de l'Alem-tejo (1), et de grosseur merveilleuse... Ils sont châtrés (2), très doux et quelques-uns n'ont pas de cornes.

Les nègres mettent aux plus gras les bâts à la mode de Castille. Sur le bât, ils posent des planches en guise de brancard et montent dessus, tandisque les bœufs destinés à l'échange ont les nascaux percés et traversés d'un morceau de bois épineux, par lequel on les conduit.

Dans cette baie se trouve un îlot à trois portées d'arbalète dans la mer.

On y voit beaucoup de loups-marins, dont quelques-uns aussi grands que des ours de grande taille. Ils ont de grandes dents, sont très redoutables et s'attaquent aux hommes. Aucune lance ne parvient à les blesser, quelque force qu'on emploie. Il y en a d'autres moins grands et d'autres très petits. Et les grands rugissent comme des lions, et les petits bêlent comme des cabris.

Un jour que nous avions été jusqu'à cet îlot, nous en vîmes près de trois mille tant grands que petits.

Nous leur lançâmes des bombes du bord. On y voit encore des oiseaux grands comme des canards qui ne volent pas parce qu'ils manquent de plumes aux ailes. On les nomme *fotylicayos* (3).

(1) Alem-Tejo (au delà du Tage, province du Portugal).

(2) Le *bœuf*, appartient à la section des ruminants à cornes. Ce genre comprend différentes espèces, dont le *bœuf domestique*, le *bison*, l'*aurochs*, le *zébu*, le *yack*, le *buffle*, etc.

On en a même (à tort, paraît-il) rapporté l'origine à l'*urus*, nommé aussi *aurochs*, nom dérivé de l'allemand (bœuf sauvage) et qualifié, en zoologie, comme appartenant à l'espèce du genre *bœuf*.

Ceux dont il fait ici mention, appartiennent probablement à l'espèce des *zébus* très commune à Madagascar et dans certaines parties de l'Afrique et de l'Inde.

C'est une variété du bœuf ordinaire. Il y en a de cornus et d'autres sans cornes. L'idée de la castration à la suite du mot bœuf, n'est donc pas ici déplacée et surérogatoire comme il pourrait sembler de prime abord. (N. du T.).

(3) Plus loin il les appelle *sotilicarios*. Ces oiseaux appartiennent aux « Aptenodytae demersae » de Linné, qui cite le Manchot de Bonne Espérance. Ordinairement, on les confond avec les Pingouins. On en trouve aussi dans les mers du nord, mais avec des caractères un peu différents.

ALEX. HERCULANO.

Solar de Alba
Paris
1900.

Un mercredi, pendant que nous nous trouvions dans cette baie de Sam Braz, occupés à nous fournir d'eau, nous avons planté sur le rivage une croix et un pilier (1).

Nous fîmes la croix d'un de nos mâts de misaine et nous la fîmes très haute. Jeudi, au moment du départ, nous avons vu dix ou douze nègres qui abattaient croix et pilier, avant même que nous ne fussions partis.

Munis de tout ce dont nous avions besoin, nous reprîmes notre voyage, mais le même jour nous dûmes suspendre notre marche à deux lieues de l'endroit que nous venions de quitter, parce que le vent avait cessé. Vendredi matin, jour de l'Immaculée Conception, nous nous remîmes en route et le mardi suivant, veille de Sainte Lucie, nous fûmes assaillis par une forte tempête. Nous filâmes vent arrière, le traquet très bas, et en cette circonstance nous perdîmes de vue Nicolao Coelho.

Et au coucher du soleil, nous aperçûmes, de la hune, son navire à cinq lieues en arrière du vaisseau.

Croyant être vus de lui, nous mîmes des fanaux et nous tînmes à la cape. A la fin du premier quart, il vint nous rejoindre, non qu'il nous eût aperçus de la journée, mais, parce que, venant à la bouline, le vent le jetait forcément dans nos eaux. Vendredi matin, nous vîmes la terre qu'on appelle *Ilheos Chãos* (Ilots plats) à cinq lieues en avant de l'îlot *La Cruz* (de la Croix), à soixante lieues d'éloignement de la baie de Sam Braz qui gît elle-même à soixante lieues aussi du Cap de Bonne Espérance.

Des Ilheos Chãos, à la dernière borne plantée par Bartholomeu

(1) Vasco da Gama avait emporté avec lui plusieurs stèles ou piliers en marbre sur lesquels de chaque côté était représenté un écusson.

Sur l'une des faces étaient gravées les armes du pays avec les quines portugaises. Sur l'autre on lisait ces mots : *Possession du Portugal, royaume Chrétien.*

A l'occasion de la célébration du centenaire de la découverte de l'Inde, — en mai 1898 — on a décidé qu'un pilier de tout point semblable à ceux que le Capitão-mór emportait à son bord, serait élevé sur la place *dos Jeronymos*, à l'endroit où Vasco da Gama s'embarqua, et juste en face du temple bâti par le roi Dom Manuel. (N. du T.)

Dias, on compte cinq lieues et du dit pilier au fleuve de l'Infant (1) on en compte quinze.

Le samedi suivant nous passâmes en vue du dernier pilier, et pendant que nous longions la côte, deux hommes se mirent à courir le long du rivage que nous côtoyions.

Cette terre est belle et bien située, et nous y vîmes errer de vastes troupeaux, et plus nous allions, plus l'aspect de la terre nous plaisait et plus les arbres nous semblaient élevés.

La nuit suivante nous restâmes en panne, car nous étions en face du fleuve de l'Infant qui était le dernier point connu de Bartholomeu Dias.

Le lendemain, ayant vent en poupe, nous longeâmes la côte jusqu'à l'heure de vêpres, puis, le vent tourna du levant, et nous gagnâmes le large, et tantôt côtoyant la rive, tantôt reprenant la haute mer, nous arrivâmes à mardi, quand, vers le déclin du jour, le vent vira de l'ouest.

Nous nous tînmes toute la nuit à la cape, afin de reconnaître, le lendemain, en quels parages nous nous trouvions. Le matin, donc, à la première heure, nous filâmes droit vers la terre, et à dix heures du matin nous étions à l'îlot *da Cruz*, ce qui prouva que nous avions reculé de soixante lieues en raison des courants qui sont très rapides en cet endroit. Ce même jour nous reprîmes la route que nous avions déjà parcourue sous un rude vent qui dura trois ou quatre jours, et nous fit couper les courants. Et ce fut là un moment terrible que nous avions toujours beaucoup craint de voir venir avant d'atteindre le but désiré. Et à partir de là Dieu voulut dans sa miséricorde nous permettre d'avancer sans jamais plus reculer. Plaise au Seigneur que cela aille ainsi toujours !

Le jour de *Natal* (Noël), le vingt-cinq du mois de décembre,

(1) Ce fleuve ainsi nommé de João ou Lopo Infante (Janifante) compagnon de Bartholomeu Dias, est plus connu des étrangers sous le nom de Grande Rivière des Poissons, Great Fish River, Groote-Pisce River. Il y a des cartes où, par erreur, on le confond avec le fleuve de San Christovam.

nous avions découvert soixante lieues de côte (1). Ce jour-là, après dîner, en dressant une bonnette, nous nous aperçûmes que le mât était fendu à une brasse au-dessous de la hune. Et cette fente s'ouvrait et se refermait tour à tour.

Nous l'étayâmes au moyen des galhaubans en attendant de trouver un abri et d'y relâcher pour changer le mât. Et jeudi nous nous arrêtâmes à la côte, nous prîmes beaucoup de poissons, et au soleil couchant, nous nous remîmes en marche pour continuer notre route après avoir perdu une ancre par suite de la rupture du câble qui la retenait dans la mer.

Ensuite nous gagnâmes tellement le large sans jamais approcher de terre, que l'eau à boire nous vint à manquer, et nous ne faisions plus cuire nos aliments qu'à l'eau salée. On nous mesurait un *quartilho* (2) d'eau douce par jour, en sorte qu'il était grand besoin de gagner quelque port. Et un jeudi, 10 janvier, nous aperçûmes une petite rivière et nous atterrîmes à la côte.

Le lendemain, nous descendîmes à terre dans nos chaloupes et nous vîmes beaucoup de nègres, hommes et femmes, tous de taille élevée, et parmi eux il y avait un chef.

Et le Capitam-mór fit débarquer Martim Affonso qui avait résidé longtemps à Manicongo, et envoya un autre homme avec lui. Tous deux furent bien reçus par ces nègres. Le Capitam-mór envoya un habit, une paire de chausses rouges, une coiffure et des bracelets au chef, qui nous fit entendre qu'il nous donnerait de bon gré tout ce que nous pourrions désirer de son pays. Ainsi le comprit Martim Affonso, et cette même nuit, lui et son compagnon furent coucher chez le chef nègre, tandis que nous retournions dans nos vaisseaux.

Et en route, ce seigneur se couvrit des habits qu'on lui avait

_____

(1) Vasco da Gama imposa à cette terre le nom de *Porto-Natal*. L'Angleterre y règne aujourd'hui. Le climat est délicieux, mais la côte offre de graves dangers aux navigateurs.

(2) C'est le quart d'une *canada*. Celle-ci mesure un peu plus d'un litre.

offerts, et à ceux qui venaient le recevoir il disait avec joie :
« Voyez ce qu'on vient de me donner. » Et les indigènes battaient
des mains en guise de salut, et cela se répéta trois ou quatre fois
jusqu'au village qu'il parcourait ainsi vêtu, en attendant le
moment de rentrer chez lui. Là, il donna hospitalité à nos deux
hommes dans un enclos où il leur envoya de la bouillie de maïs,
qui est très abondant dans ce pays, et une poule comme celles du
Portugal. Toute la nuit il vint beaucoup d'hommes et de femmes
pour les visiter.

Et de grand matin, le chef alla les trouver et les fit sortir. Il
leur donna deux autres hommes pour les escorter, et des poules
pour le Capitam-mór, en disant qu'il allait montrer à son grand
chef le cadeau qu'il avait reçu. Nous crûmes comprendre qu'il
s'agissait de leur roi, et quand nos deux compagnons arrivèrent au
port où se trouvaient nos vaisseaux, ils étaient déjà suivis de deux
cents hommes environ, accourus exprès pour les voir.

Ce pays nous sembla très peuplé. Les chefs y sont nombreux et
les femmes doivent y être en majorité, parce que, sur vingt
hommes nous voyions, au moins, quarante femmes. Leurs demeures
sont en paille et leurs armes consistent en arcs très grands avec
flèches et zagaies en fer. Le cuivre y doit aussi abonder car ils en
ornent leurs bras, leurs jambes et leurs cheveux frisés.

Nous leur avons vu encore des poignards à monture d'étain,
dans des gaines d'ivoire. Ils estiment beaucoup la toile de lin et
nous auraient donné beaucoup de cuivre pour nos chemises si nous
avions voulu un tel échange.

Ces indigènes portent avec eux de grandes calebasses dans lesquelles ils transportent l'eau salée de la mer à l'intérieur et la
jettent dans des trous profonds pour en extraire le sel.

Nous restâmes en cet endroit cinq jours à faire de l'eau, et les
naturels qui venaient nous visiter la chargeaient pour nous dans
nos chaloupes; nous n'emportâmes pas toute l'eau dont nous avions
besoin, parce que le vent se mit à souffler propice pour le voyage.

Nous avons jeté l'ancre le long de la côte dans la baie formée par le flux de la marée, et il fut donné à cette terre le nom de *Terra da Boa-Gente* (Terre de la Bonne-Gent) et au fleuve celui de *rio do Cobre* (fleuve du Cuivre) (1).

Un lundi que nous étions tout à fait au large, nous aperçûmes une terre très basse et des arbres très hauts et très touffus, et en nous dirigeant de ce côté, nous vîmes une rivière à vaste embouchure. Comme il nous fallait savoir où nous étions, nous nous y arrêtâmes, et un jeudi soir, le vingt-quatre janvier, nous franchîmes l'entrée du fleuve où se trouvait le *Berrio* depuis la veille. Cette contrée est très plate et marécageuse. Il y avait beaucoup d'arbres qui donnent des fruits de diverses sortes dont se nourrissent les indigènes. Les habitants sont noirs et de taille élevée, ils vont tout nus, et ne portent que des petits carrés de toile de coton en guise de pagnes.

Les chefs se couvrent de morceaux de toile plus grands. Les femmes jeunes ont un aspect agréable. Leurs lèvres sont traversées de morceaux d'étain recourbés. Et ces indigènes nous faisaient beaucoup de fête et apportaient à nos navires ce qu'ils avaient dans leurs almadies.

Nous allâmes nous fournir d'eau dans leur aldée. Au bout de deux ou trois jours, deux de leurs chefs vinrent nous voir. Ils étaient si fiers qu'ils dédaignaient tout ce qu'on leur offrait. L'un d'eux portait sur la tête un bonnet orné de liserés de soie brochée, l'autre avait un béret de satin vert. Et avec eux venait un jeune homme qui, d'après leurs signes, était d'une autre contrée distante, et il disait avoir déjà vu des vaisseaux aussi grands que les nôtres, ce qui nous remplissait d'allégresse, parce que nous nous croyions près du terme tant souhaité.

Et ces seigneurs nègres firent construire au bord de la rivière

(1) L'aiguade de la Bonne-Gent a conservé son nom primitif, mais aujourd'hui elle est plus connue sous celui d'aiguade de la Bonne Paix. Elle se trouve au nord de la baie de Lagoa (Lourenço Marques) entre le fleuve de Lagoa et celui d'Inhampura. (N. D. T.)

des huttes de ramée où ils demeurèrent sept jours, et d'où ils envoyaient journellement dans nos vaisseaux faire échange de toiles marquées de rouge. Quand ils en furent fatigués, ils remontèrent le fleuve en almadie.

Nous y restâmes trente-deux jours, durant lesquels il fut fait provision d'eau, les vaisseaux furent nettoyés, et le mât remis à neuf. Mais, là aussi, beaucoup de nos hommes furent pris de maladie. Les pieds et les mains enflaient, et les gencives (1) gonflaient tellement sur leurs dents, qu'ils ne pouvaient plus manger. Nous plantâmes en cet endroit un pilier qui fut appelé le pilier de Saint-Raphaël, parce que l'image de Saint-Raphaël y était gravée. Et on donna au fleuve le nom de fleuve des Bons indices (2). De là, nous partîmes un samedi, le vingt-quatre février, et prîmes le large. Et dans la nuit, nous voguâmes à l'est pour nous éloigner de la côte qui était, pourtant, très plaisante à la vue. Le dimanche, nous prîmes au nord-est, et vers l'heure des vêpres, nous vîmes trois petites îles dans la mer, dont deux couvertes d'arbres, et la troisième nue et plus petite. Il y a entre elles la distance de quatre lieues, et comme il faisait nuit, nous revirâmes au large et les dépassâmes.

Le lendemain, nous recommençâmes à marcher, mais seulement pendant le jour, car nous nous arrêtions pendant la nuit. Et cela alla ainsi durant six jours. Et un jeudi qui tombait le premier du mois de mars, dans l'après-midi, nous aperçûmes les îles et la

(1) C'était évidemment le scorbut, mal inconnu jusqu'alors parmi les Portugais.

(2) Afin de mieux faire connaître ce fleuve, je cite l'extrait suivant : « A ce fleuve Cuama... les Cafres donnent le nom de Zambèze... A peu près à trente lieues avant de se jeter dans la mer, il se divise en deux bras... tous deux se jettent dans l'océan Éthiopique, à trente lieues de distance l'un de l'autre. Au bras principal, on donne le nom de fleuve de Luabo, il se partage en deux, et un de ces bras prend le nom de vieux Luabo et l'autre de vieux Cuama. Le bras principal se nomme fleuve de Luilimane ou fleuve des Bons-Indices, nom donné par Vasco da Gama en route pour la découverte de l'Inde, à cause des bonnes nouvelles qu'il y avait apprises et des bons indices qu'il y avait aperçus... De cette rivière se sépare un grand bras, auquel on donne le nom de fleuve de Linde. » *Éthiopie Orientale*, par frère João dos Santos. Liv. I, chap. II. (N. du T.).

terre dont nous parlerons plus loin. Et comme il était tard, nous gagnâmes la haute mer, et nous nous mîmes en panne jusqu'au matin. Alors nous nous dirigeâmes vers la terre que nous avions vue la veille.

Le vendredi dans la matinée, alors que Nicolao Coelho franchissait l'entrée de cette baie, il manqua le chenal et se porta contre un bas-fond. Il vira aussitôt vers les autres vaisseaux qui le suivaient et au même moment on vit arriver de l'île des barques à voile qui saluèrent avec une grande joie le Capitam-mór et son frère. Nous reprîmes de suite le large pour venir regagner la terre, et plus nous allions, plus les naturels nous poursuivaient, en nous faisant signe de les attendre. Et quand nous eûmes pénétré dans l'anse de cette île d'où étaient parties les barques, nous vîmes venir encore sept ou huit de ces radeaux et almadies, dans lesquelles les indigènes jouaient de l'*anafil* (1). Ils nous invitaient à avancer, en nous pilotant vers le port, puis ils entrèrent dans nos vaisseaux et mangèrent et burent avec nous; mais ils ne tardèrent pas à s'ennuyer et à partir.

Les capitaines décidèrent entre eux de pénétrer dans la baie pour recueillir des données sur les mœurs de ces gens. Nicolao Coelho devait être le premier à sonder l'entrée avec son vaisseau et nous devions le suivre si c'était possible.

Et comme Nicolao Coelho avançait, il alla donner contre la pointe de l'île, et brisa son gouvernail. Il gagna aussitôt le large, j'étais moi-même avec lui. Une fois en pleine mer, nous amenâmes les voiles et jetâmes l'ancre à deux coups d'arbalète de la peuplade.

Les hommes de ce pays sont forts en couleur, tous sont de belle taille. Ils appartiennent à la religion de Mahomet et parlent comme les Maures. Leurs vêtements sont en toile de lin ou de coton très légers, à rayures multicolores, riches et ouvrés. Tous portent sur

---

(1) Sorte de trompette en usage chez les Maures. Quelques-uns le traduisent par chalumeau, ce qui serait alors une sorte de flûte champêtre.

la tête une coiffure tissée en fil d'or avec garniture de soie. Ils sont marchands et trafiquent avec des Maures blancs dont il y avait en cette rade quatre grands vaisseaux chargés d'or et d'argent, de clous de girofle, poivre, gingembre et anneaux d'argent ornés de rubis et de perles grosses et menues (aljofar). Et, d'après ce qu'ils disaient, nous comprenions que toutes ces marchandises, excepté l'or, étaient apportées là par ces Maures et que plus loin, du côté où nous allions, il y en avait beaucoup, que les pierres précieuses, *l'aljofar* et les épices, étaient en telle quantité qu'il n'était pas besoin de les échanger, mais seulement de les recueillir et d'en remplir nos paniers. Tout ceci était compris par un marinier du Capitam-mór qui avait été captif des Maures et, par conséquent, comprenait le langage de ceux que nous venions de rencontrer. Et ils dirent encore que nous trouverions sur notre route beaucoup de bas-fonds et aussi beaucoup de villes, tout le long de la côte, et que nous rencontrerions une île dont la moitié des habitants étaient mahométans, et l'autre moitié chrétiens ; que ces derniers faisaient la guerre aux mahométans, et qu'il y avait beaucoup de richesse dans cette contrée.

Ils ajoutèrent que le royaume du Preste Jehan n'était pas éloigné et qu'il s'y trouvait beaucoup de villes sur la côte dont les habitants étaient très commerçants et possédaient des navires de haut bord, mais que le Preste Jehan habitait lui-même fort avant dans l'intérieur de ses terres et qu'on n'y pouvait pénétrer qu'à dos de chameau. Ces Maures tenaient captifs avec eux deux chrétiens Indiens. Ils nous disaient ces choses et d'autres dont nous étions si heureux que nous pleurions de grand aise et prions Dieu de nous donner la santé pour voir de nos yeux ce qui faisait l'objet de nos si vifs désirs.

En ce lieu et île, de nom Moncobiquy (1) il y avait un chef appelé

---

(1) L'auteur dont l'orthographe est toujours douteuse écrit peut-être Moncobiquy par erreur ; mais Mozambique a été souvent désigné de diverses manières. (N. du T.)

Colygtam (sultan) qui était vice-roi, et qui se rendit plusieurs fois dans nos vaisseaux avec sa suite. Et le Capitam-mór le régala d'un bon festin et lui fit présent de chapeaux, de *marlotos* (vêtement à capuchon), de coraux et autres choses. Mais son humeur altière lui faisait considérer avec mépris tout ce qu'on lui offrait. Il demandait du drap d'écarlate que nous n'avions point, mais nous lui donnions de tout ce que nous avions.

Un jour le Capitam-mór lui adressa une invitation, le régala de beaucoup de figues et conserves, et lui demanda deux pilotes pour nous accompagner. Il acquiesça sous condition qu'on leur donnerait contentement. Et le Capitam-mór leur alloua trente méticaux d'or et deux vêtements à chacun. Il fut convenu, en outre, qu'à partir du moment où ils étaient ainsi rémunérés, les deux pilotes ne pourraient jamais s'absenter à la fois, et qu'un des deux resterait toujours à bord. Un samedi, le dixième jour du mois de mars, nous partîmes et ancrâmes à une lieue dans la mer, aux abords d'une île, afin que le dimanche on pût dire la messe et que tous ceux qui le désiraient pussent se confesser et faire la communion (1).

Un des deux pilotes résidait dans cette île ; aussitôt ancrés nous équipâmes deux chaloupes pour l'aller prendre, et le Capitam-mór monta dans l'une, tandis que Nicolao Coelho montait dans l'autre. Cinq ou six embarcations vinrent à leur rencontre, montées par des hommes munis d'arcs à flèches, très longues et de *tavolachinhas* (2).

Nous leur fîmes signe de rebrousser chemin, ce que voyant, le Capitam-mór fit mettre aux fers le pilote qui l'accompagnait, et or-

---

(1) « Il leur restait encore, à ce moment, deux prêtres. Les autres étaient morts, car il y en avait eu deux d'embarqués en chaque bâtiment. » Gaspar Correa, *Lendas da India.*

(2) Alexandre Herculano affirme n'avoir jamais rencontré ce mot autre part. D'après son étymologie, il conclut que ce doit être une arme défensive en forme de petit bouclier. Après maintes recherches, nous avons cru que ce pouvaient bien être des petits boucliers de cuir.

donna de lancer des bombes sur ceux qui s'avançaient dans les pirogues.

A peine Paulo da Gama, qui était resté sur son vaisseau, prêt à porter secours en cas de besoin, entendit-il l'éclat des bombes, qu'il se mit à la voile dans le *Berrio*, et les Maures qui commençaient déjà à fuir, redoublèrent de vitesse en apercevant le voilier et se refugièrent dans l'île avant d'être rejoints par le *Berrio*, ce qui nous permit de retourner tranquillement au point d'amarrage.

Le dimanche nous entendîmes notre messe dans l'île sous de très hautes futaies (1). La messe finie nous entrâmes dans nos vaisseaux et remîmes à la voile pour suivre notre route, en emportant beaucoup de poules, de chèvres et de pigeons, que nous avions eus en échange de quelques rasades en verre jaune.

Les embarcations de cette contrée sont grandes, sans couvertes et sans ferrements, attachées avec de la ficelle de sparterie. Les barques et les voiles sont en nattes de palmes et les marins qui les conduisent font usage d'aiguilles génoises (2), qui leur servent de guide, ainsi que de cadrans et de cartes marines.

Les palmiers de ce pays donnent des fruits aussi gros que des melons; les naturels en mangent le noyau dont la valeur ressemble à celle du souchet et de l'aveline. Les concombres et les melons sont aussi très abondants, et on nous en apportait en quantité pour des échanges.

Le jour où Nicolao Coelho débarqua, le chef de cette contrée vint l'accompagner à bord, suivi d'une nombreuse escorte; le capitaine le reçut honnêtement et lui fit présent d'un capuchon rouge, tandis que le chef lui donnait en gage un chapelet noir qu'il portait sur lui et sur lequel il priait, en lui demandant de lui prêter son

---

(1) On a comparé la luxuriante végétation de ces parages à celle de l'île de Ceylan, la plus belle de l'Univers, dit-on, l'antique Taprobana, où l'on s'est plu à placer le Paradis terrestre, et que les Portugais ne se firent pas faute de visiter. Ils se la rendirent même tributaire dès 1503. (N. du T.)

(2) L'aiguille génoise n'est autre que la boussole, ce qui prouve l'ancienneté de son usage en ces terres orientales.

canot pour s'en retourner. Une fois à terre, il amena chez lui tous
ceux de nos hommes qui l'avaient accompagné et leur offrit un
repas, puis il les fit repartir et envoya par eux, à Nicolao Coelho,
un pot de dattes pilées, mélangées de conserves de girofle et de
cumin.

Il fit de la sorte présent de beaucoup de choses au capitaine,
mais cela ne dura que tant qu'ils nous prirent pour des Turcs ou
Maures, car ils nous. demandaient si nous venions de la Turquie, et
insistaient pour voir nos arcs et les livres de notre loi.

Mais dès qu'ils apprirent que nous étions chrétiens, l'ordre fut
donné de nous prendre et de nous tuer par trahison. Cependant,
le même pilote que nous tenions d'eux nous mit en garde, et nous
avertit de tout ce qu'ils avaient décidé contre nous et qu'ils n'a-
vaient pu mettre à exécution.

Un mardi, nous aperçûmes une terre s'avançant en pointe dans
la mer et dont le fond s'élevait en hautes montagnes. Sur ce rivage,
on voyait des arbres de grande taille, semblables à des ormes, mais
moins touffus. Cette contrée ne pouvait être qu'à vingt lieues, tout
au plus, de l'endroit dont nous venions de partir. Un calme plat
nous y retint le mardi et le mercredi, et le soir suivant nous virâmes au large avec un petit vent de l'est. Au point du jour, nous nous
trouvâmes à quatre lieues en arrière de Moncobiquy et nous avançâmes jusqu'au soir.

Le capitaine fit mouiller dans les eaux de l'île où nous avions
entendu la messe le dimanche précédent. Nous nous y arrêtâmes
durant huit jours dans l'attente d'un vent favorable.

Pendant ce temps, le roi de Moncobiquy nous fit dire qu'il voulait faire alliance avec nous et être notre ami. Il chargea de ces
propositions de paix un Maure blanc chérif, c'est-à-dire chef, et qui
était un parfait ivrogne.

Pendant notre séjour, un Maure accompagné de son fils, enfant,
entra dans un de nos vaisseaux en disant qu'il voulait s'en aller
avec nous, parce qu'il était originaire du pays de la Mecque et

était venu à Moncobiquy comme pilote d'un bâtiment de sa contrée.

Et comme le temps ne devenait pas propice nous nous vîmes près d'entrer dans le port de Moncobiquy pour prendre l'eau dont nous avions besoin et qu'on ne pouvait se procurer que de l'autre côté de la terre ferme. C'est de cette eau que boivent les naturels, car c'est la seule qui ne soit pas salée.

Un jeudi nous entrâmes dans le port et, à la tombée de la nuit, on mit les canots à l'eau. A minuit, le Capitam-mór, Nicolao Coelho et quelques-uns d'entre nous, partîmes ensemble à la recherche de l'eau, accompagnés du pilote Maure qui nourrissait plutôt l'intention de fuir, si cela lui était possible, que de nous montrer où se trouvait l'aiguade.

Et il s'embrouilla tellement qu'il ne sut ou ne voulut jamais nous en montrer l'endroit.

Nous marchâmes ainsi jusqu'à l'aube. Alors, on remonta à bord, et l'après-midi on repartit à terre avec le même pilote. En arrivant aux abords de la source, nous vîmes sur la plage une vingtaine d'indigènes placés en embuscade, des zagaies en main pour défendre l'entrée de l'aiguade. Le Capitam-mór fit tirer trois bombardes contre eux pour qu'ils nous permissent de descendre à terre.

Aussitôt que nous fûmes débarqués, ils s'enfoncèrent dans le bois, et nous nous approvisionnâmes d'eau à notre suffisance. En rentrant à la tombée du jour, nous nous aperçûmes qu'un nègre du pilote Johan de Coimbra avait pris la fuite.

Le samedi matin, 24 mars, veille de la fête de la Sainte-Vierge, un Maure vint vers nous pour nous dire que si nous voulions de l'eau nous pourrions aller en prendre, ayant l'air d'insinuer qu'on saurait bien nous contraindre à retourner sur nos pas.

Ce que voyant, le Capitam-mór décida qu'il fallait y aller, afin de leur prouver que nous saurions bien leur faire du mal si nous voulions.

Nos canots armés et munis de bombardes à la proue, nous par-

tîmes sur l'heure vers l'aldée où les Maures avaient élevé des palissades très serrées, formées de planches étroitement unies et liées
en sorte que nous ne pouvions apercevoir ceux qui se trouvaient
derrière.

Quelques hommes se promenaient le long de la plage, armés de
petits boucliers, de zagaies, de coutelas, d'arcs et de frondes, avec
lesquelles ils nous lançaient des pierres. Mais nos bombes leur
jouèrent de si mauvais tours qu'ils trouvèrent plus prudent de quitter la plage et de rentrer derrière leurs palissades, ce qui leur était
plus nuisible qu'utile. Et cela dura pendant trois heures. Ils laissèrent deux morts (1) : un tué sur la plage, l'autre derrière la palissade.

Puis, las de ces gens, nous rentrâmes à bord pour dîner, et ils
commencèrent à décamper en chargeant de leurs effets des almadies
qui les transportèrent à un hameau sur la rive opposée.

Après notre repas, nous redescendîmes dans nos canots pour
chercher à nous emparer de quelques naturels et à reprendre les
deux chrétiens indiens qu'ils tenaient captifs, ainsi que le nègre
qui nous était échappé.

Nous poursuivîmes donc une almadie du chérif chargée de
vêtements, et une autre montée par quatre noirs. Celle-ci fut prise
par Paulo da Gama. Les nègres de l'almadie chargée de vêtements
prirent la fuite aussitôt débarqués, et abandonnèrent l'embarcation.
Nous en trouvâmes encore une autre à la dérive. Nous ramenâmes
dans nos vaisseaux les hommes que nous venions de prendre. Et
dans les almadies nous trouvâmes beaucoup de fines cotonnades,
des cabas de feuilles de palmier, une jarre vernissée remplie de
beurre, et des fioles en verre contenant des liquides, des livres de
leur loi, un coffre renfermant des écheveaux de coton, un filet aussi
en coton et beaucoup de grands cabas remplis de maïs.

Et toutes ces choses que nous prîmes furent données par le

____

(1) Ce qui prouve que durant ce premier voyage, Vasco da Gama usa plutôt de bon-
homie que de cruauté.

Capitam-mór aux marins qui se trouvaient avec lui et les autres capitaines, en exceptant les livres qu'il a gardés pour montrer au Roi.

Le dimanche suivant, nous allâmes refaire de l'eau, et le lundi nous nous arrêtâmes vis-à-vis la peuplade, en nos canots armés. Les Maures nous parlaient de derrière leurs huttes, car ils n'osaient point se montrer sur la plage, et après leur avoir lancé des bombes, nous rentrâmes dans nos navires et le mardi nous levâmes l'ancre et vînmes mouiller aux îlots de *San-Jorge* (Saint-Georges), où nous sommes restés encore trois jours, dans l'espoir que Dieu nous favoriserait d'un temps propice. Le jeudi vingt-neuf du même mois, nous quittâmes ces îlots, et le vent étant très faible, nous n'en étions encore qu'à vingt-huit lieues de distance, le samedi matin, trente du mois.

Ce jour-là, dans la matinée, la force des courants nous tira en arrière, et nous empêcha d'avancer le long de la côte des Maures.

Quand ce vint au dimanche, premier jour du mois d'avril nous découvrîmes des îles très proches de la côte, et on donna à la première de ces îles le nom d'île *do Açoutado* (du Fouetté) parce que, la veille, le pilote maure que nous avions avec nous, avait menti au capitaine en lui disant que ce n'était pas des îles mais la terre ferme, et le capitaine lui avait fait donner des coups de fouet en punition de ce mensonge.

Les barques de ces parages naviguent entre les îles et le continent par quatre brasses de fond, et nous prîmes le large sur elles. Ces îles sont nombreuses et tellement serrées que nous ne parvenions pas à les distinguer les unes des autres.

Elles sont habitées. Le lundi d'après, nous aperçûmes d'autres îles à cinq lieues en mer. Le mercredi quatrième jour d'avril, nous déployâmes les voiles et portâmes au nord-est, et avant midi, nous avions aperçu une grosse terre et deux îles à côté. Cette terre est entourée de beaucoup de bas-fonds. Quand nous en fûmes assez rapprochés pour que les pilotes l'eussent reconnue, ils nous dirent que l'île des chrétiens gisait à trois lieues à l'arrière. Alors nous employâmes tous nos efforts pour l'atteindre, mais le vent tirait très fort de l'ouest, et nous ne pûmes y parvenir. Les capitaines décidèrent donc en conseil d'aborder à une ville située à quatre jours de distance. C'était la ville de Mombaça, une de celles dont nous venions à la recherche, et que les pilotes disaient appartenir à des chrétiens. Nous ancrâmes déjà tard, par un grand vent, et à la chute du jour nous vîmes une île très vaste située au nord.

Les pilotes maures nous affirmaient que dans cette île il existait une ville de chrétiens et une ville de Maures. La nuit suivante nous reprîmes le large, le matin nous avions perdu la terre de vue; alors nous virâmes au nord-ouest, et dans l'après-midi nous revîmes la terre.

La nuit d'après, nous virâmes au nord, quart nord-ouest, et au quart du matin, nous voguions au nord-nord-ouest.

Allant ainsi poussés par un vent égal et favorable, deux heures avant le jour, le *Saint-Raphaël* se porta sur les bas-fonds à distance de deux lieues de la côte. A peine échoué, il donna l'alarme aux autres vaisseaux qui suivaient. Aussitôt qu'on entendit les cris on s'arrêta à un jet de bombes, les canots furent mis à la mer et à la marée basse le navire se trouva à sec.

A l'aide des canots on parvint à jeter plusieurs ancres à la mer, et le lendemain à la marée pleine, le vaisseau se dégagea et tous, nous en éprouvâmes une grande joie.

Sur la côte en face de ces bas-fonds se trouve une chaîne de montagnes très belle et très élevée, à laquelle on a donné le nom de Monts Saint-Raphaël. Le même nom fut appliqué aux bas-fonds.

Pendant que le navire était à sec, deux almadies vinrent à nous, chargées de très bonnes oranges, meilleures que celles de Portugal, et nous gardâmes à bord deux Maures qui nous conduisirent le lendemain à Mombaça.

Le matin du samedi sept du même mois, veille des Rameaux, nous fîmes des bordées le long de la côte et aperçûmes à quinze

lieues de distance, des îles qui mesuraient une longueur de six lieues,
et où il y a beaucoup de bois qui sert à mâter les vaisseaux de ces
contrées, toutes habitées par des Maures.

Au déclin du jour nous mouillâmes vis-à-vis de la dite ville de
Mombaça, mais n'entrâmes pas dans le port.

A notre arrivée une *zavra* (1) vint vers nous chargée de Maures
En face la ville il y avait beaucoup de bateaux pavoisés, et par poli-
tesse nous pavoisâmes aussi les nôtres et fîmes encore mieux. Et
cependant la mort nous prenait tant d'hommes que nous n'en avions
plus guère et ce qui nous demeurait de gens se trouvait bien malade.

Nous relachâmes à cet endroit avec grande joie dans l'espoir
d'aller entendre la messe le lendemain matin avec les chrétiens
qu'on nous disait habiter dans ces parages, et qui, assurait-on, vivaient
à part des Maures, et avaient leur *alcaide* (chef) en propre.

Nos pilotes certifiaient toujours que cette île de Mombaça était
habitée par des chrétiens et des Maures qui vivaient à l'écart les uns
des autres, qui avaient leurs chefs à part, et qu'à notre arrivée, ils
nous accueilleraient avec force honneurs et nous recevraient dans
leurs maisons.

Et ils nous disaient cela, non que ce fût vrai, mais en raison de
la malice de leurs secrets désirs. Cette nuit-là, vers minuit, il nous
vint dans une *zavva* une centaine d'hommes tous armés de coutelas
et de *tavolachinhas*.

Et arrivés au vaisseau du capitaine ils voulurent monter armés.
Le Capitam-mór s'y opposa et ne permit l'entrée qu'à quatre ou cinq
des plus considérés qui restèrent avec nous environ deux heures,
nous laissant à leur départ l'idée qu'ils étaient venus dans le but de
chercher à s'emparer de nos bâtiments.

Le dimanche des Rameaux le roi de Mombaça envoya au Capitam-mór un mouton, beaucoup d'oranges, de cédrats et de cannes

---

(1) Bateau du pays. C'est peut-être le *zambuco*, bateau asiatique. Gaspar Correa ne
fait allusion qu'à des *zambucos*.

à sucre. En outre il envoyait une bague en gage, comme quoi si le Capitam-mór voulait débarquer on lui donnerait tout ce dont il nous serait besoin. Ces cadeaux étaient apportés par deux hommes très blancs qui se disaient chrétiens et que nous prîmes pour tels. Le Capitam-mór de son côté envoya au roi une branche de corail et fit répondre que le lendemain il descendrait à terre.

Ce même jour, quatre Maures des plus estimés restèrent à bord de la capitane. Pour assurer davantage la paix, le capitaine envoya au souverain de Mombaça deux hommes qui aussitôt débarqués furent suivis d'une grande foule jusqu'à la porte du palais. Avant d'arriver jusqu'au roi, ils passèrent par quatre portes où se trouvaient quatre portiers surveillant chacun sa porte, arme au clair.

Le monarque leur fit grand accueil et ordonna qu'on leur montrât toute la ville. Ils allèrent jusque chez deux marchands chrétiens qui leur firent voir une feuille de carton qu'ils adoraient, et sur laquelle se trouvait l'image du Saint-Esprit. Après que tout fut visité, le roi envoya au capitaine des échantillons de girofle, poivre, gingembre et blé trémois (1) en disant que nous pourrions en prendre à notre suffisance.

Mardi, en levant l'ancre pour nous approcher davantage de terre, le vaisseau du Capitam-mór ne put virer en raison du vent qu'il avait en poupe. Alors, nous rejetâmes les ancres. Quelques Maures que nous avions à bord, en s'apercevant que nous n'avancions pas, se glissèrent dans une *zavra*, et lorsqu'ils passèrent sous la poupe, les pilotes de Mozambique se jetèrent à l'eau et furent recueillis par les premiers.

Et à la nuit, le capitaine fit mettre à la torture de la goutte (2) deux des Maures qui nous accompagnaient pour leur faire avouer s'il y avait quelque complot tramé contre nous. Ils confessèrent que

(1) Blé qui grandit et mûrit en trois mois.

(2) Torture qui consistait à verser goutte à goutte de l'huile ou de la poix bouillante, ou même du métal fondu, sur la peau d'un patient pour lui extorquer un aveu.

ALEX. HERCULANO.

si nous avions débarqué, l'ordre était donné de nous prendre et de tirer ainsi vengeance de ce que nous avions fait à Mozambique. Un autre Maure qu'on était sur le point de soumettre à égale torture, se jeta à la mer, les mains liées. Au quart de l'aube un autre encore se jeta à l'eau.

La nuit suivante, à minuit, beaucoup d'hommes arrivèrent dans deux almadies qu'ils laissèrent au large, et ils prirent la nage en se dirigeant les uns vers le *Berrio,* les autres vers le *Raphaël.* Ceux qui s'avancèrent vers le *Berrio* commencèrent de couper le câble, et les marins qui étaient de quart crurent qu'ils avaient affaire à des jeunes thons, mais après les avoir reconnus, ils poussèrent des cris d'alarme. D'autres indigènes s'étaient accrochés aux cordages du mat de traquet du *Raphaël.* A peine découverts, ils se laissèrent glisser et prirent la fuite.

Telles étaient les malignités qu'inventaient ces chiens de païens, mais le Seigneur ne permit pas qu'ils en tirassent profit, parce qu'ils ne croyaient pas en lui.

Leur ville est grande et située sur une hauteur battue par la mer qui forme un port dans lequel mouillent plusieurs bateaux par jour, et dont l'entrée est marquée par un pilier. La ville possède un petit port au bord de la mer.

Ceux des nôtres qui descendirent à terre, rapportèrent qu'ils avaient vu conduire par la ville beaucoup d'hommes liés par des chaînes, ce qui nous fit croire que ce devaient être des chrétiens, car les chrétiens, dans ce pays, sont en guerre avec les Maures. Les chrétiens n'y résident qu'au titre de marchands étrangers. Ils sont très humbles et assujettis aux ordres du roi Maure.

Dieu, dans sa miséricorde, permit, qu'arrivés dans cet endroit, tous nos malades recouvrassent la santé, car l'air de cette contrée est très salubre.

Nous y restâmes encore le mercredi et le jeudi après avoir reconnu la malice et la trahison dont ces chiens avaient voulu faire preuve contre nous.

Nous quittâmes ces parages le matin, par un vent doux, et nous mouillâmes environ à huit lieues de Mombaça à proximité de la côte. Au lever du jour, nous vîmes deux bateaux sous le vent, à la distance à peu près de trois lieues de la mer. Nous nous avançâmes de suite pour les capturer, car nous désirions avoir des pilotes pour nous conduire à notre gré. A l'heure des vêpres nous atteignîmes une des barques et l'autre se réfugia près de terre.

Dans celle que nous prîmes, nous trouvâmes dix-sept hommes, de l'or, de l'argent, beaucoup de maïs et de vivres. Il y avait encore une jeune femme, épouse d'un maure de grand âge et de très honnète condition, qui l'accompagnait. A peine étions nous arrivés sur eux, qu'ils se jetèrent tous à l'eau. Nous les prîmes dans nos chaloupes.

Ce même jour, à l'heure où le soleil baissait, nous jetàmes l'ancre en face d'une ville nommée Mélinde à trente lieues de Mombaça. Et de Mombaça à Mélinde on trouva les endroits suivants : Benapa d'abord, pui Foça et Nuguo-Quioniete.

Le jour de Pâques, les Maures que nous tenions prisonniers nous dirent qu'il se trouvait à Melinde quatre vaisseaux appartenant à des indiens chrétiens, et que si nous voulions les y conduire, ils mettraient des pilotes chrétiens à leur place, et nous donneraient tout ce dont nous aurions besoin ; viande, eau, bois et le reste.

Le Capitam-mór qui désirait beaucoup avoir des pilotes de cette contrée après avoir réglé cet arrangement avec les Maures, nous fit avancer jusqu'à une demi-lieue de la côte. Les gens de la ville n'osèrent jamais venir jusqu'à nos vaisseaux, car ils avaient eu connaissance de la barque que nous avions capturée.

Le lundi matin, le Capitam-mór fit déposer le vieux maure sur un banc de sable, devant la ville. Là, on vint le prendre dans une almadie. Et le maure alla conter au roi les intentions du capitaine et le désir qu'il avait de traiter la paix avec lui.

Après dîner, le vieux Maure vint en une *zavra* dans laquelle le roi envoya aussi un de ses cavaliers, un chérif, et trois moutons. Il fit également dire au Capitam-mór qu'il se réjouirait fort d'être en paix et en bons termes avec lui, et que s'il désirait quelque chose de son pays, il le lui donnerait de bonne grâce, soit des pilotes, soit des marchandises.

Le Capitam-mór répondit que le lendemain il entrerait dans le port, et lui envoya immédiatement par ses messagers un balandran (1), deux branches de corail, trois bassins, un chapeau, des grelots et du drap de coton rayé (2).

Puis le mardi, nous nous rapprochâmes davantage de la ville et le roi envoya au capitaine six moutons, beaucoup de clous de girofle, du cumin, du gingembre, de la noix muscade et du poivre, en lui proposant de se rencontrer avec lui sur mer, le lendemain, lui dans sa *zavra,* et le capitaine dans son canot.

Mercredi après dîner, le roi s'avança dans sa *zavra* vers les vaisseaux. Le Capitam-mór, à son tour, descendit dans sa chaloupe fort bien décorée. Arrivé à côté de la *zavra* du roi, il fit monter celui-ci dans la chaloupe, où ils se dirent beaucoup de bonnes choses, entre autres le roi proposa au Capitam-mór de l'accompagner chez lui pour folâtrer ensemble, promettant que lui-même se rendrait à bord des vaisseaux portugais. Le capitaine répondit qu'il ne tenait pas de son souverain l'autorisation de mettre pied à terre, et que, s'il débarquait, ce serait manquer à son mandat. Sur quoi le roi répliqua que, s'il montait à notre bord, quel compte lui aussi en rendrait-il à son peuple? Et il s'informa du nom de notre roi, et le fit écrire en ajoutant que si jamais nous revenions dans ces contrées, il enverrait un ambassadeur avec nous, ou écrirait de sa main à notre souverain.

Et après que chacun eut dit tout ce qu'il avait à dire, le Capitam-mór fit venir tous les Maures qu'il tenait captifs et les donna tous au roi de Mélinde; ce qui lui fit déclarer qu'il appréciait davantage cette délicatesse que si on lui avait fait don d'une ville.

Le roi s'amusa ensuite à faire le tour des vaisseaux d'où on lan-

(1) Sorte de manteau ancien.
(2) Très apprécié dans ces terres orientales.

çàit des bombes, ce qui le divertissait beaucoup. Ce jeu dura environ trois heures et, à son départ, il fit monter à notre bord un de ses fils et un chérif qu'il laissa avec nous. Deux de nos hommes qu'il invita lui-même à aller visiter son palais, le suivirent chez lui. Il dit encore au Capitam-mór que, puisqu'il refusait de descendre à terre, qu'il voulût bien longer la côte le lendemain pour voir parader ses cavaliers.

Le roi était vêtu d'un manteau de damas doublé de vert, et portait sur la tête un bonnet très riche ; dans sa barque il y avait deux sièges de bronze avec coussins et abrités sous un tendelet de satin cramoisi, de forme ronde, monté sur un bâton.

Il était escorté d'un vieillard comme garde, qui venait armé d'un coutelas à gaine d'argent. Il avait encore avec lui beaucoup d'*anafis* et de cors en ivoire très ouvrés, de la hauteur d'un homme, et dont on jouait dans un trou percé dans le milieu. Ces cors et *anafis* s'harmonisaient très bien ensemble.

Le jeudi, le capitaine et Nicolaó Coelho prirent les chaloupes, garnies de bombes à la poupe, et cotoyèrent la ville. Une grande multitude se trouvait sur la rive, et deux hommes à cheval faisaient un jeu d'escarmouches et donnaient des signes de grand contentement. Le roi qui se trouvait sur un escalier de pierre de son palais, fut decendu dans une sorte de litière et transporté dans la chaloupe du capitaine. Là, il pria de nouveau Vasco da Gama de venir à terre car son père qui, disait-il, était perclus, serait heureux de le voir. Il promettait toujours qu'il se rendrait ensuite avec ses fils dans nos navires. Mais le capitaine persista à s'excuser.

Nous trouvâmes en ce lieu quatre bâtiments appartenant à des chrétiens indiens. La première fois qu'ils vinrent au vaisseau de Paulo da Gama où le Capitam-mór se trouvait alors, on leur montra un retable représentant la Sainte-Vierge, aux pieds de la Croix, accompagnée des apôtres et tenant Jésus-Christ dans ses bras. A la vue de ce retable, les Indiens se prosternèrent et durant tout notre séjour ils venaient faire leurs prières devant cette image. Et ils nous apportaient des clous de girofle, du poivre et autres choses dont il nous faisaient cadeau.

Les Indiens ont le teint cuivré et sont peu vêtus. Ils portent une longue barbe, de très longs cheveux nattés, et ne mangent pas de viande de bœuf, d'après leur dire. La langue qu'ils parlent est différente de celle des maures. Quelques-uns connaissent un peu l'arabe en raison des rapports continuels qu'ils ont avec les peuples de l'Arabie.

Le jour où le Capitam-mór s'était promené en chaloupe au pied de la ville, les chrétiens indiens avaient lancé beaucoup de bombes de leurs vaisseaux, en élevant les mains sur le passage du capitaine et criant avec grande allégresse ; *Christe, Christe!*

Et le même jour, ils obtinrent un permis du roi pour faire une fête de nuit. Et ce soir-là, ils firent beaucoup de démonstrations, lancèrent quantité de bombes et de fusées, et poussèrent de grands cris.

Ces Indiens dirent encore au Capitam-mor de ne pas débarquer et de ne pas ajouter foi aux réjouissances des indigènes, parce qu'elles n'étaient pas l'expression de leur cœur ni de leur volonté.

Le dimanche d'après, le **22** avril, un favori du roi vint dans sa *zavra* vers notre bateau. Il y avait déjà deux jours que personne n'était venu à notre bord.

Le Capitam-mór s'empara du favori et réclama du roi les pilotes qu'il lui avait promis. Dès que le roi eut reçu ce message, il se dépêcha d'envoyer un pilote chrétien, et le capitaine relâcha immédiatement le noble *hidalgo* qu'il avait retenu. Nous nous réjouîmes beaucoup de ce pilote chrétien que le roi nous avait envoyé.

Nous apprîmes alors, que cette île, qu'à Mozambique on nous avait dit appartenir à des chrétiens, était habitée par le roi de Mozambique lui-même, et appartenait moitié aux maures, moitié aux chrétiens. On y trouve beaucoup de semence de perles (aljofar) et on la nomme île de Quiloa.

Les pilotes voulurent nous y conduire, et nous témoignâmes un égal désir, espérant qu'ils nous eussent parlé suivant la vérité.

Cette ville de Mélinde est située dans une baie, et bien assise au bord d'une plage qui rappelle Alcouchete (1). Les maisons y sont toutes élevées et blanchies à la chaux. Elles sont percées de beaucoup de fenêtres. Le long de la ville, du côté du bois qui confine aux maisons, il y a une très grande forêt de palmiers, et dans toutes les terres environnantes on cultive du maïs, et divers légumes.

Nous demeurâmes en face de cette ville pendant neuf jours, durant lesquels il y eut sans cesse à terre beaucoup de fêtes et d'escarmouches à pied. On faisait aussi sonner beaucoup d'instruments.

Un mardi qui était le vingt-quatre du même mois, nous nous remîmes en route avec un pilote que le roi nous avait donné, vers une ville qui s'appelle Qualecut (2) dont notre roi et seigneur avait connaissance, et nous voguâmes vers l'est à sa recherche.

La côte tire du nord au sud, parce que la terre forme ici une baie spacieuse et un détroit. Dans la baie, d'après ce qu'on nous avait dit, il y a un grand nombre de villes — les unes de chrétiens, d'autres de Maures. Il s'y trouve aussi une ville nommée Quambaya et six cents îles connues. Là encore est la mer Rouge et la maison de la Mecque.

Le dimanche d'après, nous aperçûmes le Nord (3) que nous avions cessé de voir depuis longtemps, et un vendredi au vingt-septième jour du mois de mai, nous vîmes une terre haute. Il y avait vingt-trois jours que nous n'avions pas aperçu de terre, ayant sans cesse, durant ce temps, filé vent arrière, et nous n'avons pas assurément fait moins de six cents lieues de ce seul trait.

Au moment où nous aperçûmes terre, nous en étions éloignés de huit lieues. On jeta la sonde et on trouva quarante-cinq brasses de profondeur. Cette nuit-là, nous virâmes au sud-est pour nous éloigner de la côte.

Le lendemain, nous nous dirigeâmes de ce côté, mais ne nous

(1) Ville de la Province de Alem-Tejo en Portugal.
(2) Calicut.
(3) L'Étoile sans doute.

approchâmes pas suffisamment de terre pour que le pilote pût la
bien reconnaître, car il pleuvait abondamment et de gros orages
nous arrivaient de la côte que nous longions. Et le dimanche, nous
nous sommes trouvés à proximité de quelques montagnes qui com-
mandent la ville de Calecut, et nous les rasâmes de si près, que notre
pilote les reconnut et nous dit que c'était bien là la terre que nous
désirions de trouver.

Ce même jour, vers le soir, nous mouillâmes à dieux lieues au
sud de cette ville de Calecut, parce que le pilote prit pour Calecut,
une autre ville du nom de Capua, et au sud de celle-ci il s'en
trouve une autre nommée Pandarramy. Nous jetâmes l'ancre à peu
près à une lieue et demie de terre. Dès que nous eûmes mouillé,
quatre barques s'avancèrent vers nous. On venait s'informer de qui
nous étions, et on nomma et nous montra Calecut.

Le lendemain, ces barques revinrent vers nous, et le Capitam-
mór expédia à Calecut un des bannis (2) que nous avions à bord.
Ceux qui l'accompagnaient le conduisirent vers deux Maures de
Tunez qui savaient parler castillan et génois. Et voici quel fut leur
premier salut : « Va-t-en au diable ; qui t'a conduit ici ? — Ensuite
ils lui demandèrent ce que nous étions venus chercher si loin. Le
déporté répondit que nous étions venus à la recherche des chrétiens
et des épices. — Ils dirent alors : Pourquoi le roi de Castille, le roi
de France et la seigneurie de Venise n'envoient-ils pas ici ? — Le
déporté reprit que le roi de Portugal n'y voudrait pas consentir, à
quoi ils ajoutèrent que fort bien il faisait. Alors, ils lui firent très
bon accueil et lui donnèrent du pain de froment avec du miel. Après
avoir mangé, notre homme s'en retourna vers nos vaisseaux suivi
d'un de ces Maures, lequel, dès qu'il se trouva dans nos bâtiments,
se mit à dire ces mots : « *Boena ventura, boena ventura!* » « Bonne

(2) Vasco da Gama avait demandé à emmener dans ses nefs une douzaine de condamnés qu'il comptait laisser en divers endroits et rapatrier lors d'une seconde expédition (V. p. 41). Ces hommes lui furent d'une grande utilité, et on a invoqué leur
souvenir pour obtenir du gouvernement portugais l'amnistie de quelques détenus ou
déportés, à l'occasion de la célébration du centenaire.

chance, bonne chance! Beaucoup de rubis, beaucoup d'émeraudes.
Rendez grâces à Dieu de vous avoir conduits en un si riche pays ».
Nous en étions si fort émerveillés que nous ne pouvions croire qu'à
une si large distance du Portugal il se trouvât un homme qui sût
ainsi parler notre langue.

Cette ville de Calecut appartient à des Chrétiens au teint basané,
dont quelques-uns portent une grande barbe et de longs cheveux.
D'autres ont la tête rasée ou tondue, et portent des toupets sur le
sommet de la tête, et aux lèvres des moustaches, à quoi on recon-
naît qu'ils sont chrétiens. Ils ont les oreilles percées, garnies de
beaucoup d'anneaux d'or. Ils vont nus jusqu'à la taille, et mettent
aux reins des toiles de coton très légères. Ceux qui se vêtent ainsi
sont les plus importants. Quant aux autres ils se mettent comme ils
peuvent. Les femmes de cette contrée sont laides en général et de
petite stature. Elles portent au cou beaucoup de joyaux en or et aux
bras des bracelets. Aux orteils elles mettent des anneaux ornés de
riches pierreries. Tous ces gens sont d'un naturel bon et doux. A
première vue ils ont l'air cupide et entendus à peu de chose.

Au moment où nous arrivions à cette ville du Calecut, son roi en
était éloigné de quinze lieues, et le Capitam-mór envoya vers lui
deux hommes pour lui dire qu'un ambassadeur du roi du Portugal
se trouvait là, muni de lettres de son souverain, et qu'il les lui ap-
porterait où qu'il fût, si telle était sa volonté. Le roi de Calecut en
recevant le message du capitaine, accueillit très honnêtement les
deux envoyés, et leur fit présent de pièces de drap de fort bonne
qualité.

Il fit souhaiter la bienvenue à Vasco da Gama, en ajoutant qu'il
se rendrait sans retard à Calecut. En effet il se mit aussitôt en route
suivi d'une grande escorte. Et il nous envoya avec nos deux hommes
un pilote pour nous conduire à un endroit nommé Pandarramy, au
midi du lieu où nous avions tout d'abord relâché, car à ce moment
nous nous trouvions déjà en face de Calecut. Il nous pressait d'amarrer
là-bas, où nous rencontrerions un bon abri, tandis que l'endroit où

nous nous trouvions était mauvais et rocheux, en quoi il disait vrai. Il disait encore que tous les navires qui abordaient ces parages mouillaient à Panderramy pour être en sûreté.

Et le Capitam-mór après ce message du roi, comme de fait nous ne nous trouvions pas bien, fit de suite déferler les voiles et mouiller plus loin ; sans pourtant s'avancer dans le port autant que le pilote du roi l'avait indiqué. Dès que nous eûmes jeté nouvellement l'ancre, il vint un deuxième message au capitaine comme quoi le roi se trouvait déjà dans la ville. Il envoya à Pandarim (1) un homme qui porte le titre de Bale (2), ce qui signifie à peu près alcaïde, car le roi amène toujours à sa suite deux cents hommes armés d'épées et de petits boucliers.

Le Bale venait pour escorter le Capitam-mór jusqu'à l'endroit où le roi était resté avec les autres personnages de qualité.

Et le jour où ce second message nous arriva il était trop tard, et le capitaine refusa de débarquer. Le lendemain matin qui était un lundi, le vingt-huitième jour du mois de mai, le Capitam-mór alla parler au roi et emmena avec lui treize de ses hommes, desquels je faisais partie.

Nous portions tous de très beaux ajustements et avions à bord de nos canots force bombardes, trompettes et drapeaux. Dès que le capitaine mit pied à terre, il fut reçu par cet alcaïde entouré d'hommes, dont les uns étaient armés et les autres non, ils firent tous grand accueil et fête au capitaine comme des gens qui éprouvent grand allégresse à se voir. Et l'aspect de ces hommes nous imposait, car ils portaient l'arme au clair.

Ils amenèrent ensuite au Capitam-mór des palanquins comme en font usage ordinairement les personnes de marque, en ces contrées, et quand les marchands veulent en avoir, ils paient au roi une cer-

(1) Le lecteur se sera sans doute déjà aperçu que l'auteur change à loisir l'orto-graphe des noms géographiques. (N. du T.)

(2) Du mot arabe *wali*, prince gouverneur, chef militaire. On l'a appelé aussi *gosil*, de l'arabe *wasir*, ministre du roi. Les historiens en général le nomment *catual*.

Alex. HERCULANO.

taine taxe pour en obtenir l'autorisation. Le capitaine monta dedans, et fut porté par six hommes à tour de rôle, cependant que nous partions à pied suivis de tous ces gens, en droiture à Qualecut; et de là à une autre ville nommée Capua.

Arrivés ici, ils déposèrent le Capitam-mór chez un personnage de considération et commandèrent pour nous un repas qui consistait en riz avec beaucoup de beurre, et en de fort bon poisson cuit.

Le Capitam-mór n'y voulut pas goûter, et dès que nous eûmes mangé il alla s'embarquer sur une rivière qui était proche, et qui coule le long de la côte entre la mer et la terre ferme. Nous prîmes place sur deux barques qu'on lia l'une à l'autre pour nous permettre de suivre ensemble. Il y avait en outre bon nombre d'autres barques montées par une quantité de gens.

Je ne citerai pas le monde qui suivait par terre parce que la quantité en était infinie. Tous étaient accourus seulement pour nous voir. Nous allâmes ainsi sur la rivière à peu près l'espace d'une lieue, et vîmes beaucoup de grands vaisseaux tirés en terre en raison de l'absence de port. Et après avoir quitté sa barque, le Capitam-mór retourna dans son palanquin et nous poursuivîmes notre marche au milieu d'une foule innombrable rassemblée exprès pour nous voir.

Les femmes quittaient les maisons, leurs petits dans les bras, et se mettaient à nous suivre. Et nous allâmes de cette sorte jusqu'à une grande église, comme je le vais raconter.

En premier lieu le corps de l'église a la grandeur d'un monastère. Il est tout en pierres de taille et recouvert de briques.

On voyait à la porte principale, un pilastre en airain de la hauteur d'un mât de navire, et surmonté d'un oiseau qui ressemble à un coq. On y voyait encore un deuxième pilier fort gros, et de la hauteur d'un homme. Au centre de l'église s'élevait un dôme tout en pierre de taille. Il s'y trouvait une porte par où un homme pouvait à peine passer, et un escalier de pierre par où on a accès à la susdite porte, laquelle était aussi en airain. A l'intérieur était une petite image qu'ils appelaient l'image de Notre-Dame. En face de la porte principale de l'église, au long du mur, on voyait sept pierres sépulcrales (1) (campaas). Là, le capitaine se mit en prières avec nous, et nous n'entrâmes pas au-dedans de la chapelle parce qu'il est d'usage de n'y laisser entrer que certains hommes qui font le service dans les églises et qu'ils nomment *quafees*. Ces quafees portent des cordons passés par dessus l'épaule (l'épaule gauche) et par dessous l'épaule droite à la manière dont portent l'étole les diacres qui chantent l'Évangile. Ils nous aspergèrent d'eau bénite et nous offrirent d'une sorte de terre blanche que les chrétiens de cette contrée ont la coutume de mettre sur le front et sur la poitrine, au derrière du cou, et sur les bras. Ils usèrent de toutes ces cérémonies avec le Capitam-mór et lui offrirent de cette terre pour qu'il se la mît. Le Capitam-mór la prit dans ses mains et la donna à garder en faisant entendre qu'il se la mettrait plus tard. Il y avait sur les murailles de l'Église beaucoup d'autres images de saints avec diadèmes, et qui étaient peintes de manières diverses. Les dents de quelques-unes étaient si longues qu'elles s'avançaient d'un pouce hors de la bouche et chaque image avait quatre et cinq bras. Au bas de cette église il y avait un grand étang aussi en pierre de taille pareil à beaucoup d'autres que nous avions aperçus sur notre route.

Nous quittâmes Capua et en sortant de cette ville on nous conduisit dans une autre où nous trouvâmes des choses pareilles à celles déjà racontées. Là, la multitude s'accrut de beaucoup et ne tenait plus dans les rues. Après nous avoir fait suivre longtemps le même chemin, on fit entrer le capitaine dans une maison, et nous autres avec lui, en raison de la foule qui avait beaucoup grossi.

En cet endroit, le roi envoya un frère du Bale, seigneur de ce pays, pour accompagner le capitaine ; et ceux qui l'escortaient apportaient des tambours, des trompettes, des chalumeaux, et même une arquebuse dont il tirait des coups devant nous. De cette

(1) Le mot *campaas* signifiait alors, soit cloche, soit pierre tombale. Nous croyons que c'est la dernière signification qui convient en ce lieu. (N. du T.).

sorte ils conduisirent le capitaine avec autant ou plus de pompe que l'on userait en Espagne envers un roi.

La foule devenait innombrable. Les fenêtres et les toitures étaient couvertes de monde, sans compter la multitude qui marchait avec nous, parmi laquelle se trouvaient au moins deux mille hommes armés. Et plus nous approchions du palais du roi, plus cette foule grossissait.

A peine étions-nous arrivés au palais, que le Capitam-mór se trouva entouré de personnages de marque et de grands seigneurs, en plus de ceux qui déjà l'accompagnaient. Le soleil marquait à peu près une heure. Parvenus au palais nous franchîmes un portique qui donnait sur une grande cour et, avant d'arriver à la porte du roi, nous passâmes sous quatre portes, et dûmes pour cela employer la force et bousculer le monde. Quand nous eûmes atteint la porte où se trouvait le roi, il en sortit un homme de grand âge, petit de taille, et qui est une sorte d'évêque, à qui le roi laisse diriger les choses d'église. Il embrassa le capitaine sur le seuil, et nous dûmes faire de grands efforts pour franchir cette entrée. Il y eut même des blessés.

Le souverain se trouvait dans une petite cour, étendu sur le dos, sur un lit de repos garni ainsi : en dessous, un drap de velours vert surmonté d'un très bon matelas, recouvert d'un drap de coton très blanc et très fin, plus blanc et plus fin qu'un drap de toile. Il avait aussi des coussins pareils. A sa gauche, le roi avait une coupe en or très grande, haute comme un pot d'un demi almude (1) laquelle mesurait deux palmes à l'ouverture, et dans cette jarre il jetait le marc d'une sorte d'herbes que les gens de ce pays mangent par les chaleurs et qu'ils appellent atambor (2). A droite du souverain on voyait encore un bassin en or qu'à peine un homme pouvait ceindre de ses deux bras, et dans lequel se trouvaient ces herbes; puis un grand nombre de vases en argent dont les cou-

(1) Ce qui équivaut à peu *près à 8 litres* et demi.
(2) Alex. Herculano croit que c'était le bétel.

vercles étaient entièrement dorés. A peine entré, le capitaine fit au roi sa révérence selon la coutume du pays, et qui consiste à joindre les deux mains, les lever au ciel comme les chrétiens ont l'habitude de faire pour s'adresser à Dieu, et aussitôt après avoir élevé les bras, à fermer les poings avec beaucoup de précipitation. Le roi fit signe au capitaine de s'avancer vers l'emplacement où il se trouvait, mais le Capitam-mór ne s'en approchait toujours pas, parce qu'il est d'usage dans ce pays qu'aucun homme ne s'approche du roi, sauf un des favoris pour lui servir de ces herbes. Lorsqu'on lui parle, c'est la main sur la bouche et se tenant à l'écart. Aussitôt que le souverain eut fait signe au capitaine, il tourna les yeux vers nous et nous indiqua que nous devions nous asseoir sur un banc de pierre à proximité de lui, de manière à ce qu'il pût nous voir.

Il nous fit apporter de l'eau pour nous laver les mains, et des fruits qui ressemblent à des melons, sauf l'écorce qui est rugueuse. La saveur en est douce tout de même. Puis encore d'autres fruits qui ressemblent à des figues. Il y avait des hommes pour nous les peler, et le roi nous regardait manger en souriant et en parlant de nous au favori qui se tenait à ses côtés et qui lui donnait les herbes à manger. Après cela il regarda le capitaine qui se trouvait en face de lui et lui dit de parler aux hommes présents qui tous étaient des personnes de qualité, de leur dire ce qu'il voudrait, et qu'ils le lui répéteraient.

Le Capitam-mór lui répéta qu'il était ambassadeur pour le roi de Portugal dont il apportait un message, qu'il ne délivrerait qu'au roi lui-même. Le roi répliqua que c'était très bien, et le fit conduire dans une salle. Puis le souverain se leva, et rejoignit le Capitam-mór pendant que nous restions en place. Le jour commençait alors à disparaître, et à peine le roi se fût-il levé qu'un homme âgé, qui se trouvait dans l'enclos, emporta le lit de repos en laissant la vaisselle.

Aussitôt que le roi eût rejoint le Capitam-mór, il se jeta sur une autre couche recouverte de drap brodé d'or, et demanda à Vasco da Gama ce qu'il lui voulait. Le Capitam lui dit qu'il était ambassadeur du roi de Portugal, seigneur de vastes terres et plus riche qu'aucun roi de ce pays, que depuis soixante ans, les rois, ses prédécesseurs envoyaient chaque année des vaisseaux à la découverte de ces contrées parce qu'ils savaient qu'il y avait là des rois chrétiens comme eux, et que c'était pour cette seule cause qu'ils expédiaient des gens à la découverte de ces pays, et non par besoin d'or ou d'argent, car l'on en trouvait chez eux avec une telle abondance que l'or et l'argent de ces contrées ne leur faisaient nullement faute.

Il ajouta encore que ces capitaines voyageaient pendant un an ou deux jusqu'à épuisement de vivres et retournaient en Portugal sans avoir rien trouvé; et que maintenant, un roi du nom de Dom Manuel avait fait construire trois vaisseaux pour le conduire et l'avait nommé Capitam-mór de cette expédition, en lui disant de ne pas retourner en Portugal avant d'avoir rencontré ce roi chrétien, et que s'il retournait sans l'avoir trouvé, il lui ferait trancher la tête, qu'il lui avait dit encore que, s'il venait à le rencontrer, de lui donner deux lettres qu'il lui montrerait le lendemain; qu'en outre, il lui faisait dire de vive voix qu'il était son frère et ami. Le roi répondit au Capitam-mór qu'il était le bienvenu et qu'il le tenait aussi pour frère et ami, et qu'il enverrait avec lui des ambassadeurs en Portugal, à quoi le capitaine répliqua qu'il le lui demandait comme une grâce parce qu'il n'oserait pas se présenter devant son roi et seigneur s'il n'amenait avec lui quelques naturels du pays.

Toutes ces choses et d'autres encore furent dites dans la salle dont nous avons parlé plus haut, et comme la nuit était déjà avancée, le roi demanda au Capitam-mór chez qui il voulait coucher, chez des chrétiens ou chez des Maures?

Le Capitam-mór répondit qu'il ne voulait coucher ni chez des Maures ni chez des chrétiens, et qu'il lui demandait comme une faveur de lui donner un logis où il serait seul et sans personne.

Le roi répondit qu'il serait fait ainsi. Le capitaine prit donc congé du roi et vint nous retrouver. Nous étions couchés sur une

terrasse éclairée par un grand chandelier d'airain, car il était déjà
à peu près quatre heures du matin. Alors nous partîmes tous avec
le capitaine, en route pour notre logis, suivis d'une infinité de
monde, et la pluie était si abondante que toutes les rues étaient
pleines d'eau. Le capitaine était porté par six hommes et nous
nous enfoncions tellement dans la ville, que le capitaine se fatigua
d'une si longue course et s'en plaignit à un maure de considération, intendant du roi, qui l'accompagnait, en le priant de bien le
vouloir laisser arrêter. Le maure le conduisit chez lui dans une
cour où se trouvait une estrade, recouverte de briques, sur
laquelle étaient étendus des tapis, et se trouvaient posés deux
chandeliers fort grands, pareils à ceux du roi, surmontés de deux
grandes lampes en fer, à huile ou à la graisse. Chaque lampe avait
quatre mèches, qui donnaient une vive lumière. Ils se servent de
ces lampes comme torches. Et ce maure fit amener un cheval pour
conduire le capitaine à son logement, mais il arriva sans selle. Le
capitaine se refusa à monter, et nous suivîmes à pied du côté de
notre logis, où à notre arrivée nous trouvâmes déjà quelques-uns
de nos hommes qui avaient apporté le lit du Capitam-mór, et des
effets d'habillement dont le capitaine voulait faire présent au roi.
Le mardi d'après, le Capitam-mór avait déjà réuni, pour offrir
au roi les choses suivantes : douze pièces d'étoffe rayée et quatre
capuchons d'écarlate, six chapeaux, quatre branches de corail, un
ballot contenant six bassins, une caisse de sucre et quatre barils,
dont deux remplis d'huile et deux de miel.

Et comme il est d'usage en cette contrée de ne rien apporter au
Roi dont n'ait d'abord pris connaissance le maure qui lui sert
d'intendant et le *bayle*, le capitaine le leur fit montrer, et ils se
mirent à rire de ce cadeau en disant que ce n'était rien qui valût
d'être offert au Roi ; que le plus pauvre marchand de retour de la
Mecque ou des Indes (1) lui faisait une offrande plus considérable,

_____

(1) L'Éthiopie ou les terres du Prestre Jehan.

et que si le capitaine voulait lui offrir un cadeau, qu'il lui donne
de l'or, parce que leur roi n'accepterait pas ces autres objets.

Et, ce voyant, le capitaine fut pris de mélancolie, et dit qu'il
n'apportait pas d'or, et au surplus qu'il n'*était pas marchand, lui,
mais ambassadeur,* et qu'il partageait avec leur roi de ce qu'il
avait et qui lui appartenait en propre, et pas à son souverain. Il
ajouta que, lorsque le roi du Portugal enverrait de nouveau dans
ces parages, il ferait alors offrir au souverain beaucoup d'autres
choses de grande valeur; que si le roi Camolim (Samorim) ne voulait pas de ce qu'il lui offrait, il le rapporterait dans ses vaisseaux. Le
bayle et l'intendant répliquèrent qu'ils n'emporteraient pas pareille
offrande au roi ni permettraient que d'autres le lui emportassent.

Et quand ils furent partis, il nous vint des Maures, vrais fripons
qui tous se mirent à dédaigner le cadeau que le Capitam-mór voulait offrir au roi. Le capitaine se voyant formellement empêché
d'envoyer son présent au souverain, leur dit que, vu qu'ils ne lui
permettaient pas de faire ce cadeau à leur maître, il voulait retourner parler au roi et rallier ensuite son vaisseau. Ils répondirent
que c'était bien, et de vouloir attendre un peu, qu'ils allaient revenir pour le conduire au palais. Et le capitaine les attendit la journée
entière, et ils ne revinrent plus.

Fort marri de se voir ainsi à la merci de gens si indolents et
peu sûrs, il prit au capitaine envie de se rendre seul au palais,
mais après réflexion, il crut mieux faire d'attendre au lendemain.

Nous autres ne laissions pas que de nous amuser, nous chantions
et dansions au son des trompettes, et en avions grande réjouissance. Arrivés au mercredi matin les Maures vinrent prendre le
capitaine pour le conduire au palais, et nous l'accompagnâmes.
Dans le palais, il se trouvait beaucoup d'hommes armés, et le Capitam-mór resta avec ceux de son escorte pendant quatre grandes
heures à une porte qu'on ne lui ouvrait pas, jusqu'à ce que le roi
lui fit dire d'entrer et de ne se faire suivre que de deux seuls hommes à son choix.

Le capitaine désigna pour l'accompagner Fernam Martinz — celui qui connaissait la langue, — et son écrivain.

Ce résultat ne sembla pas de bon augure au Capitam-mór et à nous non plus.

Une fois, le Capitam-mór en présence du roi, celui-ci lui dit qu'il avait attendu de le voir mardi, et le capitaine répondit qu'il s'était senti trop fatigué de la route, raison pour laquelle il n'était pas venu. Le roi lui demanda de nouveau comment cela se faisait qu'il vint d'une contrée très riche sans lui rien apporter, et pourquoi il ne lui remettait pas une lettre qu'il disait avoir pour lui. A cela, le capitaine répondit qu'il ne lui avait rien apporté, parce qu'il venait tout simplement pour reconnaître ces contrées, que plus tard d'autres vaisseaux arriveraient dans l'Inde, et le souverain verrait alors tout ce qu'il y aurait pour lui. Quant à la lettre, que c'était vrai, et qu'il la lui remettrait sans plus tarder.

Le roi s'enquit alors de ce qu'il venait chercher : des pierreries ou des hommes? — que si c'était des hommes comme il l'affirmait, pourquoi ne rien avoir apporté? Et il ajouta qu'on lui avait dit qu'il avait une Sainte-Marie en or. Le capitaine répliqua que la Sainte-Marie qu'il portait sur lui n'était pas en or, mais que fut-elle en or, il ne la donnerait pas, parce qu'elle l'avait accompagné sur mer et conduit jusqu'à ce royaume. Ensuite le roi demanda la lettre.

Le capitaine pria qu'on fît venir un chrétien qui sût parler la langue des Maures, vu que ceux-ci lui cherchaient noise et pourraient dénaturer le sens de la missive. Le roi dit que c'était bien, et fit quérir un jeune homme de petite stature appelé Quaram. Le Capitam-mór communiqua alors qu'il apportait deux lettres : une écrite dans sa langue, et l'autre en langue mauresque, et que, pour ce qui était de celle écrite dans sa langue, il la comprenait fort bien et connaissait tout ce qu'elle contenait de bon. Quant à l'autre, il ne la comprenait pas et qu'elle pouvait contenir autant de bon que de mauvais. Et comme le chrétien ne savait pas lire en langue

mauresque, on remit la lettre à quatre Maures qui la lurent entre
eux et vinrent ensuite la lire devant le roi, qui en a eu grand contentement, et demanda au capitaine quelle sorte de marchandises
il y avait en son pays. Le capitaine répondit qu'il y avait beaucoup
de blé, de drap, de fer, d'airain et nomma encore beaucoup d'autres
choses. Le roi demanda s'il apportait quelques-unes de ces marchandises. Le capitaine reprit qu'il apportait un peu de chaque
chose comme échantillon, et pria qu'on lui permît de rentrer dans
son vaisseau pour l'aller prendre, en disant qu'il laisserait au logis
quatre ou cinq hommes. Le roi répondit que non, de s'en aller,
d'emmener avec lui tous ses hommes, de faire bien amarrer ses
vaisseaux et de débarquer ses marchandises pour tâcher de les
vendre le mieux possible. Le Capitam-mór prit congé du souverain,
et s'en retourna vers son logement en nous emmenant avec lui, et
comme il faisait déjà tard il ne s'occupa plus de partir ce soir-là.
Jeudi matin, on amena au capitaine un cheval dont il ne voulut pas
se servir. Il réclama un des chevaux du pays, c'est-à-dire un
palanquin, parce qu'il ne pouvait pas monter à cheval sans selle.
Alors ils le conduisirent chez un marchand très riche nommé
Guzerate qui fit préparer sur-le-champ un palanquin, et aussitôt prêt,
le capitaine fut transporté dessus, suivi de beaucoup de monde, et
prit le chemin de Pandarami où les vaisseaux avaient mouillé.

Nous autres ne vînmes pas à bout de le suivre, et restâmes très
en arrière. Et, en route, le Bale ou bayle nous dépassa et atteignit
le capitaine, cependant que nous nous trompions de chemin et
nous enfoncions dans la forêt. Le Bale envoya ensuite après nous
un homme pour nous guider. Arrivés à Pandarami, nous rencontrâmes le capitaine sous un hangar comme on en rencontrait beaucoup en ces chemins, pour garantir les voyageurs et les piétons
contre les pluies. Le Capitam-mór s'y trouvait entouré du bayle et
de beaucoup de monde, et, en nous voyant arriver, il dit au Bale
de lui faire donner une almadie pour le transporter à son vaisseau.
Celui-ci et tous les autres répondirent qu'il était trop tard, et que l'on

s'en irait le lendemain. En effet, le soleil baissait déjà sensiblement.

Le capitaine reprit que s'ils ne lui donnaient pas l'almadie, il s'en plaindrait au roi. Lorsqu'ils s'aperçurent du mécontentement du capitaine, ils lui dirent de partir et qu'ils lui donneraient trente almadies si tant était besoin. Alors ils nous conduisirent le long de la plage, ce qui sembla de mauvais présage au capitaine, qui expédia devant lui trois hommes en leur recommandant que s'ils trouvaient les canots des navires, et venaient à rencontrer son frère, de lui dire qu'il eût à se tenir bien caché.

Ils partirent, ne trouvèrent rien et s'en retournèrent tandis qu'on nous conduisait d'un côté opposé, ce qui nous empêcha de nous rencontrer avec eux. Alors ils nous menèrent chez un Maure parce qu'il faisait déjà très tard, et quand nous y fûmes arrivés, ils dirent qu'ils voulaient aller à la recherche des trois hommes qui n'avaient pas reparu.

Dès qu'ils furent partis, le capitaine fit acheter beaucoup de poules et de riz dont nous mangeâmes, quoique nous fûmes fatigués d'avoir marché toute la journée. Les indigènes ne revinrent vers nous que le matin et le capitaine nous dit qu'il les croyait gens de bonne condition, car si la veille ils ne nous avaient pas laissé partir, c'était dans une bonne intention.

Et lorsqu'ils revinrent le lendemain, le capitaine derechef leur dit de lui donner des bateaux pour le transporter à son bord. Ils répondirent au capitaine de faire approcher ses vaisseaux plus près de terre, qu'ainsi il pourrait bien les regagner. Le Capitam-mór répondit que s'il faisait approcher ses navires, son frère le croirait prisonnier et agissant sous leur contrainte; qu'alors il mettrait de suite à la voile et repartirait vers le Portugal.

Les indigènes dirent encore que s'il ne faisait pas approcher de terre les navires, il ne les regagnerait pas autrement. Le capitaine donna pour réplique que le roi Çamorim l'avait renvoyé dans son navire, mais que si celui-ci se refusait à le laisser s'éloigner, et voulait le garder dans son pays, il s'en réjouirait fort. Les naturels

luí dirent qu'oui, qu'il pouvait bien aller. Toutefois, ils firent clore
immédiatement toutes les portes de l'endroit où nous nous trouvions,
et où il y avait beaucoup de gens armés pour nous garder, de sorte
qu'aucun de nous ne sortait sans être surveillé par beaucoup
d'hommes. Ils insistèrent de suite pour que nous leur donnions
nos voiles et nos gouvernails, ce qui fit répondre au Capitam-mór
qu'il ne leur donnerait aucune de ces choses, attendu que le roi
Çamorim l'avait renvoyé dans son navire sans aucune condition;
qu'ils pourraient faire de sa personne ce que bon leur semblerait,
mais de ne pas s'attendre à obtenir de lui quoi que ce fût.

Le cœur du capitaine et les nôtres furent envahis d'une grande
tristesse, tout en cherchant à faire supposer aux gens qui nous
gardaient, que leur façon d'agir nous laissait indifférents. Le capitaine vint enfin à leur dire que, puisqu'on ne lui donnait pas le
moyen de regagner son vaisseau, qu'on accordât au moins à ses
hommes la liberté de partir, car ils mouraient là de faim. On lui
répliqua que tous resteraient quand même, que si les nôtres mouraient de faim, tant pis, qu'on ne ferait rien pour eux.

Pendant que les choses allaient ainsi, il vint vers nous un des
hommes qui s'étaient égarés la veille au soir, et il raconta au capitaine comment, depuis la veille, Nicolao Coelho se trouvait à terre,
et l'attendait avec ses chaloupes. Aussitôt que le Capitam-mór eut
appris ceci, il expédia avec le plus grand secret un homme vers
Nicolao Coelho. Il lui fallut user de beaucoup de ruse parce que
nous étions surveillés par beaucoup de gardiens. Cet homme était
chargé de dire à Nicolao Coelho de repartir à bord sur l'heure et
de se tenir en sûreté. A peine Nicolao Coelho prit-il connaissance de cet avertissement, qu'il s'empressa de regagner son vaisseau, et dès qu'il fut parti, nos gardiens en furent avisés. Ils
équipèrent plusieurs almadies sur-le-champ, et poursuivirent
Nicolao Coelho un bon moment, puis voyant qu'ils ne venaient pas
à bout de le prendre, ils s'en retournèrent vers le Capitam-mór et
lui dirent d'écrire une lettre à son frère pour qu'il fît approcher les

navires plus près de terre et s'avancer davantage dans le port. Le capitaine répondit que c'était fort bien, mais qu'il ne le ferait pas, et que si, pour sa part, son frère accédait à leur désir, jamais les gens de son équipage n'y consentiraient, ne tenant pas à la mort.

Ils répliquèrent que tout cela était inutile, qu'ils savaient bien que tout ce que le Capitam-mór ordonnerait, serait fait.

Le Capitam-mór se refusait à faire avancer les vaisseaux dans le port, dans l'appréhension que d'ailleurs nous partagions avec lui, qu'une fois plus près, les indigènes ne s'en emparassent et nous missent à mort, en commençant par le capitaine, et par ceux d'entre nous qui étions déjà entre leurs mains.

Nous passâmes toute la journée dans cette agonie et, à la tombée de la nuit, il arriva encore beaucoup plus de monde qui nous défendit de sortir de l'enclos dans lequel nous nous trouvions. Nous nous vîmes donc renfermés dans une cour pavée de briques, et entourée d'une multitude de gens. Nous étions au milieu de cette foule dominée par la crainte d'être séparés les uns des autres, ou d'être autrement maltraités, vu le mauvais vouloir qu'on nous témoignait.

Cela ne nous empêcha pourtant pas de faire un bon souper de ce qui avait pu être trouvé dans la ville. Cette nuit-là nous fûmes gardés par plus de cent hommes, tous armés d'épées, de bisarmes (1), de boucliers, arcs ou flèches, et les uns veillaient tandis que les autres se reposaient. Ils se relayèrent ainsi toute la nuit. Et le lendemain qui était un samedi, le deux du mois de juin, ces seigneurs vinrent le matin en nous montrant déjà meilleure mine, et disant que, puisque le capitaine avait promis au roi de débarquer sa marchandise, il pouvait l'aller prendre, parce qu'il était coutume en ces contrées que tout bâtiment qui y abordait, débarquât immédiatement sa cargaison et même son équipage. De plus, tant que la marchandise n'était pas toute vendue, le marchand ne rentrait pas dans son vaisseau.

(1) Hache à deux tranchants.

Le capitaine répondit qu'oui, qu'il allait écrire à son frère de lui envoyer des marchandises.

Là-dessus, ils se montrèrent satisfaits et dirent qu'aussitôt la marchandise débarquée, on permettrait au capitaine de rentrer dans sa nef. Le Capitam-mór écrivit donc tout de suite à son frère de lui expédier un certain nombre de choses, ce qui fut exécuté sur l'heure.

Et aussitôt que les indigènes virent ces objets, ils permirent au capitaine de partir. Nous ne laissâmes que deux hommes à terre avec la marchandise et tous nous éprouvâmes une grande allégresse et rendîmes beaucoup de grâces à Notre Seigneur de nous avoir délivrés de ces gens privés de raison et pareils à des brutes, car nous savions bien que si le capitaine regagnait ses vaisseaux en laissant quelques hommes après lui, il ne leur serait fait aucun mal.

Une fois rentré à bord, le capitaine ne voulut plus envoyer de marchandises pour l'instant. Cinq jours après, le Capitam-mór fit savoir au roi qu'après avoir été envoyé par lui dans ses navires, quelques-uns des siens l'avaient empêché de s'y rendre et l'avaient retenu un jour et une nuit. Il ajoutait qu'il avait déjà fait débarquer la marchandise comme il avait été convenu, mais que les Maures l'avaient endommagée. Il lui recommandait encore de s'en occuper, parce que tout en ne lui offrant rien de sa marchandise, lui et ses vaisseaux se tenaient à son service.

Le roi fit répondre sans délai, que ceux qui avaient agi ainsi, étaient de mauvais chrétiens et qu'il leur infligerait un châtiment.

Il expédia, aussitôt après, sept ou huit marchands pour voir la marchandise et l'acheter à leur gré, et il envoya encore un homme considéré, tel qu'un intendant, avec l'ordre d'occire tout maure qui s'approcherait, sans pour cela ressentir aucun remords.

Ces marchands envoyés par l'ordre du roi, demeurèrent en cet endroit pendant une huitaine de jours, et au lieu d'acheter, ils dépréciaient la marchandise. Les Maures ne remirent plus les pieds dans la maison où elle se trouvait, mais ils nous en voulurent tellement que lorsqu'un de nous débarquait, ils crachaient par terre dans l'intention de nous vexer en disant : Portugal, Portugal! Ils cherchèrent aussi la manière de nous prendre tous pour nous mettre à mort.

Lorsque le capitaine vit que la marchandise n'était pas placée dans un endroit favorable pour être vendue, il fit parvenir ce fait à la connaissance du roi, en ajoutant qu'il désirait l'expédier à Calecut et le priait de s'en charger. Dès que le roi reçut ce message, il envoya le Balc recruter assez de monde pour transporter nos marchandises à dos d'homme jusqu'à Calecut et donna l'ordre que ce transport fût fait à ses frais, car rien de ce qui regardait le roi de Portugal, ne serait dans son pays, disait-il, une cause de dépense pour les Portugais.

Tout ceci avait pour but de nous faire du tort en raison des mauvais renseignements qu'il avait eus à notre sujet, comme quoi nous étions des larrons occupés à des pillages, mais il en usa avec nous comme nous venons de le raconter.

Un dimanche, jour de la Saint Jean-Baptiste, le vingt-quatre du mois de juin, on transporta nos marchandises à Calecut et une fois qu'elles furent rendues à cette destination, le capitaine ordonna que tout le monde allât à Calecut de la façon suivante.

Il ne partirait à la fois qu'un seul homme de chaque navire, au retour desquels d'autres à leur place descendraient à terre, de sorte que chacun pourrait voir la ville et acheter ce qui lui plairait. Nos hommes reçurent fort bon accueil des chrétiens sur leur chemin, et tous se réjouissaient beaucoup lorsqu'un des nôtres mangeait ou couchait chez eux, et ils leur offraient de bon cœur ce qu'ils avaient.

Beaucoup d'indigènes venaient à bord troquer du poisson contre du pain et étaient par nous fort bien reçus, et plusieurs amenaient leurs enfants et des jeunes gens, et le capitaine faisait servir à manger à tous. Nous agissions de cette sorte pour faire paix et amitié avec eux et les porter à dire de nous du bien et pas du mal. Et il

èn venait une telle quantité que cela nous ennuyait, et souvent la
nuit était déjà close et nous ne pouvions les mettre hors des navires. La cause en était due à la grande population et à la petite
quantité d'aliments qu'on trouvait en cette contrée, de sorte que
si quelques-uns de nos gens allaient réparer nos voiles à terre en
emportant des biscuits pour nourriture, ils se trouvaient entourés
d'une quantité d'hommes et de jeunes gens qui les leur arrachaient
des mains et ne leur en laissaient rien.

Nous nous rendîmes donc tous à terre comme nous venions de
dire : deux à deux, trois par trois, et chacun emportait ce qu'il avait
à vendre, bracelets, effets, habillements, de l'étain ou des chemises,
mais on ne vendait pas aussi bien qu'on avait eu lieu d'espérer à
l'arrivée à Mocumbiquy, car pour une chemise très fine qui vaut
trois cents reis au Portugal, on donnait ici deux *fanoés,* ce qui revient en cette contrée à trente reis, mais ici ces trente reis sont
estimés à une grande valeur. Nos hommes vendaient donc des
chemises et autres objets à vil prix, afin d'emporter de cette terre
quelque chose qui servît d'échantillon. Ils achetaient de ce qu'on
vendait par la ville, girofle, canelle, pierres fines, et après, chacun s'en revenait dans les bateaux, sans qu'on lui dise un mot.

Et le capitaine ayant vu comme ces gens étaient de bon naturel, il résolut d'y laisser la marchandise gardée par un facteur
accompagné d'un écrivain, et de quelques autres hommes.

L'heure du départ étant près d'arriver, le Capitam-mór envoya
au roi un service d'ambre et des coraux et encore bien d'autres
choses, et lui fit dire qu'il s'en retournait en Portugal, et s'il voulait envoyer quelques hommes au Portugal, qu'il pensait lui-même
laisser en cette terre un facteur, un écrivain et quelques autres
hommes avec les marchandises, et qu'il lui faisait présent de ce
service et le priait d'envoyer au roi son maître comme échantillons,
un bahar (1) de canelle et un autre de girofle ou d'autres épices à

____

(1) Poids asiatique de la valeur de 300 livres à peu près. (N. du T.)

son choix, en ajoutant que l'intendant ferait de l'argent, avec lequel il le payerait. Lorsque le porteur de ce message arriva à l'endroit où se trouvait le souverain, il attendit quatre jours avant de pouvoir lui parler, et quand il fut enfin introduit auprès du roi, celui-ci le regarda d'un œil malveillant et lui demanda ce qu'il voulait. Le messager répéta la commission du capitaine. Le roi répondit qu'il fallait remettre à son intendant ce que le messager lui apportait, et ne le voulut point voir. Il fit alors dire au Capitam-mór que, s'il voulait partir, de lui donner six cents xarafes (1) et de s'en aller, que tel était l'usage du pays et de ceux qui y abordaient.

Diago Diaz, qui était le messager, reprit qu'il transmettrait cette réponse au capitaine. A peine eut-il quitté le roi que plusieurs hommes le suivirent et arrivés à Calicut, à la maison où se trouvaient les marchandises, ils y firent pénétrer quelques-uns d'entre eux pour garder les nôtres et les empêcher de sortir. Ils firent encore proclamer par la ville qu'aucune sorte d'embarcation ne devait aller vers les navires. Dès que nos hommes se virent prisonniers, ils expédièrent un jeune nègre de leur suite pour chercher le long du rivage s'il se trouvait quelqu'un qui voulût bien le conduire aux vaisseaux afin de dire comme quoi on les tenait prisonniers par ordre du roi. Le nègre s'en alla au bout de la ville où demeuraient les pêcheurs, et un d'entre eux le conduisit à bord pour trois *fanoes* parce que la nuit commençait à tomber, et qu'on ne les pouvait plus apercevoir de la ville, et aussitôt qu'ils l'eurent déposé à bord ils s'éloignèrent sans retard. Cela eut lieu un lundi qui était le treize du mois d'août MCCCCXCVIII. A cette nouvelle, nous eûmes grande angoisse, tant à cause des nôtres qui étaient restés entre les mains des ennemis, que parce que cela devenait un empêchement à notre départ. Nous étions encore affligés de nous voir ainsi joués par un prince chrétien avec qui nous avions partagé du nôtre, mais d'autre part, nous ne lui en voulions pas trop, parce que nous

____

(1) Aujourd'hui xarafis, monaie asiatique qui vaut à peu près 300 reis.

sâvions que les Maures qui se trouvaient en cette contrée étaient des marchands de la Mecque et d'autres endroits qui nous connaissent et nous voulaient du mal. Ils ne se faisaient du reste pas faute de dire au roi que nous étions des voleurs, et que si nous commencions de naviguer dans ces parages, il n'y aurait plus de vaisseaux de la Mecque ou de Cambaya ou des Ingres ou autres qui y voulût venir. Ils ajoutaient encore que ce souverain n'aurait aucun profit à espérer de nous, car nous ne lui donnerions rien et lui causerions plutôt dommage, et deviendrons peut-être même cause de la ruine de son pays. Ils insistaient et cherchaient à le gagner pour obtenir qu'il nous fît prendre et mettre à mort afin d'empêcher notre retour en Portugal.

Les capitaines apprirent toutes ces choses par un Maure du pays qui leur découvrit ce qu'on complotait et recommanda principalement au Capitam-mór de ne pas quitter les vaisseaux pour venir à terre. Non seulement ce Maure le disait, mais encore deux chrétiens affirmaient que si les capitaines venaient à débarquer, on leur couperait la tête, suivant la façon d'agir du roi envers ceux qui venaient chez lui sans lui donner de l'or.

Les choses étant ainsi, le lendemain aucune embarcation ne vint vers nos bâtiments et le jour d'après, il vint une almadie montée par quatre jeunes gens qui apportaient des pierres fines à vendre.

Nous supposâmes qu'ils venaient plutôt par ordre des Maures que pour troquer leurs pierreries, et aussi probablement dans le but de voir si nous leur faisions quelque tort. Mais le capitaine leur fit très bon accueil et envoya par eux une lettre à ceux qui étaient à terre. Lorsqu'ils s'assurèrent que nous ne leur faisions aucun dommage, chaque jour plusieurs marchands et d'autres qui ne l'étaient pas venaient seulement pour voir. Tous étaient fort bien reçus par nous et nous leur donnions à manger. Et le dimanche suivant, il nous vint encore vingt-cinq hommes dont six étaient des personnages considérés. Et le capitaine, ayant compris qu'en échange de ces hommes il pourrait obtenir ceux de nos gens qui étaient retenus à terre et prisonniers, il mit la main sur eux et prit encore douze hommes de qualité inférieure, de sorte qu'il s'empara de dix-neuf hommes (1) en tout. Quant aux autres, il les renvoya à terre dans une de leurs barques avec une lettre pour le Maure, intendant du roi, où le capitaine lui enjoignait de remettre les prisonniers pour qu'il rendît lui-même les hommes qu'il avait retenus.

Dès qu'ils virent qu'on s'était emparé des leurs, beaucoup d'entre eux s'empressèrent de se rendre à la maison des marchandises pour délivrer les nôtres et les conduire chez l'intendant sans leur faire aucun mal. Le mercredi, vingt-trois du même mois, nous mîmes à la voile en annonçant que nous partions pour le Portugal et que nous espérions revenir bientôt en ces contrées, qu'alors ils verraient si nous étions des voleurs. Nous nous arrêtâmes à l'abri, environ à quatre lieues d'éloignement de Qualecut en raison du vent qui soufflait de bout, et le lendemain nous avançâmes vers la côte et ne pûmes franchir les bas-fonds qui se trouvent en face de Qualecut, et alors nous cinglâmes au large et nous arrêtâmes vis-à-vis de la ville. Et quand ce vint au vendredi, nous voguâmes encore vers la mer et nous jetâmes l'ancre, tellement loin de la côte que nous perdîmes presque vue de la terre. Et le dimanche, nous étant arrêtés dans l'attente d'une brise, il vint vers nous, du large, une barque qui était partie à notre recherche et nous apprîmes que Diogo Diaz se trouvait dans le palais du roi qui s'engageait à le ramener à bord, dès qu'il en sortirait. Le capitaine, considérant que nos hommes avaient peut-être été mis à mort et qu'on nous disait cela pour nous retenir jusqu'à ce qu'ils fussent munis d'armes ou qu'il leur arrivât des vaisseaux de la Mecque pour nous prendre, leur enjoignit de partir et de ne plus se montrer à bord, sans amener nos gens ou des lettres écrites par eux, et les menaça encore de les chasser à coups de bombardes. Il ajoutait que si une réponse n'était pas apportée, il espérait bien cou-

______

(1) Douze et six font plutôt dix-huit.

per la tête à tous ceux dont il s'emparerait. Après tout cela, il nous arriva la brise souhaitée et nous nous mîmes à longer la côte jusqu'au coucher du soleil.

Alors, de nouveau, nous nous arrêtâmes.

Comment le roi fit quérir Diogo Diaz et lui dit ce qui suit :

Lorsque le roi prit connaissance de notre départ pour le Portugal et qu'il n'était plus temps pour lui de faire ce qu'il désirait, il s'avisa de vouloir réparer ce qui était devenu irréparable. Et il fit venir Diogo Diaz et le reçut très honnêtement, à l'opposé de ce qu'il avait fait lorsque celui-ci lui avait apporté le présent du capitaine, et lui demanda pourquoi le Capitam-mór avait retenu ses hommes.

Diogo Diaz répliqua que c'était parce qu'on n'avait pas laissé les Portugais rallier leurs vaisseaux et qu'on les avait emprisonnés dans la ville.

Le roi ajouta que le Capitam-mór avait bien agi et il voulut encore savoir si l'intendant lui avait demandé quelque chose, feignant l'ignorance de tous ses agissements. Il insinua que l'intendant s'était sans doute ainsi comporté dans le but de s'attirer quelque récompense, en ajoutant : « Ne sait-il pas qu'il y a peu de temps, j'ai fait mettre à mort un intendant parce qu'il s'était laissé gratifier par des marchands venus en ce royaume? » Le roi poursuivit : « Va t'en donc vers tes navires, avec ceux qui t'accompagnent et dis au capitaine de me renvoyer les hommes qu'il a retenus — et quant au *pilier* qu'il voulait planter en cette terre, qu'il le remette à ceux qui te conduiront et qui se chargeront d'exécuter son désir; et toi, tu resteras dans ce pays avec les marchandises ».

Il envoya alors au capitaine, pour être remise au roi de Portugal, une lettre écrite de la main de Diogo Diaz sur une feuille de palmier, car c'est l'habitude de n'écrire que sur ces feuilles en se servant d'une plume de fer. Voici la teneur de la lettre : « Vasco da Gama, noble de votre maison, est venu dans mon royaume, à ma grande réjouissance. Dans mon pays, il y a quantité de cannelle, de

girofle, de gingembre, de poivre et de pierres précieuses. De ton
pays je demande de l'or, de l'argent, du corail et de l'écarlate. »

Le lundi matin, 27 du même mois, nous étions en panne lorsque
nous vîmes arriver sept barques remplies de monde. On amenait
Biogo Diaz avec un de ses compagnons, et n'osant le remettre à bord
on le déposa dans la barque du capitaine qui était à l'arrière du
vaisseau. Ils n'avaient pas apporté de marchandises dans l'attente
de voir Biogo Diaz retourner à terre, mais dès que le capitaine eût
reçu ses deux hommes, il ne leur permit plus de débarquer et remit,
aux messagers qui venaient dans la barque le pilier, d'après l'ordre
du roi.

Vasco da Gama leur livra aussi six des plus considérés des leurs,
et en garda autant, en disant qu'on eût à lui apporter le lendemain
la marchandise, en échange de laquelle il remettrait aussitôt les
prisonniers qu'il conservait.

Le mardi matin, tandis que nous étions à l'ancre, un Maure de
Tunis monta dans mon vaisseau. Il comprenait notre langue et nous
dit qu'il avait été dépouillé de tout ce qu'il possédait et qu'il craignait qu'on ne lui fît encore plus grand dommage, qu'il se trouvait
donc dans une fâcheuse situation.

Les gens du pays lui avaient dit que nous étions chrétiens, et
que nous avions visité Qualicut par ordre du roi de Portugal, et
qu'ainsi il préférait partir avec nous plutôt que de rester dans un
pays où il s'attendait chaque jour à être mis à mort. Vers les dix
heures nous vîmes arriver encore une fois sept barques avec beaucoup de monde. Sur les bancs de trois d'entre elles, on avait posé
quelques-unes des pièces de drap que nous avions laissées à terre,
pour nous faire accroire qu'ils nous remettaient toute notre marchandise.

Ces trois barques s'approchaient beaucoup des vaisseaux pendant
que les quatre autres restaient à distance, mais aucune n'accostait,
et ils nous criaient de faire descendre leurs hommes dans notre cha-

loupe où ils viendraient les prendre et déposer les marchandises.

Quand nous eûmes compris cette ruse, le Capitam-mór leur ordonna de s'en aller, en disant qu'il ne tenait plus à sa marchandise, mais seulement à emmener leurs hommes en Portugal et qu'ils eussent à prendre garde, car il espérait retourner bientôt à Qualicut et leur faire voir alors si nous étions des voleurs, comme les Maures le leur faisaient entendre. Un mercredi, le 29 de ce mois d'août, attendu que nous avions trouvé et découvert la terre des épices et des pierres précieuses à la recherche desquelles nous étions venus, et comme nous ne parvenions pas à prendre congé de ces gens en amitié et bonne paix, le Capitam-mór tint conseil avec les autres capitaines et résolut de partir et d'emmener avec nous les naturels que nous avions à bord, pour les faire servir, à notre retour, à entretenir l'amitié entre les indigènes et nous.

Nous reprîmes donc joyeusement notre marche, contents d'avoir eu la bonne fortune de faire une découverte de pareille importance. Le jeudi à midi, nous nous trouvions en panne, à une lieue au sud de Qualicut, il vint vers nous soixante-dix barques montées par une infinité d'hommes vêtus d'une sorte de tablier de drap rouge double, comme du cuir rembourré très épais. Telle est l'arme défensive de leur corps. *Quant aux mains et à la tête l'auteur a laissé au bout de sa plume le reste de la description de ces armes* (1). Lorsqu'ils furent arrivés à la distance d'un coup de bombarde, le Capitam-mór fit tout de suite tirer sur eux, et les autres navires imitèrent son exemple. Ils nous suivirent ainsi environ une heure et demie.

Tandis qu'ils couraient de la sorte après nous, survint un grand orage qui nous poussa vers la haute mer, et ayant vu qu'ils ne pouvaient rien, ils retournèrent vers la côte.

Et nous continuâmes notre route. C'est de cette terre de Qualicut, nommée les Hautes-Indes, que l'on exporte toutes les épices dont on fait usage à l'occident, en orient, en Portugal et dans toutes les pro-

_____

(1) Cette note est intercalée dans le manuscrit et inscrite de la main même de l'auteur.

vinces du monde. On exporte encore de cette ville appelée Calicut des pierres précieuses de toutes sortes.

On y récolte aussi les épices suivantes : beaucoup de gingembre, du poivre et de la cannelle quoique celle-ci ne soit pas aussi fine que le même produit d'une île que l'on nomme Cellan (Ceylan) qui gît à une huitaine de jours de distance de Calicut. Toute cette cannelle est importée dans la ville de Calicut et il y a une île que l'on nomme Méléqua d'où vient le girofle. Ici les navires de la Mecque chargent les épices ou les transportent dans une ville de la Mecque que l'on appelle Judea. On met pour y arriver cinquante jours de vent en poupe car les vaisseaux de ce pays ne vont jamais à la bouline. Là, on décharge et on paie les droits au grand sultan, puis on transporte à nouveau les épices, dans des bâtiments plus petits, par la mer Rouge, dans un endroit auprès de Sainte Catherine du Mont-Sinay, du nom de Tuuz (Suez) où l'on paie d'autres droits. De ce lieu les marchands transportent les épices à dos de chameau qu'ils louent quatre cruzades chacun, et arrivent en dix jours au Cuayro (Caire) où de nouveaux droits sont payés. Sur ce chemin du Caire les marchands sont souvent assaillis par des brigands, soit des bédouins, soit autres. De cet endroit, on transporte de nouveau les épices dans des barques qui descendent un fleuve nommé le Nil, lequel découle des terres du preste Jehan, des Basses-Indes. On navigue sur ce fleuve durant deux jours avant d'arriver à Roxete (Rosette) où d'autres droits sont perçus. On replace à dos de chameau les épices qui sont ainsi transportées d'une seule étape à Alexandrie qui est port de mer. Les galères de Venise et de Gênes viennent à Alexandrie prendre ces épices sur lesquelles le Grand Sultan perçoit six cent mille cruzades de droits, dont il donne chaque année cent mille à un roi nommé Cidadyn pour faire la guerre au preste Jehan. Ce nom de Grand Sultan est acheté à poids d'or, car le fils ne peut en hériter de son père.

Je reprends le récit de notre retour. — Nous suivions donc le long de la côte en raison de la faiblesse du vent. Le vent tirait de la terre et nous poussait vers le large, et la brise nous ramenait vers la terre. Dans la journée le calme était profond et nous jetions les ancres. Un lundi, le deuxième jour du mois de septembre, le Capitam-mór envoya au roi Comorin, par un des hommes que nous emmenions avec nous et qui était borgne, quelques lettres écrites en langue mauresque par un Maure de sa compagnie. La terre où nous envoyâmes ce Maure avec les lettres est nommée Compia et on donne à son roi le nom de Biaquolle; il est en guerre avec le roi de Calicut. Le lendemain, tandis que nous étions en panne, il vint vers nous des barques avec du poisson et leurs hommes entrèrent dans nos vaisseaux sans aucune peur, et le samedi suivant, quinze du même mois, nous trouvâmes des îlots à peu près à deux lieues de terre. Nous jetâmes une chaloupe à la mer et plantâmes un pilier sur un des îlots. Nous donnâmes au pilier le nom de Sainte-Marie, en obéissance du roi qui avait dit au Capitam-mor de planter trois piliers et de donner à l'un le nom de Saint-Raphaël, et aux autres le nom de Saint-Gabriel et de Sainte-Marie. Nous venions donc de planter le troisième pilier, scilicet (*sic*) le premier, le Saint-Raphaël au bord du fleuve des Bons-Signaux, le second, le Saint-Gabriel à Calicut, et le dernier, le Sainte-Marie. Il nous vint en ce lieu encore beaucoup de barques avec du poisson et le capitaine reçut avec bienveillance tous leurs hommes et leur donna des chemises. Il leur demanda encore s'ils se réjouiraient d'un pilier qu'il voulait planter en cet îlot, et ils répondirent qu'ils en auraient grande allégresse, et que, si nous le plantions, il resterait prouvé qu'ils étaient chrétiens comme nous. Ce pilier fut donc planté en bonne amitié.

La nuit suivante, le vent tirait de terre, nous nous mîmes à la voile. C'était le dix-neuvième jour du mois. Nous arrivâmes à une terre haute fort gracieuse et salubre, qui avait six petites îles à proximité. Nous mouillâmes bien près de terre et nous mîmes une chaloupe à la mer afin d'aller prendre l'eau et le bois nécessaires pour la traversée que nous allions entreprendre, si les vents nous favorisaient comme nous le souhaitions.

Descendus à terre, nous rencontrâmes un jeune homme qui nous fit remonter une rivière pour nous faire voir une aiguade de fort bonne eau qui naissait entre deux rochers. Le capitaine donna à cet homme un béret et lui demanda s'il était chrétien ou maure. Il répondit qu'il était chrétien et en apprenant que nous l'étions aussi, il donna signe de grande joie. Et le lendemain matin, il nous vint une almadie avec quatre hommes qui nous apportaient beaucoup de citrouilles et de concombres. Le Capitam-mór leur demanda s'il y avait dans ce pays de la cannelle du gingembre ou autres sortes d'épices; ils nous dirent qu'il y avait beaucoup de cannelle, mais pas autre chose. Le capitaine envoya de suite avec eux à terre deux hommes pour nous en apporter un échantillon. On les conduisit dans une forêt où il y avait une infinité d'arbres à cannelle dont ils coupèrent deux grandes branches avec leurs feuilles.

Nous nous dirigions dans les chaloupes pour faire de l'eau, quand nous rencontrâmes en chemin nos deux hommes avec les branches de cannelle, accompagnés déjà d'une vingtaine d'hommes qui apportaient au capitaine beaucoup de poules, du lait de vache et des citrouilles.

Ils dirent au capitaine d'envoyer avec eux ces deux hommes parce qu'ils avaient à petite distance beaucoup de cannelle sèche, qu'ils l'iraient voir et en apporteraient un échantillon.

Après avoir fait de l'eau, nous ralliâmes nos vaisseaux, et ils nous promirent de revenir vers nous le lendemain, et d'apporter au capitaine un présent de vaches, de cochons et de poules. Le lendemain, dès le matin, nous vîmes deux grandes barques près de terre, environ à deux lieues d'éloignement de nos vaisseaux. Nous ne nous en occupâmes point et profitâmes de la marée favorable pour remonter la rivière et nous approvisionner de bois et d'eau.

Pendant que nous coupions le bois, le capitaine crut s'apercevoir que ces barques étaient beaucoup plus grandes qu'il ne l'avait jugé d'abord. Il nous ordonna donc de rentrer dans nos chaloupes pour prèndre notre repas, et qu'aussitôt après nous irions voir si c'étaient des maures ou des chrétiens. Arrivé dans son navire, le Capitammór fit monter un marin sur la hune pour voir si l'on apercevait d'autres barques. Ce marin aperçut, au large, environ à six lieues, huit bâtiments en panne et le capitaine ordonna de suite de tenir les vaisseaux prêts à les poursuivre. Aussitôt qu'ils eurent du vent, ils vinrent au lof et avancèrent autant que nous, mais nous n'en restions pas moins éloignés toujours de deux lieues les uns des autres. Dès que nous nous crûmes aperçus d'eux, nous filâmes droit sur leurs embarcations et aussitôt qu'ils comprirent que nous allions dans leur direction, ils virèrent vers la côte. Avant d'y arriver, une barque rompit son gouvernail et les gens qui la montaient étant descendus dans la chaloupe qui traînait à la poupe, avaient touché terre. Ceux d'entre nous qui nous trouvions le plus rapprochés de la barque, montâmes de suite à l'abordage de ce bâtiment, mais nous n'y trouvâmes que des vivres et des armes. Les vivres n'étaient d'ailleurs que des noix de coco et quatre grands vases remplis de gâteaux de sucre de palmier. Tout le reste n'était que du sable qui servait de lest. Les sept autres navires échouèrent et nous les bombardâmes de nos chaloupes.

Le lendemain matin, pendant que nous étions arrêtés, sept hommes vinrent vers nous dans une barque et nous dirent que les bateaux de la veille étaient venus de Calicut à notre recherche et qu'on nous aurait tous mis à mort si on avait pu nous prendre. Le jour d'après, nous jetâmes l'ancre à deux coups de bombarde de l'endroit où nous avions été d'abord, à proximité d'une île où l'on nous avait dit que nous trouverions de l'eau.

Le Capitam-mór envoya de suite Nicolao Coelho à la recherche de l'aiguade, dans une chaloupe armée. Il trouva dans l'île une église construite en pierres de taille, à demi démolie par les maures, d'après le dire des gens du pays qui l'avaient recouverte de chaume et y faisaient leurs prières devant trois pierres noires qui se trouvaient au milieu du bâtiment. Nous vîmes encore en dehors de cette église un bassin en pierres de taille ouvragées dans lequel nous prîmes toute l'eau que nous voulûmes.

Dans le haut de cette île, il se trouve encore un grand étang de quatre brasses de profondeur, et en face de l'église il y avait une plage sur laquelle nous procédâmes au nettoyage du *Berrio* et du navire du Capitam-mór. Le *Raphaël* ne fut pas tiré à terre à cause des inconvénients que nous raconterons plus loin. Un jour, pendant que le *Berrio* était à sec, il vint vers nous deux grandes barques pareilles à des fustes, montées par infiniment de monde. Elles venaient à la rame avec des étendards déployés en haut des mâts, et au son des tambours et des trompettes. Il y en avait cinq autres au guet le long de la côte.

Et avant d'arriver à ces fustes, nous demandâmes aux hommes que nous avions avec nous quels pouvaient être ces gens. Ils répondirent de ne pas les laisser approcher de nos navires, que c'étaient des larrons qui venaient pour nous prendre, s'ils le pouvaient, que les hommes de cette contrée qui étaient armés s'introduisaient adroitement dans les navires, et une fois dedans, s'en emparaient, s'ils s'en croyaient la force. Arrivés à la distance d'un coup de bombarde, on leur tira dessus, du *Raphaël* et de la *Capitane*. Ils commencèrent à crier « Tambaram » disant qu'ils étaient chrétiens, parce que les chrétiens de l'Inde appellent Dieu, *Tambaram*.

Quand ils virent que leurs cris restaient sans effet, ils s'enfuirent vers la côte et Nicolao Coelho les poursuivit pendant quelque temps dans une chaloupe, jusqu'à ce que, de la *Capitane* on lui fît signe de s'en retourner. Le jour suivant, les capitaines se trouvant à terre avec beaucoup d'hommes occupés à espalmer le *Berrio*, ils virent arriver deux barques montées par une douzaine d'hommes, couverts seulement de leurs pagnes, qui apportaient au Capitam-mór un présent de cannes à sucre. A peine débarqués, ils demandèrent au capitaine, la permission d'aller voir les grands bâtiments. Le capitaine, soupçonnant qu'ils venaient l'espionner, se mit en colère.

A ce moment, arrivaient deux autres barques montées par une

douzaine d'autres hommes. Les premiers voyant que le capitaine ne leur faisait pas bonne mine, avertirent les seconds de ne pas prendre terre et de s'en retourner, ne tardant pas eux-mêmes à s'embarquer et à les suivre.

Pendant le nettoyage de la *Capitane*, il vint un homme d'une quarantaine d'années (1) qui parlait très bien la langue vénitienne.

Il était tout vêtu de toile, et portait une très belle coiffure et un coutelas à la ceinture. A peine débarqué il alla embrasser le Capitam-mór et les autres capitaines, et leur dit comme quoi il était chrétien et natif du Levant, et que, venu enfant dans ce pays, il avait vécu avec un seigneur Maure qui avait quarante mille hommes de cavalerie. Il ajouta qu'en vérité il était Maure, mais que dans son cœur il était chrétien; qu'on était venu chez lui, dire qu'il y avait à Calicut des hommes que personne ne comprenait et qui étaient entièrement vêtus. Il ajouta qu'à peine l'avait-il appris, il s'était dit que ce ne pouvaient être que des Francs car tel est le nom qu'on nous donne en ces contrées. Qu'alors il avait prié qu'on le laissât venir nous voir ou qu'il en serait mort de chagrin; que son seigneur lui en avait accordé l'autorisation et nous faisait dire qu'il nous donnerait tout ce que nous pourrions désirer de son pays, soit vaisseaux, soit vivres, et si nous voulions venir y habiter, il s'en réjouirait fort. Le capitaine lui adressa ses remerciements, ce qui lui sembla très bien. Il pria encore Vasco da Gama de lui donner un fromage pour envoyer à un de ses compagnons à qui il avait promis quelque chose en signe de bonne réception. Le capitaine leur fit donc donner un fromage et deux pains frais. Il resta à terre et parla haut et de tant de choses que de temps en temps il s'embrouillait. Paulo da Gama s'adressa alors aux chrétiens qui l'avaient amené et demanda quel était cet homme. Ils répondirent que c'était l'armateur

(1) C'était un juif polonais qui vint à se convertir et prit le nom de Gaspar da Gama. Le roi D. Manuel l'utilisa pour les affaires de l'Inde et le récompensa généreusement. Nous en parlons dans la première partie de cet ouvrage. (N. du T.)

venu pour nous surprendre et qu'il avait là ses vaisseaux remplis de monde. Ayant appris cela et beaucoup d'autres choses qu'on parvint à comprendre, notre homme fut pris et amené vers le navire qui était à sec, et là on commença à lui donner le fouet pour lui faire avouer s'il était bien l'armateur qui nous avait poursuivis, et quel était son but. Nous découvrîmes ainsi qu'il savait que tout le pays nous voulait grand mal, et qu'il y avait autour de nous, embusqués dans cette rade, beaucoup d'hommes qui n'osaient pas nous attaquer. Ils attendaient, paraissait-il, une quarantaine de voiliers qu'on appareillait pour fondre sur nous, mais il ignorait le moment de leur arrivée.

A son propre sujet, il ne fit que nous répéter ce qu'il avait dit précédemment. Il fut ensuite questionné trois ou quatre fois, sans jamais répondre ouvertement, mais nous comprenions tout de même qu'il était venu visiter nos vaisseaux, afin d'apprendre le nombre d'hommes et d'armes que nous avions. Nous demeurâmes douze jours dans cette île où nous avons mangé beaucoup de poisson, de citrouilles et de concombres que les indigènes venaient nous vendre; et ils nous apportaient encore dans les barques des branches de canelle avec leurs feuilles.

Quand nos bâtiments furent nettoyés, que nous fûmes pourvus d'eau à volonté et que nous eûmes démoli le navire que nous avions nous partîmes un vendredi, qui fut le cinquième jour du mois d'octobre.

Avant que le bâtiment ne fût démoli, on en avait offert mille *fanones* au capitaine qui avait répondu qu'il ne le vendrait pas, parce qu'il avait appartenu à ses ennemis et qu'il ne voulait que le brûler.

Deux cents lieues plus loin en pleine mer, le Maure nous dit que le temps lui semblait opportun de ne plus rien cacher. Il avoua donc qu'étant chez son maître, on était allé lui raconter que nous nous trouvions perdus le long de la côte, sans savoir retourner dans notre pays, et que beaucoup de vaisseaux nous guettaient pour nous prendre; qu'alors, son maître l'avait chargé de venir voir ce qu'il en était, et s'il pouvait nous conduire dans son pays, car nous étions des hommes vaillants et qu'avec nous l'armateur ferait la guerre aux autres rois voisins.

Il avait compté sans son hôte.

Cette traversée nous prit si longtemps que nous y employâmes trois mois moins trois jours, en raison des accalmies et des vents contraires qui nous assaillirent. Tous nos hommes furent repris du mal des gencives. Celles-ci gonflaient tellement sur leurs dents qu'ils ne pouvaient pas manger. Les jambes leur enflaient aussi et leur corps était tuméfié de sorte qu'ils en mouraient sans autre maladie. Il en mourut tant que nous perdîmes là trente hommes sans compter une trentaine d'autres déjà morts. Nous n'avions plus dans chaque vaisseau que sept ou huit hommes (1) qui ne se portaient pas eux-mêmes aussi bien qu'il était à désirer.

J'affirme que si ce temps avait duré encore quinze jours, nous aurions fini par courir la mer au gré des ondes, sans hommes pour diriger les bateaux. Nous en étions arrivés à un tel point qu'il n'y avait plus d'ordre ni de discipline et, à cette heure d'angoisse, nous faisions beaucoup de promesses à nos saints et protecteurs pour sauver nos navires. Et les capitaines avaient décidé en conseil que, s'il nous venait un vent favorable pour nous reporter vers la terre de l'Inde que nous venions de quitter, nous devions y atterrir derechef. Dieu voulut dans sa miséricorde nous envoyer un vent qui dans six jours environ, nous poussa vers la terre que nous revîmes avec autant de plaisir que si c'eût été la terre de Portugal, car nous espérions avec la grâce de Dieu, que nos santés s'y rétabliraient comme cela nous était arrivé à notre premier passage. Ce fut un mercredi, le second jour du mois de

(1) Ce qui fait remonter à 34 hommes tout au plus le nombre des survivants, à cette étape de voyage. On croit cependant que l'équipage de la flotte s'élevait à une cinquantaine d'hommes à la rentrée en Portugal et que 120 ou 130 compagnons de Vasco avaient péri. (N. du T.)

février MCCCCLXLIX, et parce que nous étions déjà trop près de terre et qu'il faisait presque nuit, nous nous arrêtâmes à l'écart, et aux premières lueurs du matin nous allâmes reconnaître la côte pour savoir au juste en quel endroit le Seigneur nous avait jetés, vu que nous n'avions plus de pilote ni d'hommes qui s'entendît aux cartes marines pour nous dire en quels parages nous nous trouvions. Cependant quelques-uns d'entre nous croyaient que nous ne pouvions être qu'au milieu des îles qui se trouvent en face de Macombiquy, à trois cents lieues environ de la terre ferme; ils parlaient ainsi sur les dires d'un Maure que nous avions pris à Macombiquy et qui affirmait que ces îles étaient fort insalubres, et que leurs habitants eux-mêmes tombaient malades de la même maladie dont nous nous plaignions. Plus loin nous vîmes une ville très importante avec des maisons à plusieurs étages. Au centre, il se trouvait de grands palais; quatre tours formaient l'enceinte de cette ville, tournée en plein vers la mer. Elle se nomme Maga-doxo et appartient aux Maures, et lorsque nous en fûmes bien à proximité nous jetâmes force bombes et suivîmes notre route, vent en poupe, tout le long de la côte. Nous naviguions durant la journée et mettions en panne durant la nuit, parce que nous igno-rions toujours à quelle distance nous nous trouvions de Milingue où nous désirions relâcher. Le samedi, cinquième jour du même mois, la mer était calme et tout d'un coup il survint un grand orage, et les itagles du *Raphaël* furent brisées. Pendant que nous étions occupés à raccommoder ce dégât, nous vîmes arriver vers nous d'une ville nommée Pate, un armateur, suivi de huit barques avec beaucoup de monde. Dès qu'ils se trouvèrent à la distance d'un coup de bombe, nous les bombardâmes, et ils s'enfuirent de suite vers la côte. Lundi, neuvième jour du mois, nous jetâmes l'ancre vis-à-vis de Milindy d'où le roi envoya de suite une longue barque remplie de monde. Il expédiait des moutons au capitaine et lui sou-haitait la bienvenue, tout en lui faisant dire qu'il l'attendait depuis plusieurs jours et autres paroles de paix et amitié.

Le capitaine envoya à terre avec ces gens, un de nos hommes pour rapporter le lendemain des oranges que nos malades désiraient beaucoup. En effet, on en apporta avec divers autres fruits; cependant nos malades n'en profitèrent guère, parce que cette terre les éprouva tellement que beaucoup y succombèrent. Le roi continuait à nous envoyer à bord beaucoup de Maures, avec des poules et des œufs pour faire l'échange. Le capitaine, voyant qu'il nous traitait si honorablement à un moment où cela nous était si utile, lui envoya un présent, et lui fit demander par un de nos hommes (celui qui parlait la langue arabe) de lui envoyer une trompette en ivoire pour emporter à son souverain; il lui demanda encore de laisser planter un pilier en signe et souvenir d'amitié.

Le roi répondit qu'il aurait grande joie d'exécuter tous ces désirs par amour pour le roi de Portugal à qui il voulait être agréable et au service duquel il voulait rester pour toujours. Il fit, en effet, remettre sur-le-champ la trompette au capitaine et ordonna que l'on descendît à terre le pilier. Il envoya un jeune Maure qui voulait voir le Portugal, pour nous y accompagner. Le roi recommanda particulièrement ce jeune homme au capitaine et il lui fit dire qu'il l'envoyait avec nous afin de prouver au roi de Portugal combien il souhaitait de gagner son amitié.

Nous nous arrêtâmes en ce lieu durant cinq jours, en jouissant de ce répit après la laborieuse traversée où nous avions tous été en grande crainte de périr. Un vendredi matin, nous partîmes, et le samedi, le douzième jour du mois, nous passâmes à proximité de Monbaça. Le dimanche, nous nous arrêtâmes près des bas-fonds de Saint-Raphaël et là nous mîmes le feu au navire de ce nom, parce qu'il était impossible de diriger trois navires avec le peu de monde qui nous restait.

Nous transportâmes tous les effets qu'il y avait à bord de ce bâtiment sur nos deux autres navires.

Nous demeurâmes là durant cinq jours, et on nous apportait d'une ville située en face, qu'on appelait Tamugata, beaucoup de poules à vendre et à troquer contre des chemises et des bracelets.

Un dimanche le vingt-septième jour du mois, nous partîmes vent en poupe ; la nuit suivante nous nous tînmes en panne, et le matin nous nous trouvâmes près d'une île très grande qui s'appelle Jangiber laquelle est habitée par beaucoup de Maures et gît à environ dix lieues de terre. Ce premier jour du mois de février, nous mouillâmes vis-à-vis des îles de Sam-Jorge (1) à Mocambiquy.

Le lendemain matin, nous descendîmes à terre, pour planter un pilier dans l'île où nous avions entendu la messe lors de notre premier passage.

Il pleuvait tellement que nous ne parvînmes jamais à faire du feu pour fondre du plomb afin de sceller la croix au pilier. Il resta donc sans croix et nous regagnâmes sur-le-champ nos vaisseaux et partîmes sans plus tarder.

Le troisième jour du moi de mai, nous atteignîmes la baie de Sam-Bras où nous prîmes beaucoup de achoa (2), de loups-marins et de sotilycaïros que nous fîmes saler, et le douze du mois, nous reprîmes notre marche. A dix ou douze lieues de la baie, le vent vira du couchant et nous contraignit à retourner et à mouiller dans la même baie. Lorsque ce mauvais temps cessa, nous repartîmes, et Notre-Seigneur nous donna un vent si favorable que le vingtième jour du mois nous doublâmes le Cap de Bonne-Espérance. Ceux d'entre nous encore en vie se trouvaient en bonne et robuste santé bien que parfois à demi-morts de froid par les fortes brises qui régnaient en ce lieu.

Nous attribuions cela à ce que nous venions des contrées chaudes, plutôt qu'à la rigueur du froid lui-même, et nous pour-

(1) Cette île avait reçu ce nom, parce que, à son premier passage, Vasco da Gama y avait fait dire la messe en l'honneur de Sam-Jorge. A ce moment là, quoiqu'on fût encore loin d'atteindre le but du voyage, il n'y avait plus que deux clercs survivants. Les quatre autres clercs qui s'étaient embarqués sur les caravelles avaient déjà succombé. Tout l'équipage s'était confessé et avait communié en ce lieu. (N. du T.)

(2) Anchois, peut-être.

suivîmes notre voyage avec grand désir d'arriver en Portugal.
Nous eûmes à peu près pendant vingt-sept jours un vent en poupe
qui nous poussa dans les eaux de l'île de Santiago, dont nous nous
croyions éloignés encore d'une centaine de lieues, d'après nos
calculs. Quelques-uns d'entre nous nous y avaient déjà devancés. Le
vent vint à se calmer et nous n'en eûmes plus que peu et de bout.
Et comme nous avions connaissance de l'endroit où nous étions, à
cause des orages qui nous venaient de terre, nous allions au lof
autant que possible. Un jeudi, le vingt-cinq du mois d'avril, nous
trouvâmes fond à trente-cinq brasses. Cela alla ainsi toute la
journée et nous arrivâmes à trouver fond à vingt brasses sans
pouvoir parvenir à apercevoir la terre.

Les pilotes nous disaient que nous étions sur les bas-fonds du
Rio-Grande.

Comment on chasse l'éléphant au pays de Calicut.

On construit une cage en bois qui peut contenir quatre hommes.
On place cette cage ainsi chargée sur le dos de l'éléphant. L'animal
porte sur chaque défense cinq épées, de sorte qu'il en porte dix en
tout.

Et ces armes le rendent si redoutable que nul ne s'en approche,
s'il lui est possible de s'échapper. Il obéit à tout ce qu'ordonnent
ceux qui le montent avec une promptitude telle qu'il semble un
être raisonnable, car si on lui dit : Tue celui-ci, ou Fais cela, il le
fait.

De la manière dont on le prend à l'état sauvage dans la forêt.

Lorsqu'on veut capturer un éléphant sauvage, on choisit une
femelle apprivoisée et on creuse une fosse très profonde dans les
parages où se trouvent les éléphants.

Puis on recouvre la fosse avec des broussailles et l'on dit à la
femelle : Va, et si tu trouves un éléphant, amène-le à côté de ce
trou, de manière à ce qu'il y tombe, mais garde-toi d'y tomber
toi-même. La femelle part et fait ce qu'on lui a prescrit. Elle conduit l'éléphant au bord du trou de façon à l'y faire choir, et la fosse
est tellement profonde qu'il ne peut jamais en sortir seul.

*De la manière dont on les fait sortir de la fosse
et dont on les apprivoise.*

Quand l'éléphant est tombé dans le trou, on le laisse jeûner cinq
à six jours; puis un homme vient lui jeter un peu de nourriture.
Chaque jour il lui en jette davantage, et l'éléphant se décide enfin
à manger.

Cela dure l'espace d'un mois, et l'éléphant commence à s'appri-
voiser.

On lance quotidiennement de la terre dans la fosse, jusqu'à ce
qu'enfin on arrive à poser la main sur les dents de l'animal.

Alors on descend et on lui fixe des chaînes très lourdes aux
pieds. Enfin, on l'instruit si bien qu'il ne lui manque plus que la
parole, et on le garde dans l'écurie comme un cheval. Un bel éléphant vaut deux mille cruzades.

Ce journal termine ainsi brusquement, sans que la cause en soit
connue. Diverses suppositions ont été admises à ce propos. Toutes
vraisemblables, mais toutes également discutables. Pourquoi l'hypothèse qui semblerait la plus probable serait-elle aussi la plus
écartée? Alvaro Velho n'est que l'auteur présumé de ce routier. Qui
nous dit que l'auteur vrai de ce naïf récit n'a pas subi le sort de la

plupart de ses compagnons, et que seule la mort n'ait arrêté subitement sa plume.

Si autorisé que soit l'avis de Alexandre Herculano nous ne voulons
pas et ne croyons pas manquer au respect qui lui est dû en lui laissant
entrevoir ce doute...

TABLE DES GRAVURES

TABLE DES MATIÈRES

Présentation de l'ouvrage, v. — Lettre de M. Luciano Cordeiro, x. — Causerie, xiii.

PREMIÈRE PARTIE

LE FORT CAPITAINE ET SON ŒUVRE

DEUXIÈME PARTIE.

CHOSES D'ÉTHIOPIE

———

TROISIÈME PARTIE

DESCENDANCE DE VASCO DA GAMA

<hr>

APPENDICES ET DOCUMENTS

APPENDICES, 175.

DOCUMENTS, 215.

QUATRIÈME PARTIE

VOYAGE D'EXPLORATION DE VASCO DA GAMA.

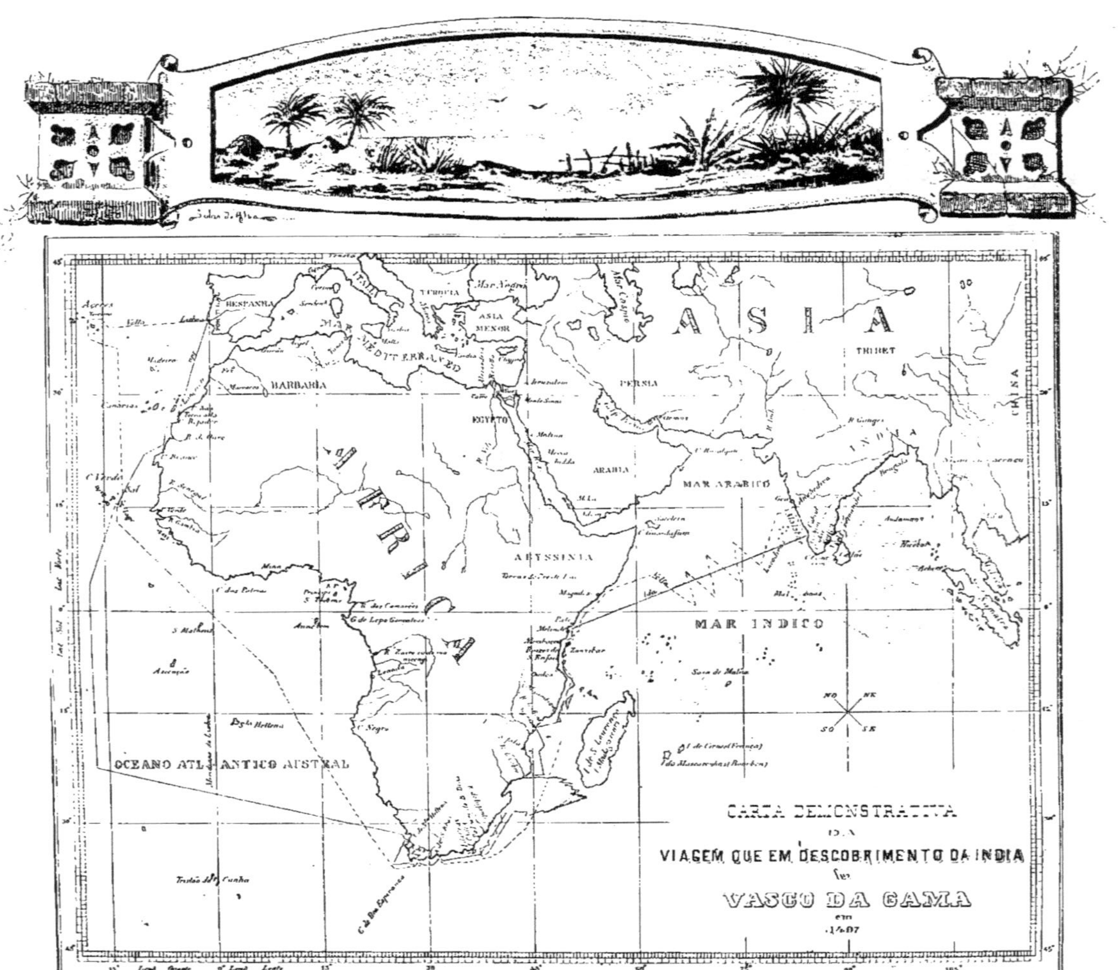

ASIA
AFRICA
OCEANO ATLANTICO AUSTRAL
MAR INDICO
MAR ARABICO
ABYSSINIA
ARABIA
PERSIA
EGYPTO
BARBARIA
HESPANHA
ASIA MENOR
TURQUIA
MAR MEDITERRANEO
INDIA
CHINA
THIBET
CARTA DEMONSTRATIVA
DA
VIAGEM QUE EM DESCOBRIMENTO DA INDIA
fez
VASCO DA GAMA
em
1497

ERRATA

Page ix, ligne 21, *lisez :* S'occupe d'y choisir...
Page xv, ligne 28, *lisez :* solennités
Page   2, ligne 3, *lisez :* et par la parole.
Page   8, ligne 21, *lisez :* de la Mauritanie
Page 12, ligne 26, *lisez :* enferma...
Page 25, ligne 17, *lisez :* balnéaire
Page 25, ligne 31, *lisez :* ont eu à cœur
Page 49, ligne 21, *lisez :* A quel titre?
Page 56, ligne 43, *lisez :* Sofala..
Page 59, ligne 13, *lisez :* les mers du Brésil
Page 61, lignes 31 et 35, *lisez :* solennités
Page 68, ligne 18, *lisez :* des reflets
Page 70, ligne 5, *lisez :* eu à cœur
Page 70, ligne 7, *lisez :* confère
Page 83, ligne 29, *lisez :* ni à ses plaintes
Page 100, ligne 30, *lisez :* Productions.
Page 120, ligne 33, *lisez :* et seules
Page 160, ligne 8, *lisez :* mort sans postérité
Page 160, ligne 18, *lisez :* majorat
Page 162, ligne 23, *lisez :* reprend les hostilités
Page 172, ligne 20, *lisez :* et d'autres.
Page 181, ligne 2, *lisez :* se laissait captiver
Page 199, ligne 1, *lisez :* Mafra
Page 199, ligne 20, *lisez :* mettre à exécution

TYP. FIRMIN-DIDOT. — M

www.ingramcontent.com/pod-product-compliance
Lightning Source LLC
LaVergne TN
LVHW020949050726
842519LV00001B/187